资产评估学

ZICHAN PINGGU XUE

主　编　刘勋涛　赵渊贤　张　茜

副主编　吴玉辉　朱冬元　潘安娥

　　　　王　潇　童昌雄

重庆大学出版社

内容提要

本书系统介绍了资产评估学的基本理论框架,培养学生独立进行资产评估的能力和技术,同时挖掘资产评估中的思政元素,融入课程思政,全面推进课程思政建设。本书案例丰富,融合了最新的房地产、船舶、排放权、矿业权评估方面的案例,吸纳了房地产评估的最新成果,与实务结合紧密。本书另一大亮点是增加了矿业权评估的内容,现有《资产评估学》教材中较少涉及矿业权评估的内容,而矿业权评估在评估实践中比重越来越大,本书结合笔者评估实践,深入浅出地对这一评估难点进行阐述。本书通过理论与实践相结合的方式,帮助读者理解资产评估的原理和方法,并通过案例分析和实践操作进行实践能力的培养。

图书在版编目(CIP)数据

资产评估学 / 刘勋涛,赵渊贤,张茜主编. -- 重庆:
重庆大学出版社,2024.2
高等院校经济管理类专业本科系列教材
ISBN 978-7-5689-4287-4

Ⅰ.①资… Ⅱ.①刘… ②赵… ③张… Ⅲ.①资产评
估—高等学校—教材 Ⅳ.①F20

中国国家版本馆 CIP 数据核字(2024)第 003726 号

高等院校经济管理类专业本科系列教材

资产评估学

主 编 刘勋涛 赵渊贤 张 茜
副主编 吴玉辉 朱冬元 潘安娥 王 潇 童昌雄
责任编辑:顾丽萍 版式设计:顾丽萍
责任校对:王 倩 责任印制:张 策

*

重庆大学出版社出版发行
出版人:陈晓阳
社址:重庆市沙坪坝区大学城西路 21 号
邮编:401331
电话:(023) 88617190 88617185(中小学)
传真:(023) 88617186 88617166
网址:http://www.cqup.com.cn
邮箱:fxk@ cqup.com.cn(营销中心)
全国新华书店经销
重庆华林天美印务有限公司印刷

*

开本:787mm×1092mm 1/16 印张:22.25 字数:544 千
2024 年 2 月第 1 版 2024 年 2 月第 1 次印刷
印数:1—3 000
ISBN 978-7-5689-4287-4 定价:59.00 元

前　言

　　资产评估是市场经济中的一种社会活动和行业,我国的资产评估经过 30 多年的发展,取得了巨大成就,随着《中华人民共和国资产评估法》的颁布实施,各项准则也越来越完善。随着市场经济的发展,资产评估在产权交易、资产管理等方面发挥着越来越重要的作用,在资产转让、抵(质)押、公司设立、增资、企业改制、财务报告、税收、保险、企业并购、司法、破产等经济行为中均需要进行资产评估。可以预见,随着市场经济的进一步发展,我国资产评估行业的发展前景会更加广阔。为了适应资产评估行业的发展和教学工作的需要,我们在资产评估实务和教学经验的基础上编写了本书。

　　本书在编写过程中广泛吸收了国内外资产评估理论的研究成果和实践经验,借鉴同类优秀教材的编写思路,在每章中附有思政教育、思考题和练习题,使读者能够及时把握各章要点并巩固所学知识。

　　本书由刘勋涛、赵渊贤、张茜三位老师担任主编,制订编写大纲,并编写了主要内容;由吴玉辉、朱冬元、潘安娥、王潇、童昌雄五位老师担任副主编,参与了教材的讨论修改、思政教育及习题的编写、资料收集整理和文字处理工作。在此表示感谢。

　　本书在编写过程中参考和借鉴了相关文献资料,特向这些专家学者表示感谢。同时感谢重庆大学出版社在编辑、出版和发行方面给予了大力支持。

　　对于书中的疏漏之处,恳请读者指正。

编　者

2023 年 12 月

目录

第9章 企业价值评估

第10章 资产评估报告与档案

第11章 资产评估的职业道德与法律责任

参考文献

第 1 章

资产评估概述

📖【学习目标】

本章主要讨论资产评估中的基本理论和基础知识。通过本章的学习,读者应了解我国资产评估的实践及其发展,掌握资产评估的概念和基本要素以及资产评估对象,掌握资产评估的目的、资产评估的价值类型、资产评估的假设和资产评估的原则等基本的理论知识,掌握资产评估的主要环节和具体程序。

1.1　资产评估的产生与发展

1.1.1　资产评估的发展阶段

资产评估是伴随着商品交换的出现而逐步形成和发展起来的,它是商品经济发展到一定阶段的产物。总体来看,资产评估大体经历了三个发展阶段。

1)原始评估阶段

在原始社会后期,生产的进一步发展导致了剩余财产的出现,这是私有制产生的物质基础。随着私有制的出现,商品生产和商品交易出现了,生产商品的资产交易也随之产生并得到发展,于是资产评估的客观需要产生了。在房屋、土地及珠宝等贵重财产的交易过程中,由于这些财产的价值具有不确定性,交易双方往往对价格难以达成一致的意见。这时双方就需要找一个略有经验并都信得过的第三方进行评判,从而达成一个公平价格,以促成买卖。这个第三方在协调过程中需要用各种依据和方法给出一个双方都能接受的价格,实际上扮演了类似于现在评估人员的角色。

2) 经验评估阶段

随着社会经济的进一步发展和资产交易频率的提高,资产评估业务也逐步向专业化和经常化发展,由此一批具有一定资产评估经验的评估人员出现了。这些评估人员以过去的经验数据为依据,结合自己在长期的资产评估中积累的丰富经验和专业知识对资产进行评估。因为专业水平更高,所以资产交易双方都愿意委托他们进行评估,实行有偿服务,由此,他们逐步向职业化方向发展。与原始评估阶段相比,经验评估阶段的评估结果更加可靠,但还未实现资产评估的规范化和评估方法的科学化。

3) 科学评估阶段

资产评估的第三个发展阶段是科学评估阶段。科学评估是指把现代科学技术和管理方式引入到资产评估中,采用科学的方法和手段对被评估资产进行评估的过程。一般认为,1792 年英国测量师学会的成立是科学评估阶段的开始。英国测量师学会是现在的英国皇家特许测量师学会(Royal Institution of Chartered Surveyors,RICS)的前身,英国皇家特许测量师学会是目前世界上影响力最大的评估行业专业组织之一。1896 年,美国的穆斯·约翰和杨·威廉在 RICS 的领导下在美国威斯康星州密尔沃基市创建了世界上最早的专业评估机构——美国评值有限公司。目前,该公司仍然是国际上较有影响力的资产评估专业机构。

资产评估的科学化与现代化市场经济体制的建立和完善有着密切的联系。随着经济发展和社会进步,以资产交易为主的资产业务急剧增多,资产业务中的分工现象变得日益明显,作为中介组织的资产评估机构也逐渐产生和发展,资产评估行业应运而生。在现代资产评估行业中,评估机构通过为资产交易双方提供资产评估业务,积累了大量的资产评估资料和丰富的资产评估经验,形成了符合现代企业特点的管理模式,产生了一大批具有丰富评估经验的评估人员。具备了上述条件后,公司化的资产评估机构便产生了。这些资产评估机构依靠其强大的评估实力和现代化的管理方式为资产业务双方提供优质的评估服务。

目前,资产评估发展较早的国家有英国、美国、澳大利亚、加拿大、新西兰、日本、韩国、德国和法国等,中国、俄罗斯及东欧国家的资产评估虽然起步较晚,但发展速度非常快。随着企业间竞争的进一步加剧,企业间资产的交易行为也越来越频繁,这为资产评估提供了广阔的发展空间。许多国家都成立了专门的评估机构,由专业评估人员开展评估工作,设立了专业资产评估协会或学会等组织。资产评估逐渐成为社会中一个独立完整的中介行业,在社会经济生活中发挥着不可替代的重要作用。

1.1.2 我国资产评估行业的发展历史

我国资产评估是在经济体制改革和对外开放政策背景下,为满足国有资产管理工作的需要而产生的,并走出了一条适合中国特色社会主义市场经济的评估服务之路。

1978 年 12 月,中国共产党第十一届中央委员会第三次全体会议作出对国家经济管理体制和国有企业经营管理方式进行改革的重大决策,作为国有资产管理的必备程序和保护国有资产权益的专业手段,资产评估应运而生。20世纪80年代末,我国国有企业改革进入纵深阶段。为防止国有资产流失,规范国有资产交易行为,政府部门出台一系列政策,规定企业兼并和出售国有小型企业产权,国有资产实行租赁、联营、股份经营,兼并和出售国有企业,资产折股出售,破产清理,企业结业清理,中外合资、合作经营,必须进行资产评估工作,初步确立了资产评估的法律地位。

1988年3月,大连会计事务所对大连炼铁厂与香港企荣贸易有限公司合资过程中投资的建筑和机电设备出具了一份评估报告,这是我国首例资产评估业务。

1989年,中华人民共和国国家经济体制改革委员会、财政部、国家国有资产管理局共同发布了《关于出售国有小型企业产权的暂行办法》,明确规定:"被出售企业的资产(包括无形资产)要认真进行清查评估。"同年,中华人民共和国国家经济体制改革委员会、国家计划委员会、财政部、国家国有资产管理局共同发布了《关于企业兼并的暂行办法》,明确规定:"对兼并方的有形资产和无形资产,一定要进行评估作价,并对全部债务予以核实。如果兼并方企业在兼并过程中转换为股份制企业,也要进行资产评估。"也是这一年,国家国有资产管理局发布了《关于国有资产产权变动时必须进行资产评估的若干暂行规定》。1990年7月,国家国有资产管理局成立了资产评估中心,负责资产评估项目和资产评估行业的管理工作。这些早期资产评估管理文件的发布和资产评估管理机构的成立,标志着我国资产评估管理工作正式起步。

20世纪90年代初,国家国有资产管理局负责管理资产评估行业,建立了资产评估机构资格准入制度和资产评估收费管理制度,编写了资产评估专业培训教材。特别是1991年国务院第91号令发布的《国有资产评估管理办法》,是我国第一部规范国有资产评估和资产评估行业管理的行政法规,标志着我国资产评估行业走上法制化的道路。该办法明确规定:"凡是涉及国有资产产权或经营主体发生变动的经济行为都要进行评估",同时还规定全国资产评估管理的政府职能部门是国有资产管理部门,将审批评估机构纳入国有资产管理部门的职责范围,规定了被评估资产的管理范围、评估程序和方法及法律责任等,对推动我国资产评估行业的发展起到了历史性的作用。

1993年3月,为了适应股份制改造试点和证券公开发行资产评估工作的需要,加强对评估机构的管理,国家国有资产管理局、中国证券监督管理委员会联合印发了《关于从事证券业务的资产评估机构资格确认的规定》(国资办发〔1993〕12号),要求资产评估机构对股票公开发行、上市交易的企业资产进行评估和开展与证券业务有关的资产评估业务,必须取得证券评估许可证,并规定了从事证券业务资产评估机构的资质条件。

1993年12月,中国资产评估协会成立大会召开,并于1995年代表我国资产评估行业加入国际评估准则委员会。中国资产评估协会的成立标志着中国资产评估行业已经开始成为一个独立的中介行业,我国资产评估行业管理体制也开始走向政府直接管理与行业自律管理相结合的道路。

1993年以后,我国经济体制改革的深入推进为资产评估行业提供了重要的发展机会,资产评估行业得到空前发展。1995年5月,中华人民共和国人事部、国家国有资产管理局联合印发《注册资产评估师执业资格制度暂行规定》及《注册资产评估师执业资格考试实施办法》,全国注册资产评估师执业资格制度正式建立,并于 1996 年 5 月举行了首次全国注册资产评估师执业资格考试。1996 年 5 月,国家国有资产管理局发布了《关于转发〈资产评估操作规范意见(试行)〉的通知》(国资办发〔1996〕23 号)。在资产评估准则出台前,《资产评估操作规范意见(试行)》是规范我国国有资产评估业务的技术规范。该规范于 2011 年 2 月 21 日废止。

1998 年,根据政府机构改革方案,国家国有资产管理局被撤销,相应的资产评估管理工作移交到财政部,中国资产评估协会划归财政部管理。1999—2000 年,我国资产评估行业完成了资产评估机构脱钩改制工作,资产评估机构在人员、财务、职能、名称四个方面与挂靠单位脱钩。

2001 年 12 月 31 日,国务院办公厅转发财政部《关于改革国有资产评估行政管理方式加强资产评估监督管理工作意见的通知》(国办发〔2001〕102 号),对国有资产评估管理方式进行重大改革,取消财政部门对国有资产评估项目的立项确认审批制度,实行财政部门的核准制或财政部门、集团公司及有关部门的备案制。之后,财政部相继制定《国有资产评估管理若干问题的规定》《国有资产评估违法行为处罚办法》等配套改革文件。评估项目的立项确认制度改为核准、备案制,加大了资产评估机构和注册资产评估师在资产评估行为中的责任。与此相适应,财政部将资产评估机构管理、资产评估准则制定等原先归属政府部门的行业管理职能移交给资产评估行业协会。这次重大改革不仅是国有资产评估管理的重大变化,同时也标志着我国资产评估行业的发展进入一个强化行业自律管理的新阶段。

2003 年,国务院设立国有资产监督管理委员会(以下简称"国资委"),财政部有关国有资产管理的部分职能划归国务院国资委。国务院国资委作为国务院特设机构,以出资人的身份管理国有资产,包括负责监管所属企业资产评估项目的核准和备案。财政部则作为政府管理部门负责资产评估行业管理工作,并行使国有金融企业及烟草、铁路、邮政、科学、教育、文化、农业、司法等行业的中央企业和行政事业单位国有资产管理职责。这次改革对我国资产评估行业的发展具有重大影响,基本实现了国有资产评估管理与资产评估行业管理的分离,表明我国资产评估行业成为一个独立的专业服务行业。

2004 年 2 月,财政部发布《资产评估准则——基本准则》《资产评估职业道德准则——基本准则》,成为推动我国建立资产评估准则体系的重要标志,为我国资产评估准则制定和资产评估行业规范化发展奠定了坚实基础。同年,《中华人民共和国行政许可法》实施,根据法律法规和国务院文件的规定,资产评估行业进一步完善了行政管理和行业自律管理相结合的管理体制。依据《国务院对确需保留的行政审批项目设定行政许可的决定》(中华人民共和国国务院令第 412 号),国家继续对资产评估机构从事证券业务实行行政许可,由财政部和证监会共同实施。2005 年 5 月 11 日,财政部发布《资产评估机构审批管理办法》(财政部令第 22 号),对资产评估机构及其分支机构的设立、变更和终止等行为进行规范。人事部门与财政部门共同实施注册资产评估师执业资格许可(含珠宝评估专业),注册资产评估师的注册由中国资产评估协会管理。

2011 年 8 月 11 日,财政部印发了《资产评估机构审批和监督管理办法》(财政部令第 64 号),进一步规范了资产评估机构审批管理。

2014年8月12日,国务院发布《关于取消和调整一批行政审批项目等事项的决定》(国发〔2014〕27号),取消了注册资产评估师等11项职业资格许可和认定事项。2014年8月13日,人力资源和社会保障部印发《关于做好国务院取消部分准入类职业资格相关后续工作的通知》(人社部函〔2014〕144号),将资产评估师职业资格调整为水平评价类职业资格。

2016年7月2日,第十二届全国人民代表大会常务委员会第二十一次会议审议通过《中华人民共和国资产评估法》(简称《资产评估法》),自2016年12月1日起施行。《资产评估法》对资产评估机构和资产评估专业人员开展资产评估业务、资产评估行业行政监管和行业自律管理、资产评估相关各方的权利义务责任等一系列重大问题作出了明确规定,全面确立了资产评估行业的法律地位,对促进资产评估行业发展具有重大历史和现实意义。

2017年4月21日,财政部出台《资产评估行业财政监督管理办法》(财政部令第86号),建立了资产评估行业行政监管、行业自律与机构自主管理相结合的管理原则,明确了对资产评估专业人员、资产评估机构和资产评估协会的监管内容和监管要求,划分了各级财政部门的行政监管分工和职能,细化了资产评估法律责任的相关规定,为在财政部门实施监督管理的资产评估行业落实《资产评估法》的管理要求提供了依据。2017年8月23日,财政部印发了《资产评估基本准则》,9月8日,中国资产评估协会发布修订后的25项资产评估执业准则和职业道德准则,实现了资产评估准则的与时俱进。

2018年2月16日,中共财政部党组通过并印发了《关于加强资产评估行业党的建设工作的指导意见》(以下简称《指导意见》)。明确了资产评估行业党建工作的指导思想、原则和目标,提出了组建省级评估行业党组织、推动资产评估机构党的组织和工作全覆盖的工作任务,并对加强资产评估行业党员管理和教育、抓好资产评估行业党务工作者队伍建设、强化对资产评估行业党建工作的领导和指导等工作提出了具体要求。《指导意见》的出台,为进一步加强党对资产评估行业的领导,提高资产评估行业党的建设工作水平起到了重要作用。

2019年12月28日,第十三届全国人民代表大会常务委员会第十五次全体会议修订通过了《中华人民共和国证券法》(以下简称《证券法》)。新修订的《证券法》落实"放管服"要求,除规定从事证券投资咨询服务业务应当经国务院证券监督管理机构核准外,取消了从事其他证券服务业务必须经过国务院证券监督管理机构和有关部门批准的规定,要求会计师事务所、律师事务所,以及从事资产评估、资信评级、财务顾问、信息技术系统服务的机构从事证券服务业务,应当报国务院证券监督管理机构和国务院有关主管部门备案。该法还要求资产评估等证券服务机构勤勉尽责、恪尽职守,按照相关业务规则为证券的交易及相关活动提供服务,并提高了对证券服务机构未履行勤勉尽责义务的违法处罚力度。修订后的《证券法》对资产评估机构在资本市场的执业及监管产生重要影响。

资产评估行业已经成为我国发展社会主义市场经济、实现改革开放不可缺少的基础性中介服务行业,扮演着推动经济发展和社会进步的角色。资产评估在促进市场资源优化配置、保障资本市场良性运行、维护社会主义市场经济秩序、维护各类资产权利人权益、维护公共利益和对外开放环境下的国家利益中发挥了积极作用。

1.2　资产评估及评估对象

1.2.1　资产评估的概念及其基本要素

1)资产评估的概念

资产评估属于价值判断的范畴,价值判断是商品交换过程中不可回避的问题。资产评估是指使用专业的理论和方法对资产的价值进行定量的估计和判断,其概念可以从一般意义、专业角度和法律角度三个层次进行表述。一般意义上的资产评估就是估计和判断资产的价值。当进行市场交易时,市场参与者大多会依据自己所掌握的知识和信息,对交易对象进行价值判断,从而确定其交易价格。在此过程中人们可能会自觉或不自觉地运用资产评估的理论、方法。作为一种专业服务,资产评估是由资产评估专业人员和评估机构依据一定的执业标准对资产的价值进行评定估算的专业化活动。《资产评估法》所定义的资产评估是:"评估机构及其评估专业人员根据委托对不动产、动产、无形资产、企业价值、资产损失或者其他经济权益进行评定、估算,并出具评估报告的专业服务行为。"

2)资产评估的基本要素

通过对概念的解释可以看出,资产评估主要涉及以下基本要素。

①评估主体,即从事资产评估的机构和人员,他们是资产评估工作的主导者。

②评估客体,即被评估的资产,它是资产评估的具体对象。

③评估依据,也就是资产评估工作所遵循的法律、法规、经济行为文件、重大合同协议,以及收费标准和其他参考依据。

④评估目的,即资产业务引发的经济行为,它直接决定和制约资产评估价值类型和方法的选择。

⑤评估原则,即资产评估的行为规范,是调节评估当事人各方关系、处理评估业务的行为准则。

⑥评估程序,即资产评估工作从开始准备到最后结束的工作顺序。

⑦评估价值类型,即资产评估结果的价值属性及其表现形式。

⑧评估方法,即资产评估所运用的特定技术,是分析和判断资产评估价值的手段和途径。

⑨资产评估假设,即资产评估得以进行的前提条件等。

⑩资产评估基准日,即资产评估的时间基准。

以上基本要素构成了资产评估活动的有机整体,它们之间相互依存,是保证资产评估工作正常进行和评估价值科学性的重要因素。

1.2.2 资产评估的特点与基本作用

1)资产评估的特点

资产评估以其客观、真实、有效的专业服务,保障市场经济运行的规范、有序、公平和公正。资产评估一般具有公正性、鉴证性、咨询性和专业性等特点。

(1)公正性

公正性是指资产评估应当维护社会公共利益和各方当事人的合法权益,而不能片面维护某一方面的利益,否则必然会损害公共利益或其他相关当事人的权益。资产评估的公正性表现在两个方面:一是资产评估必须按照法定的准则进行,具有公允的行为规范和业务规范,这是公正性的技术保证;二是执业的资产评估机构及其评估专业人员应当与资产业务及相关当事人没有利害关系,是相对独立的第三方,这是公正性的组织保证。

(2)鉴证性

鉴证性是指资产评估是由资产评估机构及其评估专业人员对资产的价值进行鉴别和举证的活动。资产评估是伴随市场经济发展而产生的经济鉴证类专业服务,在维护市场秩序、防止信息扭曲和提高经济效率等方面发挥着重要作用。资产评估以经济分析理论和专项资产价值识别技术为基础,对资产及其价值进行分辨、识别和判断,并提供关于资产及其价值结论的有力支撑。这种鉴证活动使资产评估成为当事人各方进行决策的参考依据,资产评估机构及其评估专业人员应当对其评估行为承担相应的专业责任、民事责任和刑事责任。同时,需要强调的是,资产评估从事的是价值鉴证,而不是权属鉴证。

(3)咨询性

咨询性是指资产评估结论是为资产业务提供专业化估价意见,该意见本身并无强制执行的效力,资产评估机构及其评估专业人员只对结论本身合乎职业规范要求负责,而不对资产业务定价决策负责。资产评估专业人员对评估对象在评估基准日特定目的下的价值发表专业意见、形成资产评估结论,是建立在一定的假设条件基础上,并可能受到一些限制条件的影响。资产评估结论通常可作为交易定价或其他经济行为的价值参考,但最终的成交价取决于当事人的决策动机、谈判地位和谈判技巧等综合因素。我国《资产评估基本准则》第二十八条明确规定:"资产评估报告使用人应当正确理解评估结论。评估结论不等同于评估对象可实现价格,评估结论不应当被认为是对评估对象可实现价格的保证。"

(4)专业性

专业性是指资产评估是由专业人员从事的专业技术判断活动,这就要求从事资产评估的机构应由一定数量和不同类型的专家及专业人员组成。一方面,这些资产评估机构形成专业化分工,使评估活动专业化;另一方面,资产评估机构及其评估人员对资产价值的估计判断,也应建立在专业技术知识和经验的基础之上。

2)资产评估在市场经济中的作用

资产评估在促进市场资源优化配置,保障资本市场良性运行,维护社会主义市场经济秩序,维护各类资产权利人权益,维护公共利益和对外开放环境下的国家利益中发挥了积极作用。

(1)资产评估对促进市场资源优化配置有引导作用

在市场经济条件下,资源优化配置是指市场遵循平等性、竞争性、法制性和开放性的一般规律,通过市场机制自动调节实现对资源的配置。资产评估所体现的评价和估值功能,是价值规律实现的必要条件。受社会必要劳动时间、供求关系及市场环境的动态影响,资产价值往往处在不断变化之中,需要评估专业人员对资产的时点价值进行合理评估,为交易双方提供合理的价值信息,以引导经济资源向价值最大化方向流动,防止"劣币驱逐良币"现象的产生。

(2)资产评估对服务资本市场发展有保障作用

我国资产评估行业与我国资本市场几乎同时起步,资产评估已成为保障资本市场良性运行不可或缺的专业服务行业,在推进上市公司并购重组、促进融资功能提升、提高资本市场信息披露质量方面发挥了至关重要的作用。资产评估已经成为支持上市公司并购重组交易定价的核心环节,成为提高上市公司融资能力的重要手段,并有效提升了上市公司的信息披露质量。

(3)资产评估对规范经济秩序有促进作用

产权交易的本质是等价交换,而资产评估的职能就是为交易主体实现公平交易提供公允的价值尺度。在产权交易过程中,资产评估机构的介入,既抑制了交易主体的非理性行为,又为政府强力监管提供了"数据库"。正是资产评估机构职能的发挥,才将"看不见的手"与"看得见的手"完美融合,使"公开、公平、公正"的经济秩序得以维护和优化。

(4)资产评估对维护各类资产权利主体的合法权益有积极作用

资产评估的目的在于维护投资者(包括潜在的投资者)与经营者、债权人与债务人及其他利害关系人的共同权益并实现权益均衡。有了资产评估,交易各方能够在公开、公平、公正的前提下,实现资产最有可能实现的交换价值,达到帕累托最优状态。

(5)资产评估对维护公共利益和对外开放环境下的国家利益有重要作用

资产评估是公众利益的维护者。首先,资产评估通过促进市场资源的优化配置,为政府增收节支、企业提高经济效益、全社会增加经济总量作出了重要贡献,从而改善了社会公众的整体福祉。其次,资产评估通过完善经济秩序,保障了纳税人的合法权益。再次,林权评估、碳排放交易评估等相关业务,有助于消除外部不经济,加快建设资源节约型和环境友好型社会。最后,资产评估通过进入司法鉴证业务领域,已逐步在防止贪污腐败、实现司法公正方面发挥越来越突出的作用。

资产评估是对外开放条件下国家利益的维护者。对外开放是我国的一项基本国策,提高对外开放水平,要以维护国家利益为最高准则,实现国内发展与对外开放的统一。从"引进来"看,资产评估为中外合资、合作的资产组合合理作价提供专业服务,使交易双方建立在公平、平等、透明的基础上,避免了资产被高估或低估的情况,提高了外资利用水平,推动了国内企业技术进步和产业结构升级。从"走出去"看,一些大型资产评估机构积极跟随我国企业"走出去",在跨国并购和投资中做好配套服务,有力地支持了我国企业在全球范围内开展资源配置和价值链组合,提高了国家竞争力。

一般而言，市场经济利用"无形的手"对资源进行合理配置，市场对公开交易的资产由供求价格机制定价，但生产要素市场所流通的"资产"的形态是复杂的，大部分资产组合是独一无二的，在市场上很难有相似的参照物，一般不容易像普通商品那样通过市场解决定价问题。另外，受资产特性、交易机制等局限，或当时当地的主客观条件的影响，市场价格机制失灵的状况有时可能出现。这时就需要通过价值判断和估计来解决资产定价问题。资产评估就是依据市场的价格形成机制，通过模拟市场条件，运用合理的技术方法，确定特定用途的资产在约定时点的价值。资产评估作为价格机制的补充手段，是资产价值发现及衡量的重要工具。资产评估行业是市场经济体制中不可或缺的中介服务行业。因此，反映和揭示资产的价值是资产评估的基本作用。

1.2.3 资产评估的对象

1）资产的含义

在资产评估中，资产是指由特定主体拥有或控制的、预期能够给该主体带来经济利益的经济资源。

资产有如下三个方面的特征。

（1）资产是特定主体拥有或控制的

资产必须是特定主体拥有或控制的。特定主体可以是自然人、法人或其他组织。依法获得财产权利是特定主体能够拥有或控制相关资产的前提条件，因此，对资产的拥有或控制主要体现在对资产产权的界定和保护上。资产的产权是经济所有制关系的法律表现形式，它包括财产的所有权，以及构成所有权的资产占有权、使用权、收益权和处分权等。

在现代市场经济下，拥有或控制相关资产，可以是完全拥有其所有权，也可以是不拥有该项资产的所有权，但是却能依据合法程序实施控制。例如，我国的城镇土地所有权属于国家，企业只拥有土地使用权。然而，企业却可以依法使用土地，或依法转让、出租、抵押、投资土地使用权。因此，虽然企业不拥有土地的所有权，但是能够依法对土地享有占有、使用、收益的权利，以及法律和合同规定的对土地使用权的处分权，应当确认为企业的资产。

又如，企业融资租入的固定资产，虽然所有权不属于企业，但是由于企业实质上获得了该资产所产生的主要经济利益，同时承担了与资产有关的风险，表明企业实际控制了该项资产，因此也应确认为企业的资产。

再如，某企业通过与专利权人订立合同，获得对已批准专利的实施许可权，在一定的时间和地域内享有实施专利带来的经济利益。这种许可权可以是只允许该企业独享的独占许可权，也可以是仅允许专利权人和该企业享有的排他许可权，还可以是除专利权人与该企业外也允许其他人实施的普通许可权。可见，资产的产权类型不同，为权利人带来的经济利益通常也会存在差异。即使是同样的资产载体，也可能会因为产权类型不同而表现出不同的经济价值。例如，资产的所有权价值一般会高于其使用权的价值。因此，这就要求资产评估专业人员关注被评估资产的产权状况，重视产权类型对资产评估结论的约束和影响。

（2）资产能够为特定主体带来未来经济利益

经济资源可以是实体，也可以是无形权利。其所具有的能够带来未来经济利益的潜在能力，是特定主体愿意拥有或控制某一经济资源的主要动因。这种未来经济利益可以表现为两个方面：一是使用资产给特定主体带来的利益；二是通过资产产权的变动给特定主体带来的利益。如果被恰当地使用，经济资源的潜在获利能力就可以实现，进而使该经济资源具有使用价值和交换价值。此时，该经济资源方可作为特定主体的资产予以确认。资产的价值大小，则取决于其能够带来未来经济利益的能力。资产评估就是通过适当的方法量化这种能力，反映资产的价值。

（3）资产是经济资源

"资产是经济资源"应从两个方面予以理解。

第一，经济资源具备有用性和稀缺性特点。有用性意味着经济资源能带来某种效用，从而具有使用价值。稀缺性意味着对该经济资源存在需求，从而具有交换价值。这二者构成了经济资源能够带来未来经济利益的潜在能力。

第二，资产的价值应当能够用货币计量和反映。现代人类社会经济是交易过程中以货币作为价值尺度和流通手段发挥作用的货币经济。因此，"资产是经济资源"意味着资产的价值应当能够运用货币计量和反映，要求资产能够给特定主体带来的效用或利益必须是可量化的，否则就不能确认为资产评估中的资产。

2）资产的分类

为了科学地进行资产评估，应该对资产按不同的标准进行合理分类。

①按资产存在形态分类，资产可以分为有形资产和无形资产。有形资产是指那些具有实体形态的资产，包括机器设备、房屋建筑物、流动资产等。由于这类资产具有不同的功能和特性，对其评估应分别进行。无形资产是指那些没有实物形态，但在很大程度上制约着企业物质产品生产能力和生产质量，直接影响企业经济效益的资产，主要包括专利权、商标权、非专利技术、土地使用权、商誉等。

②按资产能否独立存在分类，资产可以分为可确指的资产和不可确指的资产。可确指的资产是指能独立存在的资产，前面所列示的有形资产和无形资产，除商誉外都是可确指的资产；不可确指的资产是指不能脱离企业有形资产而单独存在的资产，如商誉。商誉是由于企业地理位置优越、信誉卓著、生产经营出色、劳动效率高、历史悠久、经验丰富、技术先进等，所获得的投资收益率高于一般正常投资收益率所形成的超额收益资本化的结果。

③按资产的组合形式分类，资产可以分为单项资产、资产组合和整体企业（或单位）。单项资产包括无形资产、不动产、机器设备以及其他动产等。资产组合是指由多项资产按照特定的目的，为实现特定功能而组成的有机整体。企业会计准则中规定的业务资产组（或称现金产出单元 CGU）是企业可以认定的最小业务资产组合，其产生的现金流入应当独立于其他资产或者资产组产生的现金流入。整体企业（或单位）实际就是一个或多个业务资产组的组合。整体企业（或单位）或资产组的评估对象通常指其权益。例如，对于一个企业，评估对象可能是股权或者是企业的整体投资（股权+债权）。

3）资产评估对象的确定

根据《资产评估法》的规定,资产评估的对象包括不动产、动产、无形资产、企业价值、资产损失或者其他经济权益。这种概括是按资产形态进行的,不但包括财政部门管理的资产评估,而且涵盖了其他政府部门管理的房地产估价、土地估价、矿业权评估、旧机动车鉴定估价和保险公估在内的评估专业领域,属于大评估的概念。评估对象应当由委托人依据法律法规的规定和经济行为要求提出,并在评估委托合同中明确约定。在评估对象确定过程中,评估机构和资产评估专业人员应当关注其是否符合法律法规的规定、满足经济行为要求,必要时向委托人提供专业建议。

1.3　资产评估的目的与价值类型

1.3.1　资产评估的目的

所谓资产评估的目的,就是资产评估业务对应的经济行为对资产评估结果的使用要求,或资产评估结论的具体用途。资产评估总是为满足特定经济行为的需要进行。委托人计划实施的经济行为决定了资产评估的目的。资产评估专业人员在承接资产评估业务时应与委托人沟通,确定资产评估的目的。确定评估目的是委托人的责任,评估目的应当在资产评估委托合同中明确约定。

1）常见的资产评估目的

资产评估的目的根据评估所服务经济行为的要求确定。资产评估的目的对应的经济行为通常可以分为转让,抵(质)押,公司设立、增资,企业整体或部分改建为有限公司或股份公司,财务报告,税收和司法。

（1）转让

转让经济行为所对应的评估目的是确定转让标的资产的价值,为转让定价提供参考。引发资产评估的转让经济行为主要包括资产的收购、转让、置换、抵债等。转让经济行为的标的资产可以是股权等出资人权益,也可以是单位或个人拥有的能够依法转让的有形资产、无形资产等。转让经济行为对应的评估目的是最常见的评估目的。这类评估业务有些是国家法律法规规定的法定评估业务,还有一些是市场参与者自愿委托的非法定评估业务。

依据转让经济行为参与主体的特点,我国的资产或产权转让评估可分为以下两类。

①涉及国有资产的转让评估与不涉及国有资产的转让评估。

②涉及上市公司的转让评估和不涉及上市公司的转让评估。

（2）抵(质)押

对抵(质)押的评估主要包括三种。

①贷款发放前设定抵(质)押权的评估。单位或个人在向金融机构或者其他非金融机构进行融资时,金融机构或非金融机构要求借款人或担保人提供其用于抵押或者质押资产的评估报告,评估目的是了解用于抵押或者质押资产的价值,作为确定发放贷款的参考依据。实务中最为常见的这类评估包括房地产抵押评估、知识产权质押评估、珠宝质押评估等。

②实现抵(质)押权的评估。当借款人到期不能偿还贷款时,贷款提供方作为抵(质)押权人可以依法要求将抵(质)押品拍卖或折价清偿债务,以实现抵(质)押权。这个环节资产评估的目的是确定抵(质)押品的价值,为抵(质)押品折价或变现提供参考。

③贷款存续期对抵(质)押品价值动态管理所要求的评估。通常金融机构在规定时间以及市场发生不利变化时对抵(质)押品进行价值评估,评估目的是监控抵(质)押品价值化,为贷款风险防范提供参考。资产评估机构的评估,为提高抵(质)押品担保质量、保障银行等机构的债权安全、及时量化和化解风险提供了有效的专业支持。

(3)公司设立、增资

根据《中华人民共和国公司法》(简称《公司法》)及国家市场监管部门颁布的相关法规的规定,以下涉及公司设立、增资的经济行为需要评估。

①非货币资产出资评估。以非货币资产出资设立公司是投资企业较为常见的形式,出资资产进行资产评估是较为常见的资产评估业务。非货币资产出资经济行为的评估目的是为确定可出资资产的价值提供参考。资产评估的评估结论用于揭示出资财产的市场价值,可以保障企业的股东、债权人以及社会公众的利益。

②企业增资扩股中确定股东出资金额和股权比例的评估。以货币或非货币资产对公司进行增资扩股时,被增资公司的股权价值需要被评估,作为确定新老股东股权比例的依据。评估目的是为确定股东出资金额和股权比例提供参考。按照国有资产管理规定,非上市公司国有股东的股权比例发生变动时应当对该非上市公司的股东权益进行资产评估。

③发行股份购买资产。发行股份购买资产是指上市公司通过增发股份的方式购买相关资产。这种行为的实质是采用非货币资产对股份公司进行增资。此种经济行为的评估目的是评估标的资产的价值,为上市公司确定资产购买价格和股票发行方案提供参考。

④债权转股权。根据《公司注册资本登记管理规定》,"债权人可以将其依法享有的对在中国境内设立的公司的债权,转为公司股权","债权转为公司股权的,公司应当增加注册资本"。因此,这种行为实质是债权人采用非货币性资产对其享有债权的公司进行增资。根据《公司法》的规定,应当对拟转为股权的债权进行评估。被转股公司为国有非上市公司的,还应当按规定对其股权价值进行评估。此种经济行为的评估目的是为确定债权转股权金额和股份数额提供价值参考。

(4)企业整体或部分改建为有限公司或股份公司

企业进行公司制改建,或者由有限责任公司变更为股份有限公司,需要对改建、变更所涉及的整体或部分资产进行资产评估。

①公司制改建。公司制改建属于企业改制行为,是按照《公司法》要求将非公司制企业改建为有限责任公司或股份有限公司。我国通常所说的企业改制主要指国有企业的改制,要求通过资产评估合理确定国有资本的价值。改制企业以企业的实物、知识产权、土地使用权等非货币性资产折算为国有资本出资或者股份的,资产评估的目的是为确定国有资本出

资额或者股份数额提供参考依据。

②有限责任公司变更为股份有限公司。企业由有限责任公司变更为股份有限公司是指公司依法变更其组织形式,变更后的公司与变更前的公司具有前后的一致性。按照《公司法》的规定,有限责任公司变更为股份有限公司的,公司变更前的债权、债务由变更后的公司承继。有限责任公司变更为股份有限公司时,折合的实收股本总额不得高于公司净资产额。企业采用有限责任公司经审计的净资产账面价值折股变更为股份有限公司时,需要对用于折股的净资产进行评估。这个评估的实质是评估有限责任公司用于折股的资产的市场价值扣除负债价值后是否不低于其对应的审计后的净资产账面价值。评估目的是核实企业用于折股的审计后净资产的账面价值是否不低于其市场价值,防止虚折股权或股份的情况发生。如果有限责任公司在改为股份有限公司过程中,发生引进战略投资者等导致拟改建公司的国有股东股权比例发生变化的情况,还应根据国有资产监管要求,在上述股权比例变化的环节对拟改建公司的股东权益价值进行评估。评估目的是为确定股东出资金额和股权比例提供参考。

(5)财务报告

企业在编制财务报告时,可能需要对某些资产进行评估,这类资产评估属于服务于会计计量和财务报告编制的评估业务。会计准则中的《企业会计准则第22号——金融工具确认和计量》等都涉及财务报告目的的评估。

在服务于会计计量和财务报告编制的资产评估中,评估目的是为会计核算和财务报表编制提供相关资产、资产组等评估对象的公允价值或可收回金额等特定价值的专业意见。

(6)税收

我国在核定税基、确定计税价格、关联交易转让定价等税收领域都对资产评估产生了需求。

①确定非货币性资产投资的计税价值。按照税法的规定,以非货币性资产对外出资,应当确认非货币性资产转让所得的,税收征管部门要求"企业应将股权投资合同或协议、对外投资的非货币性资产(明细)公允价值评估确认报告、非货币性资产(明细)计税基础的情况说明、被投资企业设立或变更的工商部门证明材料等资料留存备查"。这实际是要求企业取得用于投资的非货币性资产的资产评估报告。评估目的是为核定非货币性资产计税申报价值的公允性提供资产价值参考。

②确定非货币性资产持有或流转环节所涉税种的税基。根据持有或流转的情形,非货币性资产的持有或流转可能涉及流转税、所得税、财产税和土地增值税等税种。对纳税申报不合理、未制定计税价格标准且价值不易按照通常方法确定的非货币性资产,税收征管部门会要求提供资产评估报告。评估目的是根据涉税情形,确定相关非货币性资产的应税流转或所得额、财产价值或增值额,为税收征管部门确定相关计税基准提供参考。

(7)司法

资产评估可以为涉案标的提供价值评估服务,评估结论是司法立案、审判、执行的重要依据。资产评估提供的司法服务内容主要包括以下两个方面。

①在司法审判中揭示与诉讼标的相关的财产(权益)价值及侵权(损害)损失数额等。这类业务主要包括在刑事案件定罪量刑中对相关损失的估算和在民事诉讼中对诉讼标的财

产(资产)价值、侵权损害损失额的评估。评估目的是揭示相关财产(权益)价值及侵权(损害)损失金额,为司法审判提供参考依据。

②在民事判决执行中帮助确定拟拍卖、变卖执行标的物的处置价值。人民法院确定财产处置参考价,可以采取当事人议价、定向询价、网络询价、委托评估等方式。法律、行政法规规定必须委托评估、双方当事人要求委托评估或者网络询价不能或不成的,人民法院应当委托评估机构进行评估。该行为资产评估的目的就是确定涉案执行财产的价值,为人民法院在司法执行中确定财产处置参考价提供专业意见。

2)明确资产评估目的的作用

评估目的直接或间接地决定和制约着资产评估的条件以及价值类型的选择。不同评估目的可能会对评估对象的确定、评估范围的界定、价值类型的选择以及潜在交易市场的确定等方面产生影响。例如,对一个企业的评估,如果评估目的是有限责任公司变更设立股份有限公司,评估结论用于核实股份有限公司设立时依据审计后净资产确定的注册资本是否不低于市场价值,涉及的评估对象和评估范围是该企业根据《公司法》的规定,可以用于出资的资产及相关债务形成的净资产,且应该与审计后净资产的口径一致,价值类型需要选择市场价值,潜在交易市场需要选择经营注册地资产交易的有效市场。如果评估目的是股权转让,评估对象就应该是企业的股权。涉及的资产范围就是企业的全部资产和负债(包括《公司法》规定不能用于出资的资产,如商誉),价值类型则需要根据交易双方的实际情况选择市场价值或投资价值等,潜在交易市场则需要根据可能的交易地点选择主要的或最有利的股权交易市场等。

总之,资产评估的目的在整个资产评估过程中具有十分重要的作用。

1.3.2　资产评估的价值类型

1)价值类型的概念与作用

价值类型是指资产评估结果的价值属性及其表现形式。不同价值类型从不同角度反映资产评估价值的属性和特征。不同的价值类型所代表的资产评估价值不仅在性质上是不同的,在数量上往往也存在着较大差异。

价值类型在资产评估中的作用主要表现在以下三个方面。

①价值类型对资产评估价值起到重要的影响和决定作用。

②价值类型对资产评估方法的选择具有一定的影响,价值类型实际上是评估价值的一个具体标准。

③明确价值类型,可以更清楚地表达评估结论,可以避免评估委托人和其他报告使用人误用评估结论。

2)价值类型的种类

目前国际和国内评估界对价值类型有不同的分类,一般认为最主要的价值类型包括以下六种。

（1）市场价值

市场价值是在适当的市场条件下,自愿买方和自愿卖方在各自理性行事且未受任何强迫的情况下,评估对象在评估基准日进行公平交易的价值估计数额。市场价值主要受到两个方面因素的影响。其一是交易标的因素。交易标的是指不同的资产,其预期可以获得的收益是不同的,不同获利能力的资产自然会有不同的市场价值。其二是交易市场因素。交易市场是指该标的资产将要进行交易的市场,不同的市场可能存在不同的供求关系等因素,对交易标的市场价值产生影响。总之,影响市场价值的因素都具有客观性,不会受到个别市场参与者个人因素的影响。

（2）投资价值

投资价值是指评估对象对于具有明确投资目标的特定投资者或者某一类投资者所具有的价值估计数额,也称特定投资者价值。投资价值针对特殊的市场参与者,即"特定投资者或者某一类投资者"。这类特定的投资者不是主要的市场参与者,或者其数量不足以达到市场参与者的多数。明确的投资目标,是指特殊的市场参与者一般追求协同效应,或者因追求其他特定目的而可以接受不同的投资回报。

投资价值与市场价值相比,除受到交易标的因素和交易市场因素影响外,其最为重要的差异是投资价值还受到特定交易者的投资偏好或追求协同因素的影响。

（3）在用价值

根据资产评估价值类型指导意见的规定,在用价值是指将评估对象作为企业、资产组的组成部分或者要素资产,按其正在使用的方式和程度及其对所属企业、资产组的贡献的价值估计数额。在用价值实质就是使用资产所能创造的价值,因此在用价值也称"使用价值"。

（4）清算价值

清算价值是指在评估对象处于被迫出售、快速变现等非正常市场条件下的价值估计数额。清算价值与市场价值的主要差异是:其一,清算价值是一个资产拥有者需要变现资产的价值,是一个退出价,不是购买资产的进入价,而市场价值没有规定必须是退出价;其二,清算价值的退出变现是在被迫出售、快速变现等非正常市场条件下进行的,这一点与市场价值所对应的市场条件相比也是明显不同的。因此,清算价值的特点主要是:第一,该价值是退出价;第二,这个退出是受外力胁迫的退出,不是正常的退出。

（5）残余价值

残余价值是指机器设备、房屋建筑物或者其他有形资产等的拆零变现价值的估计数额,实际上是将一项资产拆除成零件进行变现的价值。这种资产从整体角度而言,实际已经没有使用价值,也就是其已经不能再作为企业或业务资产组的有效组成部分发挥在用价值作用,只能变现。由于整体使用价值已经没有,因此整体变现也不可能,只能改变状态变现,也就是拆除零部件变现。

（6）其他价值类型

《资产评估价值类型指导意见》规定,执行资产评估业务应当合理考虑该指导意见与其他相关准则的协调。评估专业人员采用本指导意见规定之外的价值类型时,应当确信其符合该指导意见的基本要求,并在评估报告中披露。上述规定实际允许评估专业人员根据特定业务需求,选择其他价值类型,但是需要在评估报告中进行充分披露。

评估实务中的确存在其他价值类型,比较常见的是会计准则中的公允价值。评估实务中还存在一些抵押、质押目的的评估和保险赔偿目的的评估等。这些目的的评估可能需要其他价值类型,评估专业人员只要确信其符合价值类型指导意见的基本要求,并在评估报告中披露就可以使用。

3) 价值类型的选择

在满足各自含义及相应使用条件的前提下,市场价值、投资价值以及其他价值类型的评估结论都是合理的。评估专业人员执行资产评估业务,选择和使用价值类型,应当充分考虑评估目的、市场条件、评估对象自身条件等因素。另外,评估专业人员选择价值类型时,应当考虑价值类型与评估假设的相关性。

(1)市场价值的选择

当评估专业人员执行的资产评估业务对市场条件和评估对象的使用等并无特别限制和要求,特别是不考虑特定市场参与者的自身因素和偏好,评估目的是为正常的交易提供价值参考依据时,通常应当选择市场价值作为评估结论的价值类型。但是在选择市场价值时,评估专业人员必须关注到不同的市场可能会有不同的市场价值。特别是不同的国家和地区可能形成不同的交易市场,甚至在一个国家或地区内也会存在多个不同的交易市场。评估专业人员在选择市场价值时,还应该同时关注所选择的市场价值是体现哪个市场的市场价值。当标的资产可以在多个市场上交易时,评估专业人员除需要在评估报告中恰当披露所选择的市场价值是哪个市场的市场价值外,还应该说明选择该市场价值的理由。

(2)投资价值的选择

如果评估专业人员在执行资产评估业务时,发现评估业务针对的是特定投资者或者某一类投资者,在评估中必须要考虑这个或这些特定的市场参与者自身的投资偏好或特定目标对交易价值的影响,通常需要考虑选择投资价值类型。特定市场参与者的目标和偏好可能表现为其自身已拥有的资产与标的资产之间形成协同效应,可以获得超额收益;也可能体现为因自身偏好而可以接受的一般市场参与者无法接受的交易价值。尽管这两种情况都对应投资价值所述的情形,但是评估专业人员可以通过合理计量协同效应估算出第一种情况下的投资价值,却可能无法采用经济学的手段估算出第二种情况下的投资价值。在评估实务中,评估专业人员在选择投资价值时通常需要说明选择的理由以及所考虑投资价值包含的与市场价值区别的要素,如发生协同效应的资产范围以及产生协同效应的种类,这是选择投资价值时必须详细披露的内容。

(3)在用价值的选择

评估专业人员在执行资产评估业务时,如果评估对象是企业或者整体资产组中的要素资产,并且在评估业务执行过程中只需要考虑以这些资产未来经营收益的方式来确定资产的价值,那么评估专业人员需要选择在用价值。在用价值实际上并不是一种资产在市场上实际交易的价值,而是计量交易价值的一个方面。一项资产在市场上的实际交易价值一定是综合其在用价值和交换价值之后确定的。

（4）清算价值的选择

当评估对象面临被迫出售、快速变现或者评估对象具有潜在被迫出售、快速变现等情况时，评估专业人员通常应当选择清算价值作为评估的价值类型。当选择清算价值时，评估对象一般都是处于强制清算过程中。所谓强制清算，是指该清算行为已经不在资产所有者控制之下进行，这种清算可能受法院或者法院指定的清算组控制，或者由债权人控制等，处理资产所需的时间较短。这种评估一般需要选择清算价值。抵（质）押物、抵税财产和涉案财产处置等评估，也可以根据评估对象特点及委托条件选择清算价值。

（5）残余价值的选择

当评估对象无法或者不宜整体使用时，也就是其整体已经不具有使用价值，但是如果改变其计量单元，将计量单元缩小至零部件后，还可以具有使用价值时，评估专业人员通常应当考虑评估对象的拆零变现，并选择残余价值作为评估的价值类型。

1.4　资产评估的假设与原则

1.4.1　资产评估的假设

假设对任何学科都是重要的，相应的理论观念和方法都是建立在一定假设的基础之上的。这是因为，由于认识的无限性和阶段性，人们不得不依据已掌握的事实对某一事物做出合乎逻辑的推断。这种推断以事实为依据有其合理性，但毕竟不是全部事实。因此，假设是指依据有限事实而做出合理推断的状态。资产评估与其他学科一样，其理论和方法体系的形成也是建立在一定假设的基础之上的。适用于资产评估的假设主要有以下 10 种。

1）交易假设

交易假设是资产评估得以进行的一个最基本的假设，交易假设是假定被评估资产已经处在交易过程中，评估专业人员根据被评估资产的交易条件等模拟市场进行估价。资产评估是在资产实际交易之前进行的，为了能够在资产实际交易之前为委托人提供资产价值参考，利用交易假设将被评估资产置于"交易"当中，模拟市场进行评估十分必要。

交易假设一方面为资产评估得以进行创造了条件；另一方面它明确限定了资产评估的外部环境，即资产被置于市场交易之中。资产评估不能脱离市场条件而孤立地进行。

2）公开市场假设

公开市场是指充分发达与完善的市场条件，即一个有众多买者和卖者的充分竞争性的市场。公开市场假设，是假定在市场上交易的资产，或拟在市场上交易的资产的交易。交易双方彼此地位平等，彼此都有获取足够市场信息的机会和时间，以便对资产的功能、用途及其交易价格等做出理智的判断，买卖双方的交易行为都是在自愿的、理智的而非强制或受限制的条件下进行的。公开市场假设基于市场客观存在的现实,即资产在市场上可以公开买卖。不同类型的资产,其性能、用途不同,市场程度也不一样,用途广泛的资产一般比用途狭窄的资产的市场活跃性要高,而资产的买者或卖者都希望得到资产最大最佳效用。所谓最大最佳效用,是指资产在可能的范围内,用于既有利又可行以及法律上允许的用途。这种资产的最大最佳效用可以是现时的,也可以是潜在的。在评估资产时,评估专业人员按照公开市场假设处理或做适当调整,才有可能使资产效用达到最大最佳。资产的最大最佳效用,由资产所在地区、具体特定条件以及市场供求规律所决定。

3)持续经营假设

持续经营假设实际是一项针对经营主体(企业或业务资产组)的假设。该项假设一般不适用于单项资产。持续经营假设是假设一个经营主体的经营活动可以持续下去,在未来可预测的时间内该主体的经营活动不会中止或终止。持续经营假设要求经营主体在其可以预见的未来不会停止经营。这种经营可以是在现状基础上的持续经营,也可以是按照未来可以合理预计状态下的持续经营。这两种状态有所不同,如果需要区分,评估专业人员可以增加限定为"现状持续经营"或者"预计状态持续经营"。

假设一个经营主体是由部分资产和负债按照特定目的组成,并且需要完成某种功能,持续经营假设就是假设该经营主体在未来可预测的时间内继续按照这个特定目的,完成该特定功能。该假设不但是一项评估假设,同时也是一项会计假设。对一个会计主体或者经营主体的评估,也需要对其未来的持续经营状况做出假设。因为经营主体是否可以持续经营,其价值表现是完全不一样的。通常持续经营假设是采用收益法评估企业等经营主体价值的基础。

4)清算假设

与持续经营假设相对应的假设就是不能持续经营。如果一个经营主体不能持续经营,就需要清算这个经营主体,这时评估人员需要使用清算假设。与清算有关的假设包括有序清算假设和强制清算假设。

所谓有序清算假设,是指假设经营主体在其所有者有序控制下实施清算,即清算在一个有计划、有秩序的前提下进行。强制清算是指经营主体的清算不在其所有者控制之下,而是在外部势力的控制之下,按照法定的或者由控制人自主设定的程序进行,该清算经营主体的所有者无法干预。

当不满足持续经营的原因是经营期限届满或者协议终止经营等由经营主体的所有者自主决定的清算,则应该选择有序清算假设。因为这种清算是由经营主体所有者自主控制的清算。当经营主体不满足持续经营的原因是破产清算时,这时的清算完全由债权人或法院指定的清算代理人控制,该经营主体的所有者完全无法控制,在这种情况下一般应该选择强制清算假设。

5)原地使用假设

原地使用是指一项资产在原来的安装地继续被使用,其使用方式和目的可能不变,也可能会改变。例如,一台机床是用来加工汽车零部件的,但是现在该机床仍在原地继续被使用,但是已经改为加工摩托车零部件了。原地使用的价值构成要素一般包括设备的购置价格、设备运输费、安装调试费等。如果涉及使用方式及目的的变化,还要根据委托条件确定是否考虑变更使用方式而发生的成本费用。

6) 移地使用假设

移地使用是指一项资产不在原来的安装地继续被使用,而是要被转移到另外一个地方继续使用,当然使用方式和目的可能会改变,也可能不改变。例如,一台二手机床要出售,购买方要将其移至另外一个地方重新安装使用,资产的这种使用状态就称为移地使用。移地使用涉及设备的拆除、迁移和重新安装调试等环节。除了设备本体价值,评估专业人员需要根据买卖双方约定的资产交割及费用承担条件,确定其价值要素是否包括设备的拆除费用、运输到新地址的费用和重新安装调试的费用等。

7) 最佳使用假设

最佳使用是指一项资产在法律上允许、技术上可能、经济上可行的前提下,经充分合理的论证,实现其最高价值的使用。最佳使用通常是对一项存在多种不同用途或利用方式的资产进行评估时,选择最佳的用途或利用方式。会计准则明确规定,公允价值是资产在最佳用途下的价值。

最佳使用假设多用于房地产评估,因为房屋和土地经常存在多种用途或利用方式,因此在评估其市场价值时要求进行最佳使用分析,按照最佳使用状态进行评估。根据最佳使用分析,适合某种房地产的最佳使用状态可能是改变用途、改变规模、更新改造、重新开发或维持现状,也可能是前述情形的若干组合。房地产的最佳使用必须是法律上允许、技术上可能、经济上可行,经过充分合理论证的使用状态。

8) 现状利用假设

现状利用假设要求对一项资产按照其目前的利用状态及利用方式进行价值评估。当然,现状利用方式可能不是最佳使用方式。现状利用假设与最佳使用假设相对应,该假设一般在资产只能按照其现实使用状态评估时选用。

9) 非真实性假设

非真实性假设是指为进行分析所做出的与现实情况相反的假设条件。非真实性假设所假定的评估对象的物理、法律和经济特征、市场条件或趋势等资产外部条件以及分析中使用的数据与已知的实际情况相反。例如,评估已知不存在排水设施的土地时,假设排水设施齐全。

按照《专业评估执业统一准则》,非真实性假设仅在以下情形中才可以使用。

①基于法律规定、合理分析或进行比较的需要。

②使用非真实性假设后能够进行可信的分析。

③评估专业人员遵守《专业评估执业统一准则》中关于非真实性假设的披露要求。

《国际评估准则2017》将非真实性假设称为"特别假设"。我国《房地产估价规范》中使用的"背离事实假设"属于非真实性假设。

10)特别假设

特别假设是指直接与某项特定业务相关、如果不成立将会改变评估结论的假设。特别假设是就评估对象的物理、法律和经济特征、市场条件或趋势等资产外部条件以及分析中所使用数据的真实性等不确定性事项予以假定。例如,在并不知道是否存在排水设施,也没有证据表明没有排水设施的情况下,假设在排水设施齐全条件下评估土地。

对某项条件所做出的假设究竟属于特别假设还是非真实性假设,取决于评估专业人员对这个条件的了解程度。如果评估专业人员不知道该条件的状况而且可以合理相信该条件是真实的,所做出的相关假设就是特别假设。与此相反,评估专业人员已知晓该条件并不真实,但出于评估分析的需要所做出的相关假设就是非真实性假设。使用特别假设会对评估结论形成重大影响。按照《专业评估执业统一准则》,特别假设仅在以下情形中才可以使用。

①基于恰当评估、形成可信评估结论的需要。

②评估专业人员有合理的理由使用特别假设。

③使用特别假设后能够进行可信的分析。

④评估专业人员遵守《专业评估执业统一准则》中关于特别假设的披露要求。

1.4.2 资产评估的原则

资产评估原则是规范资产评估行为和业务执行的规则或标准。资产评估原则包括工作原则和经济技术原则两个层面。

1)资产评估工作原则

资产评估工作原则是指评估机构及其评估专业人员在执业过程中应遵循的基本原则,主要包括独立、客观、公正原则。

《资产评估法》第四条要求"评估机构及其评估专业人员开展资产评估业务应当遵守法律、行政法规和评估准则,遵循独立、客观、公正的原则"。《资产评估基本准则》也在"基本遵循"部分对前述资产评估机构及其评估专业人员应当遵循的工作原则加以强调。

《资产评估法》和《资产评估基本准则》做出这些规定,是由资产评估工作的性质决定的。一方面,资产评估机构及其资产评估专业人员以专业知识和技能为社会提供资产评估服务,需要从专业和职业道德角度规范其从业行为,保障委托人的合法权益、保护公共利益;另一方面,坚持独立、客观、公正原则,有利于资产评估机构及其资产评估专业人员维护专业形象,赢得社会信任,促进资产评估行业健康可持续发展。

因此,独立、客观、公正既是资产评估机构及其资产评估专业人员开展资产评估业务应当遵守的工作原则,又是对其从事资产评估工作的职业道德要求。

2)资产评估经济技术原则

资产评估经济技术原则,是指在开展资产评估业务过程中的一些技术规范和业务准则,为资产评估专业人员在执行资产评估业务过程中的专业判断提供技术依据。

（1）供求原则

供求原则是经济学中关于供求关系影响商品价格原理的概括。假定在其他条件不变的前提下，商品的价格随着需求的增长而上升，随着供给的增加而下降。尽管商品价格随供求变化并不成固定比例变化，但变化的方向具有规律性。供求规律对商品价格形成的作用同样适用于资产价值的评估。资产评估专业人员在估算资产价值时，应充分考虑和依据供求原则。

由于均衡价格是供给和需求共同作用的结果，在均衡价格中，生产费用和资产效用是影响价格的两个均等因素，因此，资产评估既需要考虑资产的购建成本，又需要考虑资产的效用。

（2）替代原则

替代原则是指价格最低的同质商品对其他同质商品具有替代性，即相同效能的资产，最低价格的资产需求最大。任何理性的投资者对具有相同效用的商品，必定选择价格较低者；对具有相同价格的商品，必定选择效用较大者。同一市场上具有相同使用价值和质量的商品，应有大致相同的交换价格。如果具有相同使用价值和质量的商品具有不同的交换价值或价格，买方会选择价格较低者。当然，作为卖方，如果可以将商品卖到更高的价格水平，他会在较高的价位上出售商品。正确运用替代原则是资产评估公正性的重要保证。

（3）预期收益原则

资产之所以具有价值，是因为它能够为其拥有者或控制者带来未来经济利益。因此，在资产评估过程中，资产的价值不在于过去的生产成本或销售价格，而是应当基于对资产未来收益的预期决定。预期收益原则是资产评估专业人员判断资产价值的一个最基本的依据。

（4）贡献原则

根据经济学边际收益原理，各生产要素价值的大小可依据其对总收益的贡献来衡量。从一定意义上来看，贡献原则是预期收益原则在某种情况下的具体应用，主要是指某一资产或资产某一构成部分的价值，取决于其对所在资产组合或完整资产整体价值的贡献，或者根据缺少该要素对整体价值的影响程度来确定。贡献原则主要适用于确定构成整体资产的各组成要素资产的贡献，或者当整体资产缺少该要素时将发生的损失。

（5）最高最佳使用原则

该原则依据价值理论原理，强调商品在交换时，应以最佳用途及利用方式实现其价值。由于资产的使用会受到市场条件的制约，因此，其最佳用途的确定一般需要考虑以下三个因素。

①确定该用途法律上是否许可，必须考虑该项资产使用的法律限制。

②确定该用途技术上是否可能，必须是市场参与者认为合理的用途。

③确定该用途财务上是否可行，必须考虑在法律上允许且技术上可能的情况下，使用该资产可以产生足够的收益或现金流量，从而在补偿资产用于该用途所发生的成本后，仍然能够满足市场参与者所要求的投资回报。

（6）评估时点原则

市场是不断变化的，资产的价值会随着市场条件的变化而变化，因此，必须合理选取一个时点作为评估基准日,既为了使资产评估得以操作,同时又能保证资产评估结论可以被市场检验。在资产评估时,需要假定市场条件固定在某一时点,这一时点就是评估基准日。它为资产评估提供了一个时间基准,资产评估值就是评估基准日的资产价值。

1.5 资产评估程序

1.5.1 资产评估程序概述

1)资产评估程序的定义

资产评估程序是指资产评估机构和评估专业人员执行资产评估业务、形成资产评估结论所履行的系统性工作步骤。由于资产评估业务的共性,资产评估基本程序是相同的。通过对资产评估基本程序的规范,可以有效地指导评估专业人员开展各种类型的资产评估业务。

2)资产评估程序的主要环节

根据资产评估各工作步骤的重要性,资产评估程序包括以下主要环节。
①明确资产评估业务的基本事项。
②签订资产评估业务委托合同。
③编制资产评估计划。
④资产勘察与现场调查。
⑤收集资产评估资料。
⑥评定估算形成结论。
⑦编制和提交资产评估报告书。
⑧整理归集评估档案。

3)资产评估程序的重要性

资产评估程序的重要性表现在以下三个方面。
①资产评估程序是规范资产评估行为、提高资产评估业务质量和资产评估行业社会公信力的重要保证。
②资产评估程序是相关当事方评价资产评估服务的重要依据。
③恰当执行资产评估程序是资产评估机构和评估专业人员防范执业风险、保护自身合法权益、合理抗辩的重要手段之一。

4)执行资产评估程序的基本要求

鉴于资产评估程序的重要性,资产评估机构和评估专业人员在执行资产评估各程序时应符合以下基本要求。

①应当在国家和资产评估行业规定的范围内,建立、健全资产评估程序制度。

②应根据资产评估程序制度,针对不同的资产评估业务,确定并履行适当的资产评估程序。

③如果在评估中无法或没有履行资产评估的某个基本环节,资产评估机构和人员应当考虑这种状况是否会影响资产评估结论的合理性,并在资产评估报告中明确披露这种状况及其对资产评估结论的影响,必要时应当拒绝或终止资产评估工作。

④资产评估机构和评估专业人员应当将资产评估程序的实施情况记录于工作底稿,并将主要资产评估程序执行情况在资产评估报告书中予以披露。

1.5.2 资产评估的具体程序

1)明确资产评估业务的基本事项

明确资产评估业务的基本事项是资产评估程序的第一个环节,包括签订资产评估业务委托合同以前的一系列基础性工作。具体内容如下。

①明确委托方和相关当事方的基本情况。资产评估机构和评估专业人员应当了解委托方和资产占有方、资产评估报告使用方、其他利益关系方等相关当事方的基本状况以及委托方与相关当事方之间的关系,这对于理解评估目的、相关经济行为以及防范恶意委托等十分重要。

②明确资产评估的目的。资产评估机构和评估专业人员应当与委托方就资产评估目的达成共识,并尽可能细化资产评估的目的。

③了解评估对象的基本状况。资产评估机构和评估专业人员应当了解评估对象及其权益的基本状况,包括其法律、经济和物理状况,另外,还要特别了解有关评估对象权利的受限状况。

④明确价值类型及定义。资产评估机构和评估专业人员应恰当地确定价值类型,并就所选择的价值类型及定义与委托方进行沟通。

⑤明确资产评估基准日。资产评估机构和评估专业人员应当通过与委托方沟通,建议委托方根据评估目的、资产和市场的变化情况等因素,合理选择并明确资产评估基准日。这是开展评估业务的重要基础。

⑥明确评估的限制条件和重要假设。资产评估机构和评估专业人员在评估前,应当充分了解影响资产评估的限制条件和重要假设,以便进行必要的风险评价。

⑦明确其他需要明确的重要事项。资产评估机构和评估专业人员应当根据具体评估业务的不同需要,了解其他可能影响评估的重要事项,如资产评估工作作业时间、资产评估收费标准和收费方式等。

资产评估机构和评估专业人员在明确上述资产评估业务的基本事项的基础上,应当分析评估项目的执业风险、本身的专业胜任能力和独立性,以确定是否承接该资产评估项目。

2)签订资产评估业务委托合同

资产评估业务委托合同是指资产评估机构与委托人共同签订的,以确定资产评估业务的委托与受托关系,明确委托目的、被评估资产范围及双方责任与义务等事项的书面合同。

根据我国资产评估行业的现行规定,在明确资产评估业务的基本事项,确定承接资产评估项目时,资产评估机构应当和委托人签订书面的资产评估业务委托合同,评估专业人员不得以个人名义与委托人签订资产评估业务委托合同。资产评估业务委托合同的基本内容包括以下10个部分。

①资产评估机构和委托方名称。

②资产评估的目的。

③资产评估的对象。

④资产评估基准日。

⑤出具资产评估报告书的时间要求。

⑥资产评估报告书的使用范围。

⑦资产评估收费情况。

⑧双方的权利、义务及违约责任。

⑨签约时间。

⑩双方认为应当约定的其他重要事项。

3)编制资产评估计划

资产评估计划是指资产评估机构和评估专业人员为履行合同而拟订的评估工作思路和实施方案,包括评估综合计划和评估程序计划。评估综合计划是资产评估机构和评估专业人员对评估项目的工作范围和实施方式所做的整体计划,是完成评估项目的基本工作思路;评估程序计划是资产评估机构和评估专业人员依照评估综合计划确立的基本思路,对评估程序的目标、时间、应用范围以及操作要求所做的详细计划和说明。

资产评估机构和评估专业人员应根据所承接的具体资产评估项目情况,按照有关规定,编制合理的资产评估计划,并及时修改、补充资产评估计划。

(1)评估综合计划的主要内容

①评估项目的背景。

②评估目的、评估对象和范围、评估的价值类型及评估基准日。

③重要评估对象、评估程序及主要评估方法。

④评估小组成员及人员分工。

⑤评估进度、各阶段的费用预算。

⑥对评估风险的评价。

⑦报告撰写的组织、完成时间及委托人制定的特别分类或披露要求。

⑧评估工作协调会议的安排。

⑨其他。

（2）评估程序计划的主要内容

①评估工作目标。

②评估工作内容、方法、步骤。

③执行人。

④执行时间。

⑤评估工作底稿的索引。

⑥其他。

4）资产勘察与现场调查

资产评估机构和评估专业人员执行资产评估业务，应当对评估对象进行必要的勘察和现场调查，包括对不动产和其他实物资产进行必要的现场勘察，还包括对企业价值、股权和无形资产等非实物性质资产进行必要的现场调查。进行资产勘察和现场调查工作，有利于资产评估机构和评估专业人员全面、客观地了解评估对象，核实委托方和资产占有方提供资料的收集、分析工作。评估专业人员在资产勘察和现场调查前，应与委托方或资产占有方进行必要的沟通，根据评估项目的具体情况，确定合理的资产勘察和现场调查方式，确保评估工作的顺利进行。

5）收集资产评估资料

资料收集工作是资产评估质量的重要保证，也是形成评估结论的基础。评估专业人员应当独立获取评估所依据的信息，并确认信息来源是可靠的和适当的。

资产评估机构和评估专业人员应当根据资产评估项目的具体情况收集资产评估相关资料。不同的项目、不同的评估目的、不同的资产类型对评估资料有着不同的需求。另外，由于评估对象及其所在行业的市场情况、信息化和公开化程度差别很大，相关资料的可获取程度不同。资产评估机构和评估专业人员的执业能力在一定程度上就体现在其收集所执行项目相关的信息资料的能力上。资产评估机构和评估专业人员在日常工作中应当注意收集信息资料及其来源，并根据所承接项目的情况确定收集资料的深度和广度，尽可能全面、翔实地收集资料，并采取必要措施确保资料来源的可靠性。当然，根据资产评估项目的进展情况，资产评估机构和评估专业人员应当及时补充收集所需要的资料。

资产评估机构和评估专业人员应当收集的资产评估资料包括以下 10 个方面。

①有关资产权利的法律文件或其他证明材料。

②资产的性质、目前和历史状况信息。

③有关资产的剩余经济寿命和法定寿命信息。

④有关资产的适用范围和获利能力的信息。

⑤资产以往的评估及交易情况的信息。

⑥资产转让的可行性信息。

⑦类似资产的市场价格信息。

⑧卖方承诺的保证赔偿及其他附加条件。

⑨可能影响资产价值的宏观经济前景信息、行业状况及前景信息、企业状况及前景

信息。

⑩其他相关信息。

6)评定估算形成结论

资产评估机构和评估专业人员在占有资产评估资料的基础上,进入评定估算环节,主要包括分析资产评估资料、选择资产评估方法、运用资产评估方法评定估算资产价值、审核评估结论并最终确定评估结果。资产评估机构和评估专业人员应当根据本次评估目的和其他具体要求,对所收集的资产评估资料进行分析整理,挑选出相关、可靠信息,对不可比的信息进行必要的调整,并根据业务的需要及时补充收集相关信息。

成本法、市场法和收益法是三种通用的资产评估基本方法。从理论上讲,三种评估方法适用于任何资产评估项目,因此,在具体的资产评估业务中,评估专业人员应当首先考虑三种评估方法的适用性。对宜采用两种以上资产评估方法的评估项目,应当使用两种以上的资产评估方法。对于不采用某种资产评估方法,或者只采用某种资产评估方法的评估项目,评估专业人员应当予以必要说明。

资产评估人员在确定资产评估方法后,应当根据评估目的和评估价值类型,以及所收集的信息资料和具体的执业规范要求,恰当地形成初步的资产评估结论。采用成本法,应当在合理确定被评估资产的重置成本和各相关贬值因素的基础上得出评估初步结论;采用市场法,应当合理地选择参照物,并根据评估对象与参照物的差异进行必要调整,得出初步评估结论;采用收益法,应当在合理预测未来收益、收益期和折现率等相关参数基础上,得出初步评估结论。

在评估专业人员形成初步评估结论的基础上,评估专业人员和机构内部的审核人员对本次评估所使用的资料、经济技术参数等的数量、质量和选取依据的合理性进行综合分析,以确定资产评估结论。采用两种以上的评估方法时,评估专业人员和审核人员还应当综合分析评估方法的相关性和恰当性、相关参数选取的合理性,以确定最终资产评估结论。

7)编制和提交资产评估报告书

资产评估机构和评估专业人员在执行必要的资产评估程序并形成资产评估结论后,应当按有关资产评估报告的规范,在不引起误导的前提下,选择资产评估报告书的类型和详略程度编制资产评估报告书。资产评估报告书的主要内容包括委托方和资产评估机构情况、资产评估目的、资产评估结论、价值类型、资产评估基准日、评估方法及其说明、资产评估假设和限制等。评估专业人员完成初步评估报告书编制后,资产评估机构应当根据相关法律、行政法规、资产评估准则的规定和资产评估机构内部质量控制制度,对资产评估报告书进行必要的内部审核。资产评估机构和评估专业人员应当在规定的时间里以恰当的方式将资产评估报告书提交给委托人,在提交正式资产评估报告书之前,资产评估机构和评估专业人员可以与委托人等进行必要的沟通,听取委托人等对资产评估结论的反馈意见,资产评估机构和评估专业人员在保证其自身和评估结论独立性的前提下,向委托人等合理解释资产评估结论。

8）整理归集评估档案

评估档案是评价、考核评估专业人员专业能力和工作业绩的依据，是判断资产评估机构和承办评估业务的评估专业人员执业责任的重要证据，也是维护资产评估机构及评估专业人员合法权益的重要依据。评估档案的整理归集是资产评估工作中不可忽视的一个环节，是资产评估程序的重要组成部分。评估专业人员通常应当在资产评估报告日后 90 日内，整理工作底稿，并与其他相关资料形成评估档案，交由所在资产评估机构妥善管理。重大或者特殊项目的归档时限不晚于评估结论使用有效期届满后 30 日。评估专业人员应当整理归集的评估档案包括工作底稿、评估报告书和其他相关资料。工作底稿的整理和评估档案的归集应当符合法律、行政法规和资产评估准则的规定。

【思政园地】

资产评估助力国有资本和国有企业做强做优做大

党的二十大报告提出，"深化国资国企改革，加快国有经济布局优化和结构调整，推动国有资本和国有企业做强做优做大，提升企业核心竞争力""完善中国特色现代企业制度，弘扬企业家精神，加快建设世界一流企业"……

作为保障国有资产安全、防止国有资产流失、促进国有资产保值增值的专业行业，资产评估在国资国企深化改革、国有经济布局优化和结构调整、国企改革三年行动、国有资产证券化、混合所有制改革、破产重整以及并购重组等促进国企高质量发展的过程中扮演着重要角色。

当好国有资产管理"看门人"

"资产评估作为国有资产管理的'看门人'，通过参与国企结构调整与重组，在助力国企做强做优做大、提升核心竞争力中发挥着重要作用。"中联资产评估集团有限公司执行总裁韩荣向《中国会计报》记者介绍，资产评估助力国有资源向价值最大化方向流动的同时，可以促进国有经济布局优化和结构调整，推动国有资产有序流转。在深化国企改革中，可以进一步发挥公允价值尺度功能，将市场在资源配置中的决定性作用这一"看不见的手"与资产评估公允定价这一"看得见的手"结合，促进国有企业产权交易规范顺畅。

资产评估服务于国有企业全生命周期产权变动。国有企业以非货币资产出资新设公司、扩张阶段并购增资引战、资产股权处置、股改上市和重大重组等均需要评估。特别是在为国有资产保驾护航，如国企深化混合所有制改革、员工持股、"三去一降一补"，"两非""两资"剥离以及国企"双百行动"等一系列重要举措中，资产评估是其重要基础工作之一。

资产评估通过参与年底资产减值测试、公允价值计量、价值重估等评估专业价值判断改变了财务数据以历史成本计量的会计属性，客观反映了企业核心资产的公允价值，在提升国有企业会计信息质量方面发挥"关键的少数"作用。在重大境外并购中，评估机构帮助国企收购境外资产，为国有企业"走出去"及推进"一带一路"投资建设保驾护航。

在对外投资方面，资产评估行业能在国企投资决策过程中提供价值方面的专业参考意见，协助国有企业做大做强。

从服务内容看，一方面，国有资产法定评估在国有企业进行产权变动、对外投资等经济行为过程中,发挥了完善国有资产决策流程、为决策者提供价值参考的重要作用;另一方面,在非法定评估业务中,可以协助国有资产管理者完善国有企业财务管理与经营业绩指标体系的建立,为国有资产日常经营保驾护航。

从服务结果看,近几年,国企改革"两非""两资",处置了大量非主业、非优势、低效、无效资产,资产评估行业在此过程中深度参与,增强了国有企业的活力。

奋力推动国资国企做强做优做大

为深入学习贯彻党的二十大精神,奋力推动国资国企做强做优做大,资产评估师应尽力服务好每一宗国有企业评估项目,服务于国有企业深化改革,根据相关规则完备评估程序,做到勤勉尽责,确保在国企深化改革过程中强化资产评估机构的责任与担当。

在传统国企评估改革涉及的评估项目以外,对政府、国企的绩效评价、ESG 报表等其他经营管理方面提供评估专业服务时,应发掘评估专业价值与国企经营改革的供需结合点,促进国有企业改革顺利实施。

人才是行业发展的生力军,也是做好国有资产管理"看门人"最根本有效的保证。要加强对评估执业人员的管理,培养自发自觉自为的价值观及执行力,还要通过现代化管理、项目标杆化运行革命,培养精益求精的行事风格;严把新员工入口端,把具有认真负责、爱岗敬业等品质作为人才招聘的首选,并加强复合型人才的引进与培养。

(资料来源:根据《中国会计报》网站资料整理)

【思考题】

1. 什么是资产评估?它有哪些特点?资产评估的基本组成要素有哪些?
2. 资产评估的基本作用是什么?
3. 怎么理解资产评估的公正性和市场性特点?
4. 资产评估的目的在资产评估中有什么作用?
5. 常见的资产评估目的有哪些?
6. 资产评估价值类型主要有哪几种?
7. 资产评估应遵循哪些工作原则和经济技术原则?
8. 资产评估的程序包括哪些主要环节?
9. 资产评估业务委托合同包括哪些主要内容?
10. 资产评估计划的主要内容是什么?

【练习题】

一、单项选择题

1. 根据现行规章制度,各资产评估机构在从事资产评估工作时,应坚持(　　)。

　　A. 真实性、科学性、可行性　　　　　　　B. 独立性、客观性、科学性

　　C. 统一领导、分级管理　　　　　　　　　D. 独立性、可行性、科学性

2. 以产权变动为评估目的的是(　　)。

　　A. 资产抵押　　　　B. 企业兼并　　　　C. 财产纳税　　　　D. 财产担保

3. 资产评估是估计和判断资产价值的专业服务活动,评估价值是资产的(　　)。

 A. 现时价值　 B. 历史价值　 C. 阶段价值　 D. 时点价值

4. 整体企业中的要素资产评估主要适用于(　　)原则。

 A. 贡献　 B. 供求　 C. 替代　 D. 变化

5. 我国在(　　)年通过了《资产评估法》。

 A. 2014　 B. 2015　 C. 2016　 D. 2017

6. 资产评估最基本的前提假设是(　　)。

 A. 交易假设　 B. 公开市场假设

 C. 持续经营假设　 D. 清算假设

7. (　　)是不可确指的资产。

 A. 商标　 B. 机器设备　 C. 商誉　 D. 土地使用权

8. 同一项资产,在不同假设条件下,评估结果应(　　)。

 A. 相同　 B. 趋于一致　 C. 不相同　 D. 基本相同

9. N 企业面临破产,其控制权被外部势力所掌握,在这种情况下应该选择(　　)。

 A. 持续经营假设　 B. 强制清算假设

 C. 公开市场假设　 D. 有序清算假设

10. 资产评估结果的价值类型与资产的(　　)直接相关。

 A. 评估目的　 B. 评估方法　 C. 评估程序　 D. 评估基准日

11. 最佳使用假设多用于(　　)。

 A. 机器设备评估　 B. 房地产评估　 C. 商标权评估　 D. 企业价值评估

12. 在并不知道是否存在排水设施,也没有证据表明没有排水设施的情况下,假设排水设施齐全条件下评估土地的价值,需要应用(　　)。

 A. 最佳使用假设　 B. 非真实性假设　 C. 公开市场假设　 D. 特别假设

13. 对计划新建或改建的建筑物进行现时性评估时,假设评估基准日尚未完工的建筑物已经竣工,这体现的是(　　)。

 A. 移地使用假设　 B. 最佳使用假设　 C. 非真实性假设　 D. 特别假设

14. X 公司拥有一家大型超市,Y 公司拥有一个中式快餐厅,两个公司相邻。现在 X 公司要收购 Y 公司,应该选择的价值类型是(　　)。

 A. 清算价值　 B. 残余价值　 C. 投资价值　 D. 市场价值

15. 机器设备、房屋建筑物或其他有形资产等的拆零变现价值估计数额通常被称作(　　)。

 A. 清算价值　 B. 残余价值　 C. 投资价值　 D. 市场价值

16. 资产评估假设的基本作用是(　　)。

 A. 表明资产评估的作用　 B. 表明资产评估面临的条件

 C. 表明资产评估的性质　 D. 表明资产评估的价值类型

二、多项选择题

1. 属于同一种分类标准的资产有(　　)。

A. 有形资产、单项资产、不可确指资产　　　　B. 无形资产、固定资产、整体资产

C. 可确指的资产、不可确指的资产　　　　D. 单项资产、整体资产

E. 有形资产、无形资产

2. 资产评估的特点主要有(　　)。

　　A. 市场性　　　　　B. 强制性　　　　　C. 公正性

　　D. 咨询性　　　　　E. 行政性

3. 确定评估基准日的目的有(　　)。

　　A. 确定评估对象计价的时间　　　　　B. 确定评估机构的工作日程

　　C. 将动态下的企业资产固定在某一时期　　　　D. 将动态下的企业资产固定在某一时点

4. 按照资产评估经济行为,资产评估目的包括(　　)。

　　A. 转让　　　　　B. 抵(质)押　　　　　C. 公司设立、增资

　　D. 统计　　　　　E. 税收

5. 适用于资产评估的假设有(　　)。

　　A. 公开市场假设　　　B. 有序清算假设　　　C. 企业主体假设

　　D. 交易假设　　　　　E. 货币计量假设

6. 资产评估主要价值类型包括(　　)。

　　A. 市场价值　　　　　B. 投资价值　　　　　C. 在用价值

　　D. 清算价值　　　　　E. 协议价值

7. 影响资产市场价值的因素主要有(　　)。

　　A. 交易标的　　　　　B. 市场参与者个人　　　C. 投资者

　　D. 交易市场　　　　　E. 委托方

8. 下列各项中,属于资产评估经济技术原则的有(　　)。

　　A. 预期收益原则　　　B. 可行性原则　　　C. 供求原则　　　　　D. 贡献原则

9. 下列原则中,属于资产评估工作原则的有(　　)。

　　A. 独立性原则　　　　B. 客观公正性原则　　　C. 替代性原则

　　D. 科学性原则　　　　E. 供求原则

第 2 章

资产评估的基本方法

📖【学习目标】

本章主要阐述资产评估的 3 种基本方法:成本法、市场法和收益法。通过本章的学习,读者需要掌握各类评估方法的评估思路、应用前提和适用范围、计算公式及主要参数指标的确定方法,熟悉各类资产评估方法之间的联系和区别,能够正确选择合适的资产评估方法。

2.1　成本法

2.1.1　成本法及其前提条件

1)成本法的基本含义

成本法又称重置成本法,是指在评估资产时按被评估资产的重置成本减去其各项损耗价值来确定被评估资产价值的方法。采用成本法对资产进行评估的理论依据如下。

(1)资产的价值取决于资产的成本

资产的原始成本越高,资产的原始价值越大,反之则小,二者在质和量的内涵上是一致的。根据这一原理,采用成本法对资产进行评估,必须首先确定资产的重置成本。重置成本是指在现行市场条件下重新购建一项全新资产所支付的全部货币总额。重置成本与原始成本的内容构成是相同的,而二者反映的物价水平是不相同的,前者反映的是资产评估日期的市场物价水平,后者反映的是当初购建资产时的物价水平。在其他条件既定时,资产的重置成本越高,其重置价值越大。

(2)资产的价值是一个变量

资产的价值随资产本身的运动和其他因素的变化而变化。影响资产价值量变化的因素,除了市场价格,还有:①资产投入使用后,由于使用磨损和自然力的作用,其物理性能会不断下降,价值会逐渐减少。这种损耗一般称为资产的物理损耗或有形损耗,也称实体性贬值。②新技术的推广和运用,使企业原有资产与社会上普遍推广和运用的资产相比较,在技术上明显落后、性能降低,因此其价值也相应减少。这种损耗称为资产的功能性损耗,也称功能性贬值。③资产以外的外部环境因素(包括政治因素、宏观政策因素等)变化,引致资产价值降低。例如,政府实施新的经济政策或发布新的法规限制了某些资产的使用,使资产价值下降,这种损耗一般称为资产的经济性损耗,也称经济性贬值。

根据成本法的定义,资产评估值的基本计算公式可以表述为:

资产评估值=重置成本-实体性贬值额-功能性贬值额-经济性贬值额

成本法的计算公式为正确运用成本法评估资产提供了思路,在评估实操中,重要的是依照此思路,确定各项技术经济指标。

2)成本法的前提条件

采用成本法评估资产的前提条件如下。

①被评估资产处于继续使用状态或被假定处于继续使用状态。

②应当具备可利用的历史资料。成本法的应用是建立在历史资料基础上的,许多信息资料、指标需要通过历史资料获得。同时,现时资产与历史资产具有相同性或可比性。

③形成资产价值的耗费是必需的。耗费是形成资产价值的基础,采用成本法评估资产,首先要确定这些耗费是必需的,而且应体现社会或行业的平均水平。

2.1.2 成本法中基本要素的估算

1)重置成本的分类及其估算方法

重置成本一般可分为复原重置成本和更新重置成本。

复原重置成本是指运用与评估对象相同的材料、建筑或制造标准、设计、规格及技术等,以现时价格水平重新购建与评估对象相同的全新资产所发生的费用。

更新重置成本是指利用新型材料,并根据现代标准、新型设计及技术等,以现时价格水平生产或建造与评估对象具有同等功能的全新资产所需的费用。

更新重置成本和复原重置成本的相同方面在于采用的都是资产的现时价格,但在技术、设计、标准等方面有差异。应该注意的是,无论是更新重置成本还是复原重置成本,资产本身的功能不变。在同时可获得复原重置成本和更新重置成本的情况下,应选择更新重置成本,因为它符合技术进步的要求和市场竞争的法则。

重置成本的估算方法一般如下。

(1)重置核算法

重置核算法是指按资产成本的构成,把以现行市价计算的全部购建支出按其计入成本的形式,区分为按直接成本和间接成本来估算重置成本的一种方法。直接成本是指购建全新资产时所花费的直接计入购建成本的那部分成本,如房屋建筑物的基础、墙体、屋面、内装修等项目成本,机器设备类资产的购置费用、安装调试费、运杂费等项目成本。直接成本应按现时价格逐项加总。间接成本是指构建过程中不能直接计入成本,但又与资产形成有关的一些支出,如企业管理费、前期准备费等。在实际工作中,间接成本可以通过下列方法计算。

①按人工成本比例法计算,计算公式为:

$$间接成本=人工成本总额×成本分配率$$

其中

$$成本分配率=\frac{间接成本额}{人工成本额}×100\%$$

②按直接成本百分率法计算,计算公式为:

$$间接成本=直接成本×间接成本占直接成本的百分比$$

【例2.1】重置购建设备一台,现行市场价格为每台5万元,运杂费1000元,直接安装成本为800元,其中原材料300元,人工成本500元。根据统计分析,计算求得安装成本中的间接成本为人工成本的80%,该机器设备的重置成本为:

$$直接成本=50000+1000+800=51800(元)$$
$$重置成本合计=51800+400=52200(元)$$

其中,直接成本为51800元;间接成本(安装成本)为500×0.8=400(元)。

(2)价格指数法

价格指数法是利用与资产有关的价格变动指数,将被评估资产的历史成本(账面价值)调整为重置成本的一种方法,其计算公式为:

$$重置成本=资产的历史成本×价格指数$$

或

$$重置成本=资产的历史成本×(1+价格变动指数)$$

式中,价格指数可以是定基价格指数,也可以是环比价格指数。

定基价格指数是评估基准日的价格指数与资产购建时点的价格指数之比,即:

$$定基价格指数=\frac{评估基准日价格指数}{资产购建时点的价格指数}$$

环比价格指数可考虑按下式求得:

$$X=(1+a_1)×(1+a_2)×(1+a_3)×\cdots×(1+a_n)×100\%$$

式中,X 为环比价格指数;a_n 为第 n 年环比价格变动指数,$n=1,2,3,\cdots,n$。

【例2.2】某项被评估资产购建时账面原值为50万元,当时该类资产的定基价格指数为85%,评估基准日该类资产的定基价格指数为130%,则:

$$被评估资产重置成本=500000×(130\%÷85\%)≈764706(元)$$

【例2.3】被评估资产账面价值为20万元,2015年建成,2020年进行评估,经调查已知同类资产环比价格变动指数分别是:2016年为10%,2017年为17%,2018年为25%,2019年为25%,2020年为30%,则:

$$被评估资产重置成本=200000×(1+10\%)×(1+17\%)×$$
$$(1+25\%)×(1+30\%)×100\%$$
$$≈522844(元)$$

价格指数法与重置核算法是估算重置成本时较常用的方法,但二者具有明显的区别,表现在以下两个方面。

①价格指数法仅考虑了价格变动因素,因而确定的是复原重置成本;而重置核算法既考虑了价格因素,又考虑了生产技术进步和劳动生产率的变化因素,因而可以估算复原重置成本和更新重置成本。

②价格指数法建立在不同时期的某一种或某类甚至全部资产的物价变动水平上;而重置核算法建立在现行价格水平与购建成本费用核算的基础上。

明确价格指数法和重置核算法的区别,有助于在重置成本估算中对方法的判断和选择。对一项科学技术进步较快的资产,采用价格指数法估算的重置成本往往会偏高。当然,价格指数法和重置核算法也有其相同点,即都是建立在利用历史资料的基础上。因此,注意判断、分析资产评估时重置成本口径与委托方提供的历史资料(如财务资料)的口径差异,是应用上述两种方法时需共同注意的问题。

(3)功能价值类比法

功能价值类比法,是指利用某些资产的功能(生产能力)的变化与其价格或重置成本的变化呈某种指数关系或线性关系,通过参照物的价格或重置成本,以及功能价值关系估测评估对象价格或重置成本的技术方法。当资产的功能变化与其价格或重置成本的变化呈线性关系时,人们习惯把线性关系条件下的功能价值类比法称为生产能力比例法,而把非线性关系下的功能价值类比法称为规模经济效益指数法。

①生产能力比例法。这种方法通过寻找一个与被评估资产相同或相似的资产为参照物,根据参照物的重置成本及参照物与被评估资产生产能力的比例,估算被评估资产的重置成本。其计算公式为:

$$被评估资产重置成本 = \frac{被评估资产年产量}{参照物年产量} \times 参照物重置成本$$

【例2.4】某重置的一台全新机器设备价格为5万元,年产量为5000件。现知被评估资产年产量为4000件,由此可以确定其重置成本为:

$$被评估资产重置成本 = \frac{4000}{5000} \times 5 = 4(万元)$$

这种方法运用的前提条件和假设是资产的成本与其生产能力呈线性关系,生产能力越强,成本越高。应用这种方法估算重置成本时,首先应分析资产成本与生产能力之间是否存在这种线性关系,如果不存在这种线性关系,就不可以采用这种方法。

②规模经济效益指数法。通过对不同资产的生产能力与其成本之间关系的分析可以发现,许多资产的成本与其生产能力之间不存在线性关系,当资产A的生产能力比资产B的生产力强1倍时,其成本却不一定多1倍,也就是说,资产生产能力和成本之间只呈同方向变化,而不是等比例变化,这是规模经济效益作用的结果。两项资产的重置成本和生产能力相比较,其关系可用下列公式表示:

$$\frac{被评估资产重置成本}{参照物资产的重置成本} = \left(\frac{该评估资产的产量}{参照物资产的产量}\right)^x$$

$$被评估资产的重置成本 = 参照物资产的重置成本 \times \left(\frac{该评估资产的产量}{参照物资产的产量}\right)^x$$

公式中的 x 是一个经验数据,称为规模经济效益指数。在美国,这个经验数据一般在 $0.4 \sim 1.2$,如加工工业一般为 0.7,房地产行业一般为 0.9。我国到目前为止尚未有统一的经验数据,大家在评估过程中要谨慎使用这种方法。公式中参照物一般可选择同类资产中的标准资产。

(4)统计分析法

在用成本法对企业整体资产及某一相同类型资产进行评估时,为了简化评估业务,节省评估时间,还可以采用统计分析法确定某类资产的重置成本,这种方法的运用步骤如下。

第一,在核实资产数量的基础上,把全部资产按照适当标准划分为若干类别,如:将房屋建筑物按结构划分为钢结构、钢筋混凝土结构等;将机器设备按有关规定划分为专用设备、通用设备、运输设备、仪器、仪表等。

第二,在各类资产中抽样选择适量具有代表性的资产,应用功能价值类比法、价格指数法、重置核算法等方法估算其重置成本。

第三,依据分类抽样估算资产的重置成本额与账面历史成本,计算出分类资产的调整系数。其计算公式为:

$$K = \frac{R'}{R}$$

式中,K 为资产重置成本与历史成本的调整系数;R' 为某类抽样资产的重置成本;R 为某类抽样资产的历史成本。

根据调整系数 K 估算被评估资产的重置成本,计算公式为:

$$被评估资产的重置成本 = \sum 某类资产账面历史成本 \times K$$

某类资产账面历史成本可从会计记录中取得。

【例2.5】评估某企业某类通用设备,经抽样选择具有代表性的适用设备 5 台,估算其重置成本之和为 30 万元,而该 5 台具有代表性通用设备的历史成本之和为 20 万元,该类通用设备账面历史成本之和为 500 万元。则:

$K = 30 \div 20 = 1.5$

该类通用设备的重置成本 $= 500 \times 1.5 = 750$(万元)

上述 4 种方法均可用于确定在成本法运用中的重置成本。至于选用哪种方法,应根据具体的评估对象和可以搜集到的资料确定。这些方法对某项资产可能同时都能适用,但应用时必须注意分析方法运用的前提条件,否则将得出错误的结论。

2)资产实体性贬值的估算方法

资产的实体性贬值是资产由于使用和自然力作用形成的贬值。估算实体性贬值一般可以采取以下三种方法。

(1)观察法

观察法也称成新率法,是指对被评估资产,由具有专业知识和丰富经验的工程技术人员对资产的实体各主要部位进行技术鉴定,并综合分析资产的设计、制造、使用、磨损、维护、修理、改造情况和物理寿命等因素,将评估对象与其全新状态相比较,考察由于使用磨损和自然损耗对资产的功能、使用效率带来的影响,判断被评估资产的实体性成新率,从而估算实体性贬值额。其计算公式为：

$$资产实体性贬值额=重置成本×实体性贬值率$$

或

$$资产实体性贬值额=重置成本×(1-实体性成新率)$$

式中，实体性成新率是反映评估对象的现行实体性价值与其全新状态重置价值的比率。实体性成新率的确定可以通过对比分析、技术测定和定性观察等方法来实现。当某些资产各组成部分新旧程度不一致时，应根据各部分的重要程度和成本比重，计算其加权平均的新旧程度。实体性成新率与实体性贬值率的关系是：

$$实体性贬值率=1-实体性成新率$$

（2）使用年限法

使用年限法（或称年限法）利用被评估资产的实际已使用年限与其总使用年限的比值来判断其实体性贬值率（程度），进而估测资产的实体性贬值额。相关计算公式为：

$$资产实体性贬值率=\frac{实际已使用年限}{总使用年限}$$

$$资产实体性贬值额=(重置成本-预计残值)×资产实体性贬值率$$

即

$$资产实体性贬值额=\frac{重置成本-预计残值}{总使用年限}×实际已使用年限$$

式中，①预计残值是指被评估资产在清理报废时净收回的金额。在资产评估中，通常只考虑金额较大的残值，对金额较小的残值可以忽略不计。②总使用年限指的是实际已使用年限与尚可使用年限之和。其计算公式为：

$$总使用年限=实际已使用年限+尚可使用年限$$

其中

$$实际已使用年限=名义已使用年限×资产利用率$$

资产在使用中会受负荷程度的影响，必须将资产的名义已使用年限调整为实际已使用限。

名义已使用年限是指资产从购进使用到评估时的年限。名义已使用年限可以通过会计记录、资产登记簿、登记卡片查询确定。实际已使用年限是指资产在使用中实际损耗的年限。实际已使用年限与名义已使用年限的差异，可以通过资产利用率来调整。资产利用率的计算公式为：

当资产利用率>1时，表示资产超负荷运转，资产实际已使用年限比名义已使用年限长；当资产利用率=1时，表示资产满负荷运转，资产实际已使用年限等于名义已使用年限；当资产利用率<1时，表示开工不足，资产实际已使用年限小于名义已使用年限。

在实际评估过程中，资产利用率往往很难确定。评估人员应综合分析资产的运转状态，如资产开工情况、大修间隔期、原材料供应情况、电力供应情况、是否季节性生产等各方面因素确定。尚可使用年限是根据资产的有形损耗因素，预计的资产继续使用年限。

【例2.6】某资产2010年2月购进，2020年2月评估时，名义已使用年限是10年。根据该资产技术指标，在正常使用情况下，其每天应工作8小时，但该资产实际每天工作7.5小时。由此计算的资产利用率为：

$$资产利用率 = \frac{10 \times 360 \times 7.5}{10 \times 360 \times 8} \times 100\% = 93.75\%$$

由此可确定其实际已使用年限约为 9.4 年。

此外,评估中经常遇到被评估资产是经过更新改造的情况。对于更新改造过的资产,计算其实体性损耗时,还应充分考虑更新改造投入的资金对资产寿命的影响,否则可能过高地估计实体性损耗。

对更新改造问题,一般采取加权法来确定资产的实体性损耗。也就是说,先计算加权更新成本,再计算加权平均已使用年限。相关计算公式为:

加权更新成本(加权投资成本) = 已使用年限 × 更新成本(或现行成本)

$$加权平均已使用年限 = \frac{\sum 加权更新成本}{\sum 更新成本}$$

【例 2.7】某资产构建于 2007 年,于 2012 年和 2017 年分别进行了更新改造,现于 2023 年进行评估,有关资料见表 2.1。

表 2.1　某待评估资产的加权更新成本

购建或更新时间	成本(元)	已使用年限(年)	加权更新成本(元)
2004 年	200000	16	3200000
2009 年	50000	11	550000
2014 年	100000	6	600000
合计	350000		4350000

加权平均已使用年限 = 4350000 ÷ 350000 ≈ 12.43(年)

(3)修复费用法

修复费用法是利用恢复资产功能所支出的费用金额来直接估算资产实体性贬值的一种方法。

修复费用包括资产主要零部件的更换或者修复、改造、停工损失等费用支出。如果资产可以通过修复恢复到其全新状态,可以认为资产的实体性损耗等于其修复费用。

3)资产功能性贬值的估算方法

功能性贬值是由于技术相对落后造成的贬值,属于无形损耗。估算功能性贬值时,主要根据资产的效用、生产加工能力、工耗、物耗、能耗水平等功能方面的差异造成的成本增加或效益降低,相应确定功能性贬值额。同时,还要重视技术进步因素,注意替代设备、替代技术和替代产品的影响,以及行业技术装备水平现状和资产更新换代速度。功能性贬值额的估算方法有以下两种。

(1)超额运营成本现值法

通常情况下,采用超额运营成本现值法估算资产功能性贬值额可以按下列步骤进行。

第一,将被评估资产的年运营成本与功能相同但性能更好的新资产的年运营成本进行比较。

第二,计算二者的差异,确定净超额运营成本。由于企业支付的运营成本是在税前扣除的,企业支付的超额运营成本会引致税前利润额下降、所得税税额降低,使企业负担的运营成本低于其实际支付额,因此,净超额运营成本是超额运营成本扣除所得税以后的余额。

第三,估计被评估资产的剩余寿命。

第四,以适当的折现率将被评估资产在剩余寿命内每年的净超额运营成本折现,这些折现值之和就是被评估资产功能性损耗(贬值)。其计算公式为:

$$被评估资产功能性贬值额 = \sum（被评估资产年净超额运营成本 \times 折现系数）$$

【例2.8】对于某种机器设备,技术先进的设备比原有的陈旧设备生产效率高,节约工资费用,有关资料见表2.2。

表2.2　某设备的技术资料

项目	技术先进设备	技术陈旧设备
月产量	10000 件	10000 件
单件工资	0.80 元	1.20 元
月工资成本	8000 元	12000 元
月差异额		12000−8000＝4000 元
年工资成本超支额		4000×12＝48000 元
减:所得税(税率25%)		12000 元
扣除所得税后年净超额工资		36000 元
资产剩余使用年限		5 年
假定折现率为10%,5年年金折现系数		3.7908
功能性贬值额		136468.8 元

应当指出,对于新老技术设备的对比,还可对原材料消耗、能源消耗以及产品质量等指标进行对比计算其功能性贬值额。

(2)超额投资成本估算法

功能性贬值额的估算还可以通过超额投资成本的估算进行,即超额投资成本可视同功能性贬值额。其计算公式为:

$$功能性贬值额 = 复原重置成本 - 更新重置成本$$

4)资产经济性贬值的估算方法

经济性贬值是由于外部环境变化造成的资产贬值。就表现形式而言,资产的经济性贬值主要表现为运营中的资产利用率下降,甚至闲置,并由此引起资产的运营收益减少。当有确切证据表明资产已经存在经济性贬值时,可参考下面的方法估测其经济性贬值率或经济性贬值额。

(1)间接计算法

这种方法通过估算被评估资产生产能力的变化来评价经济性损耗。首先计算经济性贬值率,然后再计算经济性贬值额。

$$经济性贬值率=\left(1-\frac{资产预计可被利用的生产能力}{资产原设计生产能力}\right)^{x}\times100\%$$

式中,x 为规模经济效益指数,实践中多采用经验数据。

经济性贬值额的计算应以评估对象的重置成本或重置成本减去实体性贬值额和功能性贬值额后的结果为基数,按确定的经济性贬值率估测。

(2)直接计算法

在直接计算法下,经济性贬值额的计算公式如下:

$$经济性贬值额 = 资产年收益损失额 \times (1-所得税税率)\times(P/A,r,n)$$

式中,$(P/A,r,n)$ 为年金现值系数。

【例2.9】某被评估生产线的设计生产能力为年产20000台产品,因市场需求结构发生变化,在未来可使用年限内,每年产量估计要减少6000台。根据上述条件,假设功能价值指数为0.6,该生产线的经济性贬值率大约在以下水平:

$$经济性贬值率 = \{1-[(20000-6000)\div20000]^{0.6}\times100\%\} \approx (1-0.81)\times100\% = 19\%$$

又如,数据承上例,假定每年减少6000台产品,每台产品损失利润100元,该生产线尚可继续使用3年,企业所在行业的投资回报率为10%,所得税税率为25%。则该生产线的经济性贬值额大约为:

$$
\begin{aligned}
经济性贬值额 &=(6000\times100)\times(1-25\%)\times(P/A,10\%,3)\\
&=450000\times2.4869\\
&=1119105(元)
\end{aligned}
$$

在实际评估工作中也有经济性溢价的情况,即当评估对象及其产品有良好的市场及市场前景,或有重大政策利好时,评估对象就可能存在着经济性溢价。

2.2　收益法

2.2.1　收益法及其前提条件

1)收益法的基本含义

收益法又称收益现值法,是指通过估测被评估资产未来预期收益的现值来判断资产价值的各种评估方法的总称。

它服从于资产评估中按利求本的思路,即采用资本化和折现的途径及其方法来判断和估算资产价值。该思路认为,任何一个理智的投资者在购置或投资于某一资产时,所愿意支付或投资的货币数额不会高于所购置或投资的资产在未来能给其带来的回报,即收益额。收益法利用投资回报和收益折现等技术手段,把评估对象的预期获利能力和获利风险作为两个关键指标来估测评估对象的价值。

根据评估对象的预期收益来评估其价值,容易被资产业务各方所接受。所以,从理论上讲,收益法是资产评估中较为科学合理的评估方法之一。当然,运用收益法评估尚需满足一些前提条件。

2)收益法的前提条件

因为收益法的运用受被评估资产的预期收益、折现率和被评估资产使用年限的制约,因此,运用收益法的前提条件如下。

①被评估资产的未来收益可以用货币计量。评估对象的预期收益必须能被较为合理地估测。这就要求被评估资产与其经营收益之间存在着较为稳定的比例关系。同时,影响资产预期收益的主观因素和客观因素也应是比较明确的,评估人员可以据此分析和测算被评估资产的预期收益。

②被评估资产所承担的风险可以预测并可以用货币计量。被评估对象所具有的风险可以估测是测算折现率的前提。被评估对象所处的行业不同、地区不同和企业不同,都会不同程度地体现在资产拥有者的获利风险上。对于投资者来说,风险大的投资,要求的回报率就高;而风险小的投资,其要求的回报率也可以相应降低。

③被评估资产的使用年限可以预测。被评估对象的使用年限,即取得预期收益的持续时间,是影响评估值的重要因素之一,因此,必须能够合理地预测。

2.2.2　收益法的基本参数

运用收益法进行评估涉及许多经济技术参数,其中最重要的参数有收益额、折现率和收益期限。

1)收益额

收益额是运用收益法评估资产价值的基本参数之一。在资产评估中,资产的收益额是指根据投资回报的原理,资产在正常情况下所能得到的归属于产权主体的所得额。

资产评估中的收益额有两个比较明确的特点:①收益额是资产未来预期收益额,而不是资产的历史收益额或现实收益额;②用于资产评估的收益额通常是资产的客观收益,而不一定是资产的实际收益。

因资产种类较多,不同种类资产收益额的表现形式亦不完全相同。至于选择哪一种作为收益额,评估人员应根据所评估资产的类型、特点及评估目的决定,重要的是准确反映资产收益,并与折现率口径保持一致。关于收益额预测的内容将在以后各章结合各类资产的具体情况分别介绍。

2)折现率

要确定折现率,首先应该明确折现的内涵。折现作为一个时间优先的概念,认为将来的收益或利益低于现在的收益或利益,并且随着收益时间向将来推进的程度而有序地降低价值。同时,折现作为一个算术过程,把一个特定比率应用于预期的收益,从而得出当前的价值。这个特定比率即折现率。从本质上讲,折现率是一种期望投资报酬率,是投资者在投资风险一定的情况下,对投资所期望的回报率。折现率就其构成而言,是由无风险报酬率和风险报酬率组成的。

无风险报酬率,也称安全利率,是指没有投资限制和障碍,任何投资者都可以投资并能够获得的投资报酬率。在具体实践中,无风险报酬率可以参照同期国库券利率或银行储蓄利率确定。

风险报酬率是对风险投资的一种补偿,在数量上是指超过无风险报酬率的那部分投资回报率。

在资产评估中,因资产的行业分布、种类、市场条件等不同,资产折现率亦不相同。与折现率相近的一个概念是本金化率。本金化率与折现率在本质上是没有区别的,只是适用场合不同。人们习惯将未来有限期预期收益折算成现值的比率称为折现率,而将未来永续性预期收益折算成现值的比率称为本金化率或资本化率。至于折现率与本金化率在量上是否相等,主要取决于同一资产在未来不同的时期所面临的风险是否相同。

折现率的估算方法主要有以下三种。

①市场比较法。该方法通过对市场上的相似资产的投资收益率的调查和比较分析,来确定待评估资产的投资期望回报率。

例如,对一台待评估机器设备,通过在资产交易市场上调查,得到三台与待评估机器设备同类的资产交易事例,分析得到它们的投资期望回报率分别为9%、9.5%和10.2%,求得它们的平均数为9.6%,则以9.6%作为待评估资产的折现率。

②资本资产定价模型法。资本资产定价模型是用来测算权益资本折现率的一种工具。用公式表示如下:

资产折现率 = 无风险报酬率 + 资产市场风险补偿 × 风险系数

= 无风险报酬率 + (社会平均收益率 − 无风险报酬率) × 风险系数

式中,风险系数用 β 表示。

可以看出,资产折现率与风险呈线性关系,这种关系如图2.1所示。

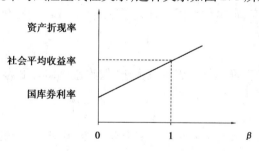

图2.1　资本资产定价模型

假如电子业的 β 为1.52,无风险报酬率为6%,市场风险补偿为7%,则电子类企业整体的资产折现率为16.64%(6% +7%×1.52)。这里需要说明的是,利用该模型确定的折现率是资产的权益成本,而非资本成本。

③加权平均资本成本法。使用加权平均资本成本法既考虑权益资本的成本,也考虑负债资本的成本。用公式表示为:

加权平均资本成本(折现率)= 权益成本×权益比+负债成本×负债比

其中

$$权益成本 = 无风险报酬率 + 风险报酬率$$
$$风险报酬率 = (社会平均收益率 - 无风险报酬率) \times 风险系数$$

【例2.10】被评估企业长期负债占投资资本的比重为50%,平均长期负债成本为6%。据调查,评估时社会平均收益率为9%,无风险报酬率为4%,被评估企业所在行业的平均风险与社会平均风险的比率(β)为0.8。则:

风险报酬率 = (9% − 4%) × 0.8 = 4%

所有者权益要求的回报率 = 4% + 4% = 8%

加权平均资本成本(折现率) = 50% × 6% + 50% × 8% = 7%

3)收益期限

收益期限是指资产具有获利能力持续的时间,通常以年为时间单位。收益期限由评估人员根据被评估资产自身效能及相关条件,以及有关法律、法规、契约、合同等加以测定。

2.2.3 收益法的基本计算公式

收益法按评估对象未来预期收益有无限期划分,分为有限期评估方法和无限期评估方法;按评估对象预期收益额的情况划分,分为等额收益评估方法和非等额收益评估方法等。不同的评估方法的计算公式不尽相同,以下就等额收益评估方法和非等额收益评估方法分别给出相应的计算公式。

首先对所用字符的含义做如下统一的规定:P为评估值;i为年序号;P_n为未来第n年的预计变现值;R为未来第i年的预期收益;r为折现率或资本化率;r_i为第i年的折现率或资本化率;t为收益年期;n为收益年期;A为年金。

1)等额收益评估方法

①在纯收益每年不变、资本化率固定且大于零、收益年期无限的情况下:

$$P = \frac{A}{r}$$

②在纯收益每年不变、资本化率固定且大于零、收益年期有限为n的情况下:

$$P = \frac{A}{r}\left[1 - \frac{1}{(1+r)^n}\right]$$

【例2.11】某房产在未来5年内年均净租金收入为20万元,折现率固定为12%,则房产的评估价值为:

$$20 \div 12\% \times \left[1 - 1 \div (1+12\%)^5\right] \approx 71.67(万元)$$

③在纯收益每年不变、收益年期有限为n、资本化率为零的情况下:

$$P = A \times n$$

2)非等额收益评估方法

①纯收益在若干年前有变化、在若干年后保持不变。具体分为以下两种情况。

a. 在纯收益在n年(含第n年)以前有变化、纯收益在n年(不含第n年)以后保持不变、收益年期无限、r 大于零的情况下可采用分段法。分段法根据资产收益的特征,把资产永续经营期分为前后两期,分别采用不同的方法计算两期收益折现值。前期收益折现值和后期收益折现值相加即为资产的收益现值。其基本公式为:

$$P = \sum_{i=1}^{n} \frac{R_i}{(1+r)^i} + \frac{A}{r(1+r)^n}$$

应当指出,确定后期年金 A 的方法,一般以前期最后 1 年的收益额作为后期永续年金收益的标准,也可以预测后期第 1 年的收益作为永续年金收益。

【例2.12】对某企业进行预测,得知未来各年收益见表2.3,折现率选用12%,试按分段法计算其收益现值。

表2.3 未来各年收益表

第一段	预期收益额(万元)	折现系数	折现值(万元)
第一年	40	0.8929	35.72
第二年	30	0.7972	23.92
第三年	60	0.7118	42.71
第四年	40	0.6355	25.42
第五年	30	0.5674	17.02
合计	200		144.79

第二段收益现值为(以第 5 年收益额作为第 6 年后的永续年金收益,其折现率为12%):

30÷0.12=250(万元)(第二段在第 6 年年初的资本化值)

250×0.5674=141.85(万元)(第二段折现值)

预期收益现值=144.79+141.85=286.64(万元)

b. 在纯收益在 t 年(含第 1 年)以前有变化、纯收益在 t 年(不含第 t 年)以后保持不变、收益年期有限为 n、r 大于零的情况下也需采用上述分段法。计算公式为:

$$P = \sum_{i=1}^{n} \frac{R_i}{(1+r)^i} + \frac{A}{r(1+r)^n}\left[1 - \frac{1}{(1+r)^{n-t}}\right]$$

这里需要注意的是,纯收益 A 的收益年期是$(n-1)$,而不是 n。

②纯收益按等比级数变化。具体可以分为以下两种情况。

a. 在纯收益按等比级数递增、纯收益逐年递增比率为 s、收益年期无限、$r>s>0$ 的情况下:

$$P = \frac{A}{r-s}$$

【例2.13】某房产 2018 年的纯收益为 200 万元,资本化率为11%,若未来各年的纯收益将在上一年的基础上增长3%,则该房产的评估价值为:

200÷(11%−3%)=2500(万元)

b. 在纯收益按等比级数递增、纯收益逐年递增比率为 s、收益年期有限为 n、$r>s>0$ 时:

$$P = \frac{A}{r-s}\left[1 - \frac{(1+s)^n}{(1+r)^n}\right]$$

2.3 市场法

2.3.1 市场法及其前提条件

1)市场法的基本含义

市场法又称市场比较法或现行市价法,是指通过市场调查,选择市场上与评估对象同样或类似的资产,利用其近期交易价格,经过直接比较或类比分析以估测资产价值的各种评估技术方法的总称。

市场法是资产评估中若干评估思路中的一种,也是实现该评估技术思路的若干评估技术方法的集合。

市场法是指根据替代原则,采用比较和类比的思路及其方法判断资产价值的评估技术过程。因为任何一个正常的投资者在购置某项资产时,所愿意支付的价格不会高于市场上具有相同用途的替代品的现行市价。

运用市场法要求充分利用类似资产成交价格信息,并以此为基础判断和估测被评估资产的价值。运用已被市场检验了的结论来评估被评估对象,显然是容易被资产业务各当事人所接受的。因此,市场法是资产评估中最为直接、最具说服力的评估方法之一。当然,通过市场法进行资产评估,尚需满足一些最基本的条件。

2)市场法的前提条件

应用市场法进行资产评估,必须具备以下前提条件。

一是需要有一个活跃、公开的资产市场。市场经济条件下,市场交易的商品种类很多,资产作为商品,是市场发育的重要方面。资产市场越活跃,资产交易越频繁,与被评估资产相类似资产的价格信息就越容易获得。公开市场是一个充分的市场,市场上有自愿的买者和卖者,他们之间进行平等交易,这就排除了个别交易的偶然性,市场成交价格基本上可以反映市场行情。按市场行情估测被评估资产的价值,评估结果会更贴近市场,更容易被资产交易各方所接受。

二是公开市场上要有可比的资产及其交易活动。资产及其交易的可比性是指选择的可比资产及其交易活动在近期公开市场上已经发生过,且与被评估资产及资产业务相同或相似。这些已经完成交易的资产就可以作为被评估资产的参照物,其交易数据是进行比较分析的主要依据。

资产及其交易的可比性主要体现在以下三个方面:①参照物与评估对象在功能上具有

可比性,包括用途、性能上的相同或相似;②参照物与被评估对象面临的市场条件具有可比性,包括市场供求关系、竞争状况和交易条件等;③参照物成交时间与评估基准日间隔时间不能过长,应在一个适度的时间范围内,同时,时间对资产价值的影响是可以调整的。运用市场法,重要的是找到与被评估资产相同或相类似的参照物。但与被评估资产完全相同的资产是很难找到的,这就要求对类似资产参照物进行调整。有关调整的指标、技术参数能否获取,是决定市场法运用与否的关键。

2.3.2 市场法的基本程序

运用市场法评估资产时,一般按下列步骤进行。

1)明确评估对象

明确评估对象,确定描述评估对象的主要参数,如功能指标及成新率等,并以此作为选择市场参照物的可比因素。

2)选择参照物

不论评估对象是单项资产还是整体资产,采用市场法时都需经历选择参照物这个程序。选择参照物的关键要求包括:①可比性,包括功能、市场条件及成交时间等;②参照物的数量问题。无论参照物与评估对象如何相似,通常参照物应选择三个以上。

因为运用市场法评估资产价值,被评估资产价值的高低在很大程度上取决于参照物的成交价格,而参照物的成交价格又不仅是参照物自身功能的市场体现,它还受买卖双方交易地位、交易动机和交易时限等因素的影响。为了避免某个参照物在个别交易中的特殊因素和偶然因素对成交价格及评估值产生的影响,运用市场法评估资产时应尽可能选择多个参照物。

3)在评估对象与参照物之间选择比较因素

从理论上讲,影响资产价值的基本因素大致相同,如资产性质、市场条件等,但具体到每一种资产时,影响资产价值的因素又各有侧重。例如,影响房地产价值的主要因素是地理位置,而技术水平则在机器设备评估中起主导作用。所以,应根据不同种类资产价值形成的特点,选择对资产价值形成影响较大的因素作为对比指标,以便在参照物与评估对象之间进行比较。具体来说,运用市场法评估单项资产时应考虑的比较因素主要有以下四个。

①资产的功能。资产的功能是资产使用价值的主体,是影响资产价值的重要因素之一。在资产评估中强调资产的使用价值或功能,并不是从纯粹抽象意义上去讲,而是结合社会需求,从资产实际发挥效用的角度来考虑。也就是说,在社会需要的前提下,资产功能越好,其价值越高,反之亦然。

②资产的实体特征和质量。资产的实体特征主要是指资产的外观、结构、役龄和规格型号等;资产的质量主要是指资产本身的建造或制造工艺水平。

③市场条件。这主要考虑参照物成交时与评估时的市场条件及供求关系的变化情况。

在一般情况下,供不应求时,价格偏高;供过于求时,价格偏低。市场条件的差异对资产价值的影响应引起评估人员足够的关注。

④交易条件。交易条件主要包括交易批量、交易动机、交易时间等。交易批量不同,交易对象的价格就可能不同;交易动机对资产交易价格也有影响;在不同的交易时间,资产的交易价格也会有差异。

4)因素对比、量化差异

根据所选定的比较因素,在参照物及评估对象之间进行比较,并将两者的差异进行量化。例如,对于资产功能因素,尽管参照物与评估对象的功能相同或相似,但在生产能力、产品质量及在资产运营过程中的能耗、料耗和工耗等方面都可能有不同程度的差异。运用市场法的一个重要环节就是将参照物与评估对象比较因素之间的上述差异进行数量化和货币化。

5)调整已经量化的比较因素差异

市场法以参照物的成交价格作为评定、估算评估对象价值的基础。在各参照物成交价格的基础上,将已经量化的参照物与评估对象比较因素的差异进行调增或调减,就可以得到以每个参照物为基础的评估对象的初步评估结果。初步评估结果与所选择的参照物个数密切相关。

6)确定评估结果

按照一般要求,运用市场法通常应选择三个以上的参照物,所以在一般情况下,运用市场法评估的初步结果也在三个以上。而根据资产评估的惯例,正式的评估结果只能有一个,这就需要评估人员对若干初步评估结果进行综合分析,以确定最终的评估价值。

要确定最终的评估价值,主要取决于评估人员对参照物的把握和对评估对象的认识。当然,如果参照物与评估对象的可比性都很好,评估过程中没有明显的遗漏或疏忽,采用算术平均法或加权平均法等方法将初步评估结果转换成最终评估结果也是可以的。

2.3.3 市场法中的具体评估方法

市场法是在一种评估思路下的若干种具体评估方法的集合,它可以根据不同的划分标准进行分类。这些分类并不是严格意义上的方法分类,大多是尊重某种习惯的分类,分类仅仅是为了叙述和学习便利。按照参照物与评估对象的相近相似程度,市场法中的具体评估方法可以分为两大类:直接比较法和类比调整法。

1)直接比较法

直接比较法又称直接法,是指利用参照物的交易价格及参照物的某一基本因素直接与评估对象的同一基本因素进行比较,从而判断评估对象评估值的方法。其基本计算公式可表示为:

$$评估对象评估值=参照物成交价格×\frac{评估对象 A 因素}{参照物 A 因素}$$

直接比较法直观简捷,便于操作,但通常对参照物与评估对象之间的可比性要求较高,参照物与评估对象要达到相同或基本相同,仅在某一因素上存在差异,如新旧程度、交易时间、功能、交易条件等。直接比较法下主要有以下七种具体的评估方法。

(1)现行市价法

现行市价法是指直接利用评估对象或参照物在评估基准日的现行市场价格作为评估对象的评估价值的方法。这是在评估对象本身具有现行市场价格或与评估对象基本相同的参照物具有现行市场价格的情况下采用的方法。

例如,可上市流通的股票和债券可以将其在评估基准日的收盘价作为评估价值;批量生产的设备、汽车等可以与同品牌、同型号、同规格、同厂家、同批量的设备、汽车等的现行市场价格作为评估价值。

(2)市价折扣法

市价折扣法是以参照物成交价格为基础,考虑评估对象诸如销售条件、销售时限等方面的不利因素,设定一个价格折扣率来估算评估对象价值的方法。这种方法一般只适用于评估对象与参照物之间仅存在交易条件方面差异的情况。其计算公式为:

$$资产评估价值=参照物成交价格×(1-价格折扣率)$$

【例2.14】评估某资产价值时,发现在评估基准日与其相同资产的市场交易价格为 10 万元,经分析,市场折扣率为 30%,则该资产的评估价值为:

$$资产评估价值=10×(1-30\%)=7(万元)$$

(3)功能价值类比法

功能价值类比法是以参照物的成交价格为基础,将参照物与评估对象之间的功能进行对比来估算评估对象价值的方法。该方法根据资产的功能与其价值之间的关系可分为线性法和指数法两种。

①线性法。线性法是指评估对象的生产能力等指标与参照物相应指标呈线性关系时使用的评估方法,该方法通常被称作生产能力比例法。其计算公式为:

$$资产评估价值=参照物成交价格×\frac{评估对象的生产能力}{参照物的生产能力}$$

该方法还可以通过对参照物与评估对象的其他功能指标的对比,利用参照物成交价格推算评估对象价值。

【例2.15】被评估资产年生产能力为 100 吨,参照资产的年生产能力为 130 吨,评估时点参照资产的市场价格为 10 万元,则该资产的评估价值为:

$$资产评估价值=10×100÷130≈7.69(万元)$$

②指数法。指数法是指评估对象的生产能力等指标与参照物的相应指标呈指数关系时采用的评估方法,该方法通常被称作规模经济效益指数法。其计算公式为:

$$资产评估价值=参照物资产的成交价格×\left(\frac{待评估资产的生产能力}{参照物资产的生产能力}\right)^x$$

【例2.16】被评估资产年生产能力为 90 吨,参照资产的年生产能力为 120 吨,评估时点参照资产的市场价格为 12 万元,该类资产的功能价值指数为 0.7,则该资产的评估价值为:

资产评估价值 = 12×(90÷120)$^{0.7}$ ≈ 9.81(万元)

(4)价格指数法

价格指数法是以参照物成交价格为基础,根据参照物的成交时间与评估对象的评估基准日之间的时间间隔对资产价值的影响,利用价格指数调整估算评估对象价值的方法。其计算公式为:

$$资产评估价值 = 参照物成交价格×(1+价格变动指数)$$

或

$$资产评估价值 = 参照物成交价格×价格指数$$

如果能够获得参照物和评估对象的定基价格指数或定基价格变动指数,价格指数法的数学式可以概括为:

$$资产评估价值 = 参照物交易价格×\frac{评估基准日资产定基价格指数}{参照物交易日资产定基价格指数}$$

如果能够获得参照物和评估对象的环比价格指数,价格指数法的数学式可以概括为:

资产评估价值 = 参照物交易价格×参照物交易日至评估基准日各期环比价格指数的乘积

价格指数法适用于评估对象与参照物之间仅存在时间差异,且时间差异不能过长的情况。

【例2.17】与评估对象完全相同的参照资产3个月前的成交价格为10万元,在这段时间内该类资产的价格上升了6%,则:

资产评估价值 = 10×(1+6%) = 10.6(万元)

【例2.18】被评估房地产于2020年6月30日进行评估,该类房地产2020年上半年各月月末的价格同2019年年底相比,分别上涨了2.5%、5.7%、6.8%、7.3%、9.6%、10.5%。其中参照房地产在2020年3月底的价格为3800元/平方米。则:

$$资产评估值 = 3800×\frac{1+10.5\%}{1+6.8\%} ≈ 3932(元/平方米)$$

【例2.19】已知某资产在2020年1月的交易价格为300万元,该类资产已不再生产,但该类资产的价格变化情况如下:2020年1—5月的环比价格指数分别为103.6%、98.3%、103.5%和104.7%。评估对象于2020年5月的评估价值为:

资产评估价值 = 300×103.6%×98.3%×103.5%×104.7% ≈ 331.1(万元)

(5)成新率价格法

成新率价格法是以参照物的成交价格为基础,考虑到参照物与被评估资产之间仅存在新旧程度上的差异,通过成新率调整估算被评估资产评估价值的方法。其计算公式为:

$$资产评估价值 = 参照物成交价格×\frac{被评估资产成新率}{参照物成新率}$$

【例2.20】参照物的成交价格为100万元,其成新率为60%,被评估资产的成新率为40%。则被评估资产的评估价值为:

$$资产评估价值 = 100×\frac{40\%}{60\%} ≈ 66.67(万元)$$

（6）成本市价法

成本市价法是以评估对象的现行合理成本为基础，利用参照物的成交价格与其现行合理成本的比率来估算评估对象的价值的方法。其计算公式为：

$$资产评估价值＝评估对象现行合理成本×\frac{参照物成交价格}{参照物现行合理成本}$$

或

$$资产评估价值＝评估对象现行合理成本×成本市价率$$

其中

$$成本市价率＝\frac{参照物成交价格}{参照物现行合理成本}×100\%$$

【例2.21】已知被评估全新住房的现行合理成本为100万元，评估时市场商品房的成本市价率为150%，则该全新住房的评估价为：

$$资产评估价值＝100×150\%＝150（万元）$$

（7）市盈率倍数法

市盈率倍数法是以参照企业的市盈率为倍数，以此倍数与被评估企业的收益额相乘估算被评估企业价值的方法。市盈率倍数法主要适用于企业价值评估和长期股权投资的评估。其计算公式为：

$$资产评估价值＝评估企业收益额×参照企业市盈率$$

【例2.22】某被评估企业的年净利润为1000万元，评估基准日资本市场上同类企业平均市盈率为13倍，则：

$$该企业的评估价值＝1000×13＝13000（万元）$$

由于直接比较法对参照物与评估对象的可比性要求较高，在具体评估过程中寻找参照物可能会受到限制，因此，直接比较法的使用也相对受到一定制约。在很多情况下，如果参照物与评估对象只是大致相同或相似，可以采用类比调整法。

2）类比调整法

类比调整法又称类比法，是市场法中最基本的评估方法。该方法并不要求参照物与评估对象必须一样或者基本一样。只要求参照物与评估对象在大的方面基本相同或相似，通过对比分析，调整参照物与评估对象之间的差异，在参照物成交价格的基础上，调整估算评估对象的价值。

类比调整法具有适用性强、应用广泛的特点。但该法对信息资料的数量和质量要求较高，而且要求评估人员有较丰富的评估经验、市场阅历和评估技巧。因为类比调整法可能要对参照物与评估对象的若干比较因素进行对比分析和差异调整。如果没有足够的数据资料，以及对资产功能、市场行情的充分了解和把握，那么评估人员很难准确地评定估算出评估对象的价值。

类比调整法的计算公式可表示为：

资产评估价格＝参照物A的成交价格×时间因素调整系数×区域因素调整系数×功能因素调整系数×成新率因素调整系数×交易情况调整系数

或

$$资产评估价格=参照物 A 的成交价格\pm时间因素调整值\pm区域因素调整值\pm$$
$$功能因素调整值\pm成新率因素调整值\pm交易情况调整值$$

【例2.23】某商业用房,面积为500平方米,现因企业合并需要进行评估,评估基准日为2020年10月31日。评估人员在房地产交易市场上找到三个成交时间与评估基准日接近的商业用房交易案例,具体情况见表2.4。

表2.4　三个商业用房交易案例对比

参照物	A	B	C
交易单价(元/平方米)	5000	5960	5918
成交日期	2020 年 6 月	2020 年 9 月	2020 年 10 月
区域条件	比被评估资产好	比被评估资产好	比被评估资产好
交易情况	正常	高于市价的 4%	正常

被评估商业用房与参照物商业用房结构相似、新旧程度相近,故无须对功能因素和成新率因素进行调整。

该评估商业用房所在区域的综合评分为100分,三个参照物所在区域条件比被评估商业用房所在区域好,综合评分分别为107分、110分和108分。当时房产价格每月比上月上涨4%,故参照物A的时间因素调整系数为117%$[(1+4\%)^4]$;参照物B的时间因素调整系数为104%$(1+4\%)$;参照物C因在评估基准日当月交易,故无须调整。

三个参照物成交价格的调整过程见表2.5。

表2.5　对参照物成交价格进行的因素修正

参照物	A	B	C
交易单价(元/平方米)	5000	5960	5918
时间因素修正	117/100	104/100	100/100
区域因素修正	100/107	100/110	100/108
交易情况修正	100/100	100/104	100/100
修正后的价格(元/平方米)	5467	5418	5480

参照物 A 修正后的单价为:

$$5000\times\frac{117}{100}\times\frac{100}{107}\times\frac{100}{100}=5467(元/平方米)$$

参照物 B 修正后的单价为:$5960\times\dfrac{104}{100}\times\dfrac{100}{110}\times\dfrac{100}{104}=5418(元/平方米)$

参照物 C 修正后的单价为:$5918\times\dfrac{100}{100}\times\dfrac{100}{108}\times\dfrac{100}{100}=5480(元/平方米)$

被评估资产单价=$(5467+5418+5480)\div3=5455(元/平方米)$

被评估资产总价=$5455\times500=2727500(元)$

2.4 资产评估方法的比较和选择

2.4.1 资产评估方法之间的关系

资产评估的成本法、收益法和市场法共同构成了资产评估的方法体系。它们之间存在着内在的联系,而各种评估方法的独立存在又说明它们各有特点。正确认识资产评估方法之间的内在联系以及各自的特点,对于恰当地选择评估方法,高效地进行资产评估是十分重要的。

1)资产评估方法之间的联系

资产评估方法之间的联系主要表现在各种方法的评估目的是一致的,其共同目的就是获得令人信服的、可靠的评估价值。评估的基本目的决定了评估方法间的内在联系。对于特定经济行为,在相同的市场条件下,对处在相同状态下的同一资产进行评估,其评估值应该是客观的。这个客观的评估值不会因评估人员所选用的评估方法的不同而出现截然不同的结果,也即在同一资产的评估中可以采用多种方法,如果使用这些方法的前提条件同时具备,而且资产评估人员也具备相应的专业判断能力,那么多种方法得出的结果应该趋同。

这种内在联系为评估人员运用多种评估方法评估同一条件下的同一资产,并相互验证提供了理论依据。但需要指出的是,运用不同的评估方法评估同一资产,必须保证评估目的、评估前提和被评估对象状态一致,以及运用不同评估方法所选择的经济技术参数合理。如果采用多种方法得出的结果出现较大差异,可能的问题是:某些方法的应用前提不具备、分析过程有缺陷、结构分析有问题、某些支撑评估结果的信息依据出现失真、评估人员的职业判断有误等。

2)资产评估方法之间的区别

①适用范围不同。因为评估人员总是寻求最简便、最能客观反映资产价值的方法对资产进行估价,所以各种方法要求有其最适合的范围。市场法的适用范围是:存在一个充分发育的、活跃的、公平的资产市场;存在近期的、可比的、已成交的参照物,而且参照物与评估对象相比较的指标、技术参数等资料是可收集的。收益法的适用范围是:资产所有者的未来收益可以用货币衡量;未来收益所承担的风险收益也是可以用货币衡量的。成本法的适用范围是:评估对象可以重置;评估对象在使用过程中具有贬值性;评估对象的实体特征、内部结构及其功能效用与重置的全新资产具有可比性。

②时间侧重不同。成本法强调和侧重对资产过去使用状况的分析。例如,有形损耗的确定是基于评估对象的已使用年限和使用强度;而对无形损耗来说,正是由于评估对象的历史性,过时的问题才会出现。所以如果没有对评估对象的历史判断和记录,那么运用成本法

评估资产价值将是不可能的。收益法的评估要素完全是基于对未来的分析。它所考虑和侧重的是评估对象未来能给所有者带来多少收益。收益法体现了资产未来获利的预测性。市场法的评估依据是参照物的现行市场交易价格，是基于对现行价格的分析来评估资产价值的。市场法体现了评估价值的市场现实性。

③评估角度不同。评估角度是针对成本法和收益法而言的。成本法从资产的投入角度考虑资产作为生产要素的构建成本，评估的基础对象是成本费用，考虑资产构成的价值，忽略了资产经营中资产优化配置的综合效果和作用，是一种静态价值。收益法是从资产的产出角度，通过估算被评估资产的未来收益并折现来估算资产的评估价值，反映的是资产运营的结果，是一种动态价值。

由于评估的特定目的不同，评估时市场条件上的差别以及评估时对评估对象使用状态设定的差异，需要评估的资产价值类型也是有区别的。评估方法由于自身的特点，在评估不同类型的资产价值时，就有了效率上和直接程度上的差别，评估人员应具备选择最直接且最有效率的评估方法完成评估任务的能力。

2.4.2　资产评估方法的选择

资产评估方法的多样性，为评估人员提供了适当选择评估的途径，有效完成评估任务的现实可能。选择合适的资产评估方法，有利于简捷、合理地确定资产评估价值。选择资产评估方法主要应考虑以下因素。

①选择的资产评估方法要与资产评估价值类型相适应。资产评估方法作为获得特定价值尺度的技术规程，必须与评估价值类型相适应。资产评估价值类型与资产评估方法是两个不同层次的概念。资产评估价值类型说明"评什么"，是资产评估价值质的规定，具有排他性，对评估方法具有约束性；资产评估方法说明"如何评"，用于资产评估价值量的确定，具有多样性和替代性，并服务于评估价值类型。资产评估价值类型确定的准确性以及与之相匹配的资产评估方法，是资产评估价值具有科学性和有效性的重要保证。

②选择的资产评估方法要与评估对象相适应。评估对象是单项资产还是整体资产，有形资产还是无形资产等，往往要求不同的评估方法与之相适应。同时，资产评估对象的状况不同，所要求的评估方法往往也不同。例如，一台市场交易很活跃的旧机器设备可以采取市场类比法进行评估，而旧的专用设备的评估，通常只能采用成本法进行。

③选择的资产评估方法要与所搜集的数据和信息资料相适应。各种资产评估方法的使用都要根据一系列数据、资料进行分析、处理和转换，没有相应的数据和资料，方法就会失灵。资产评估的过程实际上就是搜集资料的过程。例如，在方法运用过程中，西方评估机构使用更多的是市场法。但在我国，由于市场发育不完全、不完善的限制，市场法应用无论在广度还是使用效率方面都低于其他成熟的市场经济国家的水平，因此，评估人员应根据可获得数据和资料来选择适当的评估方法。

总之，在选择评估方法的过程中，应注意因地制宜和因事制宜，不可机械地按某种模式或某种顺序进行。不论选择哪种评估方法进行评估，都应保证评估目的、评估时所依据的各种假设和条件、评估所使用的各种参数数据与评估结果在性质和逻辑上一致。尤其在运用多种方法对同一评估对象进行评估时,更要保证每种评估方法所依据的各种假设、前提条件、数据参数的可比性,以确保运用不同的评估方法所得到的评估结果的可比性和相互可验证性。

【思政园地】
中评协关于印发《资产评估执业准则——资产评估方法》的通知

各省、自治区、直辖市、计划单列市资产评估协会(注册会计师协会):

为贯彻落实《资产评估法》,规范资产评估执业行为,保证资产评估执业质量,保护资产评估当事人合法权益和公共利益,在财政部指导下,中国资产评估协会根据《资产评估基本准则》,制定了《资产评估执业准则——资产评估方法》,现予印发,自 2020 年 3 月 1 日起施行。

请各地方协会将《资产评估执业准则——资产评估方法》及时转发资产评估机构,组织学习和培训,并将执行过程中发现的问题及时上报中国资产评估协会。

中国资产评估协会

2019 年 12 月 4 日

第一章 总则

第一条 为规范资产评估机构及其资产评估专业人员在执行资产评估业务时使用资产评估方法的行为,根据《资产评估基本准则》制定本准则。

第二条 本准则所称资产评估方法,是指评定估算资产价值的途径和手段。资产评估方法主要包括市场法、收益法和成本法三种基本方法及其衍生方法。

第三条 执行资产评估业务,应当遵守本准则。

第二章 市场法

第四条 市场法也称比较法、市场比较法,是指通过将评估对象与可比参照物进行比较,以可比参照物的市场价格为基础确定评估对象价值的评估方法的总称。市场法包括多种具体方法。例如,企业价值评估中的交易案例比较法和上市公司比较法,单项资产评估中的直接比较法和间接比较法等。

第五条 资产评估专业人员选择和使用市场法时应当考虑市场法应用的前提条件:

(一)评估对象的可比参照物具有公开的市场,以及活跃的交易;

(二)有关交易的必要信息可以获得。

第六条 资产评估专业人员应当根据评估对象特点,基于以下原则选择可比参照物:

(一)选择在交易市场方面与评估对象相同或者可比的参照物;

(二)选择适当数量的与评估对象相同或者可比的参照物;

(三)选择与评估对象在价值影响因素方面相同或者相似的参照物;

(四)选择交易时间与评估基准日接近的参照物;

(五)选择交易类型与评估目的相适合的参照物;

(六)选择正常或者可以修正为正常交易价格的参照物。

市场法的比较基准通常因评估对象的资产类型、所处行业等差异而有所区别,可以表现为价值比率、交易单价等形式。

第七条　资产评估专业人员在运用市场法时应当对评估对象与可比参照物进行比较分析,并对价值影响因素和交易条件存在的差异做出合理修正。

第八条　运用市场法时,应当关注以下影响评估测算结果可靠性的因素:

(一)市场的活跃程度;

(二)参照物的相似程度;

(三)参照物的交易时间与评估基准日的接近程度;

(四)参照物的交易目的及条件的可比程度;

(五)参照物信息资料的充分程度。

第三章　收益法

第九条　收益法是指通过将评估对象的预期收益资本化或者折现,来确定其价值的各种评估方法的总称。收益法包括多种具体方法。例如,企业价值评估中的现金流量折现法、股利折现法等;无形资产评估中的增量收益法、超额收益法、节省许可费法、收益分成法等。

第十条　资产评估专业人员选择和使用收益法时应当考虑收益法应用的前提条件:

(一)评估对象的未来收益可以合理预期并用货币计量;

(二)预期收益所对应的风险能够度量;

(三)收益期限能够确定或者合理预期。

第十一条　资产评估专业人员在确定预期收益时应当重点关注:

(一)预期收益类型与口径。例如,收入、利润、股利或者现金流量,以及整体资产或者部分权益的收益、税前或者税后收益、名义或者实际收益等。名义收益包括预期的通货膨胀水平,实际收益则会剔除通货膨胀的影响。

(二)收益预测应当根据资产的性质、可以获取的信息和所要求的价值类型等作出。资产评估专业人员应当对收益预测所利用的财务信息以及其他相关信息、假设及其对评估目的的恰当性进行分析评价。

第十二条　资产评估专业人员在确定收益期时应当考虑评估对象的预期寿命、法律法规和相关合同等限制,详细预测期的选择应当考虑使评估对象达到稳定收益的期限、周期性等因素。

第十三条　收益法评估所采用的折现率不仅要反映资金的时间价值,还应当体现与收益类型和评估对象未来经营相关的风险,与所选择的收益类型与口径相匹配。

第十四条　运用收益法时,应当关注以下影响评估测算结果可靠性的因素:

(一)无法获得支持专业判断的必要信息;

(二)评估对象没有历史收益记录或者尚未开始产生收益,对收益的预测仅基于预期;

(三)未来的经营模式或者盈利模式发生重大变化。

第四章　成本法

第十五条　成本法是指按照重建或者重置被评估对象的思路,将重建或者重置成本作为确定评估对象价值的基础,扣除相关贬值,以此确定评估对象价值的评估方法的总称。成本法包括多种具体方法。例如,复原重置成本法、更新重置成本法、成本加和法(也称资产基础法)等。

第十六条　资产评估专业人员选择和使用成本法时应当考虑成本法应用的前提条件:

（一）评估对象能正常使用或者在用；

（二）评估对象能够通过重置途径获得；

（三）评估对象的重置成本以及相关贬值能够合理估算。

第十七条 当出现下列情况，一般不适用成本法：

（一）因法律、行政法规或者产业政策的限制使重置评估对象的前提不存在；

（二）不可以用重置途径获取的评估对象。

第十八条 重置成本可区分为复原重置成本和更新重置成本。更新重置成本通常适用于使用当前条件所重置的资产可以提供与评估对象相似或者相同的功能，并且更新重置成本低于其复原重置成本。复原重置成本适用于评估对象的效用只能通过按原条件重新复制评估对象的方式提供。

第十九条 资产评估专业人员应当根据评估目的、评估对象和评估假设合理确定重置成本的构成要素。重置成本的构成要素一般包括建造或者购置评估对象的直接成本、间接成本、资金成本、税费及合理的利润。重置成本应当是社会一般生产力水平的客观必要成本，而不是个别成本。

第二十条 资产评估专业人员应当结合评估对象的实际情况以及影响其价值变化的条件，充分考虑可能影响资产贬值的因素，合理确定各项贬值。以实体形式存在的评估对象的主要贬值形式有实体性贬值、功能性贬值和经济性贬值。实体性贬值，也称有形损耗，是指由于使用和自然力的作用导致资产的物理性能损耗或者下降引起的资产价值损失。功能性贬值是指由于技术进步引起资产功能相对落后造成的资产价值损失。经济性贬值是指由于外部条件变化引起资产闲置、收益下降等造成的资产价值损失。

第五章 评估方法的选择

第二十一条 资产评估专业人员应当熟知、理解并恰当选择评估方法。资产评估专业人员在选择评估方法时，应当充分考虑影响评估方法选择的因素。

选择评估方法所考虑的因素包括：

（一）评估目的和价值类型；

（二）评估对象；

（三）评估方法的适用条件；

（四）评估方法应用所依据数据的质量和数量；

（五）影响评估方法选择的其他因素。

第二十二条 当满足采用不同评估方法的条件时，资产评估专业人员应当选择两种或者两种以上评估方法，通过综合分析形成合理评估结论。

第二十三条 当存在下列情形时，资产评估专业人员可以采用一种评估方法：

（一）基于相关法律、行政法规和财政部部门规章的规定可以采用一种评估方法；

（二）由于评估对象仅满足一种评估方法的适用条件而采用一种评估方法；

（三）因操作条件限制而采用一种评估方法。操作条件限制应当是资产评估行业通常的执业方式普遍无法排除的，而不得以个别资产评估机构或者个别资产评估专业人员的操作能力和条件作为判断标准。

第二十四条 资产评估报告应当对评估方法的选择及其理由进行披露。因适用性受限而选择一种评估方法的,应当在资产评估报告中披露其他基本评估方法不适用的原因;因操作条件受限而选择一种评估方法的,应当对所受的操作条件限制进行分析、说明和披露。

第六章 附则

第二十五条 本准则自 2020 年 3 月 1 日起施行。[①]

【思考题】

1. 分别说明成本法、收益法和市场法的基本思路和适用的前提条件。

2. 什么是复原重置成本和更新重置成本?

3. 如何理解成本法应用中成新率的含义? 成新率为什么不能直接按折旧年限计算?

4. 折现率与资本化率有何关系?

5. 各类资产评估方法之间有何关系?

6. 选择资产评估方法应考虑哪些因素?

【练习题】

一、单项选择题

1. 采用市场法评估资产价值时,需要以类似或相同资产为参照物,选择的参照物应该是( )。

A. 全新资产   B. 旧资产

C. 与被评估资产的成新率相同的资产   D. 全新资产,也可以是旧资产

2. 按照一般要求,运用市场法通常应选择( )个或以上参照物。

A. 2   B. 3   C. 5   D. 10

3. 某被评估设备的参照资产 1 年前的成交价格为 80 万元,该资产在 1 年间价格上升了 12%,已知被评估设备的年生产能力为 100 吨,参照资产的年生产能力为 150 吨,则被评估资产的价值最接近( )万元。

A. 96   B. 80   C. 144   D. 64

4. 资产评估中,实体性贬值的估算可采用( )。

A. 观察法   B. 重置核算法   C. 价格指数法   D. 功能价值法

5. 市盈率倍数法主要适用于( )的评估。

A. 不动产   B. 无形资产   C. 机器设备   D. 企业价值

6. 采用收益法评估资产时,各指标间存在的关系是( )。

A. 本金化率越高,收益现值越低   B. 本金化率越高,收益现值越高

C. 资产未来收益期对收益现值没有影响   D. 本金化率与收益现值无关

7. 收益法中采用的折现率与本金化率的关系是( )。

A. 等额无穷的折现过程就是本金化过程

① 中评协关于印发《资产评估执业准则:资产评估方法》的通知[EB/OL]. (2019-12-10)[2023-08-22]. 中国资产评估协会网.

B. 折现率与本金化率内涵相同,结果一致

C. 折现率与本金化率内涵不同,结果不同

D. 二者不存在相关性

8. 某评估机构对一大型汽车厂进行评估。该企业固定资产中有同类机床365台,账面原值为2555万元,评估人员将其中10台机床作为典型进行了详细评估,该10台机床的重置成本为84万元,其账面原值为70万元,若被评估的365台机床设备的平均成新率为60%,则365台机床的评估值最接近(   )万元。

  A. 1500   B. 1756   C. 1840   D. 3066

9. 某被评估生产设备的设计生产能力为年产100000件产品,因消费者偏好发生变化,未来可使用年限内,每年产量估计要减少20000件。已知每件产品利润为200元,该设备可继续使用3年,企业所在行业的投资回报率为10%,所得税税率为15%,则该资产的经济性贬值额为(   )元。

  A. 8455460   B. 12000000   C. 10200000   D. 10000000

10. 收益法中的折现率一般应包括(   )。

  A. 资产收益率和行业平均收益率

  B. 超额收益率和通货膨胀率

  C. 银行贴现率

  D. 无风险利率、风险报酬率和通货膨胀率

二、多项选择题

1. 影响资产评估的因素除了市场价格外,还有(   )。

  A. 资产的使用和自然力作用的影响   B. 新技术推广和运用的影响

  C. 宏观政策因素影响   D. 政治因素影响

2. 应用收益法进行资产评估的前提条件有(   )。

  A. 被评估资产处于继续使用状态或被假定处于继续使用状态

  B. 被评估资产的未来预期收益可以预测并可以用货币衡量

  C. 资产拥有者获得预期收益所承担的风险也可以预测并可以用货币衡量

  D. 被评估资产预期获利年限可以预测

3. 资产评估时不能采用会计中的已提折旧年限和剩余折旧年限来确定资产的已使用年限和尚可使用年限是因为(   )。

  A. 会计计价是由企业进行的,而资产评估是由企业以外的评估人员进行的

  B. 会计中的已提折旧年限是名义已使用年限,并不代表资产实际使用状态

  C. 会计中的折旧年限是对某一类资产做出的会计处理的统一标准,对同一类资产有普遍性和统一性,而资产评估中的已使用年限和尚可使用年限具有特殊性

  D. 资产修理费用的增加不影响会计核算中的总折旧年限,但会影响资产评估中的使用年限的估测

4. 造成资产经济性贬值的主要原因有(   )。

  A. 该项资产技术落后   B. 该项资产生产的产品需求减少

 C. 社会劳动生产率提高   D. 自然力作用加剧

 E. 政府公布淘汰该类资产的时间表

5. 下列有关收益法参数的说法中,正确的有(　　)。

 A. 运用收益法涉及的参数主要有三个:收益额、折现率和获利期限

 B. 收益额是资产的现实收益额

 C. 折现率是一种风险报酬率

 D. 收益期限是指资产具有获利能力持续的时间,通常以年为时间单位

6. 收益法中的具体方法通常是按(　　)划分的。

 A. 预期收益期限   B. 预期收益额的形式

 C. 预期收益额数量   D. 折现率的高低

 E. 折现率的构成

7. 运用收益法评估资产价值时,资产的收益额应该是资产的(　　)。

 A. 历史收益额 B. 未来预期收益额 C. 现实收益额

 D. 实际收益额 E. 客观收益额

8. 在下列观点中,(　　)的说法是正确的。

 A. 由于不同的评估方法的评估思路不同,因此对同一资产采用不同的评估方法评估,
其结果没有可比性

 B. 在相同的评估条件下,对同一资产采用不同的评估方法,其结果应趋于一致

 C. 在资产评估中,不同的评估方法可相互替代

 D. 在资产评估中,不同的评估方法相互独立、不能替代

9. 资产评估方法的选择取决于(　　)。

 A. 评估的价值类型   B. 评估对象的状态

 C. 可供利用的资料   D. 市场条件

三、计算与分析题

1. 某企业将某项资产与国外企业合资,要求对资产进行评估。具体资料如下:该资产账面原值为 270 万元,净值为 108 万元,按财务制度规定该资产折旧年限为 30 年,已计折旧年限 20 年。经调查分析确定,按现在市场材料价格和工资费用水平,新建造相同构造的资产的全部费用支出为 480 万元。经查询原始资料和企业记录,该资产截至评估基准日的法定利用时间为 57600 小时,实际累计利用时间为 50400 小时。经专业人员估算,该资产还能使用 8 年。又知该资产由于设计不合理,造成耗电量大,维修费用高,与现在同类标准资产比较,每年多支出营运成本 3 万元(该企业所得税税率为 25%,假定折现率为 10%)。要求根据上述资料,采用成本法对该资产进行评估。

2. 评估对象为某企业 2017 年购进的一条生产线,账面原值为 1500 万元,2020 年进行评估。经调查分析确定,该生产线的价格每年比上一年增长 10%,专业人员估算认为,该资产还能使用 6 年。又知,目前市场上已出现功能更强大的此类设备并被普遍运用,新设备与评估对象相比,可节省人员 3 人,每人的月工资水平为 6500 元。此外,由于市场竞争的加剧,该生产线开工不足,由此造成的收益损失额每年为 20 万元(该所得税税率为 25%,假定折现

率为 10%)。要求根据上述资料,采用成本法对该资产进行评估。

3. 被评估对象为甲企业于 2017 年 12 月 31 日购入的一台设备,该设备生产能力为年产 100 万件,设计使用年限为 10 年,当时的设备价格为 120 万元。甲企业在购入该设备后一直未将该设备安装使用,并使设备保持在全新状态,评估基准日为 2020 年 12 月 31 日。

经评估人员调查获知,目前该设备已经改型,与改型后的设备相比,被评估设备在设计生产能力相同的条件下,需要增加操作工人 2 人,在达到设计生产能力的条件下每年增加设备运转耗费 4 万元。同时,由于该设备生产的产品市场需求下降,要使产品不积压,每年只能生产 80 万件。经调查,该设备尚可使用 7 年,该类设备的规模经济效益指数为 0.8,评估基准日之前 5 年内,该设备的价格指数每年递增 4%,行业内操作工人的平均人工费用为每人每月 5200 元(含工资、保险费、福利费),行业适用折现率为 10%,企业所得税税率为 25%。求该设备于评估基准日的评估值。

4. 某企业进行股份制改组,根据企业过去经营情况和未来市场形势,预测其未来五年的收益额分别是 13 万元、14 万元、11 万元、12 万元和 15 万元。假定从第六年开始,以后各年收益均为 15 万元。根据银行利率及经营风险情况确定其折现率和资本化率分别为 10% 和 11%。试采用收益法确定该企业在持续经营情况下的评估价值。

第3章

机器设备评估

📖【学习目标】

通过本章的学习,读者应该了解机器设备的分类,了解机器设备评估的特点;熟悉机器设备评估的程序,重点掌握成本法在机器设备评估中的应用;掌握机器设备重置成本、实体性贬值、功能性贬值和经济性贬值的估算方法,掌握市场法在评估机器设备中的应用;掌握差异因素的确定、差异程度的调整量化方法;熟悉收益法在机器设备评估中的应用。

3.1 机器设备评估概述

机器设备评估在资产评估业务中占有很大的比重。机器设备种类繁多,构成各异,评估对象的组成比较复杂,有若干评估价值类型可供选择,需要评估人员运用科学的评估理论和适合的方法给出有效的评估结论。

3.1.1 机器设备的含义与特点

1)一般定义

机械为机器和机构的泛称,各种机械的共同特征如下:

①由零件和部件组成;

②零件、部件之间有确定的相对运动和力的传递;

③有机械能的转换或机械能的利用。

装置或器械,其零件、部件之间没有相对运动,也没有机械能的转换和利用,如压力容器、反应塔、换热器等,但由于它们是通过机械加工而制成的产品,也被认为属于机械范畴。机械可以分为动力机械、能量变换机械和工作机械,见表3.1。

表 3.1 机械分类

类别	原理	产品
动力机械	自然界中的能量转换为机械能而做功的机械装置	内燃机、电动机、汽轮机、水轮机、风力机
能量变换机械	进行能量的转换	发电机、热泵、液压泵、压缩机
工作机械	利用自然界或动力机械所提供的机械能来改变工作对象的物理状态、性质、结构、形状、位置	车床、刨床等

2)评估学中机器设备的定义

机器设备是指人类利用机械原理以及其他科学原理制造的装置,它们是被特定主体拥有或控制的不动产以外的有形资产,包括机器、仪器、器械、装置,以及附属的特殊建筑物等资产。

3)机器设备的特点

机器设备与其他资产相比有以下特点。

①机器设备作为主要劳动手段,属于会计学中的固定资产,具有单位价值高、使用期限长的特点。由于机器设备使用年限较长,其评估价值不仅受到实体性损耗的影响,还会受到功能性贬值及经济性贬值的影响,要求评估人员充分认识其功能的适用性和可能的风险性。

②价值补偿和实物更新不一致。机器设备价值补偿是机器设备在使用期间通过折旧形式逐渐实现的;而实物更新一般是在机器设备寿命终结时一次性完成的。机器设备的价值补偿与实物更新的不同时性,使机器设备评估具有一定的复杂性。

③工程技术性强、专业门类多。机器设备存在于各行各业,设备自身的经济寿命、物耗与能耗、操作与维修的方便程度、安全保障系数、机械化与自动化设备的技术含量差异即技术水平的不同,直接关系到其使用价值和企业的经济效益,从而与该设备的价值评估密切相关。

3.1.2 机器设备的分类

机器设备种类繁多,出于设计、制造、使用、管理等不同需要,其分类的标准和方法也很多。在资产评估中可根据需要选择不同标准对机器设备进行分类。

1)按国家固定资产分类标准分类

由国家市场监督管理总局和国家标准化管理委员会于 2022 年 12 月 30 日共同发布的《固定资产等资产基础分类与代码》(GB/T 14885—2022),是我国现行的最新设备分类的国家标准。该标准为方便实现资产全口径管理的需要,将设备分为 47 大类。如:信息化设备、办公设备、车辆、图书档案设备、机械设备、电气设备、通信设备、仪器仪表、核工业设备、医疗设备、安全生产设备、邮政设备、文艺设备、体育设备设施等。

2)按会计核算中的分类方法分类

机器设备按其使用性质分为六类,包括:

①生产用机器设备;

②非生产用机器设备;

③租出机器设备;

④未使用机器设备;

⑤不需用机器设备;

⑥融资租入机器设备。

3)按机器设备的组合形式分类

(1)常见的机器设备组合形式

常见的机器设备组合形式见表3.2。

表 3.2 常见的机器设备组合形式

类别	组合形式
机组	两台以上的机器组成的一组机器,配合起来共同完成某项特定工作。如柴油发电机组、制冷机组、水轮发电机组
自动生产线	由工件传送系统和控制系统将一组自动机床(或其他工艺设备)和辅助设备,按工艺顺序联合起来,完成产品全部或部分制造过程的生产系统。连接方式有柔性和刚性两种
柔性制造系统	统一的信息控制系统、物料储运系统和一组数字控制加工设备组成的,能适应加工对象变换的自动化的机械制造系统,简称 FMS
车间	企业内部在生产过程中完成某些工序或单独生产某些产品的单位

(2)在评估中的应用

在进行机器设备评估时,经常是以机器设备的组合作为评估对象。

机器设备的评估对象分为单台机器设备和机器设备组合。机器设备组合的价值不必然等于单台机器设备价值的简单相加。

4)按可移动性分类

按不动产、动产以及无形资产等来划分资产,也是经常采用的资产分类方法。

机器设备有些属于动产,有些属于不动产。另外很大一部分是介于两者之间的,称为"固定装置"或"固置物"。

我国的评估准则规定,评估师应当根据机器设备的预期用途,明确评估假设,包括原地使用和移地使用。在进行企业搬迁评估,以及被评估的设备在未来的使用中可能会因工艺调整等因素发生移动,判断被评估的设备是否可以移动,以及移动资产可能会导致的损坏,这些是评估师必须考虑的因素。

5) 按机器设备的来源分类

机器设备按来源分类,通常可分为自制设备和外购设备两种,外购设备又分为国内购置设备和国外引进设备。

机器设备还有很多种分类方式,在此不一一列举。但值得注意的是,上述分类并不是独立的,分类之间可以有不同程度的关联。在资产评估中,评估人员应根据评估目的、评估要求和评估对象的特点,选择不同的分类方法,灵活进行分类处理。

3.1.3 机器设备评估及其特点

机器设备评估是指资产评估人员依据相关法律、法规和资产评估准则,对单独的机器设备或者作为企业资产组成部分的机器设备的价值进行分析、估算并发表专业意见的行为和过程。

机器设备的特点决定了机器设备评估的特点,机器设备评估具有以下特点。

①以单台、单件为对象。由于机器设备数量多、单价高、规格复杂、情况各异,因此机器设备评估以单台、单件为对象,以保证评估的真实性和准确性。

②以技术检测为基础。由于机器设备分布在各行各业,情况千差万别,技术性强,因此,评定机器设备实物和价值情况往往需要通过技术检测的手段。

③必须把握机器设备的价值特点,包括机器设备的价值构成要素及其变化规律的认识和了解。机器设备价值中,有设备本身的制造成本,有时还需加上设备运杂费、安装调试费以及进口设备的相关税费等。另外,由于机器设备更新周期长,受价值量变化影响的机会较多(物价变动、无形损耗、技术改造等),价值补偿问题尤为突出。

④要考虑被评估机器设备的使用状态及使用方式。机器设备在评估时所处的状态和评估时所假设或依据的状态,如正在使用状态、最佳使用状态和闲置状态,对机器设备的评估价值影响重大。另外,被评估机器设备在评估时,无论是按机器设备在评估基准日以正在使用的方式继续使用下去,还是改变目前的使用方式作为其他用途继续使用下去,或是将机器设备转移到异地继续使用,都将直接影响机器设备的评估价值。

⑤合理确定被评估机器设备贬值因素。被评估机器设备的贬值因素比较复杂,除实体性贬值因素外,往往还存在功能性贬值和经济性贬值。科学技术的发展,国家有关的能源政策、环保政策等,都可能对机器设备的评估价值产生影响。

3.1.4 机器设备评估的基本程序

机器设备评估大致经历以下六个阶段。

1) 评估准备阶段

评估人员及评估机构在签订了资产评估委托协议,明确了评估的目的、评估对象和评估范围之后,就应着手做好评估的准备工作。具体包括以下内容。

①指导委托方做好机器设备评估的基础工作,如待评估机器设备清册及分类明细表的准备、填写等,待评估机器设备的自查及盘盈盘亏事项的调整,机器设备产权资料及有关经济技术资料。

②分析研究委托方提供的待评估资产清册及相关表格,明确评估重点和清查重点,制订评估方案,落实人员安排,设计主要设备的评估技术路线。

③广泛搜集与本次评估有关的数据资料,为机器设备价值的评定估算做好准备。

2)现场工作阶段

现场工作是机器设备评估一个非常重要的工作步骤。评估人员在机器设备评估的现场工作中要了解工艺过程,核实设备数量,明确设备权属,观察询问设备状况。

①逐台(件)核实评估对象。现场工作的第一项任务就是对已列入评估范围的机器设备逐台进行清查核实,以确保评估对象的真实可靠。要求委托方根据现场清查核实的结果,调整或确定其填报的待评估机器设备清册及相关表格,并以清查核实后的待评估机器设备作为评估对象。

②对待评估设备进行分类。当被评估设备种类、数量较多时,为了突出重点,以及发挥具有专长的评估人员的作用,可对待评估设备进行必要的分类。一种分类方法是按设备的重要性划分,如 ABC 分类法,把单位价值大的重要设备作为 A 类;把单位价值小且数量较多的设备作为 C 类;把介于 A 类和 C 类之间的设备作为 B 类。根据委托方对评估的时间要求,对 A、B、C 三类设备投入不同的力量进行评估。另一种分类方法是按设备的性质将其分为通用设备和专用设备,以便有效地搜集数据资料,合理地配备评估人员。

③设备鉴定。对设备进行鉴定是现场工作的重点。对设备进行鉴定包括对设备的技术状况鉴定、使用情况鉴定、质量鉴定以及磨损程度鉴定等。设备的生产厂家、出厂日期、设备负荷和维修情况等是进行鉴定的基本素材。

一是对设备技术状况的鉴定。主要是对设备满足生产工艺的程度、生产精度和废品率,以及各种消耗和污染情况的鉴定。判断设备是否有技术过时和功能落后的情况存在。

二是对设备使用情况的鉴定。主要了解设备是处在在用状态还是闲置状态,使用中的设备的运行参数、故障率、零配件保证率,设备闲置的原因和维护情况等。

三是对设备质量进行鉴定。主要了解设备的制造质量,设备所处环境、条件对设备质量的影响,设备现时的完整性、外观和内部结构情况等。

四是对设备磨损程度的鉴定。主要了解和掌握设备的有形损耗,如锈蚀、损伤、精度下降以及无形损耗,如功能不足或功能过剩等。

现场工作要有完整的工作记录,特别是设备的鉴定工作更要有详细的鉴定记录。这些记录将是评估机器设备价值的重要数据,也是工作底稿的重要组成内容。

3)确定设备评估经济技术参数阶段

评估的目的、评估的价值类型和运用的评估方法不同,评估所需要的经济技术参数亦有区别。评估人员应根据评估的目的和评估项目对评估价值类型的要求,以及评估所选择的途径和方法,科学合理地确定评估所需要的各类经济技术参数。这一阶段是体现评估人员执业水平和执业技巧的阶段。评估所需的经济技术参数不仅要在性质上与评估目的、评估价值类型、评估的假设前提保持一致,而且在量上也要恰如其分。另外,产权受到某种限制的设备,比如抵押或作为担保品的设备、将要强制报废的设备等,其有关数据资料要单独处理。

4)评定估算阶段

评估人员根据评估目的、评估价值类型的要求,以及评估时的各种条件,采用的评估途径及方法,运用恰当的经济技术参数对待评估设备的价值进行评定估算。评定估算过程中,评估人员要始终使评估目的、评估的价值类型、评估假设前提、评估参数与评估结果保持内在联系。应尽可能选择高效、直接的评估途径和方法,使机器设备评估达到快速、合理、低成本、低风险的目的。在机器设备评定估算阶段,评估人员要注意与委托方有关人员进行信息交流,沟通评估中遇到的问题和困难。在保证资产评估独立性的前提下,可以听取和吸纳委托方的合理化建议,以保证评估结论的相对合理性。

5)报告撰写阶段

评估人员按照当前有关部门及行业管理组织对评估报告撰写的要求,在评定估算过程结束之后,应整理评估工作底稿,及时撰写评估报告和评估说明。

6)评估报告的审核和报出阶段

评估报告完成以后,要有必要的审核过程,包括复核人的审核、项目负责人的审核和评估机构负责人的审核。在三级审核确认评估报告无重大纰漏后,再将评估报告送达委托方及有关部门。

3.2 机器设备评估的成本法

机器设备的成本法评估,首先要确定被评估机器设备的重置成本,然后再扣减机器设备的各种贬值,即实体性贬值、功能性贬值和经济性贬值,来估测被评估机器设备价值的评估技术思路及其各种方法。其一般表达式如下。

$$评估值=重置成本-实体性贬值-功能性贬值-经济性贬值$$

3.2.1 机器设备重置成本的测算

机器设备的重置成本包括购置或购建设备所发生的必要的、合理的直接成本、间接成本和因资金占用所发生的资金成本等。机器设备的直接成本是指设备的购置价或建造价,它构成了设备重置成本的基础。设备的运杂费、安装调试费、基础费和必要的配套装置费也构成了设备的直接成本。对于进口设备,直接成本还包括进口关税、银行手续费等有关税费。

机器设备的间接成本通常是指为购置、建造机器设备而发生的各种管理费用、设计费、工程监理费、保险费等。直接成本与每一台机器设备直接对应,间接成本和资金成本有时不能对应到每一台机器设备上,它们是为整个项目发生的,在计算每一台机器设备的重置成本时一般按比例摊入。

由于机器设备取得的方式和渠道不同,其重置成本构成也不完全一样。按照设备取得的方式分类,机器设备分为自制设备和外购设备。就外购设备来说,其重置成本构成的大项,主要包括设备自身的购置价格、运杂费和安装调试费三大项。但是,外购设备又包括外购国产设备和进口设备两种,而进口设备的重置成本除上述三大项外,还包括设备进口时的有关税费,如关税、银行手续费等。下面将按自制设备、外购国产设备和外购进口设备分别讨论重置成本的测算方法。

1)自制设备重置成本的测算

自制设备通常是根据单位自身的特定需要,自行设计并建造或委托加工建造的设备。在自制设备重置成本测算中,通常的做法是采用重置核算法,该方法根据机器设备建造时所消耗的材料、工时及其他费用,按现行价格或费用标准计算设备现行的建造费用及安装调试费用,然后再加上合理的利息,计算设备的现行市场价格。但由于自制的标准设备的质量一般不会高于专业生产厂家所生产的标准设备的质量,故其重置全价应低于市场价格。

2)外购国产设备重置成本的测算

外购国产设备是指企业购置的由国内厂家生产的各种通用设备及专用设备。该类设备在企业的机器设备中占的比重较大,是机器设备评估中最主要的内容,对该类设备重置成本的测算应根据不同的情况采用相应的方法。

(1)重置核算法

对于能够取得设备现行购置价格的机器设备,可采取重置核算法来确定被评估机器设备的成本。该方法通过市场调查,从生产厂家或销售部门取得设备购买价格或建造费,在此基础上加上合理的运杂费、安装调试费及其他费用估测被评估机器设备的重置成本。其中,由于市场价格的多样性,制造商与销售商不同,机器设备的售价可能是不同的。根据设备现行购买价格的替代性原则,在同等条件下,评估人员应该选择可能获得的最低售价。如果设备安装调试周期较长,则需要考虑设备购置所占用的资金成本。设备的资金成本用购置设备所花费的全部资金总额乘以现行相应期限的银行贷款利率计算。设备的运杂费、安装费、基础费等可以按下列方法估算:设备的运杂费一般可以根据设备的重量、体积、运输距离、运输方式确定,计费标准可以向有关运输部门,如铁路、公路、船运、航空等部门查询得到。对于设备的基础费、安装费,评估人员可以通过逐项估算基础和安装工程的人工费、材料费、机械费等来确定。对于一些大型工业企业,由于设备的数量较多,为了提高工作效率,评估人员有时按机器设备购置价的一定比例来计算设备的运杂费、基础费和安装费。

①外购单台不需安装的国内设备重置成本。其计算公式为:

重置成本=全新设备基准日的公开市场成交价格+运杂费

或

重置成本＝全新设备基准日的公开市场成交价格×(1+运杂费率)

国产设备的运杂费是从生产厂家到安装使用地点所发生的装卸、运输、采购、保管、保险及其他有关费用。其计算方式有两种：一是根据设备的生产地点、使用地点以及体重、体积、运输方式，根据相应部门的运费计费标准计算；二是按照设备本体重置成本的一定比率计算。

②外购单台需安装的国内设备重置成本。对于需要安装的一般设备，应以购置价加上运杂费和安装调试费，确定其重置成本。其计算公式为：

重置成本＝全新设备基准日的公开市场价格+运杂费+安装调试费

或

重置成本＝全新设备基准日的公开市场价格×(1+运杂费率+安装调试费率)

设备的安装费包括设备的安装工程所发生的所有人工费、材料费、机械费及其他费用，设备安装费可以用设备的安装费率计算。设备安装费率按所在行业概算指标中规定的费率计算。

【例3.1】其企业2019年构建一台设备，账面原值为160000元，2023年进行评估，经市场调查询价，该设备2023年市场销售价格为165000元，运杂费为800元，安装调试费2000元，则该设备重置成本为：

重置成本＝165000+800+2000=167800(元)

③外购成套需安装设备重置成本。外购成套设备是指由多台设备组成的，具有相对独立的生产能力和一定收益能力的生产装置。对于这种成套设备，可用一般单台设备重置成本的估算方法测算重置成本，即先评估单台设备成本，再计算求和。但是，在实际操作中，一些整体性的费用不一定能够计入单台设备的成本，如整体的安装调试费、资金成本等，这些费用应另外计算。如果是大型连续生产系统，包括的机器设备数量大、品种多、情况各异，加之本身整体费用十分复杂，因此，在评估实务中，通常将其作为一个完整的生产系统，以整体方式估算成套设备的重置成本。其公式表示为：

重置成本＝单台未安装进口设备重置成本总和+单台未安装国产设备重置成本总和+工器具重置成本+软件重置成本+设计费+贷款利息+安装工程费+工程监理费

对于设备的运杂费率、安装费率，各个行业均有相应规定，评估人员可参阅相关行业的概预算定额标准或统计数据。进口设备的取费标准也可参阅进出口公司的取费标准。

【例3.2】EV201盐蒸发罐，规格型号：φ6000，数量：一台，生产厂家：W市S化工机械厂，启用日期：2017年12月。同型号全新设备市场不含税价格为3786000元，运杂费费率为设备售价的3%，安装费费率为10%，其他费用费率为6.41%，资金利息为4.9%，从购买到安装完毕投入使用所需时间一年。

重置全价评估计算如下：

该设备重置全价由设备购置价、国内运杂费、安装工程费、其他费用及资金成本等部分构成。

①设备购置价(不含税)。经过市场询价，该产品最新市场售价为3786000元。

②运杂费。设备费×费率=3786000×3%=113580(元)

③安装工程费(费率取10%)。3786000×10%=378600(元)

④其他费用(费率取 6.41%)。3786000×6.41% = 242682.6(元)

⑤资金成本。3786000×4.9% = 185514(元)

⑥重置全价合计。①+②+③+④+⑤ = 4706376.6(元)

设备重置全价取整为 4706377 元。

(2)功能价值类比法(规模经济效益指数法)

在无法取得设备现行购置价格,但能够取得同类设备的现行重置成本时,评估人员可采取规模经济效益指数法确定被评估机器设备的重置成本。该方法根据被评估机器设备的具体情况,寻找现有同类设备的市价、建造费用,加上合理的运杂费和安装调试费,得到同类设备的现行重置成本,然后根据该同类设备与被评估设备的生产能力与价格的比例关系来确定被评估机器设备的重置成本。

(3)物价指数法

对于无法取得设备现行购置价格或建造成本,也无法取得同类设备重置成本的,可采用物价指数法确定被评估机器设备的重置成本。该方法以被评估机器设备的原始成本为基础,根据同类设备的价格上涨指数,按现行价格水平计算重置成本。物价指数可分为定基物价指数和环比物价指数。

①定基物价指数。采用定基物价指数计算设备当前重置成本的公式为:

$$重置成本 = 原始成本 \times \frac{评估基准日的定基物价指数}{设备构建时的定基物价指数}$$

②环比物价指数。环比物价指数是以上期为基期的指数。如果环比期以年为单位,则环比物价指数表示该类产品当年较上一年的价格变动幅度。用环比物价指数计算设备重置成本的公式为:

$$设备重置成本 = 原始成本 \times (P_0 \times P_1 \times P_2 \times \cdots \times P_{n-1})$$

式中,P 为第 n 年对第 $n-1$ 年的环比物价指数。

物价指数法是机器设备评估中经常采用的方法,特别是对一些难以获得市场价格的机器设备,该方法是比较简单易行的。

3)外购进口设备重置成本的估测

进口机器设备重置成本的估测在思路上与国产设备的重置成本估测没有大的区别,询价是估测进口设备重置成本最直接的方法。但是,由于进口设备生产厂家在国外,向国外的设备生产厂家询价有相当大的困难,并不是每一个评估机构都能做得到。另外,由于企业拥有外贸进出口权,进口设备的渠道也比较多,进口设备的方式也不统一,加之国家对机器设备的进口有各种各样的政策规定,这些政策规定也在不断地调整和变化,这就使进口设备重置成本的估测较国产设备更为复杂。

(1)进口机器设备重置成本构成

进口设备重置成本用公式表示为:

重置成本 = 现行国际市场的离岸价(FOB)+国外运输保险费+境外运杂费+进口关税+

消费税+增值税+银行及其他手续费+国内运杂费+安装调试费

其中,各组成要素的计算过程如下。

①离岸价(FOB)是指卖方在出口国家的装运港口交货的价格(包括运至船上的运费及

装船费);若把上述公式中的前三项成本构成加总(即离岸价 FOB+国外运输保险费+境外运杂费),则称为到岸价,用 CIF 来表示。

②境外运杂费可按设备的重量、体积及海运公司的收费标准计算,也可按一定比例计取,取费基数为设备的货价。海运费费率:远洋一般取 5%~8%,近洋一般取 3%~4%。

计算公式为:

$$境外运杂费 = 离岸价(FOB) \times 海运费费率$$

③国外运输保险费。

$$国外运输保险费 = (设备离岸价 + 海运费) \times 保险费费率$$

保险费费率可根据保险公司费率表确定,一般在 0.4% 左右。

④进口关税。

$$进口关税 = 进口设备完税价格 \times 关税税率$$

进口设备完税价格一般采用到岸价 CIF,关税的税率按国家发布的进口关税税率表计取。

⑤消费税。如果进口设备属于消费税的征收范围,还要计算消费税。其计算公式如下:

$$消费税 = (进口设备完税价格 + 关税) \times \frac{消费税税率}{1 - 消费税税率}$$

消费税税率按国家发布的消费税税率表计算。

⑥增值税。其计算公式如下:

$$增值税 = (进口设备完税价格 + 关税 + 消费税) \times 增值税税率$$

⑦银行及其他手续费。一般包括银行财务费、外贸手续费等。如果进口的是车辆,还包括车辆购置税。

a. 银行财务费。取费基数为货价人民币数。

$$银行财务费 = 离岸价 FOB \times 财务费费率$$

我国现行银行财务费费率一般为 0.4%~0.5%。

b. 外贸手续费。外贸手续费也称为公司代理手续费,取费基数为到岸价人民币数。

$$外贸手续费 = 到岸价 CIF \times 外贸手续费费率$$

目前,我国进出口公司的外贸手续费费率一般在 1%~1.5%。

c. 车辆购置税。

$$车辆购置税 = (到岸价 CIF 人民币数 + 关税 + 消费税) \times 费率$$

⑧进口设备的国内运杂费。进口设备的国内运杂费是指进口设备从出口国运抵我国后,从所到达的港口、车站、机场等地,将设备运至使用的目的地现场所发生的港口费用、装卸费用、运输费用、保管费用、国内运输保险费用等各项运杂费,不包括运输超限设备时发生的特殊措施费。具体计算公式为:

$$进口设备国内运杂费 = 进口设备到岸价 CIF \times 进口设备国内运杂费费率$$

其中,运杂费费率分为海运方式和陆运方式两种,国家有相应的规定。

⑨安装调试费。

进口设备安装调试费可用下列公式计算:

$$进口设备安装调试费 = 相似国产设备原价 \times 国产设备安装调试费费率$$

或

进口设备安装调试费=进口设备到岸价×进口设备安装调试费费率

由于进口设备原价较高,进口设备的安装调试费费率一般低于国产设备的安装调试费费率。机械行业建设项目概算指标中规定:进口设备的安装调试费费率可以按照相同类似国产设备的30%~70%选用,进口设备的机械化、自动化程度越高,取值越低,反之越高。在特殊情况下,如设备的价格很高,而安装调试很简单,应低于该指标;设备的价格很低,而安装较复杂,应高于该指标。

(2)进口设备重置成本测算方法的选择

①可查询到进口设备现行离岸价(FOB)或到岸价(CIF)的,可按下列公式估测:

重置成本=(FOB价格+国外运输保险费+国外运杂费)×现行外汇汇率+进口关税+
增值税+消费税+银行及其他手续费+国内运杂费+安装调试费

或

重置成本=CIF价格×现行外汇汇率+进口关税+增值税+消费税+
银行及其他手续费+国内运杂费+安装调试费

【例3.3】某企业对一套从美国进口的设备进行评估。评估人员经过调查了解到,现在该设备从美国进口的离岸价格为1200万美元,境外运杂费需60万美元,保险费费率为0.4%,该设备现行进口关税税率为16%,增值税税率为13%,银行财务费费率为0.4%,公司代理费费率为1%,国内运杂费费率为1%,安装费费率为0.6%,设备基础费费率为1.7%。设备从订货到安装完毕投入使用需要2年时间,第一年投入的资金比例为30%,第二年投入的资金比例为70%。假设每年的资金投入是均匀的,银行贷款年利率为5%,按单利计息。评估基准日美元与人民币的比价为1:6.8,试计算该设备的重置成本。

计算过程如下:

保险费=(1200+60)×0.4%=5.04(万美元)

CIF价格=1200+60+5.04=1265.04(万美元)

CIF人民币价格=1265.04(万美元)×6.8=8602.272(万元)=86022720(元)

进口关税=CIF×16%=13763635.2(元)

增值税=(CIF+进口关税)×13%=12972226.18(元)

银行财务费=FOB×0.4%=12000000×6.8×0.4%=326400(元)

公司手续费=CIF×1%=860227.2(元)

国内运杂费=CIF×1%=860227.2(元)

国内安装费=CIF×0.6%=516136.32(元)

设备基础费=CIF×1.7%=1462386.24(元)

CIF+关税+增值税+银行财务费+公司手续费+国内运杂费+国内安装费+设备基础费=116783958.34(元)

资金成本=116783958.34×30%×1.5×5%+116783958.34×70%×0.5×5%=4671358.33(元)

该设备的重置成本=116783958.34+4671358.33=121455316.67(元)

②功能价值类比法。对于无法查询进口设备现行离岸价(FOB)或到岸价(CIF)的,如果可以获取国外替代产品的现行离岸价(FOB)或到岸价(CIF),则可以采用功能价值类比法估

测被评估进口设备的重置成本。对没有国外替代产品的现行离岸价(FOB)或到岸价(CIF)的,可以利用国内替代设备的现行市价或者重置成本推算被评估进口设备的重置成本。

③物价指数法。对于无法查询进口设备的现行 FOB 价格或 CIF 价格,也无法获取国外替代设备的现行 FOB 价格或 CIF 价格的,则可以利用物价指数法估测被评估进口设备的重置成本。使用物价指数法估测进口设备重置成本需要注意两点:一是国外机器设备的技术更新周期较短,设备更新换代快,一旦旧型号设备被淘汰,其价格会大幅度下降,对于技术已经更新的进口设备不宜采用物价指数法;二是运用物价指数法调整计算进口设备重置成本时,其中原来用外币支付的部分应使用设备生产国的价格变动指数,而不是国内的价格变动指数,但对原来的国内费用(即进口关税、增值税、银行财务费、国内运杂费、安装调试费等)都应按国内的物价水平来调整。这样,采用物价指数法测算进口设备重置成本的公式如下:

重置成本=账面原值中的到岸价÷进口时的外汇汇率×

进口设备生产国同类资产价格变动指数×

评估基准日外汇汇率×(1+现行进口关税税率)×(1+其他税费费率)+

账面原值中支付人民币部分的价格×国内同类资产价格变动指数

该公式假定进口设备的到岸价格全部以外汇支付,其余均为人民币支付。如实际情况与此假设不符,应进行调整。上式中,被评估进口设备的账面原值中的到岸价除以进口时的外汇汇率,相当于按进口时的汇率将以人民币计价的进口设备到岸价调整为以外币计价的设备到岸价。进口设备生产国同类资产价格变动指数,可根据设备生产国设备出口时的同类资产价格指数与评估时点同类资产的价格指数的比值求取。评估基准日外汇汇率比较容易获得,其他税费中的关税、增值税和消费税的税率依照进口设备的性质、种类的不同,按评估基准日海关的税收手册所规定的税率纳税。设备原值中支付人民币部分主要是指国内运杂费和安装调试费等项目。对这部分费用可利用国内价格变动指数直接将其原值调整为现值。

在运用物价指数法对进口设备重置成本进行估测时,应尽量将支付外汇部分与支付人民币部分,或者说将受设备生产国物价变动影响部分与受国内价格变动影响部分分开,分别运用设备生产国的价格变动指数与国内价格变动指数进行调整,最好不要综合采用国内或设备生产国的价格变动指数进行调整。

3.2.2　机器设备实体性贬值的估算

机器设备的实体性贬值是由于使用磨损和自然力的作用造成的机器设备的贬值。机器设备实体性贬值的计算公式为:

实体性贬值=设备重置成本×实体性贬值率=设备重置成本×(1-成新率)

机器设备实体性贬值率是指由于使用磨损和自然损耗造成的贬值相对于机器设备重置成本的比率。全新设备的实体性贬值率为零,完全报废设备的实体性贬值率为100%。实体性贬值率用公式表示如下:

$$实体性贬值率=\frac{实体性贬值}{重置成本}×100\%$$

成新率反映评估对象现行价值与其全新状态重置成本的比率,也可以理解为机器设备的现时状态与设备全新状态的比率。所以,实体性贬值率与成新率是同一事物的两面,机器设备的实体性贬值率与成新率互为"1减"的关系,即:

$$成新率=1-实体性贬值率$$

或

$$实体性贬值率=1-成新率$$

机器设备实体性贬值的估测方法包括观察分析法、使用年限法和修复费用法。

1)观察分析法

运用观察分析法时,评估人员根据对设备的现场技术检测和观察,结合设备的使用时间、实际技术状况、负荷程度、制造质量等经济技术参数,经综合分析估测设备的成新率。主要分析以下9个方面:①设备的现时技术状态;②设备的实际已使用时间;③设备的正常负荷率;④设备的原始制造质量;⑤设备的维修保养状况;⑥设备重大故障(事故)经历;⑦设备大修、技改情况;⑧设备工作环境和条件;⑨设备的外观和完整性等。

运用观察分析法估测设备的成新率,应首先确定和划分不同档次成新率标准。简便易行的办法是先确定两头,即全新或刚投入使用不久基本完好的设备和将要淘汰处理或待报废的设备,然后再根据设备评估的精细程度要求,在全新设备与报废设备之间设若干档次,并规定不同档次的经济技术参数标准。表3.3所示为美国评估师协会使用的实体性贬值率。

表3.3　美国评估师协会使用的实体性贬值率参考表

贬值程度	实体状态	贬值率/%
全新	全新,刚刚安装,尚未使用,资产状态极佳	0
		5
很新	很新,只轻微使用过,无须更换任何部件或进行任何修理	10
		15
良好	半新资产,但经过维修或更新,处于良好状态	20
		25
		30
		35
一般	旧资产,需要进行某些修理或更换一些零部件,如轴承	40
		45
		50
		55
		60
尚可使用	处于可运行状况的旧资产,需要大量维修或更换零部件,如电机等	65
		70
		75
		80

续表

贬值程度	实体状态	贬值率/%
不良	需要进行大修的旧资产,如更换运动机件或主要结构件	85
		90
报废	除了基本材料的废品回收价值外,没有希望以其他方式出售	97.5
		100

表3.3只能供评估人员参考。在实际判断机器设备实体性贬值率或成新率时,评估人员还必须广泛听取设备实际操作人员、维修人员和管理人员对设备情况的介绍和评判。特别是对精密设备、成套设备和生产线等,有条件的可组成专家组共同判断这些设备的成新率。

运用观测分析法估测设备的成新率,评估人员的专业水准和评估经验都是十分重要的。选派称职的评估人员来估测设备的成新率,是准确判断设备成新率的基本前提。

2)使用年限法

使用年限法是从机器设备的使用寿命角度来估算贬值的,它是建立在假设机器设备在整个使用寿命期内,被评估机器设备的实体性贬值率与其已使用年限成正比,并且二者呈线性关系的基础上的。其计算公式为:

$$成新率 = \frac{尚可使用年限}{已使用年限 + 尚可使用年限}$$

要求机器设备的成新率关键是要知道机器设备的已使用年限和尚可使用年限。根据机器设备的投资是否一次完成,使用年限法分为简单年限法和综合年限法。

(1)简单年限法

简单年限法假定机器设备的投资是一次完成的,没有更新改造和追加投资等情况发生。运用简单年限法估测设备的成新率涉及机器设备的总使用年限、机器设备的已使用年限和机器设备的尚可使用年限三个基本参数。

①机器设备的总使用年限。机器设备的已使用年限与尚可使用年限之和为机器设备的总使用年限。机器设备的总使用年限即机器设备的使用寿命。机器设备的使用寿命,通常又可以分为物理寿命、技术寿命和经济寿命。机器设备的物理寿命是指机器设备从开始使用到报废为止经历的时间。机器设备物理寿命的长短,主要取决于机器设备的自身质量,运行过程中的使用、保养和正常维修情况。机器设备的技术寿命是指机器设备从开始使用到技术过时经历的时间。机器设备的技术寿命在很大程度上取决于社会技术进步和技术更新的速度和周期。机器设备的经济寿命是指机器设备从开始使用到因经济上不合算而停止使用所经历的时间。所谓经济上不合算,是指维持机器设备的继续使用所需要的维持费用大于机器设备继续使用所带来的收益。机器设备的经济寿命与机器本身的物理性能、物理寿命、技术进步速度、机器设备使用的外部环境的变化等都有直接的联系。

在运用机器设备总使用年限估测机器设备的成新率或实体性贬值率时,通常首选机器设备的经济寿命作为其总使用年限,这是国际上资产评估行业普遍采用的做法。当然,机器设备经济寿命的确定并不是一件容易的事。到目前为止,国内尚无可供机器设备评估使用的经济年限的规定。因此,我们并不排除把机器设备的物理寿命或技术寿命作为机器设备总使用年限的可能。若要运用机器设备的物理寿命和技术寿命作为机器设备的总使用年限,应根据机器设备评估的总体思路和总体要求。在保证确定机器设备评估值的各经济技术参数前后一致、前后协调的前提下,使用机器设备的物理寿命或技术寿命作为机器设备的总使用寿命也是可行的。

②机器设备的已使用年限。机器设备的已使用年限是一个比较容易确定的指标。它是指机器设备从开始使用到评估基准日所经历的时间。在采用已使用年限确定机器设备的成新率或实体性贬值率时,应注意以下两点。第一,运用使用年限法估测机器设备成新率或实体性贬值率时,使用年限是代表设备运行量或工作量的一种计量。这种计量是以设备的正常使用为前提的,包括正常的使用时间和正常的使用强度。例如,在正常情况下,各种加工机器设备一般是以两班制生产为前提的。因此,在实际评估过程中,运用已使用年限指标时应特别注意设备的实际已使用时间(而不是简单的日历天数)以及实际使用强度。第二,关于使用已计提折旧年限作为估测成新率中的已使用年限问题。折旧年限是国家财务会计制度以法的形式规定的机器设备计提折旧的时间跨度。它综合考虑了机器设备物理使用寿命、技术进步、企业的承受能力,以及国家税收状况等因素,旨在促进企业加强经济核算,适时地实施机器设备技术更新。从理论上讲,机器设备的已提折旧年限并不一定能全面地反映机器设备的磨损程度。已提折旧年限并不完全等同于估测成新率中的设备已使用年限。所以,在使用已提折旧年限作为设备的已使用年限求取成新率时,一定要注意已提折旧年限与设备的实际耗损程度,以及与机器设备评估的总体构思是否吻合,并注明使用前提和使用条件。在一般情况下,机器设备的已使用年限应根据机器设备运行的记录资料,考虑机器设备的使用班次、使用强度和维修保养水平等,据实估测其实际已使用年限。

③机器设备的尚可使用年限。机器设备的尚可使用年限,即机器设备的剩余使用寿命。通常在实际操作中,很难实现对机器设备的逐台(套)技术检测和专业技术鉴定。替代的方法是,用机器设备的总使用年限减去实际已使用年限来求取机器设备的尚可使用年限。尤其是对较新的机器设备,这种方法更是简便易行。对于已使用较长时间的机器设备,采用总使用年限减去已使用年限的方法有一定的局限性。因为有些机器设备的已使用年限已经达到甚至超过了预计的机器设备总使用年限,此时必须直接估算其尚可使用年限,估测的依据就是机器设备的实际状况和评估人员的专业经验。当然也不排除运用较为简捷的方法,如利用机器设备的一个大修期作为机器设备尚可使用年限的上限,减去机器设备上一次大修至评估基准日的时间,余下的时间便是机器设备的尚可使用年限。对于国家明文规定限期淘汰、禁止超期使用的机器设备,其尚可使用年限不能超过国家规定禁止使用的日期。

【例3.4】被评估设备已投入使用6年,在正常情况下该设备按一班制生产,每天工作8小时。经了解,该设备在6年中每天平均工作时间只有4小时,经鉴定,该设备若保持每天8小时的工作量,尚可使用8年,则:

已使用年限=6×(4÷8)=3(年)

设备实体性贬值率=3÷(3+8)×100%≈27.27%

成新率=1−27.27%=72.73%

（2）综合年限法（加权投资年限法）

综合年限法根据机器设备投资是分次完成的、机器设备进行过更新改造和追加投资，以及机器设备的不同构成部分的剩余寿命不相同等一些情况，经综合分析判断，并采用加权平均计算法，确定被评估机器设备的成新率。简单年限法和综合年限法都同属使用年限法，只是考虑机器设备的状况不同而已。

利用综合年限法估算机器设备成新率可以参考下述公式：

$$成新率 = \frac{尚可使用年限}{加权使用年限 + 尚可使用年限}$$

【例3.5】某企业2012年购入设备一台，账面原值为500000元，2017年和2020年进行两次更新改造，当年的投资分别为60000元和40000元。2022年对该设备进行评估。假定从2012年到2022年每年的价格上涨率为10%，该设备的尚可使用年限鉴定为8年，试估算设备的成新率。

第一步，调整计算现行成本，见表3.4。

表3.4 某设备的现行成本

投资年份	原始投资额（元）	价格变动系数	现行成本（元）
2012年	500000	$(1+10\%)^{10} = 2.60$	1300000
2017年	60000	$(1+10\%)^5 = 1.61$	96600
2020年	40000	$(1+10\%)^2 = 1.21$	48400
合计	600000	—	1445000

第二步，计算加权投资成本，见表3.5。

表3.5 某设备的加权投资成本

投资年份	现行成本（元）	投资年限（年）	加权投资成本（元）
2012年	1300000	10	13000000
2017年	96600	5	483000
2020年	48400	2	96800
合计	1445000	—	13579800

第三步，计算加权投资年限。

加权投资年限 = 13579800 ÷ 1445000 = 9.4（年）

第四步，计算成新率。

成新率 = 8 ÷ (9.4 + 8) × 100% ≈ 45.98%

3）修复费用法

修复费用法假设所发生的实体性损耗是可以修复的，则机器设备的实体性贬值就应该等于补偿实体性损耗所发生的费用。补偿所用的手段一般是修理或更换损坏部分。例如，某机床的电机损坏，如果这台机床不存在其他损耗，则更换电机的费用即为机床的实体性损耗。

使用修复费用法时,评估人员要注意区分机器设备的可修复性损耗和不可修复性损耗。可修复性损耗是指可以用经济上可行的方法修复的损耗,即修复这些损耗在经济上是合理的,而不是指在技术方面是否可以修复。若有些修复尽管在技术上可以实现,但在经济上是不划算的,则这种损耗为不可修复性损耗。不可修复性损耗不能用修复费用法计算。评估人员在估算机器设备成新率或实体性贬值率时,应区分这两种损耗。对于大多数情况来说,机器设备的可修复损耗和不可修复损耗是并存的,评估人员应该分别计算。对可修复性损耗以修复费用直接作为实体性贬值,对不可修复性损耗采用使用年限法或观察分析法确定实体性贬值,这两部分之和就是被评估机器设备的全部实体性贬值。计算公式如下:

$$实体性贬值率=\frac{可修复实体性贬值+不可修复实体性贬值}{机器设备复原重置成本}\times100\%$$

【例3.6】某企业已建成并使用了2年的机器设备,预计将来还能再使用18年。该机器设备评估时正在维修,其原因是数控系统损坏,必须更换,否则不能使用。整个维修计划费用约为30万元,其中包括该机器设备停止使用造成的经济损失,清理、布置安全的工作环境,拆卸并更换零部件的全部费用。该机器设备复原重置成本为300万元,用修复费用法估算该机器设备的实体性贬值率。计算过程如下:

可修复实体性贬值为30万元。

不可修复实体性贬值率=2÷(2+18)×100%=10%

不可修复实体性贬值=(300−30)×10%=27(万元)

机器设备的实体性贬值率=(30+27)÷300×100%=19%

3.2.3 机器设备功能性贬值的估算

机器设备的功能性贬值是由技术进步而引起的机器设备的贬值。在机器设备这类资产上具体有两种表现形式。第一种是由于技术进步引起劳动生产率提高,再生产制造与原功能相同的机器设备相比社会必要劳动时间减少,成本降低,从而造成原有机器设备的价值贬值。具体表现为原有机器设备价值中有一个超额投资成本。第二种是由于技术进步出现了新的、性能更优的机器设备,致使原有机器设备的功能相对新式机器设备已经落后,从而引起价值贬值。

具体表现为原有机器设备在完成相同生产任务的前提下,在能源、动力、人力、原材料等方面的消耗增加,形成了一部分超额运营成本。原有设备的超额投资成本和超额运管成本是评估人员判断其功能性贬值的基本依据。

1)超额投资成本形成的功能性贬值的估算

从理论上讲,机器设备的超额投资成本就等于该机器设备的复原重置成本与更新重管成本的差额。即:

超额投资成本=复原重置成本−更新重置成本

在实际评估工作中,机器设备的复原重置成本往往难以直接获得。根据上面的计算式,在可以获得更新重置成本的情况下,应选用更新重置成本。现实中被评估的机器设备可能已停产,这样评估人员在评估时只能参照其替代机器设备。在这种情况下,评估人员不应机械地套用超额投资成本公式计算超额投资成本,而应该利用替代机器设备的价格,采用功能价值类比法等估测更新重置成本。

2)超额运营成本形成的功能性贬值的估算

超额运营成本是被评估资产的运营成本高于功能相同但性能更好的新资产的运营成本的那部分成本。超额运营成本引起的功能性贬值也就是机器设备未来超额运营成本的折现值。超额运营成本引起的功能性贬值通常按以下步骤测算。

①选择参照物,并将参照物的年运营成本与被评估机器设备的年运营成本进行对比,找出两者之间的差别及年超额运营成本额。

②估测被评估机器设备的剩余使用年限。

③按企业适用的所得税税率,计算被评估机器设备因超额运营成本而抵减的所得税,得出被评估机器设备的年超额运营成本净额。

④选择适当的折现率,将被评估机器设备在剩余使用年限中的每年超额运营成本净额折现,累加计算得到被评估机器设备的功能性贬值。

【例3.7】某被评估对象是一生产控制装置,其正常运行需5名操作人员。目前同类新式控制装置所需的操作人员定额为4名。假定被评估控制装置与参照物在运营成本的其他项目支出方面大致相同,操作人员人均年工资约为36000元,被评估控制装置尚可使用3年,所得税税率为25%,适用的折现率为10%。根据上述数据资料,被评估控制装置的功能性贬值测算如下。

①计算被评估生产装置的年超额运营成本额:

$(5-4)×36000=36000(元)$

②测算被评估控制装置的年超额运营成本净额:

$36000×(1-25\%)=27000(元)$

③将被评估控制装置在剩余使用年限内的每年超额运营成本净额折现累加,估算其功能性贬值额:

$27000×(P/A,10\%,3)=27000×2.4869≈67146(元)$

3.2.4 机器设备经济性贬值的估算

机器设备的经济性贬值是机器设备的外部因素引起的机器设备价值贬值。这些外部因素主要包括:由于市场竞争加剧,机器设备所生产的产品滞销导致机器设备利用率下降、闲置;原材料、能源等价格上涨,使生产产品的成本提高,而产品售价没有相应提高,造成收益额减少;国家有关能源、环境保护等法律、法规使机器设备强制报废,缩短了机器设备的正常使用寿命等。

1)机器设备利用率下降造成的经济性贬值的估算

市场竞争的加剧,导致产品销售数量减少,从而引起机器设备开工不足,生产能力相对

过剩,这是引起机器设备经济性贬值的主要原因。机器设备利用率下降造成机器设备经济性贬值,可参照下列公式估算:

$$经济性贬值率 = \left[1-\left(\frac{设备实际被利用的生产能力}{设备原设计生产能力}\right)^x\right] \times 100\%$$

式中,x 为规模经济效益指数,实践中多采用经验数据。

经济性贬值额一般是以机器设备的成本乘以经济性贬值率获得。

【例3.8】某生产线制订生产能力为1000个/月,已使用3年,目前状态良好,在生产技术方面,此生产线为国内先进水平。但是由于市场竞争激烈,目前只能运行在750个/月的水平上,假设已知其重置成本为2000000元,这类设备的规模经济效益指数为0.7,如果不考虑实体性磨损,估计此生产线运行于750个/月的经济性贬值。

根据以上公式和提供的有关资料,可以计算出机器设备的经济性贬值率。

$$经济性贬值率 = \left[1-\left(\frac{750}{1000}\right)^{0.7}\right] \times 100\% = 18.24\%$$

$$经济性贬值 = 2000000 \times 18.24\% = 364800(元)$$

2)因收益减少造成的经济性贬值的估算

如果机器设备出于企业外部的原因,虽然生产负荷并未降低,但出现原材料涨价、能源成本增加以及高污染、高能耗机器设备超限额加价收费等带来的生产成本提高得不到补偿,或是竞争必须使产品降价出售等情况时,则机器设备可能创造的收益减少、使用价值降低,进而引起经济性贬值。

如果机器设备由于外界因素变化,造成的收益减少额能够直接测算出来,评估人员可直接按机器设备继续使用期间每年的收益损失额折现累加得到机器设备的经济性贬值额。用公式表达如下:

$$经济性贬值额 = 设备年收益损失额 \times (1-所得税税率) \times (P/A,r,n)$$

式中,$(P/A,r,n)$ 为年金现值系数。

3)因机器设备使用寿命缩短造成的经济性贬值的估算

引起机器设备使用寿命缩短的外部因素,主要是国家有关能源、环境保护等方面的法律、法规。近年来,由于环境污染问题日益严重,国家对机器设备的环保要求越来越高,对落后的、高能耗的机电产品实行强制淘汰制度,缩短了设备的正常使用寿命。

【例3.9】某汽车已使用10年,按目前的技术状态还可以使用10年,按年限法,该汽车的贬值率为:

$$贬值率 = 10 \div (10+10) = 50\%$$

但由于环保、能源的要求,国家新出台的汽车报废政策规定该类汽车的最长使用年限为15年,因此该汽车5年后必须强制报废。在这种情况下,该汽车总的贬值率为:

$$贬值率 = 10 \div (10+5) \approx 66.7\%$$

按照上面计算,其中实体性贬值率为50%,而强制报废政策引起的经济性贬值率为66.7% $-50\%=16.7\%$。如果该汽车的重置成本为20万元,则经济性贬值额为:

$$经济性贬值额 = 20 \times 16.7\% = 3.34(万元)$$

3.3 机器设备评估的市场法

3.3.1 市场法评估机器设备的基本前提

机器设备评估的市场法主要用于机器设备变现价格的评估,评估结果是否有效,最终要靠市场来检验。因此,应用市场法评估机器设备必须具备以下前提条件。

①要有一个充分发达活跃的机器设备公开交易市场。这是运用市场法估价的基本前提。市场法的评估依据来源于市场,公开交易市场是指市场上有足够充分的平等交易主体进行自愿交易,这样形成的市场成交价格基本上是公允的。以此价格作为评估价值的参考值,易为评估有关各方接受。

②能找到与被评估机器设备相同或相似的参照物。评估人员应尽可能选择相同的机器设备作为参照物,但要在机器设备市场中找到与被评估对象完全相同的机器设备是很难的。一般是选择与被评估机器设备类似的机器设备作为参照物,参照物与被评估机器设备之间不仅应在用途、性能、规格、型号、新旧程度方面具有可比性,而且要在交易背景、交易时间、交易目的、交易数量、付款方式等方面具有可比性,这是决定市场法运用与否的关键。

3.3.2 市场法评估机器设备的基本步骤

1)鉴定被评估对象

评估人员通过鉴定被评估机器设备,了解机器设备的基本情况,如机器设备的规格型号、制造厂家、出厂日期、使用期限、安装情况、随机附件以及机器设备的现时技术状况等,为选择类似的市场参照物做好准备。

2)选择参照物

在市场中选择参照物,最重要的是参照物与被评估机器设备之间要具有可比性,同时,参照物的成交价格应具有代表性。

3)确定比较因素

一般来讲,设备的比较因素可分为四大类,即个别因素、交易因素、时间因素和地域因素。

（1）个别因素

设备的个别因素一般指反映设备在结构、形状、尺寸、性能、生产能力、安装、质量、经济性等方面差异的因素。不同的设备,差异因素也不同。

（2）交易因素

交易因素指交易的动机、背景对价格的影响，不同的交易动机和交易背景都会对设备的出售价格产生影响。

交易数量也是影响设备售价的一个重要因素，大批的购买价格一般要低于单台购买。

（3）时间因素

不同交易时间的市场供求关系、物价水平等都会不同，评估人员应选择与评估基准日最接近的交易案例，并对参照物的时间影响因素做出调整。

（4）地域因素

由于不同地区市场供求条件等因素不同，设备的交易价格也受到影响，评估参照物应尽可能与评估对象在同一地区。如评估对象与参照物存在地区差异，则需要做出调整。

4）评定估算

根据参照物价格，对各项比较因素进行修正，计算比准价格，得到评估值。

3.3.3　运用市场法评估机器设备的具体方法

1）直接匹配法

评估对象与市场参照物基本相同，需要调整项目相对较少，差异不大，且差异对价值的影响可以直接确定。

$$V = V' \pm \Delta i$$

式中，V 为评估值；V' 为参照物的市场价值；Δi 为差异调整。

【例3.10】在评估一辆轿车时，评估师从市场上获得的市场参照物在型号、购置年月、行驶里程、发动机、底盘及各主要系统的状况与被评估轿车基本相同。区别如下：

①参照物的右前轮胎破损需要更换，更换费用约600元；

②被评估车辆后加装CD音响一套，价值1200元。若该参照物的市场售价为72000元，则：

$$V = V' \pm \Delta i = 72000 + 600 + 1200 = 73800（元）$$

使用直接比较法的前提是评估对象与市场参照物基本相同，需要调整的项目较少，差异不大，并且差异对价值的影响可以直接确定。如果差异较大，则无法使用直接比较法。

2）成本比率调整法

该方法是通过对大量市场交易数据的统计分析，掌握相似的市场参照物的交易价格与全新设备售价的比率关系，用此比率作为确定被评估机器设备价值的依据。比如评估师在评估A公司生产的6米直径的双柱立式车床，但是市场上没有相同的或相似的参照物，只有其他厂家生产的8米和12米直径的铲齿车床。统计数据表明，与评估对象使用年限相同的设备的售价都是重置成本的55%～60%，那么可以认为，评估对象的售价也应该是其重置成本的55%～60%。

3)因素调整法

【例3.11】使用市场比较法对某汽车进行评估。

(1)车辆概况。

宝马轿车 BMW7200HL,生产厂家:华晨宝马公司,购置日期:2015年6月,启用日期:2015年6月,已行驶里程:124528千米。车辆主要技术参数见表3.6。

表3.6 主要技术参数

名称	技术参数
前轮距(毫米)	1531
后轮距(毫米)	1572
发动机	N20B20D
发动机排量(毫升)	1997
发动机功率(千瓦)	150
整车长(毫米)	4734
整车宽(毫米)	1811
整车高(毫米)	1455

(2)市场法交易案例。

评估人员通过二手车网及近期二手车交易市场询价,选取三个同型车辆现行交易案例价格,见表3.7。

表3.7 同型车辆现行交易案例价格

参照名称	交易价格(元)	交易情况及目的	交易及付款方式	购置日期	行驶里程(万千米)	交易时间
宝马320Li	86001.00	法拍	正常	2014年3月	10.30	2023年7月
宝马320Li	79800.00	正常	正常	2014年7月	13.00	2023年7月
宝马320Li	76000.00	法拍	正常	2014年8月	12.44	2023年6月

(3)确定修正体系。

根据评估对象的条件,影响评估对象价格的主要因素包括以下方面。

①交易情况修正:根据是否是正常出售,是否属于司法鉴定,不一致向上向下修正5,以评估对象为100。

②购置时间修正:每相差一年,上下修正6%。

③交易日期修正:交易日期临近,不修正。

④交易方式、付款方式:交易方式均为现金,不修正。

⑤外观及功能条件修正:

a.外观,根据外观磨损状况分为较差、一般、较好三个层级,每相隔一个层级向上(向下)

修正 2,以评估对象为 100。

b.内饰,根据内饰新旧程度分为较差、一般、较好、好四个层级,每相隔一个层级向上(向下)修正 3,以评估对象为 100。

c.发动机,根据发动机有无较大活塞敲缸或曲轴、连杆振动等异常声响,分为有、一般、无三个层级,每相隔一个层级向上(向下)修正 2,以评估对象为 100。

d.底盘,根据底盘磨损状况分为较重、一般、较轻三个层级,每相隔一个层级向上(向下)修正 2,以评估对象为 100。

e.电器,根据电器成新分为较差、一般、较好三个层级,每相隔一个层级向上(向下)修正 3,以评估对象为 100。

⑥使用状况条件修正(行驶里程修正):

每相差 1 万千米,上下修正 1.67% 左右,车辆询价记录及比较情况描述见表 3.8。

表 3.8 车辆询价记录及比较情况描述

参照名称	交易价格(元)	交易情况及目的	交易及付款方式	询价方式	询价单位
宝马 320Li	86001.00	法拍	正常	网上提供	法拍网
宝马 320Li	79800.00	正常	正常	网上提供	二手车交易网
宝马 320Li	76000.00	法拍	正常	网上提供	法拍网
参照物现状描述		宝马 320Li		宝马 320Li	宝马 320Li
交易双方情况及交易目的	司法鉴定	法拍		出售	法拍
购置时间	购于 2014 年 6 月	购于 2014 年 3 月		购于 2014 年 7 月	购于 2014 年 8 月
交易时间	2023 年 7 月	2023 年 7 月		2023 年 7 月	2023 年 6 月
交易方式、付款方式	现金	现金		现金	现金
外观	白色。磨损程度为较大	红色。磨损程度为较大		白色。磨损程度为较大	白色。磨损程度为较大
内饰	皮座椅、成色一般	皮座椅、成色一般		皮座椅、成色一般	皮座椅、成色一般
发动机	无活塞敲缸或曲轴、连杆振动等异常声响	无活塞敲缸或曲轴、连杆振动等异常声响		无活塞敲缸或曲轴、连杆振动等异常声响	无活塞敲缸或曲轴、连杆振动等异常声响
底盘	磨损程度为一般	磨损程度为一般		磨损程度为一般	磨损程度为一般
电器	磨损程度为轻微,能正常使用	磨损程度为轻微,能正常使用		磨损程度为轻微,能正常使用	磨损程度为轻微,能正常使用
行驶里程数(万千米)	12.45	10.3		13	12.44

(4)编制比较因素修正指数表,计算评估值,见表3.9。

表3.9 比较因素修正指数表

比较因素	待估物分值	参照物分值	参照物分值	参照物分值	参照物修正情况	参照物修正情况	参照物修正情况
	宝马320Li	A	B	C	A	B	C
交易单价(元)		86001.00	79800.00	76000.00	86001.00	79800.00	76000.00
交易双方情况及交易目的	100	100	105	100	1.00	0.95	1.00
购置时间	100	92.47	94.48	94.99	1.08	1.06	1.05
交易时间	100	100	100	100	1.00	1.00	1.00
交易方式、付款方式	100	100	100	100	1.00	1.00	1.00
外观	100	100	100	100	1.00	1.00	1.00
内饰	100	100	100	100	1.00	1.00	1.00
发动机	100	100	100	100	1.00	1.00	1.00
底盘	100	100	100	100	1.00	1.00	1.00
电器	100	100	100	100	1.00	1.00	1.00
行驶里程数(万千米)	100	103.5905	99.0815	100.0167	0.97	1.01	1.00
比准价格(元)					90094.65	81162.19	79800
比准后评估价值	83686元(以上三个结果比较接近,取算术平均值作为评估值)						

综合上述影响因素,分别比较待估车辆与选取交易案例在交易情况、交易时间以及评估对象个别因素等方面存在的差异大小,进行价格修正,最终得到评估对象在评估基准日的市场价值为83686元。

【例3.12】使用市场比较法对某车床进行评估。

①评估人员首先对被评估对象进行鉴定,基本情况如下:

设备名称:普通车床

规格型号:CA6140×1500

制造厂家:A机床厂

出厂日期:2016年2月

投入使用时间:2016年2月

安装方式:未安装

附件:齐全(包括仿形车削装置、后刀架、快速换刀架、快速移动机构)

实体状态:评估人员通过对车床的传动系统、导轨、进给箱、溜板箱、刀架、尾座等部位进行检查、打分,确定其综合分值为 6.1 分。

②评估人员对二手设备市场进行调研,确定与被评估对象较接近的三个市场参照物,见表 3.10。

表 3.10　市场参照物表

参照因素	评估对象	参照物 A	参照物 B	参照物 C
	普通车床	普通车床	普通车床	普通车床
规格型号	CA6140×1500	CA6140×1500	CA6140×1500	CA6140×1500
制造厂家	A 机床厂	A 机床厂	B 机床厂	B 机床厂
出厂日期/役龄	2016 年/8 年	2016 年/8 年	2016 年/8 年	2016 年/8 年
安装方式	未安装	未安装	未安装	未安装
附件	仿形车削装置、后刀架、快速换刀架、快速移动机构	仿形车削装置、后刀架、快速换刀架、快速移动机构	仿形车削装置、后刀架、快速换刀架、快速移动机构	仿形车削装置、后刀架、快速刀架、快速移动机构
状况	良好	良好	良好	良好
实体状态描述	传动系统、导轨、进给箱、溜板箱、刀架、尾座等各部位工作正常,无过度磨损现象,状态综合分值为 6.1 分	传动系统、导轨、进给箱、溜板箱、刀架、尾座等各部位工作正常,无过度磨损现象,状态综合分值为 5.7 分	传动系统、导轨、进给箱、溜板箱、刀架、尾座等各部位工作正常,无过度磨损现象,状态综合分值为 6.0 分	传动系统、导轨、进给箱、溜板箱、刀架、尾座等各部位工作正常,无过度磨损现象,状态综合分值为 6.6 分
交易市场		评估对象所在地	评估对象所在地	评估对象所在地
市场状况		二手设备市场	二手设备市场	二手设备市场
交易背景及动机	正常交易	正常交易	正常交易	正常交易
交易数量	单台交易	单台交易	单台交易	单台交易
交易日期	2022 年 3 月 31 日	2022 年 2 月 10 日	2022 年 1 月 25 日	2022 年 3 月 10 日
转让价格(元)		23000	27100	32300

③确定调整因素,进行差异调整。

a.制造厂家调整。所选择的 3 个参照物中,1 个与评估对象的生产厂家相同,另外 2 个为 B 厂家生产。在新设备交易市场 A、B 两个制造商生产某相同产品的价格分别为 4.0 万元和 4.44 万元

b.出厂年限调整。被评估对象出厂年限是 6 年,参照物 A、B、C 的出厂年限均为 6 年,故无须调整。

c.实体状态调整。实体状态调整见表 3.11。

表3.11 实体状态调整表

参照物	实体状态描述	调整比率
A	传动系统、导轨、进给箱、刀架、尾座等各部位工作正常,无过度磨损现象,状态综合值为5.7分	+7%
B	传动系统、导轨、进给箱、刀架、尾座等各部位工作正常,无过度磨损现象,状态综合值为6.0分	+2%
C	传动系统、导轨、进给箱、刀架、尾座等各部位工作正常,无过度磨损现象,状态综合值为6.6分	−8%

参照物	调整比率
A	$(6.1-5.7)/5.7 \times 100\% = 7\%$
B	$(6.1-6.0)/6.0 \times 100\% = 2\%$
C	$(6.1-6.6)/6.6 \times 100\% = -8\%$

④计算评估值,见表3.12。

表3.12 计算评估值表

调整因素	参照物A	参照物B	参照物C
交易价格(元)	23000	27100	32300
制造厂家因素调整	1.0	0.90	0.90
出厂年限因素调整	1.0	1.0	1.0
实体状态因素调整	1.07	1.02	0.92
调整后结果(元)	24610.00	24877.80	26744.4

被评估对象的评估值=(24610+24877.8+26744.4)÷3≈25411(元)

【例3.13】使用市场比较法对某船舶进行评估。

(1)船舶基本情况。

"sg9838"船舶产权持有人为A公司,船舶类型为干货船。根据委托人提供的产权资料,船体材料为钢质,建成日期为2009年5月12日,船舶主要尺度及技术指标分别为:该船总长74.80米,型宽11.80米,型深4.30米,总吨1208吨,净吨676吨,主机共两个,总功率440千瓦。

(2)评估方法。

结合本次资产评估目的、对象、价值类型和评估师所收集的资料,确定采用市场法进行评估。

评估对象价值=参照物交易价格×修正系数1×修正系数2×⋯×修正系数n

修正系数包括吨位调整系数、使用时间调整系数、交易时间调整系数、交易条件调整系数、其他因素调整系数等。

（3）评定估算。

①船舶市场交易参照物及价格的确定。通过市场调查,在现行交易市场上选择几艘与评估对象形同或类似的船舶作为参照物,见表3.13。

表3.13　参照物船舶各要素参照表

参照物编号	A	B	C	评估对象
船舶名称	"hL982"轮	"hs09"轮	"hL1971"轮	"sg9838"轮
船舶类型	干货船	干货船	干货船	干货船
船舶尺寸（总长×型宽×型深）（米）	68.18×12.80×5.88	73.10×13.00×5.50	71.20×13.88×4.80	74.80×11.80×4.30
主机功率	330 kW×2	331 kW×2	280 kW×2	220 kW×2
建造时间	2005年3月1日	2010年12月12日	2010年4月21日	2009年5月12日
总吨（吨）	1571	1597	1630	1208
交易时间	2022年4月13日	2022年9月28日	2020年9月25日	2022年3月10日
交易情况	拍卖	拍卖	拍卖	—
交易价格（万元）	159	141.4	177	待估

②调整系数的确定。

a. 吨位调整系数（注:船舶吨位每相差30吨,价格调整1%）。

参照物的吨位调整系数＝100÷[100+（被评估船舶总吨数－参照物的总吨数）÷30]

b. 使用时间调整系数（注:尚可使用年限每增加1年,价格调整3%）。

参照物的使用时间调整系数＝100÷[100+（被评估船舶尚可使用年限－参照物的尚可使用年限）×3]

c. 交易时间调整系数,见表3.14。

参照物交易时间调整系数＝被评估船舶交易时间指数÷参照物交易时间指数

表3.14　船舶交易时间指数表

时间	中国船舶交易指数
2020年9月25日	844.75
2022年4月13日	955.13
2022年9月28日	932.47
2023年3月10日	900.49

d. 其他因素调整系数。

其他因素参考评估人员实地勘察情况、验船师技术报告勘验结论结合参照物船舶实际情况进行修正。以评估对象为标准100,根据可比实例船舶的技术状况评估报告,案例A和案例B船舶状况较差,故参照物A为90,参照物B为90,参照物C为95。其他因素调整系数见表3.15。

表 3.15　其他因素调整系数表

参照物编号	A	B	C
其他因素调整系数	$\frac{100}{90}=1.11$	$\frac{100}{90}=1.11$	$\frac{100}{95}=1.05$

③评估值的确定。

根据参照物的各要素情况确定各调整系数,计算调整后价格,按算术平均法确定最终评估值为 154.66 万元。计算过程见表 3.16。

表 3.16　计算过程

参照物编号	A	B	C
船舶名称	"hL982"轮	"hs09"轮	"hL1971"轮
船舶类型	干货船	干货船	干货船
船舶尺寸(总长×型宽×型深)(米)	68.18×12.80×5.88	73.10×13.00×5.50	71.20×13.88×4.80
主机功率	330 kW×2	331 kW×2	280 kW×2
建造时间	2005 年 3 月 1 日	2010 年 12 月 12 日	2010 年 4 月 21 日
总吨(吨)	1571	1597	1630
交易时间	2022 年 4 月 13 日	2022 年 9 月 28 日	2020 年 9 月 25 日
交易情况	拍卖	拍卖	拍卖
交易价格(万元)	159	141.4	177
吨位调整系数	0.89	0.89	0.88
使用时间调整系数	1.15	0.97	0.93
交易时间调整系数	0.94	0.97	1.07
其他因素调整系数	1.11	1.11	1.05
调整后价值(万元)	169.8	131.43	162.75
评估价值(万元)	154.66		

3.4　机器设备评估的收益法

3.4.1　收益法评估机器设备的适用范围

运用收益法评估资产的价值,其前提是该资产应具备独立的生产能力和获利能力。就单项机器设备而言,大部分不具有独立获利能力,因此,单项机器设备评估通常不采用收益法评估,对于自成体系或者成套机器设备、生产线以及可以单独作业的车辆等机器设备,特别是租赁的机器设备则可以采用收益法评估。

3.4.2　收益法评估机器设备的步骤

收益法是指把一个特定期间内的固定或变化的经济收益流量进行折现,以其收益折现值作为评估价值的方法。由于机器设备通常都只能在有限年限内获得收益,因此,评估人员运用收益法进行评估时,应合理估测其尚可使用年限,并确定合理的折现率。

对于租赁的机器设备,其租金就是收益,而且租金通常是不变的。为估测租金多少,评估人员可以进行市场调查,分析比较可比的租赁设备的租金,经调整后得到被评估机器设备的预期收益。调整的因素可包括时间、地点、规格和役龄等。同时,评估人员根据可比的机器设备,估计被评估机器设备的尚可使用年限。为了求得折现率(或资产收益率),评估人员必须调查和分析类似租赁资产的价格。把市场调查得到的折现率调整到适用于被评估机器设备的水平,然后代入下式得出评估值:

$$P = \frac{A}{i} \times \left[1 - \frac{1}{(1+i)^n} \right]$$

式中,P 为机器设备评估值;A 为被评估机器设备的预测收益;i 为折现率;n 为机器设备的收益年限。

【例3.14】试用收益法估测某租赁机器设备的市场价值,评估基准日为 2020 年 1 月,收益期限为 10 年,无残值。

评估人员由租赁市场了解到的被评估机器设备的三个参照物的年租金信息见表 3.17。

表3.17　三个参照物的年租金

参照物	租赁日期	租金(元/年)
1	2020 年 1 月	100000
2	2020 年 1 月	100000
3	2019 年 1 月	95000

三个参照物和被评估资产是相同的机器设备,前两个和被评估机器设备是同期租赁的,

第三个是前一年同期租赁的,由于物价上涨3%,第三个参照物的租金应调整。

第三个参照物租金=95000×(1+3%)=97850(元/年)

因此预期年收益为100000元是合理的。

根据该机器设备的当前状况,估测其尚可使用年限为10年,10年后残值为零。

评估人员又查到两个类似被评估机器设备的参照物的销售价格,见表3.18。

表3.18 两个参照物的销售价格和租金

参照物	日期	销售价格(元)	年收益(元)	本金化率(%)
4	2020年1月	424000	64000	11.7
5	2020年1月	584000	96000	12.5

本金化率平均值=(11.7+12.5)÷2=12.1%

由于该本金化率是根据出售的设备估计的,其包含的风险要高于租赁设备的收益风险,经过分析,本例中取本金化率12%计算。

机器设备评估值 $P=100000 \div 12\% \times [1-1 \div (1+12\%)^{10}] \approx 565000$(元)

【思政园地】

一、资产评估执业准则——机器设备(中评协〔2017〕39号内容摘选)

第五条 执行机器设备评估业务,应当具备机器设备评估的专业知识和实践经验,能够胜任所执行的机器设备评估业务。当执行某项特定业务缺乏特定的专业知识和经验时,应当采取弥补措施,包括利用专家工作及相关报告等。

第八条 执行机器设备评估业务,应当关注机器设备所依存资源的有限性、所生产产品的市场寿命、所依附土地和房屋建筑物的使用期限、法律、行政法规以及环境保护、能源等产业政策对机器设备价值的影响。

第十一条 资产评估专业人员应当根据机器设备的预期用途和评估目的,明确评估假设。包括:(一)继续使用或者变现;(二)原地使用或者移地使用;(三)现行用途使用或者改变用途使用。

第十二条 对需要改变使用地点,按原来的用途继续使用,或者改变用途继续使用的机器设备进行评估时,应当考虑机器设备移位或者改变用途对其价值产生的影响。

第十三条 执行机器设备评估业务,应当根据评估目的、评估假设等条件,明确评估范围是否包括设备的安装、基础、附属设施,是否包括软件、技术服务、技术资料等无形资产。对于附属于不动产的机器设备,应当划分不动产与机器设备的评估范围,避免重复或者遗漏。

第十四条 执行机器设备评估业务,应当对机器设备进行现场逐项调查或者抽样调查,确定机器设备是否存在、明确机器设备存在状态并关注其权属。如果采用抽样的方法进行现场调查,应当充分考虑抽样风险。因客观原因等因素限制,无法实施现场调查的,应当采取措施加以判断,并予以披露。

第十六条 资产评估专业人员通常可以通过现场观察,利用机器设备使用单位所提供的技术档案、检测报告、运行记录等历史资料,利用专业机构的检测结果,对机器设备的技术状态做出判断。必要时可以聘请专业机构对机器设备进行技术鉴定。

第十七条　资产评估专业人员应当关注机器设备的权属,收集相关的权属证明文件,对于没有权属证明文件的机器设备应当要求委托人或者其他相关当事人对其权属做出承诺或者说明,并对相关资料进行核查验证。

第十八条　资产评估专业人员应当获得真实、可靠的机器设备的市场信息。

第二十三条　无论单独出具机器设备评估报告,还是将机器设备的评估作为资产评估报告的组成部分,都应当在资产评估报告中披露必要信息,使资产评估报告使用人能够正确理解评估结论。

第二十四条　编制机器设备评估报告应当反映机器设备的相关特点:

(一)对机器设备的描述一般包括物理特征、技术特征和经济特征,应当根据具体情况确定需要描述的内容;

(二)除了机器设备评估明细表,在机器设备评估报告中应当对评估对象的概况进行描述;

(三)对机器设备评估程序实施过程的描述,应当反映对设备的现场及市场调查、评定估算过程;说明设备的使用情况、维护保养情况、贬值情况等;

(四)在评估假设中明确机器设备是否改变用途、改变使用地点等;

(五)机器设备抵(质)押及其他限制情况。

二、违规案例

(1)2015年6月,辽宁××资产评估公司对JZ材料有限公司的变压器和控制柜评估时,仅按照日常经验推算作价4104万元,××市某国企据此对JZ材料有限公司进行了补偿。2019年8月,××市纪委监委委托某机构重新评估,评估值为1391.2万元。该评估报告被××市纪委监委认定为虚假评估报告,涉事机构和人员受到了相应处理。

(2)2020年,辽宁××资产评估公司接受××市水利工程移民管理中心的委托,对拟拆迁的××市T液化气站资产的市场价值出具评估报告,评估值为1550万元。辽宁××资产评估公司在签署评估报告前,已了解此次评估结论需按委托方确定的评估结果做出,评估过程中没有履行完整的评估程序,没有单独编制评估工作底稿,没有形成完整的评估档案,没有进行现场勘察核验,在接受委托时即预设评估结果,故意出具虚假评估报告。××市纪委监委委托某机构对T液化气站实际市场价格进行认定,认定价格为401.56万元。涉事机构和人员受到相应处理。

【思考题】

1.机器设备评估的基本程序是什么?

2.机器设备评估的现场工作阶段的主要工作有哪些?

3.进口设备的重置成本在构成上包括哪些主要内容?

4.如何计算机器设备的加权投资年限及其成新率?

5.成本法在机器设备评估中的适用范围是什么?

6.单台(件)设备与机组在重置成本构成方面有哪些差别?

7. 构成机器设备重置成本的直接费用主要包括哪些?

8. 进口设备的 CIF 价与 FOB 价之间的差别有哪些?

9. 应用市场法评估机器设备应该分析哪些因素?

10. 为什么收益法在机器设备评估中的应用存在障碍?

【练习题】

一、单项选择题

1. 机器设备重置成本中的直接费用包括( )。

   A. 各种管理费用   B. 安装调试费用   C. 人员培训费用   D. 总体设计费用

2. 机器设备的经济寿命是指( )。

   A. 从评估基准日到设备继续使用在经济上不合算的时间

   B. 机器设备从使用到运营成本过高而被淘汰的时间

   C. 机器设备从使用到报废为止的时间

   D. 从评估基准日到报废为止的时间

3. 进口机器设备的外贸手续费的计费基数是( )。

   A. FOB+关税   B. CIF+关税   C. CIF   D. CIF+增值税

4. 设备的( )属于进口设备的从属费用。

   A. 到岸价   B. 离岸价   C. 国内运杂费   D. 国外运杂费

5. 采用价格指数调整法评估进口设备所适用的价格指数是( )。

   A. 设备进口国零售商品价格指数

   B. 设备出口国生产资料价格指数

   C. 设备出口国综合价格指数

   D. 设备出口国零售商品价格指数

6. 设备成新率是指( )。

   A. 机器设备综合性陈旧贬值率的倒数

   B. 机器设备有形损耗率的倒数

   C. 机器设备有形损耗率与1的差率

   D. 机器设备的现实状态与设备重置成本的比率

7. 按成本法评估机器设备的重置成本,当被评估对象已经不再生产时,评估应采用( )。

   A. 替代型机器设备的价格

   B. 按被评估机器设备的账面价值

   C. 采用现行市价法

   D. 参照替代机器设备价格采用类比法估值

8. 计算重置成本时,不应计入的费用是( )。

   A. 维修费用   B. 构建费用   C. 安装费用   D. 调试费用

9. 进口机器设备的到岸价是指( )。

   A. 机器设备的离岸价+进口关税

B. 机器设备的离岸价+海外运杂费+进口关税

C. 机器设备的离岸价+海外运杂费+境外保险费

D. 机器设备的离岸价+境外保险费

10. 运用价格指数法评估机器设备的重置成本仅仅考虑了( )因素。

A. 技术   B. 功能   C. 地域   D. 时间

二、多项选择题

1. 机器设备成新率的估测通常采用( )进行。

A. 使用年限法   B. 修复金额法

C. 观测分析法   D. 功能价值法

E. 统计分析法

2. 采用观察法评估机器设备的实体性贬值时,应收集的信息包括( )。

A. 机器设备的现行技术状态   B. 机器设备的实际已使用时间

C. 机器设备的原始制作质量   D. 机器设备的工作环境和条件

3. 安装周期很短的通用设备,其重置成本一般包括( )。

A. 设备购置费   B. 运输费用   C. 利息费用   D. 安装费用

4. 价格指数法适用于( )机器设备重置成本的估测。

A. 无账面原值的   B. 无现行购置价的

C. 无财务核算资料的   D. 无参照物的

5. 利用国内替代机器设备的重置成本推算进口机器设备重置成本的前提条件包括( )。

A. 无进口机器设备的现行 CIF   B. 关税税率变化很大

C. 无国外替代机器设备的现行 FOB   D. 外汇汇率变化很大

6. 机器设备物理寿命的长短主要取决于( )。

A. 使用强度   B. 设备质量   C. 维修水平

D. 技术进步速度   E. 设备先进程度

7. 运用市场法评估机器设备价值,选择参照物时,应特别注意参照物与评估对象在( )等方面的可比性。

A. 规格型号   B. 制造厂家   C. 市场条件

D. 交易地点   E. 安装费用

8. 构成机器设备重置成本的间接费用主要有( )。

A. 购建机器设备所发生的管理费用   B. 购建机器设备所发生的运输费用

C. 购建机器设备所占用资金的成本   D. 购建机器设备所发生的总体设计费用

E. 购建机器设备所发生的安装费用

9. 当利用参照物及比较法估测被评估机组的重置成本时,需调整的重要参数有( )。

A. 机器设备所在地与参照物所在地的地区因素,包括交通条件和周围环境等

B. 机器设备的生产能力因素,包括年产量、单位时间产量

C. 机器设备交易的时间差别因素

　　D. 被评估机器设备所在地与参照物所在地同设备供应地的距离和通达条件

10. 能采用收益法评估的机器设备主要有(　　　)。

　　A. 单台设备　　　　　B. 成套设备　　　　C. 安装费用　　　　D. 运输费用

三、计算与分析题

　　1. 某蒸发罐设备规格型号:φ6000,数量:一台,生产厂家:W 市 S 化工机械厂,启用日期:2019 年 12 月。同型号全新设备市场不含税价格为 3786000 元,以设备售价为计算基数,运杂费费率为设备售价的 3%,安装费费率为 10%,其他费用费率为 6.41%,资金利息为 4.9%,从购买到安装完毕投入使用所需时间为一年。请计算该设备重置全价。

　　2. 某设备已投入使用 5 年,在正常情况下该设备按一班制生产,每天工作 8 小时。经了解,该设备在 5 年中每天平均工作时间只有 4 小时,经鉴定,该设备若保持每天 8 小时的工作量,尚可使用 8 年,请计算该设备的成新率。

　　3. 某被评估对象是一生产控制装置,其正常运行需 5 名操作人员。目前同类新式控制装置所需的操作人员定额为 2 名。假定被评估控制装置与参照物在运营成本的其他项目支出方面大致相同,操作人员人均年工资约为 48000 元,被评估控制装置尚可使用 3 年,所得税税率为 25%,适用的折现率为 10%。根据上述数据资料,测算被评估控制装置的功能性贬值。

　　4. "sg9838"轮船舶建成日期为 2009 年 5 月 12 日,该船总长 74.80 米,型宽 11.80 米,型深 4.30 米,总吨 1208 吨,净吨 676 吨,主机共两个,总功率 440 千瓦。

　　通过市场调查,在现行交易市场上选择三艘与评估对象形同或类似的船舶作为参照物,并通过比较计算出各参照案例的调整系数见表 3.19。

表 3.19　各参照案例的调整系数

参照物编号	A	B	C
船舶名称	"hL982"轮	"hs09"轮	"hL1971"轮
船舶类型	干货船	干货船	干货船
船舶尺寸(总长×型宽×型深)(米)	68.18×12.80×5.88	73.10×13.00×5.50	71.20×13.88×4.80
主机功率	330 kW×2	331 kW×2	280 kW×2
建造时间	2005 年 3 月 1 日	2010 年 12 月 12 日	2010 年 4 月 21 日
总吨(吨)	1571	1597	1630
交易时间	2022 年 4 月 13 日	2022 年 9 月 28 日	2020 年 9 月 25 日
交易情况	拍卖	拍卖	拍卖
交易价格(万元)	159	141.4	177
吨位调整系数	0.89	0.89	0.88
使用时间调整系数	1.15	0.97	0.93
交易时间调整系数	0.94	0.97	1.07
其他因素调整系数	1.11	1.11	1.05

请评估该船舶的价值。

5. 试用收益法估测某租赁机器设备的市场价值,评估基准日为 2023 年 12 月,收益期限为 10 年,无残值。

评估人员由租赁市场了解到的被评估机器设备的三个同型号参照物的年租金信息见表 3.20。

表 3.20 三个参照物的年租金

参照物	租赁日期	租金(元/年)
1	2023 年 12 月	100000
2	2023 年 12 月	100000
3	2022 年 12 月	95000

三个参照物和被评估资产是相同的机器设备,前两个和被评估机器设备是同期租赁的,第三个是前一年同期租赁的,2022 年 12 月到 2023 年 12 月期间物价上涨 3%。

按照本金化率 12%,计算该设备价值。

第4章

房地产评估

本章所述房地产评估,实际上是资产评估理论和技术方法在房地产这类资产评估中的运用。通过本章的学习,读者应了解房地产及其特点、房地产评估的程序及房地产评估的原则。掌握房地产价格的种类、房地产价格的特征和房地产价格的影响因素。熟练掌握收益法、市场法、成本法、剩余法和基准地价修正法在房地产评估中的应用,并能灵活运用所学知识,解决实际的土地使用权评估、建筑物评估以及房地合一的评估问题。

4.1 房地产评估概述

4.1.1 房地产及其特性

1)房地产及不动产的概念

房地产是指土地、建筑物及其他地上定着物。土地是指地球的表面及其上下一定范围内的空间,包括地下的各种基础设施、地面道路等。建筑物是指人工建筑而成,由建筑材料、建筑配件和设备(如给排水、卫生、照明、空调、电梯、通信等设备)组成的整合体。广义的建筑物是指人工建造的所有建造物,包括房屋和构筑物;狭义的建筑物仅指房屋,不包括构筑物。房屋指由围护结构组成的能够遮风挡雨,供人们在其中居住、工作、生产、生活、娱乐、储藏物品或进行其他活动的空间场所,如住宅、公寓、宿舍、办公室、商场、宾馆、酒店、影剧院等。构筑物是指房屋以外的建造物,人们一般不在其中进行生产生活活动,如烟囱、水井、道路、桥梁、隧道、水坝等。其他地上定着物是指附着于土地、建筑物上,与土地、建筑物不可分离,或者虽然可以分离,但分离不经济,或者分离后会破坏房地产完整性或功能,或者房地产的价值会明显受到损害的部分,如树木、花草,埋设在地下的管线、设施,建造于地上的道路、围墙等。因此,房地产本质上包括土地和建筑物两大部分。

房地产包括土地和建筑物两大部分,并不意味着土地和建筑物只有合成一体时才成为房地产,单纯的土地或建筑物都是房地产,是房地产的一种存在形态,房地产只是一种统称。因此在房地产评估中,评估对象有三种,即土地、建筑物和房地合一。当然,在房地产评估实务中单纯以建筑物作为评估对象的情形比较少见。

房地产可以分为物质实体和权益两个方面。物质实体是其中看得见、摸得着的部分,是房地产权益的载体;权益是房地产中无形的、不可触摸的部分,是指一切与房地产有关的权利、利益和收益的总称,如所有权、使用权、抵押权、典当权、租赁权等。房地产评估中的房地产是房地产实体与房地产权益的综合体。房地产评估实质是对房地产有关权益的评估,同一房地产实体由于所载权益的不同,会有不同的价格。

2)房地产的特性

房地产的特性如下。

①位置固定性。由于土地不可位移,固着于土地上的建筑物亦不可移动。房地产的位置固定性,导致了房地产带有明显的区域性特点和个别性特征。这种区域性特点和个别性特征是影响房地产价值的重要因素。

②使用长期性。从某种意义上讲,土地的利用具有永续性,建筑物一经建造完成,其寿命是相当长的。房地产使用的长期性决定其用途、功用可以随社会的进步不断地加以改善,通过政府出让方式取得的土地使用权是有限期的。国家规定的土地使用出让最高年限按照不同用途予以规定:居住用地 70 年;工业用地 50 年;教育、科技、文化、卫生、体育用地 50 年;商业、旅游、娱乐用地 40 年;综合或者其他用地 50 年等。土地使用权的有限年期对房地产自用的长期性是一种限制。土地使用权的剩余使用年限是影响房地产价值的一个重要因素。

③影响因素多样性。房地产效用的发挥,以及其价值的实现受到诸多因素的制约。除了房产自身自然、物理、化学的因素外,社会因素以及周边环境等都会对房地产效用的发挥及其价值的实现起到非常大的影响作用。从社会因素来看,政府的城市规划,具体规定了房地产的用途和使用强度(容积率、覆盖率、建筑高度、绿地率等)。从周边环境的角度来看,任何房地产的效用和价值都要受到其周边环境,特别是周边房地产用途的影响。良好的周边环境可以提高该区域房地产的价值;而恶劣的周边环境,则可使该区域内的房地产价值下降。当然,影响房地产效用发挥及其价值实现的因素还有许多,如政府的房地产政策、住房制度、社会有效需求等。

④投资大量性。不论是房地产中的土地还是建筑物,其投资的数额都是可观的,不论是国家投资者、企业投资者还是个人投资者,投资房地产都需要较大数额的资金。房地产投资大量性的特点不仅说明了房地产投资应事先做好可行性研究,要有的放矢、有效地进行投资;也说明了房地产变现不是一件轻而易举的事情。

⑤保值增值性。随着人口及社会生产力的发展,社会对土地的需求与日俱增。由于土地资源特别是城市土地面积的有限性,从长远来看,土地供给一般会滞后于土地需求而出现房地产价格上升趋势。如果出现通货膨胀现象,那么房地产的保值性会更为明显。房地产

保值增值是一种趋势,而并非每一时点房地产价值都会上涨,我们需要结合每宗房地产的具体情况来理解其保值增值的趋势。

⑥投资风险性。房地产的长期使用性和保值增值性使其成为投资回报率较高的行业,同时,房地产投资的风险也比较大,房地产投资的风险主要来自三个方面。首先,房地产无法移动,建成后又不易改变用途。如果市场销售不对路,很容易造成长期的空置、积压。其次,房地产的生产周期较长,从取得土地到房屋建成销售,通常要 3 ~ 5 年的时间,在此期间影响房地产发展的各种因素发生变化,都会对房地产的投资效果产生影响。最后,自然灾害、战争、社会动荡等,也会对房地产投资产生无法预见的影响。

⑦难以变现性。由于房地产具有位置固定、用途不易改变等特性,房地产不像股票和外汇那样可以迅速变现,即变现性差。

⑧使用限制性。为了增进公众安全,保护公共利益,促进城市合理布局,减少房地产外部影响的负面性,房地产的使用和支配会受到限制。政府为了公共利益的需要,可以征用单位或个人所拥有的房地产。

4.1.2 房地产评估的原则

房地产评估是指专业评估人员为特定目的对房地产的特定权益在某一特定时点上的价值进行估算。评估人员在进行评估活动时,必须受到行业行为准则的约束,在一定的评估原则下开展评估活动。房地产评估当然要遵循资产评估的一般原则,但房地产本身的特殊性,决定了房地产评估还应遵循一定的专业性原则。房地产评估的专业性原则主要有以下方面。

①最有效使用原则。土地及其建筑物可以有商业、居住、工业等多种用途,但同一房地产在不同用途的情况下,其收益并不相同。房地产权利人为了获得最大收益,总是希望房地产达到最佳使用。但是房地产的最佳使用必须在法律、法规允许的范围内,必须受城市规划的制约。在市场经济条件下,房地产用途可以通过竞争决定,使房地产达到最佳使用。因此,评估人员在评估房地产价值时,不能仅仅考虑房地产现时的用途和利用方式,而是要结合预期原则和合法原则,考虑在何种情况下房地产才能达到最佳使用及实现的可能,以最佳使用所能带来的收益评估房地产的价值。

②合法原则。合法原则指房地产评估应以评估对象的合法产权、合法使用和合法处分等为前提进行。在分析房地产的最佳使用时,评估人员必须根据城市规划及有关法律的规定,依据规定用途、容积率、建筑高度与建筑风格等确定该房地产的最佳使用。例如,测算房地产的收益时,其经营用途应为合法用途,不能用作赌场。城市规划为居住用地的,评估该地块价值时,必须以居住用地作为其用途,不能用作工业用地或商业用地。测算房地产的净收益时,不能以临时建筑或违章建筑的净收益作为测算依据。

③房地综合考虑原则。尽管房屋建筑物和土地是可以区别的评估对象,但是由于两者在使用价值上的相互依存和价格形成中的内在联系,我们应在评估中把两者作为相互联系的对象综合地评估。一方面,房屋建筑物不能脱离土地而独立存在,而房屋建筑物又是土地的最终产品或主导产品;另一方面,土地的使用价值需要通过房屋建筑物来反映。土地的价

格除了取决于其自身的性能、地理位置等因素外,主要取决于土地用途的选择,而土地用途的选择是否恰当就完全反映在房屋建筑物这一实体上,即土地上建造什么样的房屋建筑物。正是由于房屋建筑物与土地之间存在着依存关系,评估人员才要在房产价格评估中考虑土地的价格,即房地合一。而单独评估土地的价格,也要考虑在土地上开发何种类型的房屋建筑物,如此才能据以估算土地的价格。

④区域及地段原则。区域及地段原则是指房地产价格的评估必须体现房地产所处的经济地理位置的差别,应特别注重考虑区域及地段差异对房地产价格的影响。由于房地产具有不可移动性,其所处位置是固定的,房地产随经济地理位置的差异,其价格有显著差别。在城市中,交通状况、基础设施、产业分布、自然景观、人文景观、社区服务、文体娱乐设施等各种因素都有很强的区域性、地段性,这些因素分别对房地产的环境质量有重大影响,形成了房地产的社会经济地理位置和地段,从而决定房地产价格。按区域及地段原则评估房地产价格的重点是同一城市房地产价格应形成合理级差,房地产价格应反映其所处地段的级差程度。

4.1.3　房地产评估的程序

房地产评估应按照以下程序进行。

①明确评估基本事项。评估机构在接受房地产评估委托后,在评估委托协议中除了要明确评估收费、违约责任等事项外,还必须明确评估对象、评估目的、评估时点和评估的具体工作时间等具体事项。

评估人员要明确评估对象一方面要从物质实体上明确房地产的名称、坐落地、用途、面积层数、结构、装修、基础设施、取得时间、使用年限、维修保养状况等;另一方面从权益状况看,要明确产权性质和产权归属等。明确评估目的就是要确定评估结果的具体用途,即为何种需要而进行房地产评估。明确评估目的不仅有助于明确评估方向,便于更好地确定评估对象和评估范围,同时也限制了评估报告的适用范围,也有助于评估人员选择恰当的价值类型。明确评估时点就是要明确评估基准日,评估结果是否合理主要是针对评估基准日而言的。明确评估的具体工作时间是指明确评估机构从接受委托到提交报告的工作时间。

②拟订评估工作方案。在明确了评估基本事项的基础上,评估人员应当对评估项目进行充分分析,拟订评估作业计划。具体包括:根据评估对象和评估目的,以及可能搜集到的数据资料,初选评估方法和评估的技术路线,并确定评估人员及其分工;按评估的要求和评估方法调查搜集数据资料;拟订作业步骤和作业时间表;初算评估成本。

③搜集资料。房地产评估人员必须到评估现场进行实地查勘。弄清楚房地产的位置和周边环境、自然和人文景观、公共设施和基础设施,以及评估对象的物质状况,如外观、结构、面积、装修、设备等;并对委托方提供的和事先搜集到的有关资料进行核实和验证,进一步丰富和落实此项评估所需的数据资料。

④选用评估方法评定估算。在房地产评估中,除了使用其他资产评估常用的市场法、收益法和成本法外,评估人员还可以根据具体情况运用假设开发法、路线价法、基准地价修正法等。如果条件允许,每一个评估项目最好能选择两种或两种以上的方法进行评估,以便相

互比较验证。

⑤确定评估结果,撰写评估说明和评估报告。用两个或两个以上的评估方法进行评估,会得到几个初步评估结果,评估人员应当在充分分析论证的基础上给出评估的最终结果,并撰写评估说明和评估报告。

4.2 房地产价格及其影响因素

4.2.1 房地产价格的种类

由于房地产业务的性质不同,所涉及的权利不同,房地产的用途也多种多样,因此,房地产价格有多种表现形式,我们可以从其权益、价格形成方式和实物形态等多个角度加以分类。

1)房地产价格根据权益的不同可以分为所有权价格、使用权价格和其他权益价格

房地产发生交易时,所针对的权益有所有权、使用权、抵押权、租赁权等。所针对的房地产权益不同,其价格就不同,如房地产使用权价格、抵押权价格、租赁权价格等。房地产使用权价格,是指房地产使用权的交易价格。一般情况下,房地产所有权价格高于使用权价格。抵押权价格是为房地产抵押而评估的房地产价格。抵押权价格由于要考虑抵押贷款的安全性,一般比市场价格低。租赁权价格是承租方为取得房地产租赁权而向出租房支付的价格。

2)房地产价格按价格形成方式的不同可分为市场交易价格和评估价格

市场交易价格是房地产在市场交易中实际成交的价格。在正常的市场条件下,买卖双方均能迅速地获得交易信息,买方能在市场上自由选择其需要的房地产,卖方也能自由出售其房地产,买卖双方均以自身利益为前提,在彼此自愿的条件下,以某一价格完成房地产交易。由于交易的具体环境不同,市场交易价格经常波动。市场交易价格一般具有如下作用:交易双方收支价款的依据、缴纳契税和管理费的依据等。

评估价格是对市场交易价格的模拟。由于评估人员的经验、对房地产价格影响因素理解的不同,同一宗房地产可能得出不同的评估价格,评估结果也可能不同,但在正常的情况下,不论运用何种方法,评估结果都不应有太大的差距。房地产评估价格根据使用目的及其作用分为基准地价、标定地价、房屋重置价格、交易底价、课税价格等。其中基准地价、标定地价、房屋重置价格由政府规定,且由政府定期公布。交易底价则不一定由政府规定,而由交易有关方面规定。房屋重置价格,是指在重置时的建筑技术、工艺水平、建筑材料价格、工资水平及运输费用等条件下,重新建造与原有房屋相仿的结构、式样、设备和装修的新房屋时所需的费用。课税价格,是指政府为课征有关房地产税而由评估人员评估的作为课税基础的价格。

3)房地产价格按房地产的实物形态不同可划分为土地价格、建筑物价格和房地产价格

土地价格主要包括基准地价、标定地价和土地交易价格等。基准地价是按照城市土地级别或均质地域分别评估的商业、住宅、工业等各类用地和综合土地级别的土地使用权的平均价格。基准地价评估以城市为单位进行。标定地价是市、县政府根据需要评估的,正常地产市场中具体宗地在一定使用年期内的价格。标定地价可以以基准地价为依据,根据土地使用年限、地块大小、土地形状、容积率、微观区位等条件,通过系数修正进行评估得到,也可以通过市场交易资料,直接进行评估得到。

单纯的土地及附有建筑物的房地产中的土地的价格都是土地价格。但是同一块土地,其开发条件不同,会有不同的价格,如拟作为国家建设用地而未进行征地补偿的农地,购地者需办理土地征收手续,支付征地补偿费;即使已征为国家所有,尚需看其开发情况是否达到"三通一平""五通一平"或"七通一平"等。在其他条件相同的情况下,在城区内附有待拆迁建筑物的土地的价格与城区内的空地的价格也相差很大。

建筑物价格,是指纯建筑物部分的价格,不包含其占用的土地的价格。

房地产价格,是指建筑物连同其占有的土地的价格。

4)房地产价格按房地产价格的表示单位不同可划分为总价格、单位价格和楼面地价

房地产总价格是指一宗房地产的整体价格。房地产单位价格有三种情况:对土地而言,是指单位土地面积的土地价格;对建筑物而言,是指单位建筑面积的建筑物价格;对房地产而言,是指单位建筑面积的房地产价格。房地产的单位价格能反映房地产价格水平的高低,而房地产总价格则一般不能说明房地产价格水平的高低。

楼面地价又称单位建筑面积地价,是指平均到每单位建筑面积上的土地价格。楼面地价=土地总价格÷建筑总面积。因为,容积率=建筑总面积÷土地总面积,所以,楼面地价=土地单价÷容积率。

5)其他价格类型

公告地价,是指政府定期公告的土地价格,在有些国家和地区,一般作为征收土地增值税和征用土地进行补偿的依据。

申报价格,是指房地产权利人向政府申报的房地产交易成交价格。《中华人民共和国城市房地产管理法》第三十五条规定:"国家实行房地产成交价格申报制度。房地产权利人转让房地产,应当向县级以上地方人民政府规定的部门如实申报成交价,不得瞒报或者作不实的申报。"

4.2.2 房地产价格的特征

1)房地产价格是权益价格

由于房地产位置不可移动,因此房地产的买卖、抵押等并不能转移房地产的物质实体本

身,而只是转移与房地产有关的各种权益。房地产的权益有多种表现形式,如所有权、使用权、抵押权、租赁权等。因此,发生经济行为的房地产转移方式不同,形成的房地产权益不同,其权益价格也不相同,评估人员在评估时必须对此仔细考虑。

2)房地产价格与用途相关

一般商品的价格由其生产成本、供给和需求等因素决定,其价格一般并不因使用状况不同而产生差异。但是,同样一宗房地产,在不同的用途下,产生的收益是不一样的。特别是土地,在不同的规划用途下,其使用价值是不一样的,土地价格与其用途的相关性极大。

3)房地产价格具有个别性

由于房地产的个别性,没有两宗房地产条件是完全一致的。同时,在房地产价格形成中,交易主体之间的个别因素也很容易起作用。因此,房地产的价格具有个别性。由于房地产位置的固定性,其交易往往是单个进行的,因此形成的房地产市场是一个不完全竞争市场。房地产不像一般商品,可以开展样品交易、批量交易,每一宗房地产交易都具有个别性。

4)房地产价格具有可比性

房地产价格尽管具有与一般商品不同的许多特性,但并不意味着其价格之间互不联系,事实上,可以根据房地产价格的形成规律,对影响房地产价格的因素进行比较,从而能够比较房地产的价格。

4.2.3　房地产价格的影响因素

房地产价格受到许多因素的影响,这些因素对房地产价格的影响方向、影响程度都不尽相同。熟悉和掌握影响房地产价格的各种因素,并了解这些因素在影响房地产价格中的关系,无疑有助于房地产的评估。为了便于了解影响房地产价格的因素,可以将其进行适当的归类。通常将影响因素划分为一般因素、区域因素和个别因素三大类。

1)一般因素

一般因素是指对房地产价格及其变化具有普遍性和共同性影响的因素。这些因素通常会对较广泛地区范围内的各宗房地产的价格产生全局性的影响。这些因素主要包括社会因素、经济因素、行政因素等。

（1）社会因素

影响房地产价格的社会因素主要是指社会发展状况、社会环境等因素。社会发展状况是国民经济发展状况的一种反映,它直接关系社会的安定,包括政治安定和人民安居乐业的程度。社会环境包括人们的生活工作环境、自然和人文环境,也包括社会治安状况。好的社会环境有助于房地产价格的提高。

（2）经济因素

影响房地产价格的经济因素较为复杂。它包括国民经济的发展速度、发展规模,企业、事业单位、居民的收入和消费水平,政府的财政收入与支出的规模和结构,金融状况和物价水平等。上述因素通常集中表现在房地产的供求状况上,通过房地产的供不应求、供求平衡或供过于求影响房地产价格。

（3）行政因素

影响房地产价格的行政因素,是指影响房地产价格的制度、政策、法规、行政措施等方面的因素。例如,土地制度、住房制度、房地产价格政策、城市规划、城市发展战略、税收政策、交通管制等。

2）区域因素

区域因素是指某一特定区域内的自然条件与社会、经济、行政、技术等因素相结合所产生的区域特性,对该区域的房地产价格水平产生影响的因素。这类因素可细分为商服繁华因素、道路通达因素、交通便捷因素、城市设施状况因素和环境状况因素等。

（1）商服繁华因素

这是指所在地区的商业、服务业繁华状况及各级商业、服务业中心的位置关系,如果商服繁华度较高,该地区的房地产价格水平也会较高。

（2）道路通达因素

这是指所在地区道路系统的通畅程度,道路的级别（主干道、支路）越高,该地区的房地产价格水平也越高。

（3）交通便捷因素

这是指交通的便捷程度,包括公共交通系统的完善程度和公共的便利程度。其便捷度越高,房地产价格水平也较高。

（4）城市设施状况因素

城市设施可以分为以下三类。

①基础设施。主要包括供水、排水、供电、供气、供热和通信等设施。

②生活设施。主要包括学校、医院、农贸市场、银行、储蓄所、邮局等设施。

③文体娱乐设施。主要包括电影院、图书馆、博物馆、俱乐部、文化馆等设施。

以上三类设施可以用基础设施完善度、生活设施完备度、文体娱乐设施完备度等指标衡量,这些指标一般都会对房地产价格形成正相关影响。

（5）环境状况因素

若一个地区绿地较多、公园充足、环境优美,则该地区的房地产价格水平较高;若噪声污染、大气污染、水污染较严重,则房地产价格水平较低。

3）个别因素

个别因素是指房地产的个别性对房地产个别价格的影响因素,它是决定相同区域房地产出现差异价格的因素。个别因素分为土地个别因素和建筑物个别因素。

（1）土地个别因素

土地个别因素也叫宗地因素,是宗地自身的条件和特征对该地块价格产生影响的因素。对土地价格影响较大的土地个别因素主要有下列几个。

①区位因素。区位也称为宗地位置,是影响地价的一个非常重要的因素。区位有自然地理区位与经济地理区位之别。土地的自然地理区位是固定不变的,但是,其经济地理区位却会随着交通建设和市政设施的变化而变化。当区位由劣变优时,地价会上升;相反,则地价下跌。

②面积因素、宽度因素和深度因素。一般来说,宗地面积必须适宜,规模过大或过小都会影响土地效用的充分发挥,从而降低单位地价。宗地临街宽度过窄,会影响土地使用,影响土地收益,从而降低地价。宗地临街深度过浅、过深,都不适合土地最佳利用,从而影响地价水平。

③形状因素。土地形状有长方形、正方形、三角形、菱形、梯形等。形状不规则的土地不便于利用,地价较低。一般认为宗地形状以矩形为佳,特殊情况下,在街道的交叉口的土地、三角形等不规则土地的地价也可能畸高。

④地力因素、地质条件因素、地势因素和地形因素。地力又称土地肥沃程度或土地肥力,这个因素只与农业用地的价格有关,土地肥沃,地价就高;相反,地价则低。地质条件决定土地的承载力,直接关系到建筑物的造价和建筑物的结构设计。地质条件对于高层建筑和工业用地的地价影响尤其大。地质条件与地价成正比关系,即地质条件越优,地价越高。地势因素是指该土地与相邻土地的高低关系,特别是与邻近道路的高低关系,一般来说,地势高的宗地比地势低的宗地地价高。地形是指地面的起伏形状,一般来说,土地平坦,地价较高;土地高低不平,地价较低。

⑤容积率因素。容积率因素也是影响土地价格的主要因素之一,容积率越大,地价越高;容积率越小,地价越低。容积率与地价一般不呈线性关系。

⑥用途因素。土地的用途对地价影响相当大,同样一块土地,规划为不同用途,则地价不相同。一般来说,对于同一宗土地而言,商业用地、居住用地、工业用地的地价是递减的。

⑦土地生熟程度。土地生熟程度是指被开发的程度,土地的被开发程度越高,则地价也越高。通常,土地有生地、毛地、熟地之分,熟地的价格要高于生地和毛地的价格。

（2）建筑物个别因素

在影响房地产价格的个别因素中,影响土地价格的个别因素和影响建筑物价格的个别因素并不完全相同,以下阐述影响建筑物价格的个别因素。

①面积、结构、材料等。建筑物的建筑面积、居住面积、高度等不同,则建筑物的重建成本也不相同。建筑物的结构及使用的建筑材料的质量也对建筑物的重建成本有影响,从而影响其价格。

②设计、设备等是否良好。建筑物的形状、设计风格、建筑装潢应与建筑物的使用目的相适应,建筑物设计、设备是否与其功能相适应,对建筑物价格有很大的影响。

③施工质量。建筑物的施工质量不仅影响建筑物的投入成本,更重要的是影响建筑物的耐用年限和使用的安全性、方便性和舒适性。因此,施工质量是否优良,对建筑物的价格也有很大影响。

④法律限制。有关建筑物方面的具体法律限制,主要是城市规划及建筑法规。例如,建筑物高度限制、消防管制、环境保护等,评估人员在评估时应考虑这些法律限制对建筑物价值已经产生和可能产生的影响。

⑤建筑物是否与周围环境相协调。建筑物应当与其周围环境相协调，否则就不处于最有效使用状态。建筑物不能充分发挥使用效用，其价值自然会降低。

4.3 房地产评估的收益法

4.3.1 收益法的基本思路与适用范围

收益法在国外被广泛地运用于收益性房地产价值的评估。收益法又称为收入资本化法、收益还原法，在我国也是最常用的评估方法之一。

在房地产交易时，随着房地产所有者权利的让渡，房地产的收益转归房地产购买者。房地产购买者必须一次性支付一定的金额，补偿房地产所有者失去的收益。这一货币额每年给房地产所有者带来的利息收入，必须等于他每年能从房地产中获得的净收益。这个金额就是该项房地产价值，用公式表示为：

$$房地产价值 = \frac{净收益}{资本化率}$$

这种理论的抽象，包含着三个假设前提：①净收益每年不变；②资本化率固定；③收益为无限年期。运用收益法评估房地产的价值，首先要求取净收益，其通过总收益减总费用求得；然后确定资本化率；最后选用适当的计算公式求得待评估房地产的价值。

收益年期有限的房地产价值计算公式为：

最一般的公式为：

$$V = \frac{A_1}{1 + Y_1} + \frac{A_2}{(1 + Y_1)(1 + Y_2)} + \cdots + \frac{A_n}{(1 + Y_1)(1 + Y_2)\cdots(1 + Y_n)}$$

$$= \sum_{i=1}^{n} \frac{A_i}{\prod_{j=1}^{i}(1 + Y_j)}$$

式中，V 为估价对象在价值时点的收益价值；A_i 为估价对象未来各期的净运营收益，简称净收益，其中，$A_1, A_2, \cdots, A_n$ 分别为相对于价值时点而言的未来第 $1, 2, \cdots, n$ 期末的净收益；Y_j 为估价对象未来各期的报酬率，也称为折现率，其中，$Y_1, Y_2, \cdots, Y_n$ 分别为相对于价值时点而言的未来第 $1, 2, \cdots, n$ 期的报酬率；n 为估价对象的收益期或持有期，是自价值时点起至估价对象未来不能获取净收益或转售时止的时间。

对上述公式说明如下：

①上述公式是收益法基本原理的公式化，是收益法的原理公式，主要用于理论分析。

②在实际估价中，通常假设报酬率长期不变，即 $Y_1 = Y_2 = \cdots = Y_n = Y$。因此，上述公式可简化为：

$$V = \frac{A_1}{1 + Y} + \frac{A_2}{(1 + Y)^2} + \cdots + \frac{A_n}{(1 + Y)^n}$$

$$= \sum_{i=1}^{n} \frac{A_i}{(1+Y)^i}$$

③当上述公式中的 A 每期不变或者按一定规律变动,以及 n 为有限期或无限期的情况下,可推导出后面的各种公式(也称为估价模型)。因此,后面的各种公式实际上是上述公式的特例。

④收益法的所有公式均假设未来各期的净收益相对于价值时点发生在期末。在实际中,如果净收益发生的时间相对于价值时点不是在期末,而是在期初或期中,则应对净收益或者报酬资本化法公式进行相应的调整。

如果是对报酬资本化法公式进行调整,则调整后的收益法公式为:

$$V = A_1 + \frac{A_2}{1+Y} + \cdots + \frac{A_n}{(1+Y)^{n-1}}$$

$$= \sum_{i=1}^{n} \frac{A_i}{(1+Y)^{i-1}}$$

实际评估中,有时候假定净收益每年不变,如果收益期为有限年,则计算公式为:

$$V = \frac{A}{Y} \left[1 - \frac{1}{(1+Y)^n} \right]$$

公式原型为:

$$V = \frac{A}{1+Y} + \frac{A}{(1+Y)^2} + \cdots + \frac{A}{(1+Y)^n}$$

此公式的假设前提是:①净收益每年不变为 A;②报酬率为 Y,且 $Y \neq 0$;③收益期为有限年 n。

上述公式的假设前提是其在数学推导上的要求。报酬率 Y 在现实中是大于零的,因为报酬率也表示一种资金的时间价值或机会成本。

如果收益期为无限年,则计算公式为:

$$V = \frac{A}{Y}$$

此公式的假设前提是:①净收益每年不变为 A;②报酬率为 Y,且 $Y>0$;③收益期为无限年。

这是一个在评估实务中经常运用的计算公式,其成立的条件为:①净收益 A 每年不变;②资本化率 Y 固定且大于零;③收益期为有限年 n。

4.3.2 收益法中各参数的估算

1)净收益的估算

(1)净收益的含义

净收益是指归属于房地产的除去各种费用后的收益,一般以年为单位。在确定净收益时,必须注意房地产的实际净收益和客观净收益的区别。实际净收益是指在现状下被估房地产实际取得的净收益,由于实际净收益受到多种因素的影响,通常不能直接用于评估。例如,当前收益权利人在法律上、行政上享有某种特权或受到特殊的限制,致使房地产的收益偏高或降低,而这些权利或限制又不能随同转让;或者当前房地产并未处于最佳利用状态,收益偏低;或者当前收益权利人经营不善,导致亏损,净收益为零甚至为负值;或者土地处于待开发状态,无当前收益,同时还必须支付有关税费,净收益为负值等。因此,必须对上述实际净收益进行修正,剔除其中特殊的、偶然的因素,取得在正常市场条件下的房地产用于最佳利用方向上的净收益值,该净收益值还应该包含对未来收益和风险的合理预期。我们把这种收益称为合理预期,只有客观净收益才能够作为评估的依据。净收益计算公式为:

$$净收益=总收益-总费用$$

(2)客观总收益

总收益是指以收益为目的的房地产和与之有关的各种设施、劳动力及经营管理者要素结合产生的收益,也就是被估房地产在一年内所能得到的所有收益。在求取总收益时,要以客观收益即正常收益为基础,而不能以实际收益计算。在计算以客观收益为基础的总收益时,房地产必须处于最佳利用状态。最佳利用状态是指该房地产处于最佳利用方向和最佳利用程度。在现实经济中,客观收益应为正常使用下的正常收益。

由于现实经济过程的复杂性,呈现在评估人员面前的收益状况也非常复杂,因而收益的确定较难。例如,某种经营能带来的收益虽较丰厚,但在未来存在激烈竞争或存在潜在的风险,使现实收益具有下降的趋势,在这种情况下,评估人员就不能用现实收益进行估价,而必须加以修正。

(3)客观总费用

总费用是指取得该收益所必需的各项支出,如维修费、管理费等。也就是为创造总收益所必须投入的正常支出。在估价时总费用也应该是客观费用。总费用所应包含的项目随待估房地产的状态不同而有所区别。有些费用支出是正常支出,有些是非正常支出。对于作为从总收益中扣除的总费用,评估人员要认真分析,剔除不正常的费用支出。

(4)净收益的估算

房地产净收益的具体估算因评估对象的收益类型不同而有所不同,可归纳为以下几种情况。

①出租型房地产净收益的估算。出租型房地产是收益法评估的典型对象,包括出租的住宅、写字楼、商场、标准厂房、仓库和场地等,其净收益通常为租赁收入扣除维修费、管理费、保险费、房地产税和租赁代理费后的余额。租赁收入包括有效毛租金收入和租赁保证金、押金等。在实际估算时,维修费、管理费、保险费、房地产税和租赁代理费是否需要扣除,应在分析租赁合同的基础上决定。如果保证房地产正常使用的费用均由出租方承担,则应将它们全部扣除;如果维修费、管理费等费用全部或部分由承租方承担,则扣除的项目就不包括这些应由承租方承担的费用。需要注意的是,房地产评估中一般考虑与房地产有关的税收,而所得税是针对业主的,故所得税一般不作为费用扣除。

②直接经营型房地产净收益的估算。直接经营型房地产的特点是房地产所有者同时又是经营者,房地产的租金和经营者利润没有分开。直接经营型房地产具体又可分为下列两种:一是商业用房地产,应根据经营资料计算净收益,净收益为商品销售收入扣除商品销售成本、经营费用、商品销售税金及附加、管理费用、财务费用和商业利润的余额。二是工业用

房地产,应根据产品市场价格以及原材料、人工费用等资料估算净收益,净收益为产品销售收入扣除生产成本、产品销售费用、商品销售税金及附加、管理费用、财务费用和厂商利润的余额。

2)资本化率的估算

资本化率又称还原利率,它是决定评估价值最关键的因素。这是因为,评估价值对资本化率最为敏感。资本化率的每一个微小变动,都会使评估价值发生显著改变。这就要求评估人员确定的资本化率的精度远远高于净收益的精度。由于确定资本化率是一项复杂的、精度较高的工作,所以运用收益法的评估人员必须具有较高的评估水平和丰富的经验。

(1)资本化率的实质

收益性房地产的购买实际上是一种投资行为。投资的目的是赚取利润。在收益性房地产交易中,投资者购买房地产所支付的价格就是他的投资,房地产带来的净收益就是利润。因此,资本化率的大小同投资风险的大小呈正相关的关系。一般来说,银行存款的风险很小,因而存款利率较低。资本化率几乎都要比银行存款利率高。对投资行为来说,大多数的投资都存在不同程度的风险。资本化率越高,意味着投资风险越大,在净收益不变的情况下,房地产价值越低。处于不同用途、不同区位和不同交易时间的房地产的投资风险各不相同,因此,资本化率也各不相同。

(2)资本化率的估算方法

①净收益与售价比率法。评估人员从市场上搜集近期交易的与待评估房地产相同或相近似的房地产的净收益、价格等资料,反算出它们各自的资本化率,这种方法称为净收益与售价比率法。该方法运用的是房地产商品的替代性,选取的交易案例均来自市场。这种方法最为直接地反映了市场供求状况。因此,反算出来的资本化率基本上能够反映投资该房地产的利润率。此时求得的各资本化率是用实际收益与房地产价格之比求出来的,可以通过选取多个案例的资本化率取平均值的办法来消除各种偶然因素的干扰。具体可以根据实际情况,采取简单算术平均值或加权算术平均值。这种方法要求市场发育比较充分,交易案例比较多。评估人员必须拥有充足的资料,并尽可能以与待评估房地产情况接近的资料作为参照。

【例4.1】在房地产市场中收集到四个与待评估房地产类似的交易实例,见表4.1(假设交易价格为无限年期的价格)。

表4.1 净收益与售价交易实例

可比实例	净收益[元/(年·平方米)]	交易价格(元/平方米)	资本化率(%)
甲	415	5600	7.41
乙	430	6100	7.05
丙	410	6100	6.72
丁	445	6500	6.85

对以上四个可比实例的资本化率进行简单算术平均,就可以得到资本化率为:

$Y = (7.41\% + 7.06\% + 6.72\% + 6.85\%) \div 4 = 7.01\%$

②累加法。累加法又称安全利率加风险调整值法，是以无风险报酬率为基础，再加上风险调整值作为资本化率的方法。其计算公式为：

$$资本化率＝无风险报酬率＋风险调整值$$

报酬率也称安全利率。这种方法首先选择市场上无风险的资本投资的收益率作为安全利率，通常选择银行中长期利率或国库券利率作为安全利率。然后根据影响待评估房的社会经济环境，估计投资风险程度，确定一个调整值，在安全利率基础上加风险调整值。这种方法对市场要求不高，应用比较广泛，但确定风险调整值时主观性较强，不容易掌握。

③排序插入法。评估人员搜集市场上各种投资的收益率资料，然后把各项投资按收益的大小排序，估计待评估房地产投资风险在哪个范围内，并把它插入其中，确定资本化率。

a.综合资本化率。这是把土地和附着于其上的建筑物看作一个整体评估所采用的资本化率。此时评估的是房地产整体的价值，采用的净收益也是房地合一的净收益。

b.建筑物资本化率。建筑物资本化率用于评估建筑物的自身价值。这时采用的净收益是建筑物自身所产生的净收益，把房地产整体收益中的土地净收益排除在外。

c.土地资本化率。土地资本化率用于求取土地自身的价值。这时采用的净收益是土地自身的净收益，把房地产整体收益中的建筑物净收益排除在外。

综合资本化率、建筑物资本化率和土地资本化率的关系，可用公式表示如下：

$$Y = \frac{Y_1 L + Y_2 B}{L + B}$$

式中，Y 为综合资本化率；Y_1 为土地资本化率；Y_2 为建筑物资本化率；L 为土地价值；B 为建筑物价值。

3)收益期限的确定

房地产收益期限要根据具体的评估对象、评估对象的寿命及评估时采用的假设条件等来确定。

对于以单独的土地和单纯的建筑物作为评估对象的，应分别根据土地使用权年限和建筑物经济寿命确定未来可获收益的期限。计算净收益时不扣除建筑物的折旧费和土地取得费用的摊销。

对于以房地合一作为评估对象的，如果建筑物的经济寿命长于或等于土地使用权年限，则根据土地使用权年限确定未来可获收益的期限。计算净收益时不扣除建筑物的折旧费和土地取得费用的摊销。

对于以房地合一作为评估对象的，如果建筑物的经济寿命短于土地使用权年限，则一般采用以下方法处理：先根据建筑物的经济寿命确定未来可获收益的期限，计算净收益时不扣除建筑物的折旧费和土地取得费用的摊销；然后再加上土地使用权年限超出建筑物经济寿命的土地剩余使用年限价值的折现值。

4.3.3　运用收益法的具体计算公式

运用收益法，只要待估对象具有连续的、可预测的净收益，就可以评估其价值。其可以评估单独的土地价值,也可以评估单独的地上建筑物价值,还可以评估房地合在一起的房地产价值。在评估实务中,其计算公式如下。

1)评估房地合一的房地产价值

其计算公式为:

$$房地产价值 = \frac{房地产净收益}{综合资本化率}$$

式中,房地产净收益=房地产总收益−房地产总费用

$$房地产总费用 = 管理费 + 维修费 + 保险费 + 税金$$

2)单独评估土地的价值

(1)由土地收益评估土地价值

一般适用于空地出租的情况。

计算公式为:

$$土地价值 = \frac{土地净收益}{土地收益率}$$

式中

$$土地净收益 = 土地总收益 - 土地总费用$$
$$土地总费用 = 管理费 + 维修费 + 税金$$

(2)由房地产收益评估土地价值

其计算公式为:

①土地价值=房地产价值−建筑物现值

式中

$$建筑物现值 = 建筑物重置价 - 年贬值额 \times 已使用年数$$
$$年贬值额 = \frac{建筑物重置价 - 残值}{耐用年限}$$

$$②土地价值 = \frac{房地产净收益 - 建筑物净收益}{土地收益率}$$
$$建筑物净收益 = 建筑物现值 \times 建筑物收益率$$

3)单独计算建筑物的价值

计算公式为:

$$建筑物价值 = 房地产价值 - 土地价值$$
$$建筑物价值 = \frac{房地产净收益 - 土地净收益}{建筑物收益率}$$

在运用以上公式求取房地产净收益时,都是通过房地产总收益减去房地产总费用而得到的。这里需要特别说明的是,用来求取房地产净收益的房地产总费用不包含建筑物折旧费。同时,以上所列计算公式均假设土地使用年期为无限年期,但在评估实务中应注意土地使用的有限年期。

4.3.4　收益法应用举例

【例4.2】某写字楼的土地是6年前以出让方式取得的建设用地使用权,建设用地使用权出让合同载明使用期限为50年,不可续期。预测该写字楼正常情况下每年的净收益为80万元,该类房地产的报酬率为8.5%。请计算该写字楼的收益价值。

【解】　该写字楼的收益价值计算如下:

$$V = \frac{A}{Y}\left[1 - \frac{1}{(1+Y)^n}\right]$$

$$= \frac{80}{8.5\%} \times \left[1 - \frac{1}{(1+8.5\%)^{50-6}}\right]$$

$$= 915.19(万元)$$

【例4.3】某宗房地产的收益期可视为无限年,预测其未来每年的净收益为80万元,该类房地产的报酬率为8.5%。请计算该房地产的收益价值。

【解】　该房地产的收益价值计算如下:

$$V = \frac{A}{Y}$$

$$= \frac{80}{8.5\%}$$

$$= 941.18(万元)$$

与例4.2中44年土地使用期限的写字楼价值915.19万元相比,例4.3中无限年的房地产价值要大25.99万元(941.18-915.19=25.99万元)。

【例4.4】6年前,甲单位提供一块面积为1000平方米、使用期限为50年的土地,乙企业出资300万元,合作建设一幢建筑面积为3000平方米的钢筋混凝土结构办公楼。建设期为2年。建成后的办公楼建筑面积中,1000平方米归甲单位所有,2000平方米由乙企业使用20年,使用期满后无偿归甲单位所有。现在,乙企业有意将其使用部分的办公楼在使用期满后的剩余期限买下来,甲单位也乐意出卖。但双方对价格有争议,协商请评估机构评估。

【解】　本题的评估对象是未来16年后(乙企业的使用期限为20年,扣除已经使用的4年,剩余期限为16年)的28年建设用地使用权(土地使用期限为50年,扣除建设期2年和乙企业的使用期限20年,剩余期限为28年)和房屋所有权在现在的价值。评估思路之一是采用比较法,寻找市场上类似房地产44年的价值和16年的价值,然后将两者相减即可。评估思路之二是采用收益法(未来净收益的现值之和),其中又有两种求法:一是先求取未来44年的净收益的现值之和及未来16年的净收益的现值之和,然后将两者相减;二是直接求取未来16年后的28年的净收益的现值之和。

下面采用收益法的第一种求法。

据调查得知,现时与该办公楼相似的写字楼每平方米建筑面积的月租金平均为80元,据估价师分析预测,其未来月租金稳定在80元,出租率为85%,年运营费用约占年租赁有效毛收入的35%,报酬率为10%。钢筋混凝土结构办公楼的使用年限为60年,价值时点以后的剩余使用年限为60-4=56(年),建筑物使用年限晚于土地使用期限结束,收益期根据建设用地使用权剩余期限确定。

（1）求取未来44年的净收益的现值之和：

年净收益=80×2000×85%×（1-35%）×12÷10000

　　　　=106.08（万元）

$$V_{44} = \frac{A}{Y}\left[1 - \frac{1}{(1+Y)^n}\right]$$

$$= \frac{106.08}{10\%} \times \left[1 - \frac{1}{(1+10\%)^{44}}\right]$$

$$= 1044.79（万元）$$

（2）求取未来16年的净收益的现值之和：

$$V_{16} = \frac{A}{Y}\left[1 - \frac{1}{(1+Y)^n}\right]$$

$$= \frac{106.08}{10\%} \times \left[1 - \frac{1}{(1+10\%)^{16}}\right]$$

$$= 829.94（万元）$$

（3）求取未来16年后的28年建设用地使用权和房屋所有权在现在的价值：

$$V_{28} = V_4 - V_{16}$$

$$= 1044.79 - 829.94$$

$$= 214.85（万元）$$

【例4.5】已知某宗收益性房地产40年收益权利的价格为2500元/平方米，报酬率为10%。请计算该房地产30年收益权利的价格。

【解】　该房地产30年收益权利的价格计算如下：

$$V_n = V_N \times \frac{(1+Y)^{N-n}\left[(1+Y)^n - 1\right]}{(1+Y)^N - 1}$$

$$V_{30} = 2500 \times \frac{(1+10\%)^{40-30} \times \left[(1+10\%)^{30} - 1\right]}{(1+10\%)^{40} - 1}$$

$$= 2409.98（元/平方米）$$

【例4.6】已知某宗收益性房地产在30年建设用地使用权、报酬率为10%下的价格为3000元/平方米。请计算该房地产在50年建设用地使用权、报酬率为8%下的价格。

【解】　该房地产在50年建设用地使用权下的价格计算如下：

$$V_n = V_N \times \frac{Y_N(1+Y_N)^N\left[(1+Y_n)^n - 1\right]}{Y_n(1+Y_n)^n\left[(1+Y_N)^N - 1\right]}$$

$$V_{50} = 3000 \times \frac{10\% \times (1+10\%)^{30} \times \left[(1+8\%)^{50} - 1\right]}{8\% \times (1+8\%)^{50} \times \left[(1+10\%)^{30} - 1\right]}$$

$$= 3893.00（元/平方米）$$

【例4.7】甲房地产的收益期为50年，单价为2000元/平方米；乙房地产的收益期为30年，单价为1800元/平方米。报酬率均为6%，其他条件相同。请比较该两宗房地产的价格高低。

【解】　比较该两宗房地产的价格高低，需要将它们转换为相同期限下的价格。为计算

方便,将它们转换为无限年下的价格:

甲房地产 $V_o = V_{50} \div K_{50}$

$$= 2000 \div \left[1 - \frac{1}{(1 + 6\%)^{50}} \right]$$

$$= 2114.81(元 / 平方米)$$

乙房地产 $V_o = V_{30} \div K_{30}$

$$= 1800 \div \left[1 - \frac{1}{(1 + 6\%)^{30}} \right]$$

$$= 2179.47(元 / 平方米)$$

由上可知,乙房地产的价格名义上低于甲房地产的价格(1800 元/平方米<2000 元/平方米),实际上却高于甲房地产的价格(2179.47 元/平方米>2114.81 元/平方米)。

【例4.8】某宗 5 年前以出让方式取得的 50 年使用期限的工业用地,目前所处地段的基准地价为 1200 元/平方米。该基准地价在评估时设定的使用期限为法定最高年限。除使用期限不同外,该工业用地的其他状况与评估基准地价时设定的状况相同。现行土地报酬率为 10%。请通过基准地价求取该工业用地目前的价格。

【解】 本题通过基准地价求取该工业用地目前的价格,实际上是将使用期限为法定最高年限(50 年)的基准地价转换为 45 年(原取得的 50 年使用期限减去已经使用 5 年)的基准地价。具体计算如下:

$$V_{45} = V_{50} \times \frac{K_{45}}{K_{50}}$$

$$= 1200 \times \frac{(1 + 10\%)^{50-45} \times \left[(1 + 10\%)^{45} - 1 \right]}{(1 + 10\%)^{50} - 1}$$

$$= 1193.73(元 / 平方米)$$

净收益每年不变的公式还有一些其他作用,例如可用来说明在不同报酬率下土地使用期限长到何时,有限期的土地使用权价格接近无限年的土地所有权价格。通过计算可以发现,报酬率越高,接近无限年的价格越快。假设将两者相差万分之一看作接近,当报酬率为2% 时,需要 520 年才能接近无限年的价格,3% 时需要 350 年,4% 时需要 260 年,5% 时需要 220 年,6% 时需要 180 年,7% 时需要 150 年,8% 时需要 130 年,9% 时需要 120 年,14% 时需要 80 年,20% 时需要 60 年,当报酬率为 25% 时,只要 50 年就相当于无限年的价格。

【例4.9】拟评估某住宅价格,该住宅面积为 145.47 平方米,可用于出租。

(1)年有效租金收入的确定。

估价人员对估价对象周边区域内同类房地产租金收入标准及其变化趋势进行调查分析,周边区域私房出租月租金收入为 10~20 元/平方米,综合考虑区位因素、个别因素(商服繁华度、临街状况、环境因素)等方面对租金的影响,比较后确定估价对象房屋出租的月租金标准为 15 元/平方米,空置率、租金损失率共计为 5%;则

年有效总收入=15×145.47×12×(1-5%)=24875.37(元)

(2)求取年总费用。

年总费用亦即租赁经营总成本,包括维修费、管理费、保险费、税金。

①求取维修费。

维修费是为维护房屋正常功能的使用而对其进行维护和修理,按建筑物重置价格的2%计算。经估价人员向当地物价和房地产部门咨询,参照当地房屋重置价格标准,确定重置全价为830元/平方米。

年维修费 = 830×2%×145.47 = 2414.80(元)

②求取管理费。

根据小区提供的资料,结合住宅用房的特点,管理费用一般为租金的2%,在此,管理费按年有效租金收入的2%计取。则:

年管理费 = 24875.37×2% = 497.51(元)

③求取保险费。

保险费指房产所有人为使自己的房产避免意外损失而向保险公司支付的费用。按房屋重置价格乘以保险费率0.4‰计算。经估价人员向当地物价和房地产部门咨询,参照当地房屋重置价格标准,确定重置全价为830元/平方米。

年保险费 = 830×0.4‰×145.47 = 48.30(元)

④税费。

按规定收益型房地产应缴纳如下税款:房地产税按年租金收入的12%;营业税按租金收入的5%计;城市建设维护税按营业税税率的7%计;教育费附加按营业税税率的3%计;堤防费为营业税的2%;平抑副食品价格基金为营业额的0.1%;地方教育发展费为营业额的0.1%。则综合税费率为营业额的17.8%。

年税费 = 24875.37×17.8% = 4427.82(元)

⑤求取年总费用。

年总费用 = 维修费用+管理费用+保险金+税费

   = 2414.80+497.51+48.30+4427.82 = 7388.43(元)

(3)求取年纯收益。

年纯收益 = 24875.37−7388.43 = 17486.94(元)

(4)确定折现率(亦即收益还原率)。

本次评估采用安全利率加上风险调整值作为折现率。安全利率可选用同一时期的一年期国债年利率或中国人民银行公布的一年定期存款年利率;风险调整值应根据估价对象所在地区的经济现状及未来预测、估价对象的用途及新旧程度等确定。本项估价的折现率取一年期定期存款利率和风险报酬率综合确定为8%。

(5)估价房地产收益价格。

本项房地产的收益期为有限年限,适合用收益有限期的公式计算其现值。有限期资本化公式为:

$$P = \frac{A}{Y} \times \left[1 - \frac{1}{(1+Y)^n} \right]$$

因估价对象建筑物结构为钢混结构,根据《房地产估价规范》(GB/T 50291—1999)其经济耐用年限为70年,该房地产剩余使用年限69年,本次评估设定土地使用年限为住宅用地法定最高出让年限70年,因建筑物剩余使用年限短于土地剩余使用年限,所以房地产收益期限以建筑物剩余使用年限为准,即69年。

式中,P 为房地产收益价格;a 为年纯收益;Y 为折现率,此处取 8%;n 为收益期,此处为 49 年。

$$房地产收益总价=(17486.95\div 8\%)\times[1-1\div(1+8\%)^{69}]$$
$$=217506.97(元)$$

$$房地产收益单价=217506.97\div 145.47=1495.20(元/平方米)$$

4.4　房地产评估的市场法

4.4.1　市场法的基本思路与适用范围

市场法简要地说,是根据与评估对象相似的房地产的成交价格来求取估价对象价值或价格的方法;较具体地说,是选取一定数量的可比实例,将它们与估价对象进行比较,根据其间的差异对可比实例成交价格进行处理后得到估价对象价值或价格的方法。与评估对象相似的房地产,简称类似房地产,是指与估价对象的区位、用途、权利性质、档次、规模、建筑结构、新旧程度等相同或相近的房地产。可比实例是符合一定条件的类似房地产的交易实例,具体是指交易实例中交易方式适合估价目的、成交日期接近价值时点、成交价格为正常价格或可修正为正常价格的估价对象的类似房地产等财产或相关权益。比较法的本质是以房地产的市场成交价格为导向(简称市场导向)来求取房地产的价值或价格。由于该方法是利用实际发生、经过市场"检验"的与估价对象相似的房地产的成交价格来求取估价对象的价值或价格,所以它是一种最直接、较直观且有说服力的估价方法,其测算结果易于被人们理解、认可或接受。

市场法适用的估价对象是同类数量较多、有较多交易且具有一定可比性的房地产,例如:①住宅,包括普通住宅、高档公寓、别墅等,特别是数量较多、可比性较好的成套住宅最适用比较法估价,相对来说也是一种最容易、最简单的房地产估价;②写字楼;③商铺;④标准厂房;⑤房地产开发用地。下列房地产难以采用比较法估价:①数量很少的房地产,如特殊厂房、机场、码头、博物馆、教堂、寺庙、古建筑等;②很少发生交易的房地产,如学校、医院、行政办公楼等;③可比性很差的房地产,如在建工程等。

4.4.2　市场法的计算公式

市场法就是通过与近期交易的房地产进行比较,并对一系列因素进行修正,而得到交易情况、交易日期、区域因素和个别因素四类。该方法通过交易情况修正,将可比交易实例修正为正常交易情况下的价格;通过交易日期修正,将可比交易实例价格修正为评估基准日的价格;通过区域因素修正,将可比交易实例价格修正为被评估对象所处区域条件下的价格;通过个别因素修正,将可比交易实例价格修正为被评估对象自身状况下的价格。个别因素中的容积率和土地使用年期,由于影响力较大,情况特殊,有时也单独进行修正。

市场法的基本计算公式为:

待评估房地产价值＝交易实例单价×交易情况修正系数×区域因素修正系数×
个别因素修正系数×交易日期修正系数×待评估房地产面积

如果土地容积率、土地使用年期单独修正,则计算公式为:

待评估房地产价值＝交易实例单价×交易情况修正系数×区域因素修正系数×
个别因素修正系数×交易日期修正系数×容积率修正系数×
土地使用年期修正系数×待评估房地产面积

在这里需要说明的是,组成区域因素或个别因素的各个因子都可以独立地扩展出来进行单独修正。

4.4.3 市场法的操作步骤

市场法评估房地产价格一般分为以下 7 个步骤:①收集交易实例;②选取可比实例;③建立比较基础;④进行交易情况修正;⑤进行市场状况调整;⑥进行房地产状况调整;⑦计算比较价值。

上述第三至第六个步骤均是对可比实例的成交价格进行处理,根据处理的内涵不同,可分为三种类型的处理,即价格换算、价格修正和价格调整。价格换算主要是对可比实例成交价格的内涵和形式进行处理,使可比实例成交价格与估价对象价值或价格之间、各个可比实例的成交价格之间口径一致、相互可比,即是建立比较基础。价格修正是把可比实例实际而可能是非正常的成交价格处理成正常价格,是对可比实例成交价格予以"更正",即是进行交易情况修正。价格调整是对价格"参考系"的调整,从可比实例"参考系"下的价格调整为估价对象"参考系"下的价格。"参考系"有市场状况和房地产状况两种。这两种处理分别称为市场状况调整和房地产状况调整。

1)收集交易资料

交易实例是真实成交的房地产等财产或相关权益及有关信息。运用市场法估价需要拥有大量的交易实例。只有拥有了估价对象所在地大量的房地产交易实例,才能把握估价对象所在地正常的房地产市场价格行情,保障评估出的估价对象价值或价格不会超出合理范围;才能选择出符合一定数量和质量要求的可比实例,保障根据这些可比实例的成交价格评估出的估价对象价值或价格更加准确而不会出现较大误差。因此,评估人员应努力收集较多的交易实例。平时就应留意收集,不能等到需要采用比较法估价时才去收集。这样,一旦采用比较法估价,就已经有了足够多的交易实例可供选取,从而可以较快地完成评估工作。

2)确定可比交易案例

在运用市场法评估房地产价值时,可能收集到的交易实例或在交易实例库中存储的交易实例较多,但针对特定评估对象及评估目的和价值时点,其中一些交易实例可能不合适,因此需要从中选取符合一定条件的交易实例作为可比实例。选取可比实例的数量一般为 3 ～

5个,但不得少于3个。具体要求如下。

①可比实例的交易方式应适合估价目的。

②与被评估房地产的区位相近。可比实例与估价对象应在同一地区或同一供求范围内的相似地区。所谓同一供求范围,也称为同一供求圈、同一市场,是指与估价对象有一定的替代关系,价格会相互影响的房地产区域范围。以北京市为例,如果估价对象是位于王府井地区的一个商场,则选取的可比实例最好也位于王府井地区;而如果在王府井地区内可供选取的交易实例不多,则应选取东单这类近邻地区或西单这类同等级别商业区中的交易实例。如果估价对象是位于北京市区某个住宅小区内的一套住房,则选取的可比实例最好也位于同一住宅小区;而如果在同一住宅小区内没有合适的交易实例可供选取,则应选取北京市区内在区位、规模、档次等方面与估价对象小区相当的住宅小区内的交易实例。

③与估价对象的用途相同。这里的用途相同主要指大类用途相同,如果能做到小类用途相同则更好。大类用途一般分为居住、商业、办公、旅馆、工业、农业等。

④与估价对象的权利性质相同。当不相同时,一般不能作为可比实例。例如,国有土地与集体土地的权利性质不同;出让国有建设用地使用权与划拨国有建设用地使用权的权利性质不同;商品住房与房改所购住房、经济适用住房的权利性质不同。因此,如果估价对象是出让国有建设用地使用权或出让国有建设用地使用权土地上的房地产,则应选取出让国有建设用地使用权或出让国有建设用地使用权土地上的房地产的交易实例,不宜选取划拨国有建设用地使用权或划拨国有建设用地使用权土地上的房地产的交易实例。

⑤与估价对象的档次和规模相当。档次是指按一定标准分成的不同等级。例如,宾馆划分的五星级、四星级、三星级等;写字楼划分的甲级、乙级等。这里的档次相当主要指在设施设备(如电梯、空调、智能化等)、装饰装修、周围环境等方面的齐全、优劣程度应相当。

与估价对象的规模相当。例如,估价对象为一宗土地,则选取的可比实例的土地面积应与该土地的面积大小差不多,既不能过大也不能过小。选取的可比实例规模一般应在估价对象规模的0.5~2倍范围内,即:

$$0.5 \leqslant \frac{可比实例规模}{估价对象规模} \leqslant 2$$

⑥与估价对象的建筑结构相同。这里的建筑结构相同主要指大类建筑结构相同,如果能做到小类建筑结构相同则更好。大类建筑结构一般分为钢结构、钢筋混凝土结构、砖混结构、砖木结构、简易结构。

⑦可比实例的成交日期应接近价值时点。这里的"接近"是相对而言的,如果房地产市场较平稳,则较早之前发生的交易实例仍有参考价值,可选为可比实例;但如果房地产市场变化快,则此期限应缩短,只有近期发生的交易实例才有说服力,才可选为可比实例。可比实例的成交日期与价值时点相差不宜超过1年、不得超过2年。因为相差时间过长就难以进行市场状况调整,有时即使勉强进行市场状况调整,可能会出现较大偏差。此外,可比实例的成交日期不应晚于价值时点。

⑧可比实例的成交价格应尽量为正常价格。这是要求可比实例的成交价格为正常价格或可修正为正常价格。

3)建立比较基础

选取了可比实例后,一般应先对这些可比实例的成交价格进行换算处理,即对成交价格的内涵和形式进行"标准化",使"标准化"后的价格与估价对象价值或价格之间以及这些成交价格之间的口径一致、相互可比,为后续对可比实例成交价格进行修正和调整建立一个共同的基础。

建立比较基础一般要做以下5项工作:①统一财产范围;②统一付款方式;③统一融资条件;④统一税费负担;⑤统一计价单位。

【例4.10】某宗房地产的成交总价为30万元,首付款20%,余款于6个月后一次性支付。假设月利率为0.5%,请计算该房地产在其成交日期一次性付清的价格。

【解】 该房地产在其成交日期一次性付清的价格计算如下:

$$30×20\%+\frac{30×(1-20\%)}{(1+0.5\%)^6}=29.29(万元)$$

在例4.9中,如果已知的不是月利率,而是:①年利率r,则算式中的$(1+0.5\%)^6$就变为$(1+r)^{0.5}$;②半年利率r,则算式中的$(1+0.5\%)^6$就变为$(1+r)$;③季度利率r,则算式中的$(1+0.5\%)^6$就变为$(1+r)^2$。

【例4.11】某宗房地产在交易税费正常负担下的成交价格为2500元/平方米,卖方和买方应缴纳的税费分别为交易税费正常负担下的成交价格的7%和5%。请计算卖方实得金额和买方实付金额。

【解】 卖方实得金额计算如下:

卖方实得金额=正常负担下的价格-应由卖方缴纳的税费

$$=2500-2500×7\%$$

$$=2325(元/平方米)$$

买方实付金额计算如下:

买方实付金额=正常负担下的价格+应由买方缴纳的税费

$$=2500+2500×5\%$$

$$=2625(元/平方米)$$

【例4.12】某宗房地产交易,买卖合同约定成交价格为2325元/平方米,买卖中涉及的税费均由买方负担。已知房地产买卖中卖方和买方应缴纳的税费分别为交易税费正常负担下的成交价格的7%和5%。请计算该房地产在交易税费正常负担下的价格。

【解】 已知卖方实得金额为2325元/平方米,则该房地产在交易税费正常负担下的价格计算如下:

$$正常负担下的价格=\frac{卖方实得金额}{1-应由卖方缴纳的税费比率}$$

$$=\frac{2325}{1-7\%}$$

$$=2500(元/平方米)$$

【例4.13】某宗房地产交易,买卖合同约定成交价格为2625元/平方米,买卖中涉及的税费均由卖方负担。已知房地产买卖中卖方和买方应缴纳的税费分别为交易税费正常负担下的成交价格的 7% 和 5%。请计算该房地产在交易税费正常负担下的价格。

【解】 已知买方实付金额为 2625 元/平方米,则该房地产在交易税费正常负担下的价格计算如下:

$$正常负担下的价格 = \frac{买方实付金额}{1+应由买方缴纳的税费比率}$$

$$= \frac{2625}{1+5\%}$$

$$= 2500(元/平方米)$$

【例 4.14】收集了甲、乙两个交易实例。甲交易实例的建筑面积为 200 平方米,成交总价为 800 万元人民币,分三期付款,首付款为 160 万元人民币,第二期于半年后付 320 万元人民币,余款 320 万元人民币于 1 年后支付;乙交易实例的使用面积为 2100 平方英尺,成交总价为 125 万美元,于成交时一次性付清。如果选取该两个交易实例为可比实例,请在对它们的成交价格进行有关修正和调整之前,进行"建立比较基础"处理。

【解】 对该两个交易实例的成交价格进行建立比较基础处理,需要统一付款方式和统一计价单位,具体如下:

(1)统一付款方式。如果以在成交日期一次性付清为基准,假设当时人民币的年利率为 8%,则:

$$甲总价 = 160 + \frac{320}{(1+8\%)^{0.5}} + \frac{320}{1+8\%}$$

$$\approx 764.22(万元人民币)$$

$$乙总价 = 125.00(万美元)$$

(2)统一计价单位。

①统一价格表示单位。统一为单价:

$$甲单价 = \frac{7642200}{200}$$

$$= 38211.00(元人民币/平方米建筑面积)$$

$$乙单价 = \frac{1250000}{2100}$$

$$\approx 595.24(美元/平方英尺使用面积)$$

②统一币种和货币单位。如果以人民币元为基准,则需要将乙交易实例的美元换算为人民币元。已知乙交易实例成交当时人民币与美元的市场汇率为 1 美元等于 6.8395 元人民币,则:

$$甲单价 = 38211.00(元人民币/平方米建筑面积)$$

$$乙单价 = 595.24 \times 6.8395$$

$$\approx 4071.14(元人民币/平方英尺使用面积)$$

③统一面积内涵。如果以建筑面积为基准,已知乙交易实例的建筑面积与使用面积的关系为 1 平方英尺建筑面积等于 0.75 平方英尺使用面积,则:

$$甲单价 = 38211.00(元人民币/平方米建筑面积)$$

$$乙单价 = 4071.14 \times 0.75$$

$$\approx 3053.36(元人民币/平方英尺建筑面积)$$

④统一面积计量单位。如果以平方米为基准,因 1 平方英尺 = 0.09290304 平方米,则:

甲单价 = 38211.00(元人民币/平方米建筑面积)

乙单价 = 3053.36 ÷ 0.09290304

$$\approx 32866.00(元人民币/平方米建筑面积)$$

4)因素修正

(1)交易情况修正

交易情况修正是使可比实例的非正常成交价格成为正常价格的处理。由于可比实例的成交价格是实际发生的,可能是正常的,也可能是不正常的,而要求评估的估价对象价值或价格一般是正常合理的,所以可比实例的成交价格如果是不正常的,就需要对其进行交易情况修正。经过交易情况修正后,就将可比实例实际而可能是非正常的成交价格变成了正常价格。进行交易情况修正,要了解有哪些因素可能使成交价格偏离正常价格及其是如何偏离的。由于房地产具有不可移动、独一无二、价值较大等特性,以及房地产市场是一个不完全市场,房地产成交价格容易受交易中的一些特殊因素的影响,从而偏离正常价格。交易中的特殊因素多样复杂,归纳起来主要有下列方面。

①利害关系人之间的交易。例如,亲友之间、母子公司之间、公司与其员工之间的房地产交易,成交价格通常低于正常市场价格。但也有成交价格高于正常价格的,如在上市公司的大股东与上市公司的资产交易中,存在大股东将房地产高价卖给上市公司的情况。

②对交易对象或市场行情缺乏了解的交易。如果买方不了解交易对象或市场行情,盲目购买,成交价格往往偏高;反之,如果卖方不了解交易对象或市场行情,盲目出售,成交价格往往偏低。

③被迫出售或被迫购买的交易。包括急于出售、急于购买的交易,如因还债、出国等而急于出售房地产;被强迫出售、被强迫购买的交易,如司法拍卖。被迫出售的成交价格通常偏低,被迫购买的成交价格通常偏高。

④人为哄抬价格的交易。形成房地产正常成交价格的交易方式,应是买卖双方根据市场供求状况,经过充分讨价还价的协议方式。拍卖、招标等方式容易受诸如现场气氛、情绪,竞买人之间的争强好胜等因素的影响,甚至购买房地产看中的不是房地产本身的价值而是购买房地产这种行为所带来的广告宣传效应,从而使成交价格失常。但中国目前建设用地使用权出让是例外。拍卖、招标、挂牌方式形成的价格尽管也会受非理性因素的影响,但相对于协议方式较能反映市场行情,协议方式形成的价格通常偏低。其原因是管理体制尚不完善,出让人是政府(实际的运作者是政府的某个部门及某些个人),受让人是与自身利益较为密切的企业、个人等,从而协议方式出让的结果往往是政府让利。如果出让人是追求自身利益最大化的"理性经济人",就难以出现这种情况。

⑤对交易对象有特殊偏好的交易。例如,买方或卖方对所买卖的房地产有特别的爱好、感情,尤其是对买方有特殊的意义或价值,从而买方执意购买或卖方惜售,在这种情况下,成交价格往往偏高。

⑥相邻房地产合并的交易。房地产价格受土地形状是否规则、土地面积或建筑规模是

否适当等的影响。形状不规则或面积、规模过小的房地产,价值通常较低。但这类房地产如果与相邻房地产合并后,则利用价值会提高,从而会产生附加价值或"合并价值"。因此,当相邻房地产的拥有者欲购买该房地产时,往往愿意出较高的价格,出售人通常也会索要高价,从而相邻房地产合并交易的成交价格往往高于单独存在或与不相邻者交易的正常市场价格。例如,有甲、乙两宗面积过小的相邻土地,市场价格分别为 40 万元和 20 万元。如果将该两宗土地合并为一宗土地,由于面积增大而有利于利用,合并后的土地市场价格为 100 万元。可见,合并产生的增值为 40 万元(100-40-20=40)。在这种情况下,如果土地甲的拥有者购买土地乙(反之亦然),土地乙的拥有者可要价 20 万 ~ 60 万元(20+40=60),合理的要价为 33 万元(20+40×20÷60≈33)。土地甲的拥有者愿意付出高于 20 万元的价格取得土地乙也是正常的,因为他至少没有损失,而且还可能分享合并所产生的增值。

⑦受迷信影响的交易。如凶宅买卖等。

上述特殊交易情况下的交易实例不宜选为可比实例,但当合适的交易实例少于 3 个时,在掌握特殊交易情况且能量化其对成交价格影响的情况下,可将特殊交易情况下的交易实例选为可比实例,并对其进行交易情况修正。

交易情况修正的方法主要有总价修正、单价修正、金额修正和百分比修正。

总价修正是基于总价对可比实例的成交价格进行交易情况修正;单价修正是基于单价对可比实例的成交价格进行交易情况修正。

金额修正是采用金额对可比实例的成交价格进行交易情况修正,一般公式为:

$$可比实例成交价格 \pm 交易情况修正金额 = 可比实例正常价格$$

百分比修正是采用百分比对可比实例的成交价格进行交易情况修正,一般公式为:

$$可比实例成交价格 \times 交易情况修正系数 = 可比实例正常价格$$

在百分比修正中,交易情况修正系数应以正常价格为基准来确定。假设可比实例的成交价格比其正常价格高或低的百分率为 $\pm S\%$(当可比实例的成交价格比其正常价格高时,为 $+S\%$;低时,为 $-S\%$),则有:

$$可比实例正常价格 \times (1 \pm S\%) = 可比实例成交价格$$

因此有

$$可比实例成交价格 \times \frac{1}{1 \pm S\%} = 可比实例正常价格$$

通过上式可知,交易情况修正系数是 $\frac{1}{1 \pm S\%}$,而不是 $\pm S\%$,也不是 $(1 \pm S\%)$。

进行交易情况修正不仅要了解交易中有哪些特殊因素影响了成交价格,还要测定这些特殊因素使成交价格偏离正常价格的程度。但由于缺乏客观、统一的尺度,这种测定有时很困难。因此,在哪种情况下应当修正多少,主要是估价师凭其扎实的估价专业知识、丰富的估价实践经验以及对当地房地产市场行情和交易习惯等的深入调查后作出判断。不过,估价师平常就应收集整理交易实例,对其成交价格进行分析、比较,在积累了丰富经验的基础上,把握适当的修正系数或修正金额也是不难的。

(2)交易日期修正

交易日期修正,是使可比实例在其成交日期的价格成为在价值时点的价格的处理。可比实例的成交价格是在其成交日期的价格,是在其成交日期的市场状况下形成的,并且可比实例的成交日期相对于价值时点应为过去,因此可比实例的成交价格是在过去的市场状况下形成的。而需要评估的估价对象价值或价格是在价值时点的价值或价格,应是在价值时点的市场状况下形成的。如果价值时点是现在,则应是在现在的市场状况下形成的。由于可比实例的成交日期与价值时点不同,市场状况可能发生了变化,因此,需要对可比实例的成交价格进行交易日期修正,消除成交日期的市场状况与价值时点的市场状况不同造成的价格差异,将可比实例在其成交日期的价格调整为在价值时点的价格。经过市场状况调整后,就将可比实例在成交日期的价格变成了在价值时点的价格。

交易日期修正的方法主要是百分比调整,其进行市场状况调整的一般公式为:

可比实例在成交日期的价格×市场状况调整系数=可比实例在价值时点的价格

其中,市场状况调整系数一般应以成交日期的价格为基准来确定。假设从成交日期到价值时点,可比实例的市场价格上涨或下跌的百分率为±$T\%$(从成交日期到价值时点,当可比实例的市场价格上涨时,为+$T\%$;下跌时,为-$T\%$),则有:

可比实例在成交日期的价格×(1±$T\%$)=可比实例在价值时点的价格

通过上式可知,市场状况调整系数是(1±$T\%$),而不是±$T\%$。

市场状况调整的关键是把握估价对象或可比实例这类房地产的市场价格自某个时期以来的涨落变化情况,具体是调查过去不同时间的数宗类似房地产的价格,通过这些房地产价格找出该类房地产市场价格随着时间变化而变动的规律,据此再对可比实例的成交价格进行市场状况调整。市场状况调整的具体方法,可采用价格变动率或价格指数,也可采用时间序列分析(时间序列分析的有关内容可见本书第九章第八节"长期趋势法")。

【例4.15】评估某宗房地产2021年7月1日的市场价值,选取的可比实例中有个可比实例的成交日期为2020年10月1日、成交价格为3500元/平方米。另获知该类房地产的市场价格2020年6月1日至2021年3月1日平均每月比上月上涨1.5%,2021年3月1日至7月1日平均每月比上月上涨2%。请对该可比实例的价格进行市场状况调整。

【解】 对该可比实例的价格进行市场状况调整,是将该价格由2020年10月1日调整到2021年7月1日。将该期间分为两段:第一段为2020年10月1日至2021年3月1日5个月,第二段为2021年3月1日至7月1日4个月,则:

$$3500×(1+1.5\%)^5×(1+2\%)^4=4081.30(元/平方米)$$

【例4.16】某个可比实例2011年1月30日的价格为2000美元/平方米,该类房地产以人民币为基准的价格变动平均每月比上月上涨0.2%。假设人民币与美元的市场汇率2011年1月30日为1美元=6.8450元人民币,2011年9月30日为1美元=6.7050元人民币。请将该可比实例的价格调整到2011年9月30日。

【解】 将该可比实例的价格调整到2011年9月30日为:

$$2000×6.8450×(1+0.2\%)^8=13910.58(元/平方米)$$

【例4.17】某宗房地产2011年6月1日的市场价格为3800元/平方米,现需要将其调整到2011年10月1日。已知该类房地产2011年4月1日至10月1日的市场价格指数分别为110.6,110.0,109.7,109.5,108.9,108.5,108.3(以2009年1月1日为100)。请计算该房地产2011年10月1日的市场价格。

【解】 该房地产2011年10月1日的市场价格计算如下:

$$3800 \times \frac{108.3}{109.7} = 3751.50(元/平方米)$$

采用环比价格指数进行市场状况调整的公式为：

可比实例在成交日期的价格×成交日期的下一时期的环比价格指数×再下一时期的环比价格指数×…×价值时点的环比价格指数=可比实例在价值时点的价格。

【例4.18】某宗房地产2011年6月1日的市场价格为2500元/平方米，现需要将其调整到2011年10月1日。已知该类房地产2011年4月1日至10月1日的市场价格指数分别为99.6,98.7,97.5,98.0,99.2,101.5,101.8（均以上个月为100）。请计算该房地产2011年10月1日的市场价格。

【解】 该房地产2011年10月1日的市场价格计算如下：

$$2500 \times \frac{98.0}{100} \times \frac{99.2}{100} \times \frac{101.5}{100} \times \frac{101.8}{100} = 2511.26(元/平方米)$$

(3)区域因素修正

若交易实例房地产与被评估房地产不是处于同一地区,则评估人员应将区域因素修正的计算公式为：

交易实例价格×区域因素修正系数=估价对象区域下的价格

如果采用指数,若以估价对象区域因素为100,则：

交易实例价格×100/(参照实例区域因素分值)=估价对象区域下的价格

区域因素修正通常采用多因素评定法,即对不同的因素根据其影响程度分别设定不同权重的标准分值,然后参照实例或待评估房地产与设定的标准进行比较、打分,最后以总分的比值作为修正率。可用直接比较法和间接比较法。直接比较法将待评估房地产设定为标准房地产,然后参照实例与其进行比较、打分。间接比较法按一定的标准另设一个的标准房地产,将参照房地产和待评估房地产同时与标准房地产进行比较、打分。

【例4.19】有交易案例地块A、地块B、地块C都属于商业用地,运用直接比较法以待评估地块A的各区域因素为标准,A的总分值设定为100,将地块B、地块C分别与地块A进行比较、打分,得到的区域因素修正情况见表4.2。

表4.2 区域因素修正情况表

区域因素	待评估地块A	参照实例B		参照实例C	
		状况	分值	状况	分值
①自然条件	10	相同	10	相同	10
②社会环境	10	相同	10	相同	10
③街道条件	10	稍差	9	相同	10
④繁华程度	10	稍差	8	稍差	8
⑤交通便捷度	10	稍差	8	稍差	8
⑥规划限制	10	相同	10	相同	10
⑦交通管制	10	相同	10	相同	10
⑧离公交车站点距离	10	稍远	7	相同	10

续表

区域因素	待评估地块 A	参照实例 B		参照实例 C	
		状况	分值	状况	分值
⑨交通流量	10	稍少	8	稍少	8
⑩周围环境	10	较差	8	相同	10
总分值	100		88		94

【解】 根据表4.2,参照地块 B、地块 C 的区域因素修正率分别为:

B 的区域因素修正率=100÷88×100%=113.6%

C 的区域因素修正率=100÷94×100%=106.4%

(4)个别因素修正

将交易实例房地产与待评估房地产的个别因素加以比较,找出由于个别因素的差别而引起的交易实例房地产与待评估房地产价格的差异,对交易实例房地产价格进行修正。个别因素修正是否适当,对房地产价格评估结果也有重大影响。

个别因素修正的计算公式为:

交易实例价格×个别因素修正系数=估价对象状况下的价格

如果采用指数,若以估价对象个别因素为100,则:

交易实例价格×100/(交易实例个别因素分值)=估价对象状况下的价格

个别因素主要包括面积与形状、地质条件、临街深度等。其方法与区域因素修正方法相同。

【例4.20】假设上述地块 A、地块 B、地块 C 的面积分别是4000平方米、4760平方米、3100平方米,其个别因素修正情况见表4.3。

表4.3 个别因素修正情况表

个别因素	待评估地块 A	参照实例 B	参照实例 C
①面积	20	21	18
②形状	25	23	23
③地质条件	25	24	26
④临街深度	30	32	26
总分值	100	100	93

根据表4.3的得分,参照地块 B、地块 C 的区域因素修正率分别为:

地块 B 的个别因素修正率=100÷100×100%=100%

地块 C 的个别因素修正率=100÷93×100%=107.5%

(5)容积率修正

容积率的大小直接决定了在单位面积上能够开发的建筑面积的大小,因而对土地收益和价格产生直接的影响,地价在一定范围内与容积率呈正相关变化。超过了一定范围,容积率与地价的关系并非呈线性关系,需根据具体区域的情况具体分析。

容积率修正的计算公式为：

交易实例价格×容积率因素修正系数=估价对象容积率下的价格

如果采用指数，若以估价对象容积率下的价格为100，则：

交易实例价格×100/（交易实例容积率分值）=估价对象容积率下的价格

或

$$估价对象容积率下的价格 = \frac{交易实例价格×待评估宗地容积率修正系数}{交易实例容积率修正系数}$$

【例4.21】续前例，假设政府城市规划对地块A、地块B、地块C的容积率最高限额依次为1.7、2.5、2.0，该城市土地容积率修正系数见表4.4。

表4.4　某城市容积率修正系数表

容积率	1.0	1.1	1.3	1.7	2.0	2.1	2.5
系数	1.0	1.1	1.2	1.6	1.8	1.9	2.1

根据表4.4，参照地块B、地块C的容积率因素修正率分别为：

地块B的容积率因素修正率=1.6÷2.1×100%=76.2%

地块C的容积率因素修正率=1.6÷1.8×100%=88.9%

（6）土地使用年期修正

我国实行土地有限年期使用权有偿使用制度，土地使用年期的长短，直接影响土地收益的多少，土地的收益确定以后，土地的试用期越长，收益就越多，土地利用效益就越高，土地的价格也会越高。使用年期修正可以消除由于土地使用年期不同而对房地产价格造成的影响。

土地使用年期修正系数按下式计算：

$$K = \frac{1 - \dfrac{1}{(1+Y)^m}}{1 - \dfrac{1}{(1+Y)^n}}$$

式中，m为被评估对象的使用年期；n为可比实例的使用年期。

土地使用年期修正后的地价=比较实例价格×土地使用年期修正系数

【例4.22】前例中，若地块A、地块B、地块C的剩余使用年期依次为38年、32年、40年，且已知土地资本化率为8%，则：

地块B的使用年期修正率=[1-1÷(1+8%)^{38}]÷[1-1÷(1+8%)^{32}]=0.9463÷0.9148×100%=103.4%

地块C的使用年期修正率=[1-1÷(1+8%)^{38}]÷[1-1÷(1+8%)^{40}]=0.9463÷0.9540×100%=99.2%

5）确定房地产价值

经过上述的交易情况修正、交易日期修正、区域因素修正、个别因素修正、容积率修正和土地使用年期修正，就可得到在评估基准日的待评估房地产的若干价格，如果交易实例选取五个,就可能有五个价格。通过计算公式求取的若干价格,可能不完全一致,而被评估的房地产的价值却只能有一个。求取最终的房地产价值可采用统计学方法,如简单算术平均数法、加权算术平均数法、众数法、中位数法等。

【例4.23】拟评估 A 宗地70年的使用权价格。

选取类似交易案例 B 进行比较,参照案例 B 楼面地价为6700元/平方米,各项修正因素如下:交易情况修正系数为1.05,区域因素修正系数为1.03,个别因素修正系数为0.92,交易日期修正系数为1.06,容积率修正系数为0.95,使用年期修正系数为0.97。

选取类似交易案例 C 进行比较,C 楼面地价为6900元/平方米,各项修正因素如下:交易情况修正系数为1.04,区域因素修正系数为1.02,个别因素修正系数为0.95,交易日期修正系数为1.05,容积率修正系数为0.98,使用年期修正系数为0.96。

选取类似交易案例 D 进行比较,D 楼面地价为7100元/平方米,各项修正因素如下:交易情况修正系数为1.00,区域因素修正系数为1.05,个别因素修正系数为0.95,交易日期修正系数为1.05,容积率修正系数为1.01,使用年期修正系数为0.95。

【解】 评估过程如下:

按照参照实例 B 计算的评估结果为:

$6700×1.05×1.03×0.92×1.06×0.95×0.97=6511.64$(元/平方米)

按照参照实例 C 计算的评估结果为:

$6900×1.04×1.02×0.95×1.05×0.98×0.96=6868.99$(元/平方米)

按照参照实例 D 计算的评估结果为:

$7100×1.00×1.05×0.95×1.05×1.01×0.95=7135.19$(元/平方米)

根据三个参照物计算出的结果比较接近,可以取它们的算术平均值作为待估宗地的评估结果。

待估宗地的评估值$=(6511.64+6868.99+7135.19)÷3=6838.61$(元/平方米)

4.4.4 综合应用举例

【例4.24】拟评估一宗住宅用地70年的使用权价格。评估过程如下。

1)比较实例的选择

经过对所掌握的大量交易实例的比较分析,从中选取与估价对象用途相同、土地条件基本一致、属同一供需圈内相邻地区或类似地区的正常交易实例作为比较实例,筛选出三个作为比较实例,各实例情况见表4.5。

表4.5 比较实例情况一览表

序号	比较实例一	比较实例二	比较实例三
交易日期	2022 年 9 月 27 日	2021 年 10 月 9 日	2021 年 2 月 2 日
土地用途	住宅用地	住宅用地	住宅用地
容积率	2.5	2.5	3.3

续表

序号	比较实例一	比较实例二	比较实例三
楼面地价	3298.23元/建筑平方米	3837.28元/建筑平方米	3739.44元/建筑平方米
土地使用年期	70年	70年	70年
出让方式	现场挂牌	现场挂牌	现场挂牌
备注	同一供需圈	同一供需圈	同一供需圈

2)编制比较因素条件指数表

根据各估价对象与比较实例各种因素具体情况,编制比较因素条件指数表。比较因素指数确定如下。

(1)交易日期修正

本次评估估价日期为2022年11月30日,比较实例交易日期与估价日期不一致,故需进行交易日期修正。

本次评估直接引用"W市地价指数表"确定相关指数。

估价对象与比较实例交易日期修正详见表4.6。

表4.6 交易日期修正系数表

项目	宗地坐落	交易日期	地价指数	修正指数
估价对象	H区Q街M大道以西、中环线以北	2022年11月30日	1.1627	100
实例一	H区Q街M大道以西、中环线以北	2022年9月27日	1.1627	100
实例二	H区Q街D道以南、F大道以东	2022年10月9日	1.1627	100
实例三	H区Q街L大道以南	2021年2月2日	1.1423	98.25

(2)交易情况

估价对象和可比实例均为正常、公平、公开、自愿情况下形成的交易价格,故无须进行修正,修正系数为100。

(3)交易方式

估价对象和可比实例均为公开出让条件下形成的交易价格,故无须进行修正,修正系数为100。

(4)土地用途

估价对象城镇住宅用地与可比实例的土地用途一致,故无须进行修正,修正系数为100。

(5)土地使用权年限

估价对象土地使用权年限与可比实例土地使用权年限一致,故无须进行修正,修正系数为100。

(6)区域及个别因素修正系数

可比实例的容积率与估价对象不一致,故需要进行容积率修正,见表4.7。

表4.7　宗地容积率修正系数表

项目	宗地坐落	容积率	修正系数	修正指数
估价对象	H区Q街M大道以西、中环线以北	2.5	1	100
实例一	H区Q街M大道以西、中环线以北	2.5	1	100
实例二	H区Q街D道以南、F大道以东	2.5	1	100
实例三	H区Q街L大道以南	3.3	0.9205	92.05

根据以上比较因素指数的说明,编制比较因素条件指数表,详见表4.8。

表4.8　估价对象因素条件指数表

比较因素		估价对象	实例一	实例二	实例三
宗地位置		Q街M大道以西、中环线以北	Q街M大道以西、中环线以北	Q街D道以南、F大道以东	Q街L大道以南
楼面地价(元/建筑平方米)		待估	3298.23	3837.28	3739.44
交易日期		100	100	100	98.25
交易情况		100	100	100	100
交易方式		100	100	100	100
土地使用权年期(年)		100	100	100	100
土地用途		100	100	100	100
区域因素	红线外基础设施状况	100	100	100	100
	商圈等级	100	100	100	100
	离市中心距离(米)	100	100.07	101.33	102
	距小学距离(米)	100	99.93	100.22	100.13
	距中学距离(米)	100	99.83	99.7	99.67
	距公园距离(米)	100	100.07	100.4	101.07
	距邮局距离(米)	100	99.93	100.9	100.6
	交通便捷情况	100	100	100	100
	交通管制情况	100	100	100	100
	城市规划	100	100	100	100
	大气环境	100	100	100	100
	噪声环境	100	100	100	100
	人文环境	100	100	100	100

续表

	比较因素	估价对象	实例一	实例二	实例三
	临街道路类型	100	100	98	96
	宗地面积	100	100	100	100
个别 因素	宗地形状	100	100	100	100
	地质条件	100	100	100	100
	红线内基础设施状况	100	100	100	100
	容积率	100	100	100	92.05

（7）编制比较因素修正系数表

根据比较因素条件指数表，编制比较因素修正系数表，见表4.9。

表4.9 估价对象比较因素修正系数表

	比较因素	实例一	实例二	实例三
	宗地位置	H区Q街M大道以西、中环线以北	H区Q街D道以南、F大道以东	H区Q街L大道以南
	楼面地价(元/建筑平方米)	3298.23	3837.28	3739.44
	交易日期	100/100	100/100	100/98.25
	交易情况	100/100	100/100	100/100
	交易方式	100/100	100/100	100/100
	土地使用权年期(年)	100/100	100/100	100/100
	土地用途	100/100	100/100	100/100
区域 因素	红线外基础设施状况	100/100	100/100	100/100
	商圈等级	100/100	100/100	100/100
	离市中心距离(米)	100/100.07	100/101.33	100/102
	距小学距离(米)	100/99.93	100/100.22	100/100.13
	距中学距离(米)	100/99.83	100/99.7	100/99.67
	距公园距离(米)	100/100.07	100/100.4	100/101.07
	距邮局距离(米)	100/99.93	100/100.9	100/100.6
	交通便捷情况	100/100	100/100	100/100
	交通管制情况	100/100	100/100	100/100
	城市规划	100/100	100/100	100/100
	大气环境	100/100	100/100	100/100
	声环境	100/100	100/100	100/100
	人文环境	100/100	100/100	100/100

续表

比较因素		实例一	实例二	实例三
个别因素	临街道路类型	100/100	100/98	100/96
	宗地面积	100/100	100/100	100/100
	宗地形状	100/100	100/100	100/100
	地质条件	100/100	100/100	100/100
	红线内基础设施状况	100/100	100/100	100/100
	容积率	100/100	100/100	100/92.05
修正系数		1.0017	0.9949	1.1128
比准楼面地价(元/建筑平方米)		3303.85	3817.55	4161.31
估价结果确定的方法		由于以上三个比准价格较为接近,故取其算术平均值作为估价对象的评估结果		
楼面地价(元/建筑平方米)		(3303.85+3817.55+4161.31)/3=3760.90		

综上,采用市场比较法测算的估价对象的楼面地价为 3760.90 元/建筑平方米。

4.5 房地产评估的成本法

4.5.1 成本法的基本思路与适用范围

成本法是房地产评估的基本方法之一。其评估原理建立在重置成本的理论基础之上。成本法是以假设重新复制被评估房地产所需要的成本为依据而评估房地产价值的一种方法,即以重置一宗与被评估房地产可以产生同等效用的房地产所需投入的各项费用之和为依据,再加上一定的利润和应纳税金来确定被评估房地产价值。该方法认为,生产成本与价值之间有着密切联系。

由于房地产可能兼具房屋特性和土地特性,在采用成本法进行房地产评估时,评估人员要考虑采取的评估路径。应当根据评估对象状况和土地市场状况,选择房地合估路径或房地分估路径。通常,工业类房地产多采用房地分估;商业、住宅类在建房地产多采用房地合估。当选择房地合估路径时,应当把土地当作原材料,模拟房地产开发建设过程,测算房地产重置成本或重建成本。这时,成本法评估的基本公式是:

重置成本=土地取得成本+开发成本+管理费用+销售费用+投资利息+销售税费+开发利润

房地产评估值=重置成本×成新率

当选择房地分估路径时,应当把土地和建筑物分别作为独立的资产,分别测算土地重置成本、建筑物的重置成本。这时,成本法评估房地产价值的基本公式是:

$$房地产价值=土地使用权价格+房屋建筑物价值$$

实务中,企业的土地使用权和房屋建筑物如果分别在不同科目核算,那么评估人员应当分别对土地使用权和房屋建筑物进行评估,不必相加。

房屋与其所依赖的土地具有不同的自然及经济特性,如房屋是人类劳动的产物,一般随时间变化会发生贬值,而城市土地既是自然的产物,同时又由于人类的改造而凝结着人类劳动,因此房产价值评估的成本法计算公式与土地价值评估的并不相同。

成本法与其他评估方法相比具有特殊用途,一般特别适用于房地产市场发育不成熟,成交实例不多,无法利用市场法、收益法等方法进行评估的情况。对于既无收益又很少有交易情况的政府办公楼、学校、医院、图书馆、军队营房、机场、博物馆、纪念馆、公园和新开发地等特殊性的房地产评估比较适用。

但由于土地的价格大部分取决于它的效用,并非仅仅是它所花费的成本,也就是说,由于土地成本的增加并不一定会增加它的使用价值,所以,成本法在土地评估中的应用范围受到一定限制。

4.5.2 房地分估模式下的土地使用权评估

用成本法评估地价必须分析地价中的成本因素。土地是一种稀缺的自然物,即使未经开发,由于土地所有权的垄断,相关人员在使用土地时也必须支付地租。同时,由于开发土地投入的资本及利息也构成地租的一部分,因此,成本法的基本公式为:

$$土地价值=土地取得费+土地开发费+税费+利息+利润+土地增值收益$$

1)计算土地取得费用

土地取得费是为取得土地而向原土地使用者支付的费用,分为两种情况。

①国家征用集体土地而支付给农村集体经济组织的费用,包括土地补偿费、地上附着物和青苗补偿费及安置补助费等。一般认为,土地补偿费中包含一定的级差地租。地上附着物和青苗补偿费是对被征地单位已投入土地而未收回的资金的补偿,类似地租中所包含的投资补偿部分。安置补助费是为保证被征地农业人口在失去其生产资料后的生活水平不致降低而设立的,因而也可以看成具有从被征土地未来产生的增值收益中提取部分作补偿的含义。

关于征地费用的各项标准,《中华人民共和国土地管理法》有明确规定。

土地征用是国家依法为公益事业而采取的强制性行政手段,不是土地买卖活动,征地费用自然也不是土地购买价格。征地费用可能远高于农地价格,这与农地转为建设用地而使价格上涨有关。

②为取得已利用城市土地而向原土地使用者支付的拆迁费用,这是对原城市土地使用者在土地上投资未收回部分的补偿。对于补偿标准,各地均有具体规定。

2)计算土地开发费用

土地开发费按待估宗地设定开发程度下应投入的各项客观费用计算。宗地红线外的土地开发费为达到设定开发程度所需投入的各项开发费用;宗地红线内的土地开发费一般包括土地平整费。评估人员根据估价目的和投资主体不同,确定是否计入宗地红线内各类开发费用;按照待估宗地的条件、估价目的和实际已开发程度,确定待估宗地的开发程度。属建成区内已开发完成的宗地,评估设定的开发程度最少应为宗地红线外通路、通上水、通电和宗地红线内土地平整,即达到"三通一平"。而开发程度更高可达到"七通一平"。"七通一平"是指通路、通上水、通下水、通电、通信、通气、通热和场地平整。作为工业用地,"三通一平"只是最基本的条件,还不能立即上工业项目,只有搞好"七通一平",项目才能正常运行。

3)计算投资利息

投资利息就是资金的时间价值。在土地评估中,投资者贷款需要向银行偿还贷款利息,利息应计入成本;投资者利用自有资金投入,也可以看作损失了利息,从这种意义上看,损失的利息也属于投资机会成本,也应计入成本。在用成本法评估土地价格时,投资包括土地取得费和土地开发费两大部分。由于两部分资金的投入时间和占用时间不同,土地取得费在土地开发动工前即要全部付清,在开发完成销售后方能收回。因此,计息期应为整个开发期和销售期。土地开发费在开发过程中逐步投入,销售后收回,若土地开发费是均匀投入,则计息期为开发期的一半。

4)计算投资利润和税费

投资的目的是获取相应的利润,作为投资的回报,对土地投资,当然也要获取相应的利润。该利润计算的关键是确定利润率或投资回报率。利润率计算的基数可以是土地取得费和土地开发费,也可以是开发后土地的地价。计算时,要注意所用利润率的内涵。税费是指土地取得和开发过程中所必须支付的税赋和费用,主要包括耕地占用税、土地管理费和土地增值税等。通常,耕地占用税包含在土地取得费中,土地增值税在集体土地征为国有土地时不考虑。具体标准按当地规定确定。

5)确定土地增值收益

土地增值收益主要由于土地的用途改变或土地功能变化而引起。由于农地转变为建设用地,新用途的土地收益将远高于原用途土地,必然会带来土地的增值收益,这种增值是国家允许改变土地用途所带来的。如果土地的性能发生了改变,提高了土地的经济价值,土地收益能力也会增加。这种增加的收益,总体上是由土地发展权带来的,应该在土地所有者、土地投资者和土地使用者之间合理分配。土地增值依据土地所在区域内,因土地用途等土地使用条件改变或进行土地开发而产生的价值增加额或按比率测算。

按照上述内容和公式计算出的土地使用权价格,经过年期修正和其他因素修正后,最终成为土地使用权评估值。

4.5.3 房地分估模式下的房屋建筑物评估

成本法是房屋建筑物评估中的常见方法,它是以现时条件下被评估房屋建筑物全新状

态的重置成本,减去房屋建筑物的实体性贬值、功能性贬值和经济性贬值,据以估算房屋建筑物价值的一种评估方法。其计算公式为:

房屋建筑物评估值=重置成本-实体性贬值-功能性贬值-经济性贬值

或

房屋建筑物评估值 = 单位面积重置成本 × 建筑面积 × 成新率
= 重置成本 × 成新率

1)确定重置成本

重置成本是采用新的建筑材料和工艺建造一个与待估建筑物功能结构基本相同的建筑物的成本,其中包括利息和利润等。重置成本计算公式为:

重置成本=建安综合造价+前期费用及其他费用+利息+合理利润

①建安综合造价的确定。房屋建筑物的建安综合造价包括土建工程造价和安装工程造价,评估人员通过查勘待估房屋建筑物的各项实物情况和调查工程竣工图纸、工程结算资料齐全情况,采取不同的方法分别确定待估房屋建筑物建安工程综合造价。一般可根据实际情况采用重编预算法、决算调整法、类比系数调整法、单方造价指标法等方法中的一种方法或同时运用几种方法综合确定评估对象的建安工程综合造价。"营改增"后,评估对象建安工程综合造价根据经济行为情况,可以是含税的,也可以是不含税的,但不论选择哪种,都需进行说明。

②前期费用及其他费用的确定。除建筑安装工程造价外,一般建安工程还有其他有关费用,包括前期费用、期间费用等。前期费用包括筹建费、可行性研究费、规划费、设计费、地质勘察费、场地平整费、水电气费、临时设施费用等。期间费用主要为工程建设监理费,建设单位管理费,城市基础设施配套费,人防工程易地建设费,文物调查、勘探、发掘费,工程定额测定费,建设劳保费,拆迁管理费,新型墙体材料专项基金,建筑垃圾处置费和其他相关验收检测费等。这些费用有的是按照工程费的一定比例收取的,有的是按照建筑面积收取的,对此,国家及当地政府有相关文件规定,评估时应认真查询核对取费项目和费率。目前在评估实务中,对于服务性收费项目通常按照不含税金额计取;对于政府规费,因不涉及扣税,按照实际计算金额计取。

③确定利息。利息根据本项目合理的建设工期,按照评估基准日相应期限的贷款利率,以建安工程造价(含税)与前期及其他费用(含税)之和为基数确定。其计算公式为:

利息=[建安工程造价(含税)+期间费用]×正常建设期×正常建设期贷款利率÷2+
前期费用(含税)×正常建设期×正常建设期贷款利率

④确定合理利润。通常情况下,自用的生产型房屋建筑物是不计算利润的,房地产开发和商业经营型房地产则应当计算合理利润。利润率有多种含义,如成本利润率、投资利润率、销售利润率等,在计算合理利润时,评估人员应明确计算基数与利润率的含义,注意二者的匹配关系。

2)确定成新率

房屋建筑物的价值减损与会计上的折旧的内涵是不一样的。房屋建筑物的价值减损,一般是由两方面因素引起的：一是物理化学因素，即因房屋建筑物使用而使房屋建筑物磨损、房屋建筑物自然老化、自然灾害引起的房屋建筑物结构缺损和功能减弱，这些因素均导致房屋建筑物价值减损，故这种减损又被称为自然折旧或有形损耗；二是社会经济因素，即由于技术革新、建筑工艺改进、人们观念的变化或市场环境发生变化，引起建筑设备陈旧落后、设计风格落后，功能不能满足需要，由此引起房屋建筑物陈旧、落后，致使其价值降低，这种减损称为无形损耗。从房屋建筑物重置成本中扣除房屋建筑物损耗，即为房屋建筑物现值，因此，确定房屋建筑物贬值额就成为房地产评估中的关键一环。

建筑物的成新率可以根据建筑物的年代、新旧程度、功能损耗等确定。评估人员可以采用年限成新率和勘察成新率加权计算综合成新率。具体说明如下。

①年限成新率的确定。计算公式如下：

$$年限成新率 = \frac{尚可使用年限}{尚可使用年限 + 已使用年限} \times 100\%$$

已使用年限根据房屋建筑物建造年、月，计算得出。

尚可使用年限按有关部门关于房屋建筑物耐用年限标准确定。

②勘察成新率的确定。依据建设部有关鉴定房屋新旧程度的参考依据、评分标准，根据现场勘察技术测定，评估人员结合有关工程资料并现场勘察结构部分（地基基础、承重结构、非承重结构、屋面、楼地面）、装修部分（门窗、内粉饰、外粉饰、顶棚等）、设备部分（水卫、电气、消防设施、通风通暖），根据勘察状况来确定各部分的完好分值，并对各部分赋予权重，最终确定建筑物的打分法成新率。计算公式如下：

$$勘察成新率 = (结构打分 \times 评分修正系数 + 装修打分 \times 评分修正系数 + 设备打分 \times 评分修正系数) \div 100 \times 100\%$$

③综合成新率的确定。综合成新率采用加权平均法，计算公式为：

$$综合成新率 = 年限成新率 \times 权重 + 勘察成新率 \times 权重$$

3）评估值计算

房屋建筑物的评估值计算公式为：

$$评估值 = 重置成本 \times 综合成新率$$

4.5.4 房地合估模式下的成本法

房地合估模式下的成本法首先模拟房地产开发建设过程，测算房地产重置成本，然后再考虑扣除价值损耗，具体过程如下。

1）确定重置成本

房地合估模式下成本法评估的基本公式为：

$$重置成本 = 土地取得成本 + 开发成本 + 管理费用 + 销售费用 + 投资利息 + 开发利润 + 销售税费$$

对于在建房地产，上述各项均为已实际发生的成本。此外，在建房地产成本也可以按照已建成房地产的成本乘以完工率来确定，即：

$$重置成本=(土地取得成本+开发成本+管理费用+销售费用+$$
$$投资利息+开发利润+销售税费)×完工率$$

（1）土地取得成本

土地取得的途径有征收、拆迁改造和购买等。评估人员根据取得土地的不同途径，分别测算取得土地的成本，包括有关土地取得的手续费及税金。

（2）开发成本

开发成本主要由五个方面构成。

①勘察设计和前期工程费，包括临时用地、水、电、路、场地平整费，工程勘察测量及工程设计费，城市规划设计、咨询、可行性研究费等。

②基础设施建设费，包括由开发商承担的红线内外的自来水、雨水、污水、煤气、热力、供电、电信、道路、绿化、环境卫生、照明等建设费用。

③房屋建筑安装工程费，可假设为开发商取得土地后将建筑工程全部委托给建筑商施工，开发商应该支付给建筑商的全部费用。

④公共配套设施建设费，包括由开发商支付的非经营性用房，如居委会、派出所、托幼所、自行车棚、公厕等的费用；附属工程，如锅炉房、热力点、变电室、煤气调压站的费用和电梯费等；文教卫系统，如中小学、文化站、门诊部所用房屋的建设费用。而商业网点，如超市、餐厅等经营性用房的建设费用应由经营者负担，按规定不计入商品房价格。

⑤开发期间税费，指政府或其他部门收取的费用，如工程招标管理费、建筑工程标底编制费、市容环保费等。

（3）管理费用

管理费用是指为组织和管理房地产开发经营的必要支出，包括开办费、开发单位的人员工资、办公费及差旅费等。可按土地取得成本与建筑物开发成本之和的一定比例计算。

（4）销售费用

销售费用是指销售房地产所发生的广告宣传费、销售人员工资、委托销售代理费等。一般按照房地产市场价值的一定比例计算。

（5）利息

利息是指房地产开发完成或实现销售之前所有必要支出产生的利息。计息基数为土地取得成本、建筑物开发成本、管理费用和销售费用。

（6）利润

利润是指该类房地产开发项目在正常条件下产权人所能获得的行业平均利润。其计算基数为土地取得成本、建筑物开发成本、管理费用和销售费用之和。利润率应根据开发类似房地产的平均投资利润率来确定。

（7）销售税费

销售税费主要包括以下两个部分。

①销售税金及附加（即两税一费）：增值税、城市维护建设税、教育费附加；

②其他销售税费：应当由卖方负担的印花税、交易手续费、产权转移登记费等。

2）确定土地和建筑物尚可使用年限及损耗

按照通常做法，对于正常的新建建筑物，评估时可以不考虑损耗；对于旧建筑物，评估时应当考虑损耗,具体方法参见房地分估模式下的房屋建筑物评估中有关成新率确定的相关内容。房地合估时,土地使用权剩余年限与地上物的尚可使用年限可能是不一致的。这时需要根据具体情况判断,地上物的尚可使用年限是短于还是长于土地使用权剩余年限。如果是短于,则应以地上物的尚可使用年限为基础测算损耗,计算出的评估结果需要再加上土地使用权剩余年限与地上物的尚可使用年限之差那部分的土地使用权价格;如果是长于,则应以土地使用权剩余年限为基础测算损耗。

3)评估值计算

在以上测算重置成本和成新率的基础上,按如下公式计算待估房地产的评估值。

评估值=重置成本×成新率

4.5.5 成本法应用举例

【例4.25】运用成本法评估一宗工业用途建设用地48.7年土地使用权价值。

【解】 (1)土地取得费。

土地取得费是指征用待估宗地所在区域同类土地所支付的平均费用。调查待估宗地周边邻近村的土地利用情况,目前获得类似估价对象的土地需支付的主要费用如下。

a.土地补偿费及安置补助费。

根据《H省征地统一年产值标准》,征地补偿标准为26000元/亩,折算为39.00元/平方米。

b.地上附着物及青苗补偿费。

根据当地政策文件。结合统计资料及对待估宗地周边地区的调查,青苗补偿费每亩1000元产值补偿,由于待估宗地无其他地上附着物,则待估宗地的地上附着物及青苗补偿费为:

$1000×1÷666.67=1.50$(元/平方米)

则待估宗地的土地取得费为:

$a+b=39.00+1.5=40.50$(元/平方米)

(2)税费。

c.耕地占用税。

根据《H省耕地占用税适用税额标准》的有关规定,估价对象所处区域耕地占用税标准为每平方米20元。

d.耕地开垦费。

根据当地文件规定,使用基本农田保护区内耕地的,耕地开垦费为土地补偿费总额的2倍,使用其他耕地的,为土地补偿费的1倍。待估各宗地均在其他耕地,则耕地开垦费为土地补偿费的1倍,即耕地开垦费为19.50元/平方米。

e.不可预见费。

待估宗地的不可预见费按照4%计算为:

不可预见费=$(a+b+d)×4\%$

$$=2.40(元/平方米)$$

f. 水利建设基金。

根据有关规定和待估宗地的实际情况,其水利建设基金应取每亩2000元,则估价对象各宗地的水利建设基金为:

$$待估宗地水利建设基金=2000÷666.67$$
$$=3(元/平方米)$$

以上四项合计,则待估宗地的税费为:

$$c+d+e+f=20+19.50+2.40+3=44.90(元/平方米)$$

(3)土地开发费。

估价对象为工业用地,本次评估设定的开发程度为宗地红线外"五通"和红线内"场地平整"。根据有关规定,结合待估宗地所在区域土地开发费的一般水平,确定本次评估对象土地开发费为60元/平方米。

(4)投资利息。

根据估价对象的开发程度和开发规模,经调查分析,确定土地开发周期为一年,假定土地取得费和应交税费在取得土地时一次付清,土地开发费在开发期内均匀投入,年利率取估价基准日固定资产的一年期银行贷款利率6.00%,则按单利计算利息为:

$$利息=(土地取得费+应交税费)×利率+土地开发费×利率×1/2$$
$$=(44.90+40.50)×6.00\%×1+60×6.00\%×1/2$$
$$=6.92(元/平方米)$$

(5)投资利润。

参照工业用地近几年投资利润率的统计资料,工业用地投资利润率的一般水平为10%～20%,本次评估结合估价对象的实际情况,取投资利润率为10%。则利润为:

$$利润=(土地取得费+土地开发费+应交税费)×利润率$$
$$=14.54(元/平方米)$$

(6)土地增值收益。

由于在土地使用过程中发生增值,土地增值收益一般按成本价格的5%～15%计。考虑待估对象所在区域的地价增值水平和基础设施状况综合取土地增值收益率为15%,则土地增值收益为:

$$土地增值收益=(土地取得费+土地开发费+应交税费+利息+利润)×土地增值收益率$$
$$=25.03(元/平方米)$$

(7)土地成本价格。

根据以上各项计算结果,得出估价对象无限年期土地价格为:

$$土地价格=土地取得费+土地开发费+应交税费+利息+利润+土地增值收益$$
$$=191.89(元/平方米)$$

(8)待估宗地土地剩余使用年限为48.7年的土地价格确定为:

$$土地价格=(土地取得费+土地开发费+投资利息+$$
$$投资利润+税费+土地增值收益)×年期修正系数$$

$$年期修正系数=1-\frac{1}{(1+r)^n}$$

$$=0.8956$$

式中,r 为土地还原利率(根据该地区的有关资料,目前该地区的土地投资存在一定风险,故在选取土地还原利率时取估价基准日一年期存款利息率以及结合土地投资风险情况,综合考虑确定土地还原利率取 4.75%;n 为土地使用年期 48.7 年。

则待估宗地土地使用年限为 48.7 年的土地使用权价格:

土地单价 = 191.89×0.8956 = 171.86(元/平方米)

4.6 房地产评估的剩余法

4.6.1 剩余法的基本思路与适用范围

剩余法又称假设开发法、倒算法或预期开发法。剩余法是将待估房地产开发后的预期价值,扣除正常投入费用、正常税金及合理利润后,依据该剩余值测算待估房地产价值的方法。

运用剩余法确定待估房地产价值时,首先估算开发完成后房地产正常交易的价值,然后扣除建筑物续建费用和与建筑物续建、买卖有关的专业费、利息、利润、税收等费用,以价值余额来确定待评估房地产价值。运用剩余法还可以通过已建成房地产价值扣除土地(房屋)的价值,得到房屋(土地)的价值。

剩余法主要适用于下列房地产的估价。

①待开发房地产的评估(假设开发)。

②对已建成房地产中的房屋或土地的评估。

③将生地开发成熟地的土地评估。用开发完成后的熟地地价减去土地开发费用,就得到生地地价。

④得拆迁改造的再开发地产的评估。这时的建筑安装费还应包括拆迁费用。

运用剩余法必须遵循以下前提条件。

①房地产开发必须有明确的规划,且规划应得到相关规划部门的批准,并在有效期内。

②假设土地或其他房地产的利用方式为最高最佳开发利用方式,包括用途、使用强度、建筑物的设计等。

③售价的预测和成本的测算必须符合合法原则,在正确分析房地产市场行情,掌握房地产市场中的有关数据信息的情况下,与当地房地产市场的实际相吻合。

剩余法的可行性主要取决于最佳开发利用方式的选择和未来开发完成的房地产售价的推测,只要做到这两项准确度较高,剩余法的可靠性就会较高。

4.6.2 剩余法的基本计算公式

剩余法的计算公式表现形式较多,但根据剩余法的基本思路,剩余法的计算公式表现形式主要有两种,分别对应不同情形。

1)适用于待开发房地产的基本公式

$$P = A - (B + C + D + E)$$

式中,P 为评估对象价值;A 为开发完成后的房地产价值;B 为整个项目后续开发的开发成本;C 为后续开发的投资利息;D 为开发商后续开发的合理利润;E 为后续开发的正常税费。

2)适用于已建成房地产的基本公式

$$P = A - B \text{ 或 } P = A - C$$

式中,P 为待评估土地(房屋)价值;A 为已建成的房地产总价值;B 为房屋价值;C 为土地价值。

运用剩余法可以通过已建成房地产价值扣除土地的价值,得到房屋的价值,也可以通过已建成房地产价值扣除房屋的价值,得到土地的价值。

具体运用时,已建成房地产价值可以通过市场法或收益法确定。在通过已建成房地产价值扣除土地的价值得到房屋的价值时,土地价值可以通过市场法、基准地价修正法和成本逼近法等方法确定;在通过已建成房地产价值扣除房屋的价值得到土地的价值时,房屋价值可以通过成本法确定。

4.6.3　剩余法的操作步骤

根据剩余法估价的基本思路,对于待开发房地产,剩余法估价的程序为:调查房地产及其开发项目的整体情况,确定待估房地产的最佳开发利用方式,预测房地产售价,估算各项续建成本费用,确定开发商的合理利润,估算待估对象价值。

1)调查房地产及其开发项目的整体情况

①调查房地产及其开发项目的总体规划、建筑规模、总投资、建设分期情况、容积率、绿地覆盖率、建筑物高度限制等。

②调查房地产及其开发项目占有土地的情况,包括土地位置、土地利用限制条件。

③调查此地块的权利状况,包括弄清权利性质、使用年限、能否续期、是否已设定抵押权等。

2)确定待估房地产的最佳开发利用方式

评估人员根据调查的房地产及其开发项目的状况和房地产市场条件等,在城市规划及法律法规等限制所允许的范围内,确定地块的最佳利用方式,包括确定用途、建筑容积率、绿地覆盖率、建筑高度、建筑装修档次等。在选择最佳的开发利用方式时,最重要的是选择最佳土地用途。土地用途的选择,要与房地产市场的需求相结合,并且要有一定的预测。最佳的开发利用方式就是开发完成后销售时能获得最高的收益。

3)预测房地产售价

评估人员根据所开发房地产的类型,对开发完成后的房地产总价,可通过以下两个途径获得。

①对于出售的房地产,如居住用商品房、工业厂房等,可采用市场比较法确定开发完成后的房地产总价。

②对于出租的房地产,如写字楼和商业楼宇等,确定其开发完成后的房地产总价,应首先采用市场比较法,确定所开发房地产出租的纯收益,再采用收益还原法将出租纯收益转化为房地产总价。具体确定时需要估计以下几个要点:a.单位建筑面积月租金或年租金;b.房地产出租费用水平;c.房地产还原利率;d.可出租的净面积。其中,租金水平可依据类似房地产而确定。

4)估算各项续建成本费用

①估算开发建筑成本费用。开发建筑成本费用可采用比较法来测算,即通过当地同类建筑物当前平均或一般建造费用来测算,也可通过建筑工程概预算的方法来估算。

②估算专业费用。专业费用包括建筑设计费、工程概预算费用等,一般采用建造费用的一定比率估算。

③管理费用。管理费用主要是指开办费和开发过程中管理人员的工资等,一般根据开发成本的一定比率估算。

④销售税费。销售税费包括销售费用(即销售广告宣传费、委托销售代理费等)、销售税金及附加、其他销售税费。应根据当地政府的税收政策估算,一般以建成后房地产总价的一定比例计算。此外,税费还应考虑土地增值税以及投资者购买待开发房地产应负担的税费。

⑤确定开发建设工期,估算预付资本利息。开发建设工期是指从取得土地使用权一直到房地产全部销售或出租完毕的这一段时期。根据等量资本要获取等量利润的原理,利息应为开发全部预付资本的融资成本,不仅是建造工程费用的利息,还应包括土地资本的利息。房地产开发的预付资本包括地价款、开发建造费、专业费和不可预见费等,即使这些费用是自有资金,也要计算利息。这些费用在房地产开发建设过程中投入的时间是不同的。评估人员在确定利息额时,必须根据地价款、开发费用、专业费用等的投入额各自在开发过程中所占用的时间长短和当时的贷款利率高低进行计算。开发费、专业费在建筑竣工后的空置及销售期内应该按照全额全期计息。

5)确定开发商的合理利润

开发商的合理利润一般以房地产总价或预付总资本的一定比例计算。投资回报利润的计算基数一般为地价、开发费、管理费用、销售费用和专业费用。销售利润一般以房地产售价为计算基数。

6)估算待估对象价值

完成以上步骤后,根据剩余法的计算公式确定待估房地产的价值。

4.6.4 剩余法应用举例

【例4.26】拟评估一宗住宅用空地价值,待估宗地规划的容积率为3.50,规划建筑面积为212581.06平方米。

【解】 待估宗地有规划条件,采用剩余法评估。

(1)确定待估宗地最佳开发方式。

待估宗地规划的容积率为3.50,规划建筑面积为212581.06平方米。

(2)确定开发周期和投资进度安排。

房地产开发的资金投入根据开发周期的时间分三个阶段:前期报建、城市基础设施配套、土地的开发、勘察、设计、项目招标等的费用较少;中期主要包括建筑安装工程建设(含地基、基础的处理、设备及安装等)资金投入比较集中;后期商业用房主要包括室外附属工程的建设(含室外供水、排水、供电、绿化、道路等),资金投入较少,但时间比较长。

根据当地同类房地产开发资金投入的一般情况及该项目的具体情况,假设开发资金在开发周期内均匀投入。

(3)确定待估宗地开发完成后房地产价格。

本次评估以市场比较法预测销售单价为9039元/平方米。

根据该项目实际情况及同类房地产的市场状况、一般销售进度及该房地产的具体建设情况,该项目开发期共四年,建设期两年,建设期第二年开始预售,销售期三年,建成后两年售完。建设期第二年内预售40%、建设完成后第一年内销售40%;建设完成后两年内销售20%;根据建设开发的周期,折现率取1~5年期贷款利率4.75%,见表4.10,则:

房地产销售总价=售价×建筑面积×$[(1+R)^{-1.5}×40\%+(1+R)^{-2.5}×40\%+(1+R)^{-3.5}×20\%]÷10000=172795.42$(万元)

表4.10 待估宗地开发完成后售价

用途	建筑面积（平方米）	房地产售价（元/平方米）	贷款利率	销售期		
				第一年	第二年	第三年
住宅	212581.06	9039	4.75%	40%	40%	20%

(4)确定开发成本。

开发成本包括项目开发建设期间所发生的一切费用总和。根据本项目的实际情况,开发成本主要包括建筑工程费用(含地基处理、主体工程、一般水电安装、室内电梯、外墙装饰等)、室外附属工程的建设(含室外供水、排水、供电、绿化、道路、围墙等)、专业费用、基础设施配套费、管理费用、配套公租房、投资利润和销售税费。

①建筑费用。

a.建筑工程费用。

根据委托方提供的规划条件,确定工程造价约为1500元/平方米。

b.室外工程费用。

室外工程费用约为300元/平方米。

c.基础设施配套费。

城市基础设施配套费按建筑面积计收,收费标准为120元/平方米。

建筑费用＝[(1500+300+120)×212581.06÷10000

　　　　＝40815.56(万元)

②专业费用。

专业费用费率取8%。

专业费用＝40815.56×8%＝3265.25(万元)

③管理费用。

管理费用确定为建筑费用的5%。

管理费用＝40815.56×5%＝2040.78(万元)

④不可预见费。

不可预见费又称为预备费,确定不可预见费为建筑成本的3%。

不可预见费用＝40815.56×3%＝1224.47(万元)

⑤配套用房。

配套用房,结合该项目的规模和开发周期确定为建筑费用的5%。

配套用房＝40815.56×5%＝2040.78(万元)

⑥投资利润。

投资利润确定为投资成本的25%。

投资利润＝(40815.56+3265.25+2040.78)×25%＝11530.40(万元)

⑦销售税费。

销售税费取8%。

销售税费＝172795.42×8%＝13823.63(万元)

⑧买方购买房地产的税费。

此项税费主要包含契税及印花税等,一般按房地产价值的4%计取。设房地产价值为P,则:

买方购买房地产的税费＝4%×P

(5)地价确定。

土地价值＝76011.28(万元)

土地单价＝土地价值÷面积×10000

　　　　＝76011.28÷70860.35×10000

　　　　＝10726.91(元/平方米)

楼面地价＝土地单价÷容积率

　　　　＝10726.91÷3.50

　　　　＝3064.83(元/平方米)

4.7 房地产评估的基准地价修正法

4.7.1 基准地价的含义、特点及作用

1)基准地价的含义

基准地价是指由政府制定的城镇国有土地的基本标准价格,是各城镇按不同的土地级别、不同的地段或均质地域分别评估的商业、工业、住宅等各类用地和综合土地级别的土地使用权的平均价格。

基准地价是根据我国城镇土地在实际利用和使用过程中所产生的基本经济收益,按照一定的条件和方法折算出来的地产价格。政府制定这一价格的目的是为土地使用权的合理出让、转让等提供指导依据,增加国家管理和控制地价的能力。

各地基准地价成果各不相同,但其基本含义的表述大体上是差不多的,基准地价内涵一般包括:基准地价表(采用级别基准地价或区片基准地价予以表示);基准地价的估价日期:设定土地开发程度(因土地级别、用途不同可能不同);设定土地容积率(由于用途不同可能不同);设定土地使用权年限。

基准地价修正体系一般包括:地价增长率或地价指数;不同用途宗地地价区域因素修正系数指标说明表和修正系数表;不同用途宗地地价区域个别修正系数指标说明表和修正系数表;其他因素(如容积率、面积、形状、建筑物朝向等)修正系数指标说明表和修正系数表;土地开发程度修正系数表等。基准地价及其修正体系一般可通过获取当地的《土地级别与基准地价更新技术报告》或咨询当地国土资源管理部门了解和掌握。

2)基准地价的特点

基准地价一般具有下列特点。

①基准地价是区域性价格。这个区域可以是级别区域,也可以是区段,因而基准地价的表现形式通常为级别价、区片价和路段价。

②基准地价是土地使用权价格。

③基准地价是平均价格,反映的是不同等级、不同区域的土地使用权的平均价格,不等同于宗地地价。

④基准地价一般都要覆盖整个城市建成区。

⑤基准地价是单位土地面积的地价。

⑥基准地价具有现时性,不是交易价格,基准地价是由政府组织评估测算、论证并公布的价格,是评估出的特定时点的价格,具有一定的现时性。

3)基准地价的作用

基准地价的作用如下。

①具有政府公告作用。

②是宏观调控地价水平的依据。

③是国家征收城镇土地税收的依据。

④是政府参与土地有偿使用收益分配的依据。

⑤是进一步评估宗地地价的基础。

⑥引导土地资源在行业部门间的合理配置。

4.7.2 基准地价修正法的基本思路与适用范围

基准地价修正法是利用城镇基准地价和基准地价修正体系等评估成果,按照替代原则,将被估宗地的区域条件和个别条件等与其所处区域的平均条件相比较,并对照修正系数表选取相应的修正系数对基准地价进行修正,从而求取被估宗地在评估基准日价值的方法。在我国许多城市,尤其是房地产市场不太发达的城市,基准地价修正法也是常用的方法。

基准地价修正法的基本原理是替代原理,即在正常的市场条件下,具有相似土地条件和使用功能的土地,在正常的房地产市场中,应当具有相似的价格。基准地价是某级别或均质地域内分用途的土地使用权平均价格。基准地价相对应的土地条件,是土地级别或均质地域内该用途土地的平均条件。因此,评估人员通过被估宗地条件与级别或区域内同类用地平均条件的比较,并根据二者在区域条件、个别条件、使用年期、容积率和价格、日期等方面的差异,选取适宜的修正系数,对基准地价进行修正,得到被估宗地地价。

基准地价修正法的基本公式如下:

$$待估宗地地价 = 待估宗地所处级别的基准地价 \times 区域因素修正系数 \times$$
$$个别因素修正系数 \times 年期修正系数 \times 日期修正系数 \times$$
$$容积率修正系数 \times 其他因素修正系数$$

基准地价修正法可在短时间内大批量进行宗地地价评估,因此,可快速方便地进行大面积的、数量众多的土地价格评估。基准地价修正法估价的精度取决于基准地价及其修正系数的精度。该方法一般在宗地地价评估中不作为主要的评估方法,而作为一种辅助方法。

采用基准地价修正法的条件:当地政府已经公布基准地价;可以取得基准地价修正系数;在评估基准日所取得的基准地价及其修正系数是有效的,并且基准地价的评估基准日距待估对象评估基准日在3年以内。

4.7.3 基准地价修正法评估的程序

①收集、整理土地定级估价成果资料。土地定级估价成果资料是采用基准地价修正法评估宗地地价必不可少的基础性资料。主要包括土地级别图、基准地价图、样点地价分布图、基准地价表、基准地价修正系数表和相应的因素条件说明表等。之后评估人员需要对其

进行归纳、整理和分析,作为宗地估价的基础资料。

②确定修正系数表。评估人员根据待估宗地的位置、用途、所处的土地级别、所对应的基准地价,确定相应的因素条件说明表和因素修正系数表,以确定地价修正的基础和需要调查的影响因素项目。

③调查宗地地价影响因素的指标条件。评估人员按照与待估宗地所处级别和用途相对应的基准地价修正系数表和因素条件说明表中所要求的因素条件,确定宗地条件的调查项目,调查项目应与修正系数表中的因素一致。评估人员对宗地因素指标的调查,应充分利用已收集的资料和土地登记资料及有关图件,对不能满足需要的,应进行实地调查采样,在调查的基础上,整理归纳宗地地价因素指标数据。

④制定待估宗地因素修正系数。评估人员根据每个因素的指标值,查对相对应用途土地的基准地价影响因素指标说明表,确定因素指标对应的优劣状况;按优劣状况再查对基准地价修正系数表,得到该因素的修正系数。对所有影响宗地地价的因素都同样处理,即得到宗地的全部因素修正系数。

⑤确定待估宗地使用年期修正系数。基准地价对应的使用年期,是各用途土地使用权的最高出让年期,而具体宗地的使用年期可能各不相同,因此评估人员必须进行年期修正。

⑥确定日期修正系数。基准地价对应的是基准地价评估基准日的地价水平,随着时间的推移,土地市场的地价水平会有所变化,因此评估人员必须进行日期修正,把基准地价对应的地价水平修正到宗地地价评估基准日时的地价水平。日期修正一般可以根据地价指数的变动幅度进行。

⑦确定容积率修正系数。这是一个非常重要的修正系数。基准地价对应的是该用途土地在该级别或均质地域内的平均容积率,各宗地的容积率可能各不相同,同时容积率对地价的影响也非常大,并且在同一个级别区域内,各宗地的容积率也可能差异很大,必须将区域的平均容积率下的地价修正到宗地实际容积率水平下的地价。

⑧评估宗地地价。评估人员根据以上的分析和计算得到的修正系数,按前面给出的基准地价修正法的基本公式,算出待估宗地的地价水平。

【思政园地】

案情1:2018年3月21日,江西FZ的Z先生在当地法院官网以125万元拍下了一套位于FZ市的一处住宅后发现房子墙壁已经开裂,建筑年份被推迟了8年,且经鉴定中心鉴定,房屋属于D级危房。房地产估价师邓某称鉴定的时候房子是锁着的,只能通过建筑物的外观进行评估,房子的年限是根据办证的时间确定的。

结果:法院取消了评估公司的评估资格,无论是房子鉴定还是拍卖法院都全权委托了第三方,所以法院不存在任何过失,如果确实属于危房,法院将重新进行拍卖,而拍卖产生的差价由评估公司承担。

案情2:2017年3月,被告人贵阳××房地产评估有限公司法定代表人、股东韦某某受DS县酒店建设大会战指挥部下属的贵州RM公司(国有公司)的委托,在对DS县人民政府计划收购的DS县ZY酒店房地产价值进行评估中,按照委托方授意将该酒店房地产评估价值做高的要求,于同年3月20日对ZY酒店等三家酒店作出房地产评估报告,估价结果为25938.16

万元,交给贵州 RM 公司提交给县政府作为收购酒店的依据。经鉴定,评估报告虚构数额人民币 6554.07 万元。

结果:被告人韦某某违反《资产评估法》的规定,故意高估房地产价值,导致贵州 RM 公司在收购资产过程中造成国有资产严重流失,已构成提供虚假证明文件罪,判处有期徒刑两年,并处罚金人民币 1 万元。

案情 3:2017—2018 年,被告人张某作为武汉市××房地产估价有限责任公司的实际评估人员,在武汉市某畜禽退养评估项目中,为江某虚报了 30 个产床和一个沼气池,共计价值人民币 18.24 万元;并在非法收受江某人民币 2 万元后,为江某虚报了 30 个产床、20 个保育床,共计价值人民币 11.2 万元;在非法收受余某一条黄鹤楼 1916 香烟、两瓶白云边二十年陈酿酒(经鉴定共计价值人民币 1480 元)后,为余某虚报了 30 个产床、50 个保育床,共计价值人民币 13.16 万元。

结果:被告人张某作为承担资产评估职责的中介组织人员,非法收受他人财物,故意提供虚假证明文件,情节严重,已构成提供虚假证明文件罪,判处有期徒刑一年六个月,并处罚金人民币 5000 元,没收违法所得人民币 21480 元。

案情 4:2014 年 3 月,武汉某估价公司受法院委托,对位于武汉市某区的一宗综合用地土地使用权价值进行司法鉴定评估,在评估过程中,项目直接负责人黄某未严格履行评估职责,在明知缺乏评估必要的规划条件下,未经委托方授权,将土地用途设定为住宅用地,容积率设定为 2.0 进行评估,评估总价为人民币 5778.57 万元。2018 年 8 月 27 日,经武汉市中级人民法院委托评估,估价基准日为 2014 年 8 月 5 日,该土地使用权市场价格为人民币 19231.83 万元,两次地价相差接近 1.4 亿元。

结果:明知缺乏评估必要的规划条件,在未经委托人授权的情况下,采取设定(即假设)容积率为 2.0、土地使用条件为住宅用地进行评估,造成权利人重大财产损失,属情节严重。判处武汉某估价公司 A、评估机构主管人员贾某、项目直接负责人黄某犯提供虚假证明文件罪,并处罚人民币分别 20 万元、3 万元、3 万元。

案情 5:2010—2014 年,被告吉林××房地产估价有限公司、贾某、李某,在时任 JL 市中级人民法院院长、后调任 CC 市中级人民法院院长张某(另案处理)的帮忙下,得到了 JL 银行和 JT 农村商业银行的贷款抵押评估业务。为感谢张某,贾某、李某将两家银行的评估业务营业额的 30%(约 4357920.21 元)作为提成款送给张某。并于 2016 年 7—8 月,贾某、李某从给张某的提成款中取出 10 万元现金送给张某用于其儿子上学花销。

结果:被告 JL 某房地产估价有限公司为谋取不正当利益而违反国家规定,给予国家工作人员回扣,被告人贾某作为直接负有责任的主管人员、李某作为直接责任人员,其行为均已构成单位行贿罪。判处 JL 某房地产估价有限公司罚金人民币 80 万元,李某、贾某有期徒刑两年,缓刑两年,并分别处罚金 10 万元。

案情 6:2014 年,被告人金某将其注册房地产估价师证书挂靠到某评估公司,不实际参与评估工作,但领取工资报酬。2016 年 12 月 28 日,相关政府部门委托被告人韩某对 DS 果园(砖厂)地块进行评估。韩某在现场无实际挖土方量的情况下,依据现场树木、房屋数量及 JR 信息数据服务有限公司的"方量计算图",出具了名为"LH 地上定着物及场地平整市场价值核算评估"的虚假估价报告,估价合计 12119224.00 元,其中挖运土方价格为 10197468.96

元。并在上述报告上加盖了自己和金某的注册估价师职业章及公司印章后,提交给委托方。2017年1月,相关政府部门与被征收方签订了征收补偿安置协议,其中包括估价报告确定的挖运土方金额。

结果:被告韩某在履行评估职责过程中,故意提供虚假证明文件,情节严重,其行为已构成提供虚假证明文件罪。金某违反评估法的规定,将注册房地产估价师证书挂靠到某评估公司后,不实际从事评估工作,未对证书进行管理,导致其资质、执业章被任意使用,且被用在虚假的估价报告中,造成了严重后果,其行为已构成出具证明文件重大失实罪。

——以案为镜,引以为戒

【思考题】

1. 房地产的特性有哪些?
2. 遵循房地产评估中的合法原则应具体体现在哪些方面?
3. 土地使用权评估有哪些方法,适用范围是怎样的?
4. 影响房地产价格的因素有哪些?
5. 实际收益与客观收益的含义及区别是什么?
6. 基准地价有哪些作用?
7. 收益法的适用范围是什么?
8. 剩余法的适用范围是什么?基本计算模型中有哪些因素?
9. 成本法的基本模型怎样表述?

【练习题】

一、单项选择题

1. 在房地产评估中,当无参照物和无法预测未来收益时,则运用( )评估较为合适。
    A. 成本法　　　　B. 市场比较法　　　　C. 残余估价法　　　　D. 收益法
2. 某宗土地2000平方米,土地上建一幢10层的宾馆,宾馆首层面积为1200平方米,第2层至第10层每层建筑面积为1000平方米,则由此计算出的建筑容积率为( )。
    A. 0.6　　　　B. 5.1　　　　C. 2　　　　D. 6
3. 土地"三通一平"是指( )。
    A. 通水、通热、通路、平整地面　　　　B. 通水、通路、通电、平整地面
    C. 通水、通路、通气、平整地面　　　　D. 通水、通电、通信、平整地面
4. 土地使用权按土地不同用途规定相应的最高出让年期,下列各项:(1)居住用地;(2)工业用地;(3)教育科研文化卫生体育用地;(4)商业旅游娱乐用地;(5)综合或其他用地,最高出让年限正确的是( )。
    A. 70年、50年、50年、40年、50年　　　　B. 70年、50年、50年、40年、40年
    C. 60年、50年、50年、40年、50年　　　　D. 60年、50年、40年、40年、50年
5. 在运用市场法评估房地产价值时,通过区域因素修正后,可将参照物价格修正为( )条件下的价格。

A. 城市平均区域　　　　　　　　　　B. 参照物所处区域

C. 参照物规划区域　　　　　　　　　D. 评估对象所处区域

6. 在运用市场法评估房地产价值时,通过交易日期修正,将可比交易实例价格修正为( )的价格。

A. 评估时间　　　B. 评估基准日　　　C. 过去时点　　　D. 未来时点

7. 城镇土地的基准地价是( )。

A. 某时点城镇土地单位面积价格　　　B. 某时期城镇土地单位面积价格

C. 某时点城镇区域性土地平均单价　　D. 某时期城镇区域性土地平均单价

8. 基准地价修正法从评估原理的角度划分可归属于( )。

A. 收益法　　　B. 成本法　　　C. 市场法　　　D. 清算价格法

9. 某宗地土地单价为 3000 元/平方米,该宗地容积率为 1.5,建筑面积为 150 平方米,楼面地价为( )元/平方米。

A. 20　　　B. 200　　　C. 2000　　　D. 4500

10. 待估建筑物账面原值 100 万元,竣工于 2018 年年底,假定 2015 年的价格指数为 100%,从 2019 年到 2023 年的价格指数每年增长幅度分别是 11.7%、17%、30.5%、6.9%、43%,则 2023 年年底该建筑物的重置成本最有可能是( )元。

A. 1048000　　　B. 1910.000　　　C. 1480000　　　D. 19100000

二、多项选择题

1. 建筑物从大的类别方面可分为( )。

A. 商业用房　　　B. 房屋　　　C. 公共建筑

D. 构筑物　　　E. 工业建筑

2. 房地产评估收益法公式:房地产价格 = 纯收益/资本化率,其成立的前提条件是( )。

A. 纯收益每年不变　　　　　　　　　B. 资本化率固定

C. 收益期限为法定最高年限　　　　　D. 收益期限为无限期

3. 建筑物应在( )方面符合政府的规定。

A. 建筑结构　　　B. 建筑用途　　　C. 容积率　　　D. 覆盖率

4. 房地产评估的原则包括( )。

A. 供需原则　　　B. 替代原则　　　C. 最有效使用原则

D. 贡献原则　　　E. 合法原则

5. 国家征用集体土地而支付给集体经济组织的费用包括( )。

A. 土地补偿费　　　　　　　　　　　B. 拆迁费

C. 安置补助费　　　　　　　　　　　D. 地上附着物补偿费

E. 青苗补助费

6. 应用基准地价修正法评估宗地地价必须具备的条件包括( )。

A. 城镇基准地价　　　　　　　　　　B. 基准地价修正系数

C. 宗地的收益　　　　　　　　　　　D. 宗地的开发成本

E. 宗地容积率

7. 下列选项中属于房地产评估对象的是(　　)。

A. 房屋典当权　　　B. 房屋抵押权　　　C. 土地所有权

D. 房屋所有权　　　E. 土地使用权

8. 影响房地产价格的一般因素包括(　　)。

A. 商业繁华程度　　　　　　　　B. 经济发展因素

C. 交通因素　　　　　　　　　　D. 城市规划及开发战略

9. 运用基准地价评估宗地价格时,需修正的因素包括(　　)。

A. 土地出让金　　　B. 土地使用年限　　　C. 拆迁费用

D. 土地等级　　　E. 容积率

三、计算与分析题

1. 某写字楼的土地是 6 年前以出让方式取得的建设用地使用权,建设用地使用权出让合同载明使用期限为 50 年,不可续期。预测该写字楼正常情况下每年的净收益为 80 万元,该类房地产的报酬率为 8.5%。请计算该写字楼的收益价值。

2. 某宗房地产 2023 年 6 月 1 日的市场价格为 2500 元/平方米,现需要将其调整到 2023 年 10 月 1 日。已知该类房地产 2023 年 4 月 1 日至 10 月 1 日的市场价格指数分别为 99.6, 98.7,97.5,98.0,99.2,101.5,101.8(均以上个月为 100)。请计算该房地产 2023 年 10 月 1 日的市场价格。

3. 某宗房地产交易,买卖合同约定成交价格为 2325 元/平方米,买卖中涉及的税费均由买方负担。已知房地产买卖中卖方和买方应缴纳的税费分别为交易税费正常负担下的成交价格的 7% 和 5%。请计算该房地产在交易税费正常负担下的价格。

4. 已知某宗收益性房地产 40 年收益权利的价格为 2500 元/平方米,报酬率为 10%。请计算该房地产 30 年收益权利的价格。

5. 拟评估 A 宗地 70 年的使用权价格。

选取类似交易案例 B 进行比较,参照案例 B 楼面地价为 6700 元/平方米,各项修正因素如下:交易情况修正系数 1.05,区域因素修正系数为 1.03,个别因素修正系数为 0.92,交易日期修正系数为 1.06,容积率修正系数为 0.95,使用年期修正系数为 0.97。

选取类似交易案例 C 进行比较,C 楼面地价为 6900 元/平方米,各项修正因素如下:交易情况修正系数为 1.04,区域因素修正系数为 1.02,个别因素修正系数为 0.95,交易日期修正系数为 1.05,容积率修正系数为 0.98,使用年期修正系数为 0.96。

选取类似交易案例 D 进行比较,D 楼面地价为 7100 元/平方米,各项修正因素如下:交易情况修正系数为 1.00,区域因素修正系数为 1.05,个别因素修正系数为 0.95,交易日期修正系数为 1.05,容积率修正系数为 1.01,使用年期修正系数为 0.95。

请计算 A 宗地 70 年的使用权价格。

6. 有一待估宗地 F 需评估,现收集到与待估宗地条件类似的五个宗地交易案例,具体情况见表 4.11。

表4.11 宗地交易修正表

宗地	成交价(元/平方米)	交易日期	交易情况	容积率	区域因素	个别因素
A	780	2023年3月	+1%	1.3	0	+1%
B	710	2023年3月	0	1.1	0	−1%
C	800	2022年12月	+5%	1.5	0	−2%
D	780	2023年6月	0	1.0	−1%	−1%
E	850	2023年9月	−1%	1.6	0	+2%
F		2023年12月	0	1.1	0	0

该城市地价指数表见表4.12。

表4.12 城市地价指数表

时间	2022年6月	2022年9月	2022年12月	2023年3月	2023年6月	2023年9月	2023年12月
指数	100	103	99	98	105	106	107

据调查,该市此类用地容积率与地价的关系为:当容积率在1~1.5时,容积率每增加0.1,宗地单位地价比容积率为1.0时的地价增加5%;超过1.5时,超出部分的容积率每增长0.1,单位地价比容积率为1.0时的地价增加3%。对交易情况、区域因素和个别因素的修正,都是案例宗地与待估宗地比较,表中负号表示案例条件比待估宗地差,正号表示案例宗地条件优于待估宗地,数值大小代表对宗地地价的修正幅度。

试根据以上条件,评估该宗土地2023年12月的价值。

第5章

流动资产评估

📖【学习目标】

　　流动资产评估包括实物类流动资产评估及非实物类流动资产评估。通过本章的学习，读者应该了解流动资产的类别及特点，理解流动资产评估的特点、程序及方法；熟练掌握实物类流动资产评估中消耗性材料、在产品、产成品及库存商品的评估步骤及评估方法；熟练掌握非实物类流动资产评估中应收项目的评估步骤及方法；了解待摊费用、预付费用、现金及银行存款的评估方法。

5.1　流动资产评估概述

5.1.1　流动资产及其特点

1)流动资产的概念与分类

　　流动资产是指企业可以在一年或者超过一年的一个营业周期内变现或者耗用的资产，包括现金(含存款)、应收及预付款项、存货等。流动资产不同于固定资产，它只能一次或短期地使用于生产和消费过程，并在一个周期内变现或耗用。低值易耗品、包装物等虽然在周转方式上与固定资产相似，但由于使用时间短、价值低，通常也被划入流动资产的范畴。

　　企业的流动资产品种繁多，形态各异，可以按不同的分类标准进行分类。

　　(1)按流动资产在企业生产经营中的形态和作用分类

　　①货币资产。货币资产包括库存现金、银行存款和其他货币资金。

　　②结算资产。结算资产是指企业因销售商品、提供劳务等形成的短期债权性资产，包括应收账款、应收票据和预付账款等。

　　③储备资产。储备资产是指从购买到投入生产为止，处于生产准备状态的流动资产，包

括材料、燃料、修理用备件、低值易耗品、包装物和外购半成品等。

④生产资产。生产资产是指从投入生产过程到产品制成入库为止,处于生产过程中的流动资产,包括在产品、自制半成品、待摊费用等。

⑤商品资产。商品资产是指从产品或外购商品入库到销售为止,处于待销售状态的流动资产,包括产成品或商品、准备销售的半成品等。

(2)按流动资产取得或重置时的资金形态分类

①非实物性流动资产。非实物性流动资产包括货币资金、应收账款、预付账款、应收票据、预付费用以及交易性金融资产等。这类资产的价值一般表现为确定的金额,评估时无须考虑价格变动的影响。

②实物性流动资产。实物性流动资产又称存货,包括主要材料、燃料、修理用备件、低值易耗品、包装物、外购半成品、在产品、自制半成品、产成品及库存商品等。在物价变动的情况下,实物性流动资产的价值将随着物价水平的升降而变动,因此,评估人员在评估时必须考虑物价变动对其价值的影响。

2)流动资产的特点

流动资产的特点主要表现在以下 6 个方面。

①周转速度快。流动资产在使用中经过一个生产经营周期,就会改变其实物形态,并将其价值全部转移到产品中去,构成成本费用的组成部分,然后从营业收入中得到补偿。可见,判断一项资产是否是流动资产,不仅要看资产的表面形态,还要看其周转状况。

②变现能力强。各种形态的流动资产都可以在较短的时间内出售和变卖,具有较强的变现能力,是企业对外支付和偿还债务的重要保证。变现能力强是企业中流动资产区别于其他资产的重要标志。但各种形态的流动资产,其变现速度是有区别的。按变现的快慢排序,首先是货币形态的流动资产(本来就是随时可用的资金),其次是可在短期内出售的存货和近期可变现的债权性资产,最后是生产加工过程中的在制品及准备耗用的物资。一个企业拥有的流动资产越多,企业对外支付和偿还债务的能力越强,企业□□□□□就越小。

③形态多样且具有并存性。流动资产在周转过程中□□□□□□□□□□□形态开始,经过供应、生产、销售等环节,从一种形态转化为另□□□□□□□□□态。各种形态的流动资产在企业中同时并存,分布于企业的各个□□□□。

④具有波动性。流动资产易受到外界环境的影响,其占□□□□□□□□一特点决定了流动资产的评估结果具有很强的时效性。

⑤原始成本与现行市价接近。由于流动资产从采购到耗用的时间较短,其原始成本与现行市场价格比较接近,在生产经营周期短、物价变动不大的情况下更是如此。

⑥具有相对性。流动资产的特点不是绝对的,如低值易耗品、包装物等虽然按照流动资产进行评估,但它们在周转方式上更接近固定资产,只是价值相对低些。在使用过程中,它们的物质形态不变,其价值可以分次摊销计入成本。另外,固定资产与流动资产的划分也是相对的。例如,产品的机器设备在生产企业是流动资产,而在使用单位便成了固定资产。

5.1.2　流动资产评估的特点

研究流动资产评估的特点,是做好流动资产评估工作,提高流动资产评估质量的重要保证。由于流动资产的流动性强、容易变现,账面价值与市场价值比较接近,因此,流动资产的价值评估与其他资产相比,具有以下明显的特点。

①流动资产评估主要是单项评估。流动资产评估主要是以单项资产为对象进行的价值评估,因此,它不需要以其综合获利能力进行综合性价值评估,即不通过收益途径进行评估。

②必须合理确定评估基准时间。流动资产与其他资产的显著不同在于其流动性和波动性。不同形态的流动资产随时都在变化,而评估则是确定其在某一时点的价值,不可能人为地停止流动资产的运转。因此,评估人员选择评估基准日时应尽可能接近评估结论使用时点,必须在规定的时点进行资产清查、登记和确定流动资产数量和账面价值,避免重复登记和漏登记。

③既要认真进行资产清查,又要分清主次、掌握重点。评估人员在流动资产评估之前必须进行认真仔细的资产清查,否则会影响评估结论的准确性。但是,流动资产一般具有数量大、种类多的特点,清查工作量很大,所以流动资产清查应考虑评估的时间要求和评估成本。对流动资产的评估往往需要根据不同企业的生产经营特点和流动资产分布的情况,分清主次,选择不同的方法进行清查和评估,做到突出重点,兼顾一般。

④流动资产的账面价值基本可以反映其现值。由于流动周转速度快,变现能力强,在物价相对稳定的情况下,流动资产的账面价值基本上可以反映其现值,因此,在特定情况下,评估人员也可以将历史成本作为评估值。同时,评估流动资产时一般无须考虑资产的功能性贬值因素,其有形损耗(实体性损耗)的计算只适用于低值易耗品以及呆滞、积压流动资产的评估。

5.1.3　流动资产评估的程序

为了保证流动资产评估顺利有序进行并尽可能避免评估风险,在流动资产评估中应遵循一定的评估程序,具体程序如下。

1)确定评估对象范围和评估基准日

进行流动资产评估,评估人员要认真确定被评估资产的范围和评估基准日,这是节约工作时间、保证评估质量的重要条件之一。确定流动资产的评估范围时应注意:一是要划分流动资产与其他资产的界限,防止将不属于流动资产的机器设备等作为流动资产,也不得把属于流动资产的低值易耗品等作为其他资产,以避免重复评估和漏评估;二是要核查待估流动资产的产权,企业中存放的外单位委托加工材料、代保管的材料物资等,不得列入流动资产评估范围,已作为抵押物的流动资产也不得列入评估范围。评估基准日的确定应本着便于核实资产和产权交易的原则,尽量减少评估基准日后的期后事项调整。

2)验证基础资料

流动资产评估的基础资料是委托方提供的被评估资产清单。评估人员在收到被评估资产清单后,应对清单所列资产进行全面清查或局部抽查,核实清单所列资产与实有资产是否相符。

对需要进行评估的存货进行核实,主要是核查各种存货的实际数量与清单所列数量是否一致。评估人员如果在清查或抽查中发现存货短缺或溢余,应对清单进行调整;如果发现清单所列数量严重失实,应要求委托方重新组织清查工作,重新编制被评估资产清单。

对评估的应收及预付款项进行核实,主要是核实有无错记、重记或漏记的问题,在核实中可采取账目核对及与债务人进行函对的方法。

对需要进行评估的货币性资产进行核实,主要是核实库存现金和各种存款的实存金额。对于库存现金,要通过清点方式核实实存金额;对于各种银行存款,要通过企业账面余额与银行对账单核对的方式核实实存金额,如果委托方有外币存款,可按当日的市场汇率折合为人民币金额。

3)对实物形态的流动资产进行质量检测和技术鉴定

对企业需要评估的材料、半成品、产成品、库存商品等流动资产进行检测和技术鉴定,目的是了解这部分资产的质量状态,以便确定其是否具有使用价值,并核对其技术情况和等级状态与被评估资产清单的记录是否一致。存货在存放期内质量发生变化,会直接影响其市场价格。因此,评估人员必须考虑各类存货的内在质量因素。对各类存货进行技术质量检测,可由被评估企业的有关技术人员、管理人员与评估人员合作完成。

4)调查分析债权类流动资产并根据以往的资信情况确定其风险

评估人员根据对被评估企业与债务人经济往来活动中资信情况的调查了解,对企业的债权应逐笔落实,综合分析各种债权资产回收的可能性、回收的时间、将要发生的费用和风险,并对呆账、死账做相应的处理。

5)合理选择评估方法,进行评定估算

资产评估的主要方法有收益法、成本法和市场法等。评估人员应根据评估目的和不同种类流动资产的特点,选择适当的评估方法进行评估。一般而言,对于实物类流动资产,可以采用市场法和成本法;对于货币类流动资产,其清查核实后的账面价值就是现值,无须采用特殊方法进行评估;对于债权类流动资产只适用于按可变现值进行评估。

6)确定评估结论,撰写评估报告

对各项流动资产的评估结果进行汇总得出流动资产评估结论后,评估人员最后应完成评估报告的撰写工作。通常流动资产评估是企业整体资产评估的一部分,评估人员对其可不撰写单独的评估报告,但应撰写流动资产评估说明或流动资产评估分析报告。在流动资产评估说明中,应特别说明流动资产的清查程度和流动资产评估物价格依据情况。

5.1.4　流动资产评估的基本方法

选择流动资产评估的方法,一是基于评估目的,二是依据不同种类流动资产的特点。目前,我国对流动资产评估通常有以下三种方法可供选择。

1)成本法

依据流动资产持有时间及物价水平变动程度不同,成本法在具体应用时又可区分为历史成本法和重置成本法。

(1)历史成本法

历史成本法,亦称账面价值法。它以资产的账面价值作为评估的计价标准。其优点是以会计记录为依据,具有可验证性,而且操作简单。缺点是只能在一定范围内使用,一般适用于下列情况:一是市场价格变化不大;二是购进时间较短。

(2)重置成本法

重置成本法是一种从购买者的角度出发,将评估资产按现时条件进行重置来计算价值的方法,是流动资产评估中最重要的方法之一,在物价水平变化较大、币值不稳定的情况下,这种评估方法得出的结论具有真实性和公允性。

评估实践中,流动资产重置成本的确定方法有以下三种。

①按市场近期交易价格确定。企业外购的原材料、半成品、商品、包装物、低值易耗品等可按近期交易价格确定重置成本。

其基本计算公式为:

$$重置成本=资产的市场交易价格+采购相关成本$$

其中,市场交易价格必须代表一般水平的平均市价。采购相关成本包括运杂费、运输途中合理损耗、入库前的挑选整理费、进口物资支付的进口关税等。

②按标准的制造成本确定。企业的自制低值易耗品、自制半成品、在产品、产成品等,均可按此方法确定重置成本,如果社会制造成本难以求得,也可以用先进合理的工艺定额计算确定。其基本计算公式如下:

重置成本=消耗材料的现行价格成本+消耗人工的现行价格成本+消耗其他费用的现行价格成本

③按历史成本和物价变动指数确定。企业的储备材料、在用低值易耗品等,在品种数量繁多、价格变动不大的情况下,可适当采用此法,以简化操作。

其基本计算公式为:

$$重置成本=原始成本×物价变动指数$$

2)现行市价法

现行市价法是从卖者的角度,假定对被评估资产按现行市场条件变现,依据变现值来评定估算流动资产价值的一种评估方法。

这种评估方法适用于准备变现的流动资产的评估。其优点是简化操作,不受原始成本记录是否完备的限制。因此,比较灵活,适用范围较广,同时考虑了市场变化的因素,评估结果比较真实。但是它在一定条件下也会受到市场资料以及能否找到评估参照资产等条件的限制。

其基本计算公式为:

$$资产评估价值 = 全新参照资产的市场价格 - 变现成本$$

其中,变现成本是指将流动资产按市场价格变现预计发生的费用。

3)清算价格法

清算价格法是企业在破产清算时,以流动资产拍卖价格作为评估价值的方法。根据具体情况,评估人员应采用不同的估价方式,一般有以下两种情况。

①完全失去原有价值的流动资产,一般按废旧物资变价处理。

②具有使用价值的流动资产,一般通过市场售价比较来获得。破产企业的资产清理具有强制性,一般要求在短期内完成。资产处理往往不具备完全的市场竞争特点,所以资产的清算价格一般都低于现行市场价格。

5.2 实物类流动资产评估

实物类流动资产评估是流动资产评估的重点和难点,具体包括各种材料、在产品、产成品和库存商品等的评估。

5.2.1 材料评估

1)材料评估的内容和步骤

（1）材料评估的内容

企业中的材料,可以分为库存材料和在用材料。由于在用材料在再生产过程中形成产品或半成品,它不再作为单独的材料存在,故对材料评估就是对库存材料的评估。其内容包括各种主要材料、辅助材料、燃料、修理用备件、包装物和低值易耗品等。

（2）材料评估的步骤

材料的特点是品种多、数量大,而且性质各异,计量单位、计价和购进时间、自然损耗情况也各不相同。根据材料资产的这些特点,评估人员可按下列步骤进行评估。

①核实实际库存数量,确保账实相符,并查明有无霉烂、变质、毁损的资产,有无超储呆滞的资产等。

②根据不同评估目的和待估资产的特点,选择适应的评估方法。

③运用存货管理的 ABC 分类管理法,按照一定的目的和要求,对评估物资按其重要程

度排序,分清重点和一般对象,着重对重点物资进行评估。这样处理既可大大节省核实时间,又不会造成大的失误。

2)材料的分类评估

(1)消耗性材料评估

消耗材料在记入成本过程中按照材料的实际价值一次进入,在产品实体上表现为一次性消耗,直接或间接形成产品实体。包括各种主要材料、辅助材料、燃料、修理用备件等。

①近期购进材料的评估。近期购进的材料物资,库存时间较短,在市场价格变化不大的情况下,其账面价值与现行市价基本接近,评估时可以采用历史成本法,也可以采用现行市价法。

采用历史成本法时,应注意企业账面材料成本核算的内容是否完整,若不完整,应进行适当调整,以确定评估值。例如外购的材料物资,其成本包括买价、运杂费、运输途中合理损耗、入库前的挑选整理费和进口物资支付的进口关税等。

【例5.1】企业中某材料系一个月以前从外地购进,数量5000千克,单价400元,当时支付的运杂费为600元。根据原始记录和清查盘点,评估时库存尚有1500千克材料。根据上述资料,可以确定该材料的评估值如下:

材料评估值=1500×(400+600÷5000)=600180(元)

评估时对于购进时发生运杂费的处理:如果是从外地购进的材料,因运杂费发生额较大,评估时应将由被评估材料分担的运杂费计入评估值;如果是本地购进,运杂费发生额较少,评估时可以不考虑运杂费。

②购进时间长、价格变化大的材料评估。对这类材料评估时,可以采用重置成本法,根据市场近期交易价格确定重置成本,计算评估值。基本公式为:

评估价值=库存数量×(现行市场购买价格+合理的购置费用)

【例5.2】某企业要求对其库存的特种钢材进行评估。该特种钢材是分两批购进的,第一批购进时间是2022年1月,购进1000吨,每吨4000元;第二批是2023年5月购进的,数量1800吨,每吨4500元。2023年6月1日评估时,经核实特种钢尚存1000吨。经调查得知这种钢材在近期价格变动很大,评估时市场价格达到了每吨4800元,此外,每吨钢材的平均购买费用为100元。则材料的评估值为:

材料评估值=1000×(4800+100)=4900000(元)

③购进时间早,市场已经脱销,没有准确市场现价的材料评估。对该类材料的评估,应采用重置成本法。可通过寻找替代品的价格变动资料来修正材料历史成本,也可以在市场供需分析的基础上,确定该项材料的供需关系,并以此修正材料历史成本;还可以通过市场同类商品的平均物价指数修正材料的历史成本。评估公式为:

评估价值=材料成本×适当的价格变动指数

【例5.3】某企业2019年5月购进甲材料100吨,单价20000元。由于该种材料的供应有季节性,2020年4月进行评估时,市场已经没有大量的购销活动。经清查核实,甲材料评估时尚存50吨,由保管等原因造成的有形损耗占结存材料原值的1%。据调查,同类商品物价指数在2019年5月为100%,在2020年4月为109%。则:

该材料的评估值＝50×20000×109%÷100%−50×20000×1%＝1080000（元）

④不再使用需要变现材料的评估。对于不再使用，需要变现的材料，应采用现行市价法进行评估。评估时应按同类材料的现行市场价格，同时考虑供求状况、变现风险及变现成本确定评估值。

【例5.4】某企业准备与另一家企业联营，将原生产的不适销对路产品下线，改生产其他产品，现就这家企业的专用配件进行评估。其专用配件的库存量为10000件，根据市场需求，这种专用配件只能用于老产品的维修，按目前维修量计算每月最大用量约为500件，预计需20个月才能售完。每月雇佣工人送货需支付工资400元，货物运输费120元，仓库管理费用60元。经市场调查，各维修点最有可能接受的市场价格为45元/件。则材料的评估值为：

材料评估值＝10000×45−20×（400+120+60）＝438400（元）

（2）周转性材料评估

周转材料，是指企业能够多次使用、逐渐转移其价值但仍保持原有形态而不确认为固定资产的材料，包括包装物和低值易耗品。周转材料在企业中发挥作用的形式类似于固定资产，但它的价值比较低，有的又容易损坏，因此，在企业中被视同材料进行管理。因此周转材料的评估既有相似于固定资产评估的一面，又有相似于消耗性材料评估的一面。

周转材料按使用情况，可分为在库周转材料和在用周转材料，评估人员进行资产评估时，应区分不同情况分别进行评估。

①在库周转材料评估。在库周转材料的评估方法与消耗性材料评估方法类似，评估人员在评估时可以根据具体情况，采用与消耗材料评估相同的方法。

②在用周转材料评估。在用周转材料的评估一般采用重置成本法，计算公式为：

在用周转材料评估值＝完全重置成本×成新率

采用重置成本法应先评估周转材料的完全重置成本，然后分类计算出资产成新率，再计算其重置净价。

完全重置成本，可以直接采用其账面价值（价格变动不大），也可以采用近期采购成本，有时还可以在账面价值基础上乘以其物价变动指数确定。周转材料分外购和自制两种形式，确定评估价值时，在细节分析上有所不同，评估人员应视具体情况分析计算。

在对周转材料评估时，由于其使用期限短于固定资产，一般不考虑其功能性损耗和经济性损耗，只考虑实体性损耗。一般来说，成新率可按以下公式确定：

成新率＝（1−实际已使用月份/预计可使用月份）×100%

对于分期摊销进货成本的周转材料，成新率也可根据以下公式确定：

成新率＝周转材料账面净值/周转材料账面原值×100%

对采用"五五摊销法"摊销成本的包装物，如果使用期限无法确定，其新旧程度很难从账面得到准确反映，此时，评估人员可通过经验观测确定成新率。

【例5.5】某企业某项低值易耗品，原价750元，预计使用1年，现已使用9个月，该在用低值易耗品现行市价为1200元，由此确定其评估值为：

在用低值易耗品评估值＝1200×（1−9÷12）×100%＝300（元）

5.2.2 在产品的评估

在产品是指处在生产过程中的流动资产,包括在生产过程中尚未加工完毕的在制品和已加工完毕但不能单独对外销售的半成品(可直接对外销售的半成品视同产成品评估)。对在产品的评估一般可采用成本法和现行市价法。

1)成本法

运用成本法进行评估时可视具体情况而定,如果在产品数量不多,企业成本核算资料基本可信,生产周期短,近期成本要素价格变化不大的情况下,则可采用历史成本法进行评估,即以账面价值作为在产品的评估值。如果在产品数量多、金额大,企业成本核算资料又不可信,生产周期长或成本变化较快,则可采用重置成本法进行评估。具体又有以下两种方法。

(1)定额成本法

这种方法是在清查核实在产品数量、确定在产品完工程度的基础上,按照重新生产在产品所需要的社会平均工艺定额和料、工、费的现行市价,确定在产品的重置成本。采用这种方法要掌握以下资料。

①在产品的完工程度。

②在产品有关工序的工艺定额。若有行业统一标准,可采用行业标准;没有行业统一标准,可采用企业现行的工艺定额。

③在产品耗用材料的现行市场采购成本。

④在产品的合理工时费用率。

基本计算公式为:

在产品重置成本 = 在产品数量 × ($\sum$ 各种材料的单位消耗定额 × 相应材料单位现行采购成本+单位工时定额×正常小时工资率+单位工时定额×正常小时费用率)

【例5.6】某企业处于某一生产阶段的在产品有300件,已知每件的铝材消耗为50千克,每千克市场价格加采购费用为5.5元,在产品平均累计单位工时定额为20小时,每定额小时的燃料和动力费用定额为0.5元,工资及附加费用定额为10元,车间管理费用定额为2元。求该在产品的评估值。

直接材料成本 = 300×50×5.5 = 82500(元)

直接人工成本 = 300×20×10 = 60000(元)

燃料和动力成本 = 300×20×0.5 = 3000(元)

费用成本 = 300×20×2 = 12000(元)

该在产品评估值 = 82500+60000+3000+12000 = 157500(元)

(2)约当产量法

因为在产品的最终形式是产成品,因此,评估人员可在计算产成品重置成本的基础上,按在产品完工程度计算确定在产品的评估值。相关计算公式为:

在产品评估值=产成品重置成本×在产品约当产量

在产品约当产量=在产品数量×约当系数

在产品的约当系数可以根据直接材料的投入情况、已完成工序（工时）与全部工序（工时）的比例、已完成工序（工时）与加工费用之间的关系分析确定。

【例5.7】某企业在评估时，有在产品20件，材料随生产过程陆续投入。已知这批在产品的材料投入量为75%，完工程度为60%。该产品的单位定额成本为：材料定额成本3800元，人工费用定额成本400元，其他各项费用定额成本620元。确定在产品的评估值。

在产品材料约当产量=20×75%=15（件）

在产品人工及其他费用约当产量=20×60%=12（件）

在产品评估值=15×3800+12×（400+620）=69240（元）

2）现行市价法

一般来说，在现行市价法下，若在产品的通用性强，尚能用于产品配件更换或用于维修等，其评估值就比较高；若在产品属于很难通过市场出售或调剂出去的专用配件，只能按废料收回价格进行评估。其基本计算公式为：

在产品评估值=在产品数量×单位市场价格-预计销售过程中发生的费用

报废在产品的评估值=可回收废料的数量×单位回收价格

5.2.3 产成品及库存商品评估

产成品及库存商品是指已经完工入库和已完工并经过质量检验，但尚未办理入库手续的产成品，以及商品流通企业的库存商品等。产成品及库存商品具有一个共同的特点，就是可以直接对外销售。因此，对这部分流动资产的评估应依据变现的可能和市场接受的价格进行。适用的方法有成本法和现行市价法。

1）成本法

在企业承包经营、清产核资、保险等经济活动中，评估的目的主要是正确反映资产价值，不发生资产所有权变动，在这种情况下，评估人员一般采用成本法进行评估。

采用成本法对产成品评估的主要依据是生产制造该产品过程中发生的成本费用支出；对库存商品评估的主要依据是库存商品的购进成本，包括进价和运输费等购置费用。

运用成本法对产成品或库存商品进行评估时，应视完工或购进时间不同分别采用不同的具体方法。

①评估基准日与完工或购进时间接近。当评估基准日与产成品完工时间或库存商品的购进时间比较接近，成本变化不大时，评估人员可以直接按产成品或库存商品的账面成本确定评估值。其计算公式为：

产成品或库存商品评估值=产成品或库存商品数量×产成品或库存商品的账面单位成本

②评估基准日与完工或购进时间间隔较长。当评估基准日与产成品完工时间相距较远，产成品的成本费用变化较大时，产成品评估值可按下列公式计算：

$$产成品评估值=产成品实有数量×(合理材料工艺定额×材料单位现行价格+$$
$$合理工时定额×单位小时现行工资、费用标准)$$

或

$$产成品评估值=产成品实际成本×(材料成本比例×材料综合调整系数+工资、$$
$$费用成本比例×工资、费用综合调整系数)$$

【例5.8】某评估事务所对某企业进行资产评估。经核查,该企业产成品实有数量为1000件,根据该企业的成本资料,结合同行业成本耗用材料分析:合理材料工艺定额为500千克/件,合理工时定额为20小时。评估时,由于生产该产品的材料价格上涨,由原来的60元/千克涨至62元/千克,单位小时合理工时工资、费用不变,仍为20元/时。根据上述分析和有关资料,可以确定该企业产成品评估值为:

$$产成品评估值=1000×(500×62+20×20)=31400000(元)$$

【例5.9】某企业产成品实有数量为60台,每台实际成本5000元,根据会计核算资料,生产该产品消耗的材料费用占总成本费用的60%,工资及其他费用占总成本费用的40%。根据目前价格变动情况和其他相关资料,确定材料综合调整系数为1.15,工资、费用综合调整系数为1.12。由此可以计算该产成品的评估值为:

$$产成品评估值=60×5000×(60\%×1.15+40\%×1.12)=341400(元)$$

当评估基准日与库存商品的购进时间相距较远,价格变化较大时,库存商品评估值可按下列公式计算:

$$库存商品评估值=库存数量×现行市场购买价格+合理的购置费用$$

2)现行市价法

在企业产权发生变更,如兼并、出售、中外合资、合作经营等条件下,产成品或库存商品的评估主要采用现行市价法。

①畅销产成品或库存商品评估。对于畅销产成品或库存商品,可根据其本期成本售价的比率,直接按产成品或库存商品的账面成本计算其评估值。其计算公式为:

$$产成品或库存商品评估值=产成品或库存商品的账面成本×(本期销售收入-$$
$$本期销售费用)÷本期销售成本$$

②平销产成品或库存商品评估。对于平销产成品或库存商品,可根据其销售的实际进度,估计产成品或库存商品变现所需的时间,预期该期间的价格变化和风险,以确定产成品或库存商品的评估值;若销售周期较长,还可对预期净销售额折现。其计算公式为:

$$产成品或库存商品评估值=产成品或库存商品的账面成本×[本期销售收入×$$
$$(1+预计售价上涨率)-本期销售费用×(1+预计费用上涨率)]÷本期销售成本$$

③滞销、积压、降价销售产成品或库存商品评估。对滞销、积压、降价销售产成品或库存商品,应根据其可收回净收益确定评估值,报废产品或库存商品可按清理变现的净收益确定评估值。

5.3　非实物类流动资产评估

本部分主要介绍应收账款、应收票据,待摊费用、预付费用以及货币资金的评估方法,交易性金融资产评估的内容参见第6章。

5.3.1　应收及预付账款评估

企业的应收及预付账款是指企业在经营过程中出于赊销原因而形成的尚未收回的款项及根据合同规定预付给供货单位的货款。由于这类资产存在一定的回收风险,因此,评估时应以其可变现收回的货币作为评估计价的依据。其计算公式为:

应收账款评估值=应收账款账面价值-已确定坏账损失-预计可能发生的坏账损失

应收账款的评估主要涉及账面价值和坏账损失的确定,具体评估步骤如下。

①对应收账款进行清查核实,确定实际数额。清查时,评估人员可根据债权人与企业的关系将应收账款分为外部债权和机构内部独立核算单位之间往来债权两类,并根据其特点和内容,采用不同的方法进行核实。对外部债权,除核对每一笔账款是否具有合法、有效的原始凭证外,还要注意查明各笔账款的虚实和金额,以作记录,作为评估时考虑其坏账报失的一种。机构内部独立核算单位发生的债权进行双向核对,避免重记、漏记及其他不真实的债权关系出现。

②确认已确定的坏账损失。已确定的坏账损失是指评估时可以确定不能收回的账款,主要有以下三种情况:一是债务人破产或被撤销,依照民事诉讼法进行清偿后,确认无法收回的账款;二是因债务人死亡,既无遗产可供清偿,又无义务承担人,确认为无法收回的账款;三是因债务人逾期未履行偿债义务超过三年,经查确实无力偿还的账款。

③分析确定预计可能发生的坏账损失。确定预计坏账损失,即是对应收账款回收的可能性进行判断,一般可考虑以下四个因素:一是与债务人往来密切程度,有无依存关系;二是债务人的偿还能力及其信用;三是被评估单位的索债能力;四是整个经济环境的影响。

在此基础上选择一定的方法计算预计坏账损失。计算预计坏账损失的方法主要有比例估算法和账龄分析法。

①比例估算法。即按坏账的比例判断坏账损失的数额。计算公式为:

预计坏账损失额=评估时应收账款净额×坏账比例

评估时应收账款净额=评估时应收账款额-已确定的坏账损失

坏账比例的确定,可以根据被评估企业评估前若干年(一般为3~5年)的实际坏账损失与应收账款发生额的比例确定。

$$坏账比例=\frac{评估前若干年发生的坏账数额}{评估前若干年应收账款合计}×100\%$$

【例5.10】对某企业进行整体资产评估,经核实,截至评估基准日,应收账款账面余额为340万元。前4年的应收账款余额与坏账损失情况见表5.1。

表 5.1　应收账款余额与坏账损失情况表

单位:万元

年度	应收账款余额	坏账损失额	说明
第 1 年	160	15	
第 2 年	240	9	
第 3 年	305	13	
第 4 年	225	6	
合计	930	43	

由此计算前 4 年的坏账比例为:

$43 \div 930 \times 100\% = 4.62\%$

预计坏账损失额为:

$340 \times 4.62\% = 15.71$(万元)

②账龄分析法。即按应收账款拖欠时间的长短,分析判断可收回的金额和坏账。一般来说,应收账款账龄越长,坏账损失的可能性越大,因此,评估人员可将应收账款按账龄分组,按组估计坏账损失的可能性,进而计算坏账损失的金额。

【例 5.11】经核实,长城公司于评估基准日的应收账款实有数额为 25 万元,具体数据见表 5.2。

表 5.2　长城公司应收账款账龄分析表

单位:元

购货单位	应收账款余额	账龄							
		未到期	过期1~3个月	过期3~6个月	过期6~9个月	过期9~12个月	过期1~2年	过期2~3年	过期3年以上
A 企业	120000	40000			60000		20000		
B 企业	80000						40000		40000
C 企业	50000		10000		20000			20000	
合计	250000	40000	10000		80000		60000	20000	40000

根据过去的经验,过期 3 年以上账龄的应收账款回收率为 50%,过期 2 年的为 60%,过期 1 年的为 70%,过期半年的为 80%,过期半年以内的为 90%。

则坏账损失估计值为:

$4 \times 50\% + 2 \times 40\% + 6 \times 30\% + 8 \times 20\% + 1 \times 10\% = 6.3$(万元)

应收账款评估值 = $25 - 6.3 = 18.7$(万元)

账龄分析法估算坏账损失的优点在于:将应收账款依照拖欠时间长短区别对待,这比较符合资金回收的实际情况。此外,应收账款的回收,有时取决于企业的收账政策。一般地,收账费用达到饱和点之前,收账过程中发生的费用越高,账款回收率越高,坏账损失率越低。因此,确定应收账款评估值时,坏账损失的确定要与催收应收账款而追加的收账费用结合起来考虑。

【例5.12】某企业评估,经核实应收账款为50万元,经过分析,在不采取任何措施的情况下,预计坏账损失率为15%,如果增加催收费用1万元,坏账损失率可降至8%,由此计算应收账款的评估值为:

50-50×8%-1=45(万元)

应收账款评估以后,账面上的"坏账准备"科目按零值计算,评估结果中没有此项目。因为"坏账准备"科目是应收账款的备抵账户,是按会计制度规定的一定比例计提的。对应收账款的评估,评估人员是按照实际收回的可能性进行的。因此,应收账款评估值就不必再考虑坏账准备数额。

5.3.2　应收票据的评估

应收票据是由付款人或收款人签发、由付款人承兑、到期无条件付款的商业汇票。应收票据按承兑人不同可分为商业承兑汇票和银行承兑汇票;按其是否带息分为带息商业汇票和不带息商业汇票。商业汇票可以背书转让,也可以向银行申请贴现。应收票据的评估可采用下列两种方法。

1)按票据的本利和计算

应收票据的评估值为票面金额加上应计利息。其计算公式为:

$$应收票据评估值=票面金额×(1+利息率×持有期限)$$

若是不带息票据,其评估值即票面金额。

【例5.13】某企业拥有一张期限为6个月的商业汇票,票面金额为80万元,月利率为10‰,截至评估基准日已持有3个月,由此可确定评估值为:

$$应收票据评估值=80×(1+10‰×3)=82.4(万元)$$

2)按票据的贴现值计算

商业汇票是一种远期票据,在未到期之前,一般不能从承兑人方面直接兑现,但可以向银行办理贴现。

所谓票据贴现,是指票据持有人在票据到期前,向银行申请贴付一定利息,将票据债权转让给银行的信用活动。票据到期值与贴现收到金额之间的差额,叫作贴现利息、贴息或贴现息,通常记作财务费用。贴息的数额根据票据的到期值按贴现率及贴现期计算。因此,对企业的应收票据评估,通常是以应收票据的贴现值为评估值。相关计算公式为:

$$应收票据评估值=票据到期值-贴现利息$$

$$不带息票据的到期值=票面金额$$

$$带息票据到期值=票面金额×(1+利息率×票据期限)$$

$$贴现利息=票据到期值×贴现率×贴现期$$

$$贴现期=票据期限-持有期限$$

【例5.14】某企业向甲企业售出一批材料,价款600万元。该企业于2月10日开出一张不带息商业汇票,并经甲企业承兑,汇票到期日为11月10日。现对该企业进行评估,基准日为6月10日。由此确定贴现期为5个月,贴现率按月息6‰计算。则有:

贴现利息＝600×5×6‰＝18（万元）

应收票据评估值＝600－18＝582（万元）

与应收账款类似，如果被评估的应收票据在规定的时间不能收回现金，应转作应收账款，并按应收账款的评估方法进行价值评估。

5.3.3 待摊费用和预付费用的评估

1)待摊费用的评估

待摊费用是指企业已经支付或发生，但应由本月和以后各个月份负担的费用。待摊费用本身不是资产，而是对已耗用资产的反映，从而本身并不是评估的对象。但它的支出可以形成一定形态的有形资产和无形资产。因此，评估待摊费用的价值，实际上是确定其实体资产或某种权利的价值。对于待摊费用的评估值，一般是按其形成的具体资产价值来分析确定。例如，某企业支出设备修理费用 1 万元，按财务制度规定形成待摊费用，那么在机器设备评估时，形成的资产和权益已经消失，无论摊余价值有多大，其价值都应该为零。

2)预付费用的评估

预付费用之所以作为资产，是因为这类费用在评估日之前已由企业支出，但在评估日之后才能产生效益，如预付保险金、预付租金等。因而，这类预付费用可被看作未来取得服务的权利。

预付费用的评估主要依据其未来可产生效益的时间。如果预付费用的效益已在评估日前全部体现，只因发生的数额过大而分期摊销，则这种预付费用不应在评估中作价。只有那些在评估日之后仍将发挥作用的预付费用，才有相应的评估价值，才是评估对象。

【例 5.15】某企业评估基准日为 2020 年 12 月 31 日，账面预付费用金额为 223000 元，其中，2020 年 1 月 31 日预付未来 1 年的保险金 132000 元，已摊销 121000 元，余额为 11000 元；2020 年 7 月 1 日预付未来 1 年的房租 180000 元，已摊销 90000 元，余额为 90000；以前年度应摊销但因成本高而未摊销结转的预付费用为 8000 元，估算预付费用的评估值。计算过程如下。

（1）预付保险金的评估。

每月分摊数额＝132000÷12＝11000（元）

根据保险金全年支付数额计算每月应分摊数额为：

待摊保险金评估值＝132000－11×11000＝11000（元）

（2）预付房租摊销评估。

按照预付一年房租 180000 元，每月应摊销 15000 元，2019 年 7 月 2 日应摊销 90000（15000×6）元。

待摊预付房租租金评估值＝180000－90000＝90000（元）

（3）以前年度结转费用的评估。

这部分预付费用是应摊销而未摊销的部分，应按实际情况注销，不应评估，因此，评估值为零。

预付费用的评估值＝11000+90000+0＝101000（元）

5.3.4 货币资金的评估

货币资金是指以货币形态存在的资产,包括现金、银行存款和其他货币资金。

资产评估主要是对非货币资产的评估,货币性资产不会因时间的变化而发生变化,因此对于货币资金的评估,实际上是对现金、银行存款和其他货币资金的清查确认。首先,评估人员通过清查盘点及与银行对账,核实货币资金的实有数额;然后以核实后的实有数额确认作为评估值。如有外汇现金或存款,一般按评估基准日的汇率换算成等值人民币。

【思政园地】

著名财务造假事件:獐子岛的扇贝是什么梗?

1)獐子岛扇贝的"跑路"历程

(1)2014 年 10 月

獐子岛突发公告,声称 2011 年与 2012 年的底播海域虾夷扇贝,因冷水团异动导致近乎绝收,因此巨亏 8.12 亿元,上演了"扇贝跑路"1.0 版。在这次事件后,公司一度披星戴帽,连亏两年,差点退市,2016 年勉强扭亏保壳。

(2)2018 年 1 月

獐子岛再次突发公告,声称 2017 年降水减少,导致饵料短缺,再加上海水温度异常,大量扇贝饿死。2017 年业绩变脸,巨亏了 7.23 亿元,上演了"扇贝饿死"2.0 版。

(3)2019 年 10 月

10 月 19 日,面对深交所的业绩关注函,公司自信地表示,扇贝的投放采捕正按计划进行,不存在减值风险。

(4)2019 年 11 月

獐子岛再次曝出扇贝存货异常、大面积自然死亡的消息。11 月 11 日,獐子岛因扇贝"突然死了"再次收到深交所的关注函,而这已是獐子岛在 2019 年第 7 次被深交所点名。11 月 12 日,獐子岛开盘一字跌停。

值得一提的是,根据报道,獐子岛上市后,老板吴厚刚共进行过 3 次减持和 1 次增持,合计套现金额约 3.96 亿元,其中两次发生在"扇贝跑路"事件后。

2)谁在背后

(1)会计出身的董事长

操纵着这一切的是獐子岛的董事长吴厚刚,他是会计出身。

吴厚刚出生在獐子岛的附属岛屿——大耗岛,面积不足 1 平方千米。他继承了父辈赶海人的洒脱和拼搏,中学毕业后从当地造船厂铆工起步,一步步靠自学自悟做到了出纳、财务,獐子岛渔业总公司财务部经理、总经理。

1996 年,32 岁的吴厚刚已经是獐子岛的最高领导。

(2)獐子岛的财务造假到底是怎么造成的?

有一种很经典的财务造假手段,叫虚增利润。

虚增利润最容易被加在这些地方：

①存货。尤其是养殖、种植一类，存货可能检查起来不是那么容易。

比如说獐子岛的扇贝，检查员也很难去水底下查看死没死，还有康美药业的人参，检查员也没法去山上一个一个查看，就容易造成虚增利润。不过也不是完全没有苗头，比如存货周转率大幅度下降等。

②现金流。对于喜欢把虚增利润加在现金流里的公司，投资者可以看现金流和利息收入是否匹配。上亿的资金大多都是在银行做协议性存款，如果增量现金流比利息的正常水平高出很多，那么有可能是大股东在审计之前把钱放到了账上，等审计完之后再挪走。

③预付账款。这个投资者可以调查对方公司是否匹配。之前康得新有过一个巨额预付账款，而对方是一个注册资本才十几万元的小公司……

3）獐子岛集团为什么财务造假

上市公司财务造假主要有两个原因。

①为了操控股价谋利，比如先把利润做成大涨，让股价飞升，大股东们开始减持套现；减持完毕后，再把利润做成负的，股价暴跌，成功收割韭菜。反过来也一样，先把公司做成亏损，然后借朋友账户去低价扫货，第二年再做成盈利，高位出货。

②垃圾公司保壳。A股规定，一个公司连续亏损3年就要退市，一旦退市后，老板们几十亿元的纸面财富会一无所有，很难再有翻身的机会。所以很多垃圾公司在已经失去盈利能力的情况下，会想方设法每3年"盈利"一次，保证自己不退市（保壳），这个"盈利方式"一般是关联交易（即找朋友公司高价买自己的垃圾货）、财务造假以及卖房。

4）给我们的启示

这几年，投资者对于扇贝的一次次跑路也一直在用脚投票。目前，獐子岛的市值缩水了90%。不论是从监管还是市场，应该说对于扇贝跑路都做出了应有的反应和处理。

但是如今，这出戏码再次上演。海水养殖业受气候、洋流、水温等外部因素影响很大，而在国际上，受外部因素影响而造成海水养殖业损失的情况也时有发生。但是一旦狼来了喊多了，即便狼真来了，人们也会心存疑虑。獐子岛公告一出，深交所秒发关注函提出了质疑，地方政府立即关注了这一事件。

所以说，未来想要从事财务相关职业的你，一定要把握住自己的职业底线。

【思考题】

1. 什么是流动资产？流动资产的特点主要表现在哪些方面？

2. 流动资产评估的特点表现在哪些方面？

3. 简述流动资产的评估程序。

4. 如何进行材料、在产品、产成品等实物类流动资产的评估？

5. 如何评估应收账款？

【练习题】

一、单项选择题

1. 对流动资产评估时,功能性贬值一般(   )。

    A. 无须考虑   B. 须考虑   C. 考虑一部分   D. 详细计算

2. 某企业有一张为期一年的票据,票据面值为 650000 元,年利率为 7.2% ,截至评估基准日离收款期尚有两个半月的时间,该应收票据的评估价值为(   )元。

    A. 659750   B. 687050   C. 640250530   D. 678050

3. 某企业于 2019 年 10 月购进 1000 吨钢材,每吨价格为 3800 元,2020 年 9 月购进钢材 500 吨,每吨价格为 4000 元,2020 年 10 月有库存钢材 700 吨,该批库存钢材于 2020 年 10 月的评估价值为(   )万元。

    A. 280   B. 266   C. 273   D. 276

4. 对某企业进行资产评估,经核实,截至评估基准日,应收账款余额为 300 万元,前五年应收账款余额为 1000 万元,发生坏账损失合计数为 50 万元,则应收账款的评估值为(   )万元。

    A. 285   B. 300   C. 1000   D. 50

5. 某企业向甲企业邮寄材料,价款 500 万元,商定 6 个月后收款,采取商业承兑汇票结算。该企业于 4 月 10 日开出汇票,甲企业已经承兑,汇票到期日为 10 月 10 日。现对该企业进行评估,基准日定为 6 月 10 日,由此确定贴现日期为 120 天,贴现率按月息 6‰ 计算,因此该应收票据的评估值为(   )万元。

    A. 12   B. 500   C. 488   D. 450

6. 某项在用低值易耗品,原价 900 元,按五五摊销法,账面余额为 450 元,预计可使用 1 年,现已使用 9 个月,该低值易耗品的现行市价为 1200 元,由此确定该在用低值易耗品价值为(   )元。

    A. 900   B. 1200   C. 450   D. 300

7. 某企业 3 月初预付 6 个月的房屋租金 90 万元,当年 5 月 1 日对该企业评估时,该预付费用评估值为(   )万元。

    A. 35   B. 60   C. 45   D. 30

8. 采用成本法对在用低值易耗品评估时,成新率的确定应依据(   )。

    A. 已使用月数   B. 已摊销数额   C. 实际损耗程度   D. 尚未摊销数额

二、多项选择题

1. 产成品及库存商品的评估,一般可采用(   )。

    A. 年金法   B. 成本法   C. 市场法   D. 分段法

2. 评估应收账款时,其坏账的确定方法是(   )。

    A. 坏账比例法   B. 账龄分析法

    C. 财务制度规定的 3‰ ~ 5‰   D. 账面分析法

E. 合法原则

3. 产成品及库存商品的评估,一般可以采用(　　　)。

　A. 收益法　　　　　B. 成本法　　　　　C. 市场法　　　　　D. 清算价格法

4. 流动资产具有(　　　)特点。

　A. 周转速度快　　　　　　　　　B. 变现能力强

　C. 形态多样化　　　　　　　　　D. 占用数量的固定性

5. 适用于按债权类流动资产进行评估的具体内容包括(　　　)。

　A. 应收账款　　　　　　　　　B. 预收账款

　C. 各项存款　　　　　　　　　D. 短期投资

　E. 待摊费用

6. 对流动资产评估无须考虑功能性贬值是因为(　　　)。

　A. 周转速度快　　　　　　　　　B. 变现能力强

　C. 形态多样化　　　　　　　　　D. 库存数量少

　E. 获利能力强

三、判断题

1. 流动资产是指企业在生产经营活动中,必须在一年内变现或耗用的资产。　　　(　　　)

2. 对流动资产评估要考虑其综合获利能力进行综合性价值评估。　　　　　　　(　　　)

3. 对近期购进的库存材料进行评估时,可以采用成本法,也可以采用市场法。　(　　　)

4. 评估时采用的市场法主要是适用于价格基本保持不变的某类存货。　　　　　(　　　)

5. 评估时采用的成本法主要是适用于价格基本保持不变的某类存货。　　　　　(　　　)

6. 评估流动资产时一般不需考虑资产的功能性贬值因素。　　　　　　　　　　(　　　)

四、计算与分析题

1. 某评估公司对甲公司进行评估。评估基准日,甲公司应收账款余额合计金额为256万元,坏账准备余额为12.8万元。应收账款总金额中包括未到期的应收账款60万元,1年以上的应收账款75万元,2年以上的应收账款80万元,3年以上的应收账款41万元。根据相关资料分析,预计未到期的应收账款的坏账损失率为2%,1年以上的坏账损失率为13%,2年以上的坏账损失率为18%,3年以上的坏账损失率为51%。

　要求:该应收账款的评估值是多少万元?

2. A公司因销售货物,于2015年2月5日收到甲公司开出的一张带息商业汇票,面值为120万元,期限为6个月,票面利率为8%,贴现率为9%。2015年5月10日,某评估公司接受委托对A公司进行评估(每月按30天算)。

　要求:试估算该商业汇票的评估值为多少万元?

第6章

金融资产评估

📖【学习目标】

通过本章的学习,读者应了解金融资产评估的特点;了解金融资产评估涉及的债券评估和股票评估中的基本特点、基本方法和需考虑的各种因素;掌握运用市场法评估上市债券、上市股票的价值;掌握运用收益法评估非上市债券、非上市股票的价值。

6.1 金融资产评估概述

6.1.1 金融资产的概念

在现代经济生活中,金融市场作为金融性商品或金融工具的交易场所,为企业生产经营活动的持续进行提供了融资和投资渠道。金融工具是金融市场上交易的对象和手段。金融市场上证明金融交易金额、期限、价格的合约被称作金融工具,其基本要素为支付的金额与支付条件。

对于金融工具的发行者而言,这些金融工具是他们的筹资手段,形成其负债或所有者权益,而对于金融工具的持有者而言,这些金融工具则是他们的投资工具,形成其金融资产。因此,从广义的角度来看,金融资产是指投资主体持有的一切能够在金融市场上进行交易,具有现实价格和未来估价的金融工具的总称,表示对未来收入的合法所有权。

金融资产主要包括库存现金、银行存款、债权投资、股权投资、基金投资和衍生金融资产等。本章所涉及的金融资产主要是以股票和债券为代表的股权投资和债权投资。

6.1.2 金融资产的特性

金融资产作为经济资产的一个重要组成部分有其自身的特性,具体表现如下。

①虚拟性。金融资产是一种间接投资,是社会资本的转移,它本身并不直接生产物质产品,其价值体现为具有索取实物资产或某种经济利益的权利。金融资产的虚拟性还体现在金融资产有时不采取任何具体的物质形式,而只采取账簿登记的形式。这时金融资产的虚拟性体现在它的具体构思、法律规定和运用方式等方面。

②价值性。金融资产必然带来预期收益,它是凭借对未来收益的索取权获得的在法律上承认的、确定的、有规则的货币收入流量。其收益来源于金融资产出售者运用投资者资金从事生产经营活动产生的增值。如果没有预期收益,货币持有者就不会让渡自己目前的货币,因此,价值性是形成金融资产的动力。

③流通性。金融资产的流通性又称变现性,是指金融资产持有人可以按自己的需要灵活地转让以换取现金。流通性是金融资产的生命力所在。流通性不但可以使金融资产的持有人随时变现,而且还可以使持有人根据自己的偏好选择投资种类。金融资产的流通性是通过承兑、贴现、交易实现的。

6.1.3 金融资产评估的特点

由于金融资产是以对其他企业享有的权益而存在,因此,金融资产评估主要是对其所代表的权益进行评估。主要特点如下。

①金融资产评估是对投资资本的评估。尽管投资者取得金融资产时支付的方式可能是货币、实物和无形资产等一般生产要素,但是一旦被投资到其他企业,就被作为资本的象征,以谋求间接经济利益为主要目的。因此,金融资产评估的实质是对资本的评估。

②金融资产评估是对被投资者的偿债能力和获利能力的评估。投资者购买股票、债券的根本目的是获得投资收益,而能否获得相应的投资收益取决于投资风险。投资风险在很大程度上取决于被投资者的获利能力和偿债能力。因此,对于债券的评估,主要考虑债券发行者的偿债能力;股票评估除了参照股市行情外,主要是对被投资者获利能力的评估。因此,可以说金融资产评估是对被投资者偿债能力和获利能力的评估。

6.1.4 金融资产评估程序

金融资产评估一般按以下程序进行。

①明确金融资产投资的具体内容,如投资种类、原始投资额、评估基准日余额、投资收益计算方法和历史收益额、股票投资占被投资企业实收资本的比例以及相关会计核算方法等。

②判断金融资产投入资金和收回金额计算的正确性和合理性,判断被投资企业财务报表的准确性。

③根据金融资产的特点选择合适的评估方法。上市交易的债券和股票一般采用现行市价法进行评估,按评估基准日的收盘价确定评估值;非上市交易及不能采用现行市价法评估的债券和股票一般采用收益现值法,根据综合因素选择适宜的折现率,确定评估值。

④测定金融资产价值,得出评估结论。

6.2　债券评估

6.2.1　债券的概念与特点

债券是政府、金融机构、企业等为了筹集资金,按照法定程序发行的并向债权人承诺于指定日期还本付息的有价证券。从债券发行主体看,债券是筹资的手段。对债券购买者来说,债券是一种投资工具。作为一种投资工具,债券具有以下特点。

①投资风险较小,安全性较强。相对于股票投资及其他投资而言,债券投资风险相对较小。因为国家对债券发行有严格的规定,通常要满足发行债券的一些基本要求。例如,政府发行债券由国家担保;银行发行债券要以其信誉及一定的资产作为后盾;企业发行债券也有严格条件,通常以其实力及发展潜力作为保证。当然,债券投资也不是一点风险都没有,一旦债券发行主体出现财务困难,债券投资者也有收不回投资的可能。但是,相对于其他投资而言,债券投资还是比较安全的。即使是发行债券的企业破产,在破产清算时,债权人分配剩余财产的顺序也排在企业所有者之前。

②到期还本付息、收益稳定。债券利率通常是比较稳定的,在正常情况下要高于同期存款利率。只要债券发行主体不发生较大变故,债券的收益是相当稳定的。

③具有较强的流动性。在发行的债券中有相当部分是可流通债券,这些债券可随时到证券市场上流通变现,而且随着金融市场的进一步开放,债券的流动性将会不断加强。

6.2.2　债券的评估

债券作为一种有价证券,从理论上讲,它的市场价格是收益现值的市场反映。当债券可以在市场上自由买卖、贴现时,债券的现行市价就是债券的评估值。但是,如果有些债券不能在市场上自由交易,其价格就需要通过收益途径及其方法来进行评估。

1)现行市价法

如果某种债券可以在市场上流通买卖,并且市场上有该种债券的现行价格,那么,相对于投资者而言,尽管不准备将这些债券在短期内兑现,债券的现行市价仍然是确定该种债券评估价值的最重要依据。

在正常情况下,上市债券的现行市场价格可以作为它的评估值,一般以评估基准日的收盘价为准。但是在某些特殊情况下,如证券市场存在严重的投机行为,市场价格扭曲,不能代表实际价值,评估人员就应该采用其他的评估方法进行评估。

运用现行市价法评估债券,债券价值的计算公式为:

$$债券评估值=债券数量×评估基准日债券的市价(收盘价)$$

需要特别说明的是,采用现行市价法进行债券价值评估,评估人员需在评估报告中说明所用评估方法、评估依据,以及评估结果的时限性,并声明该评估结果应随市场价格变化而予以调整。

【例6.1】某企业进行评估,账面反映企业持有债券1200张,每张面值100元,年利率为10%,此债券为另一企业发行的三年期债券,已上市交易。根据交易市场调查,评估基准日的收盘价为120元。据评估人员分析,该价格比较合理,所以评估值为:

120×1200 = 144000(元)

2)收益现值法

对于不能进入市场流通的债券,无法通过市场判断其评估价值,采取收益途径及其方法评估非上市债券的评估价值是一种比较好的途径。

根据债券的种类和还本付息方式,债券可分为到期一次性还本付息债券、定期支付利息到期还本债券等。评估人员应对每一类债券采取不同的方法计算。

(1)到期一次性还本付息债券的评估

这类债券是指平时不支付利息,到期连本带利一次性支付的债券。评估时,应将债券到期时一次支付的本利和折现,求得评估值。其计算公式为:

$$P = F(1 + r)^{-n}$$

式中,P 为债券的评估值;F 为债券到期时本利和;r 为折现率;n 为评估基准日到债券到期日的间隔(以年或月为单位)。

本利和 F 的计算要看计息方式是单利计息还是复利计息。

①单利计息时:

$$F = A(1 + m \cdot i)$$

②复利计息时:

$$F = A(1 + i)^m$$

式中,A 为债券面值;m 为计息期限;i 为债券利息率。

债券利息率、计息期限、债券面值在债券上有明确记载,而折现率是评估人员根据实际情况分析确定的。折现率包括无风险报酬率和风险报酬率。无风险报酬率通常以银行储蓄利率、国库券利率或国家公债利率为准;风险报酬率的大小则取决于债券发行主体的具体情况。政府债券、金融债券有良好的担保条件,其风险报酬率一般低;企业债券的发行企业如果经营业绩较好,有足够的还本付息能力,则风险报酬率较低;否则,应以较高的风险报酬率调整。

【例6.2】某企业持有一项面值为50000元的债券投资,系另一企业发行的三年期一次性还本付息债券。年利率为12%,单利计息,评估时点距到期日两年,当时国库券利率为8%。经评估人员分析调查,发行企业经营业绩较好,两年后有还本付息的能力,风险不大,故取2%的风险报酬率,以国库券利率作为无风险报酬率,不考虑通货膨胀的影响。请确定债券评估值。

$r = 8\% + 2\% = 10\%$

$F = A(1 + m \cdot i) = 50000 \times (1 + 3 \times 12\%) = 68000(元)$

$$P = F(1+r)^{-n} = 68000 \times (1+10\%)^{-2} = 56198.35(元)$$

（2）定期支付利息，到期还本债券的评估

对于这类债券，评估时应将预计分期收到的利息和到期本金分别折现求和，其评估值的计算公式为：

$$P = \sum_{i=1}^{n} \frac{R}{(1+r)^i} + \frac{A}{(1+r)^n}$$

或

$$P = R \frac{1 - \dfrac{1}{(1+r)^n}}{r} + \frac{A}{(1+r)^n}$$

式中，P 为债券的评估值；R 为每期的预期利息收益；r 为折现率；A 为债券面值；n 为评估基准日距到期还本日期限。

【例6.3】接前例，假如债券不是到期一次还本付息，而是每年付一次息，到期还本债券，确定其评估值。

$$P = \sum_{i=1}^{2} \frac{50000 \times 12\%}{(1+10\%)^i} + \frac{50000}{(1+10\%)^2} = 51735.53(元)$$

6.3 股票评估

6.3.1 股票的概念与特点

股票是股份公司发行的，用来证明投资者股东身份及权益，并以此获得股息和红利的有价证券。股票持有人即为股东。公司股东作为出资人按投入公司的资本比例享有取得资产收益、参与公司重大决策和选择管理者的权利，并以其持有股份对公司承担责任。

股票投资具有如下特点。

①股票投资是权益性投资。股票投资与债券投资虽然都是证券投资，但投资的性质不同。股票投资属于权益性投资，股票是代表所有权的凭证，大家持有股票就成为公司的股东，参与公司的经营决策，有选举权和表决权。而债券属于债权性投资，债券是债权债务凭证，持有者是公司的债权人，有获取利息和收回本金的权利，但无权参与公司的经营决策。

②股票投资风险较大。与债券投资相比，股票投资的风险较大。投资者购买股票之后，经济景气、公司经营状况好，股票价格就会上升，投资者收益就高；反之，股票价格就会下跌，投资者就会遭受很大的损失。如果公司破产，股东的求偿权位于债权人之后，因此股东可能部分或全部不能收回投资。而债券是按约定利率支付利息，并于到期时还本的有价证券，其投资风险要比股票投资小。

③股票投资的收益不稳定。股票投资的收益，一是来自股利收入，二是根据股票价格的波动低价买入、高价卖出而获得的资本利得。股利直接与公司的经营状况相关，公司盈利多就可能多发股利，盈利少则只能少发或不发股利。股票转让的资本利得主要取决于股票市场的行情，股市看涨，出售股票就可能获得较大的资本利得，反之就会遭受损失。而债券的收益就比较稳定，投资者可以获得比较固定的利息收入。

6.3.2 股票的计价标准

股票有多种计价标准,如票面价值、发行价格、账面价值、内在价值、市场价格和清算价格等。股票评估通常与股票的票面价值、发行价格和账面价值的联系并不紧密,而与股票的内在价值、市场价格和清算价格有着较为密切的联系。

①票面价值。票面价值是公司发行股票时在票面上载明的金额。对于无票面价值的股票,它的面值以每股占公司所有者权益的一定比例来表示。

②发行价格。股票的发行价格是指公司发行股票出售给投资者时所采用的价格,也是投资者认购股票时所必须支付的价格。

③账面价值。股票的账面价值是指公司股票在账面上反映的价值,等于公司所有者权益的账面价值除以发行在外的股份数。

④内在价值。股票的内在价值,是一种理论价值或模拟市场价值。它是根据评估人员对股票未来收益的预测,经过折现得到的股票价值。股票的内在价值主要取决于公司的财务状况、管理水平、技术开发能力、公司发展潜力以及公司面临的各种风险。

⑤市场价格。股票的市场价格是证券市场上买卖股票的价格。在证券市场比较完善的条件下,股票的市场价格基本上是市场对公司股票内在价值的一种客观评价,它基本上可以直接作为股票的评估价值。当然,当证券市场发育尚未完善时,股票的市场价格并不一定能代表其内在价值。因此,不能简单地将其作为股票的评估值。

⑥清算价格。股票的清算价格是公司清算时公司的净资产与公司股票总数之比。如果公司真的到了清算的地步,那么该公司的股票价值就相当于公司股票的清算价格。

6.3.3 股票价值评估

对于持续经营股票的评估,一般按上市股票和非上市股票两类进行,上市股票采用现行市价法和市盈率法进行评估,非上市股票采用收益现值法进行评估。而对于破产清算中的股票则采用清算价格法进行评估。其中,现行市价法和收益现值法是股票评估的主流方法,而市盈率法和清算价格法是评估股票价值所特有的方法,在以下的叙述中,我们将其归为其他评估方法介绍。

1)现行市价法

上市股票是企业公开发行的、可以在证券交易所自由交易的股票。正常交易的股票随时都有市场价格。因此对上市股票的评估,在正常情况下一般可以采用现行市价法,按照评估基准日的收盘价确定评估值。但是在股市发育不完全,股市交易不正常的情况下,股票的价值就不能完全依据股票市场价格来确定,而应以股票的"内在价值"或"理论价值"为依据,通过股票发行企业的经营业绩、财务状况及获利能力,采用收益法综合判断股票内在价值。另外,以控股为目的持有的上市公司股票,一般采用收益现值法进行评估。

现行市价法评估股票价值的计算公式为:

股票评估值=股票股数×评估基准日该股票市价

【例6.4】某企业拥有一上市公司股票30000股,评估时,该股票在证券交易所当天的收盘价为每股12元。则:

股票评价估值=12×30000=360000(元)

若依据市场价格得出的评估值,评估人员应在评估报告书中说明所用方法,并声明该评出结果应随市场价格变化而予以调整。

2)收益现值法

评估人员对非上市股票一般采用收益现值法评估,即综合分析股票发行主体的经营状况风险、历史利润水平和分红情况、行业收益等因素,合理预测股票投资的未来收益,并选择合理的折现率确定评估值。从理论上讲,股票的价值等于未来各期预期股利收入和转让出售时预期市场价格的折现值之和,可用公式表示为:

$$P = \sum_{i=1}^{n} \frac{D_t}{(1+r)^i} + \frac{P_n}{(1+r)^n}$$

式中,P 为股票的评估价值;D_t 为股票在第 t 年的预期股利;r 为适用的折现率;n 为持有普通股的时间(在第 n 年年末将股票出售);P_n 为第 n 年年末出售股票的预期价格。

由于股票未来转让出售价格也是一种预期值,按照股利折现法,评估值应根据出售转让时点以后的预期股利折现确定。由此上述公式可演变为:

$$P = \sum_{i=1}^{\infty} \frac{D_t}{(1+r)^i}$$

根据股利收益的变动趋势,通常将股票评估模型分为三种:固定股利模型、股利增长模型和阶段性成长模型。

(1)固定股利模型

如果公司经营稳定,分配股利固定,并且今后也能保持固定水平,在这种前提下,股利收入构成永续年金,因此股票评估值的计算公式为:

$$P = \sum_{i=1}^{\infty} \frac{D}{(1+r)^i} = \frac{D}{r}$$

式中,P 为股票的评估价值;D 为股票在第 i 年的预期股利;r 为适用的折现率;n 为持有普通股的时间(在第 n 年年末将股票出售)。

【例6.5】某企业进行评估,其拥有A公司发行的法人股1万股,每股面值100元,A公司前三年的股票收益率分别为15%、17%、18%。评估人员经过分析调查了解到,A公司经过三年的发展,目前生产经营情况比较稳定,预计今后能保持每年平均16%的收益率。评估人员根据发行企业行业的特点及宏观经济情况,确定无风险利率为6%(国库券利率),通货膨胀率为2%,风险利率为4%,根据上述资料,确定该股票评估值。

$r=6\%+2\%+4\%=12\%$

$P=\dfrac{D}{r}=10000×100×16\%÷12\%=1333333.33(元)$

(2)股利增长模型

股票的股利收入取决于股份公司的盈利水平和股利支付率。由于公司每年的盈利水平不尽相同,每年的股利收入也不完全一样,因此,在评估普通股的价值时,假定每年的股利固定不变是不现实的。实际上,对于大多数公司而言,收益与股利并非固定不变,而是呈不断增长之势。如果预计某股票的每股股利在未来以某一固定的增长率 g 增长,那么这种股票就被称为股利增长型股票。股利增长型股票评估值的计算公式为:

$$P = \frac{D_0(1+g)}{r-g} = \frac{D_1}{r-g}$$

式中,P 为股票的评估价值;D_1 为股票下一年的股利;r 为适用的折现率;g 为股利年增长率。

根据这一模型,如果 g 不变,D_1 不变,则 r 越高,股票的内在价值越小;如果 r 不变,D_1 不变,则 g 越高,股票的内在价值越大;当然如果其他因素不变,D_1 越大,股票的内在价值越大。但是无论如何,这里都不可能出现 $g>r$ 的情况,因为这意味着股票的价值会无穷大,这在现实中是不可能存在的。

股利年增长率 g 的计算方法:一是历史数据分析法,它在对历年股利分析的基础上,利用统计学方法计算出历史平均增长速度,以此确定股利增长率;二是发展趋势分析法,主要依据发行公司股利分配政策,以公司剩余收益中用于再投资的比率与公司净资产利润率相乘确定股利增长率。

【例6.6】甲公司持有乙公司股票200000股,乙公司上年支付的股利为每股2元,评估人员调查了解到:乙公司每年只用75%的税后利润用于股利发放,另25%用于扩大再生产。经过分析,从总体的趋势看,今后几年乙公司净资产利润率将保持在15%左右,风险报酬率为2%,无风险报酬率以国库券利率8%为依据,试确定该股票的评估值。

$g = (1-75\%) \times 15\% = 3.75\%$

$r = 8\% + 2\% = 10\%$

$P = \dfrac{200000 \times 2 \times (1+3.75\%)}{10\% - 3.75\%} = 6640000(元)$

(3)阶段性成长模型

前两种股利政策一种是股利固定,另一种是增长率固定,过于模式化,很难适用于所有的股票评估。针对实际情况,采用阶段性成长模型对股票的价值评估更具客观性。阶段性成长模型可采用两段式或多段式模型,下面以两段式为例说明阶段性成长模型的原理:第一段,指能够较为客观地预测股票的收益期间或股票发行企业某一经营周期;第二段,以不易预测收益的时间为起点,以企业持续经营到永续为第二段。将两段收益现值相加,得出评估值。实际计算时,第一段以预测收益直接折现;第二段可以采用固定股利模型或股利增长模型,收益额采用趋势分析法或其他方法确定,先资本化再折现。

【例6.7】某资产评估公司受托对E公司的资产进行评估。E公司拥有某一公司非上市交易的普通股股票10万股,每股面值1元。在持有期间,每年股利收益率均在15%左右。评估专业人员对发行股票公司进行调查分析后认为,前3年可保持15%的收益率;从第4年起,一套大型先进生产线交付使用后,可使收益率提高5个百分点,并将持续下去。评估时国债利率为4%,假定该股份公司是公用事业企业,其风险报酬率确定为2%,折现率为6%,则该股票评估值为:

股票的评估值=前3年收益的折现值+第四年后收益的折现值

$= 100000 \times 15\% \times (P/A, 6\%, 3) + (100000 \times 20\% \div 6\%) \times (1+6\%)^{-3}$

$$=15000×2.6730+20000÷6\%×0.8396$$
$$=40095+279867$$
$$=319962(元)$$

3)其他评估方法

（1）市盈率法

股票的估价中常常还会用到的一种方法是市盈率法。所谓市盈率，就是每股价格与每股收益的比，其计算公式为：

$$市盈率=\frac{每股市价}{每股收益}=P/E$$

式中，P 为每股价格；E 为每股收益；P/E 为市盈率。

反过来，当我们利用"市盈率"评估股票价值时，则有：

$$股票价格(V)=市盈率(P/E)×每股收益(E)$$

如果我们能分别估计出股票的市盈率和每股收益，那么就能由此公式估算出股票价值。在评估股票价值时，评估人员要研究拟投资股票市盈率的长期变化，估计其正常值，作为分析的基础。市盈率的确定，应考虑以下三个因素。

①经济周期。一般来说，经济高涨时期要比经济衰退时期的市盈率高些。

②企业周期。当公司处于增长阶段，预期公司的发展前景良好，利润增长较快，则其市盈率可相对高一些；而处于饱和或衰退阶段的公司的市盈率则要低一些。

③历史水平。有些公司的市盈率虽高，但却能长期维持，这样的股票股价即使下跌，一般来说也是短暂的，它会很快弹回；而市盈率一贯较低的股票，其股价在高位是不会长久的。

（2）清算价格法

利用清算价格法评估股票的内在价值的计算公式为：

$$普通股每股净值=\frac{股东权益}{流通在外的普通股股数}$$

【例6.8】现对某企业投资于A公司的2万股股票进行评估，A公司由于经营不善，连年亏损，无力偿还到期债务，已由债权人申请破产，并进入破产程序。A公司可供分配的普通股股东权益为5000万元，而流通在外的普通股股数为10万股，确定其评估值。

普通股每股净值＝5000÷10＝500（元/股）

A公司持有股票的评估值＝2×500＝1000（万元）

【思政园地】
我国地方政府债券管理体制机制概况

1)地方政府举债融资机制

（1）地方政府举债权限

2015年施行的新《中华人民共和国预算法》赋予了地方政府依法适度举债权限。经国务院批准，省、自治区、直辖市政府可以适度举借债务。市县级政府确需举借债务的由省、自治区、直辖市政府代为举借。政府债务只能通过政府及其部门举借，不得通过企事业单位等举借。地方政府举债采取政府债券方式。

（2）地方政府举债审批程序和资金用途

地方政府在国务院批准的分地区限额内举借债务，必须将经批准举借债务的规模、结构、使用、偿还等情况编入预算草案，报本级人大或其常委会批准，不得在预算之外举借任何债务，也不得安排财政资金偿还不应由政府偿还的债务。地方政府举借的债务，只能用于公益性资本支出和适度归还存量债务，不得用于经常性支出。

2）地方政府债务规模限额管理

（1）地方政府债务总限额

《财政部关于对地方政府债务实行限额管理的实施意见》（财预〔2015〕225 号）明确，对地方政府债务余额实行限额管理。年度地方政府债务限额等于上年地方政府债务限额加上当年新增债务限额（或减去当年调减债务限额），具体分为一般债务限额和专项债务限额。在不突破债务风险控制指标的前提下，全国地方政府债务总限额由国务院根据国家宏观经济形势等因素确定，并报全国人民代表大会批准。

年度预算执行中，如出现特殊情况需要调整地方政府债务新增限额，由国务院提请全国人大审批。特殊情况包括：当经济下行压力大、需要实施积极财政政策时，适当扩大当年新增债务限额；当经济形势好转、需要实施稳健财政政策或适度从紧财政政策时，适当削减当年新增债务限额或在上年债务限额基础上合理调减限额。

（2）逐级下达分地区地方政府债务限额

财政部在全国人大或其常委会批准的总限额内，根据债务风险、财力状况等因素并统筹考虑国家宏观调控政策、各地区建设投资需求等，提出各省、自治区、直辖市政府债务限额方案，报国务院批准后下达各省级财政部门。

省级财政部门依照财政部下达的限额，提出本地区政府债务安排建议，编制预算调整方案，经省级政府报本级人大常委会批准；根据债务风险、财力状况等因素并统筹本地区建设投资需求提出省本级及所属各市县当年政府债务限额，报省级政府批准后下达各市县级政府。

市县级政府确需举借债务的，依照经批准的限额提出本地区当年政府债务举借和使用计划，列入预算调整方案，报本级人大常委会批准，报省级政府备案并由省级政府代为举借。

（3）严格按照限额举借地方政府债务

地方政府举债不得突破批准的限额。省级财政部门在批准的地方政府债务限额内，统筹考虑地方政府负有偿还责任的中央转贷外债情况，合理安排地方政府债券的品种、结构、期限和时点，做好政府债券的发行兑付工作。

中央和省级财政部门每半年向本级人大有关专门委员会书面报告地方政府债券发行和兑付等情况。

3）地方政府债务预算管理

地方政府债务分为一般债务和专项债务，由地方政府相应发行一般债券和专项债券融资。

（1）一般债券

一般债务针对没有收益的公益性事业发展举借，统一发行一般债券，筹集资金安排的支出纳入一般公共预算管理。

一般债券到期需偿还的部分,主要以一般公共预算收入偿还。当赤字不能减少时可采取借新还旧的办法。

（2）专项债券

专项债务针对土地储备、收费公路等有一定收益的公益性事业发展举借,按照对应的政府性基金项目发行专项债券,筹集资金安排的支出纳入政府性基金预算管理。

专项债券到期需偿还的部分,应通过对应的政府性基金或专项收入偿还。政府性基金或专项收入暂时难以实现,如收储土地未能按计划出让的,可先通过借新还旧周转,政府性基金或专项收入实现后立即归还。

4）地方政府债务风险评估和预警机制

（1）风险指标

国际上衡量地方政府债务风险通常使用债务率(债务余额/地方综合财力)指标,风险警戒线为80%～120%。参照国际通行做法并结合我国具体国情,目前将债务率不超过100%作为我国地方政府债务整体风险警戒线,即全国地方政府债务余额最高不超过地方综合财力水平。

截至2018年末,我国地方政府债务余额18.39万亿元,债务率(债务余额/综合财力)为76.6%,低于国际通行警戒标准,风险总体可控。

（2）风险评估和预警机制

财政部建立地方政府性债务风险评估和预警机制,根据各地区一般债务、专项债务、或有债务等情况,测算债务率、新增债务率、偿债率、逾期债务率、或有债务代偿率等指标,定期评估各地区政府性债务风险情况,对债务高风险地区进行风险预警。风险评估和预警结果及时通报有关部门和省级政府。

省级财政部门应按照财政部相关规定做好本地区政府性债务风险评估和预警工作,及时实施风险评估和预警,做到风险早发现、早报告、早处置。

地方各级政府应全面掌握资产负债、还本付息、财政运行等情况,加快建立政府综合财务报告制度,全面评估风险状况,定期排查风险隐患,跟踪风险变化,切实防范风险。建立地方政府性债务风险事件报告制度,发现问题及时报告,不得瞒报、迟报、漏报、谎报。

（3）债务风险事件级别

按照风险事件的性质、影响范围和危害程度等情况,将政府性债务风险事件划分为Ⅰ级(特大)、Ⅱ级(重大)、Ⅲ级(较大)、Ⅳ级(一般)四个等级。

其中直接涉及地方政府债的风险事件包括:"省级政府发行的地方政府债券到期本息兑付出现违约"属于Ⅰ级债务风险事件;"省级政府连续3次以上出现地方政府债券发行流标现象"属于Ⅱ级债务风险事件等。

5）地方政府债务风险化解和应急处置机制

（1）债务风险化解和应急处置机制

地方政府对其举借的债务负有偿还责任,中央政府实行不救助原则。对于地方政府债券,地方政府依法承担全部偿还责任。各省、自治区、直辖市政府要对本地区地方政府债务风险防控负总责,建立债务风险化解激励约束机制,全面组织做好债务风险化解和应急处置工作。

列入风险预警范围的地方各级政府要制订中长期债务风险化解规划和应急处置预案，在严格控制债务增量的同时，通过控制项目规模、压缩公用经费、减少支出、处置资产、引入社会资本等方式，多渠道筹集资金消化存量债务，逐步降低债务风险。市县级政府难以自行偿还债务时，要启动债务风险应急处置预案并及时上报；省级政府要加大对市县级政府债务风险应急处置的指导力度，并督促其切实化解债务风险，确保不发生区域性和系统性风险。

（2）分级响应和应急处置

对Ⅳ级、Ⅲ级债务风险，主要由市县政府立足自身化解；对Ⅱ级、Ⅰ级债务风险，省级政府可依据市县政府申请予以适当救助；当地方政府出现极大风险时，中央政府可适当指导。

对于Ⅲ级债务风险事件的应急响应，包括：市县政府偿还省级政府代发的到期地方政府债券（包括一般债券和专项债券）有困难的，可以申请由上级财政先行代垫偿还，事后扣回等措施。

对于Ⅱ级债务风险事件的应急响应，包括：省级政府适当扣减Ⅱ级债务风险事件涉及市县新增地方政府债券规模等措施。

对于Ⅰ级债务风险事件的应急响应，包括：省级政府偿还到期地方政府债券本息有困难的，国务院可以对其提前调度部分国库资金周转，事后扣回，必要时国务院可以成立工作组进驻风险地区，予以指导和组织协调；省级政府暂停Ⅰ级债务风险事件涉及市县新增地方政府债券的资格等措施。

6）地方政府债务监管体系

一是加强人大监督。加强省级人大和市县级人大对同级政府举债的审批监督，严格将举债规模控制在上级下达的债务限额内。完善地方政府性债务统计报告制度，加快建立权责发生制的政府综合财务报告制度，全面反映政府的资产负债情况。

二是加强上级监管。把政府债务管理作为一个硬指标纳入政绩考核，强化对地方党政领导干部政府债务管理责任的考核。

三是加强社会监督。建立地方政府性债务公开制度，加强政府信用体系建设。各地区要定期向社会公开政府性债务限额、举借、使用、偿还及其项目建设等情况，自觉接受社会监督。

四是加强市场监督。地方政府举债要遵循市场化原则，建立地方政府信用评级制度，加强政府信用体系建设，强化市场约束。

五是加强监督检查。审计部门依法加强债务审计监督，财政部各地监管局加大对违规举债及债务风险的监控力度。

7）地方政府债务考核问责机制

（1）考核问责机制

把政府债务管理作为一个硬指标纳入政绩考核。明确责任落实，各省、自治区、直辖市政府要对本地区地方政府债务负责任。地方政府主要负责人要作为第一责任人，切实抓好本级政府债务风险防控等各项工作。对地方政府防范化解政府债务风险不力的，要进行约谈、通报，必要时可以责令其减少或暂停举借新债。对地方政府违法举债或担保的，责令改正，并按照预算法规定追究相关人员责任。

（2）违法违规责任范围

违反《中华人民共和国预算法》《中华人民共和国银行业监督管理法》等法律规定的行为包括：政府债务余额超过经批准的本地区地方政府债务限额；政府及其部门通过发行地方政府债券以外的方式举借政府债务，包括但不限于通过企事业单位举借政府债务；举借政府债务没有明确的偿还计划和稳定的偿还资金来源；政府或其部门违反法律规定，为单位和个人的债务提供担保；银行业金融机构违反法律、行政法规以及国家有关银行业监督管理规定的；政府债务资金没有依法用于公益性资本支出；增加举借政府债务未列入预算调整方案报本级人民代表大会常委会批准；未按规定对举借政府债务的情况和事项作出说明、未在法定期限内向社会公开；其他违反法律规定的行为。

违反《国务院关于加强地方政府性债务管理的意见》（国发〔2014〕43号）等有关政策规定的行为包括：政府及其部门在预算之外违法违规举借债务；金融机构违法违规向地方政府提供融资，要求地方政府违法违规提供担保；政府及其部门挪用债务资金或违规改变债务资金用途；政府及其部门恶意逃废债务；债务风险发生后，隐瞒、迟报或授意他人隐瞒、谎报有关情况；其他违反财政部等部门制度规定的行为。

（3）责任追究机制及程序

发生Ⅳ级以上地方政府性债务风险事件后，应适时启动债务风险责任追究机制，地方政府应依法对相关责任人员进行行政问责；银监部门应对银行业金融机构相关责任人员依法追责。

省级债务管理领导小组组织有关部门，对发生地方政府性债务风险的市县政府开展专项调查或专项审计，核实认定债务风险责任，提出处理意见，形成调查或审计报告，报省级政府审定。

有关任免机关、监察机关、银监部门根据有关责任认定情况，依纪依法对相关责任单位和人员进行责任追究；对涉嫌犯罪的，移交司法机关进行处理。

省级政府应当将地方政府性债务风险处置纳入政绩考核范围。对实施财政重整的市县政府，视债务风险事件形成原因和时间等情况，追究有关人员的责任。属于在本届政府任期内举借债务形成风险事件的，在终止应急措施之前，政府主要领导同志不得重用或提拔；属于已经离任的政府领导责任的，应当依纪依法追究其责任。①

【思考题】

1. 金融资产评估具有哪些特点？
2. 金融资产评估的主要方法有哪些？
3. 股票的内在价值是什么？
4. 股利增长模型的假设前提是什么？
5. 对普通股评估时需对发行企业了解的内容主要有哪些？

---

① 朱岩.地方政府债券工作手册［EB/OL］.（2023-07-25）［2023-08-22］.中国资产评估协会网.

【练习题】

一、单项选择题

1. 股票的内在价值属于股票的(   )。
   A. 账面价值　　　　B. 理论价格　　　　C. 无面额价值　　　　D. 发行价格

2. A 评估公司对某企业的长期债权投资进行评估,了解到长期债权投资账面余额为 115 万元(购买债券 11500 张,面值为 100 元/张),年利率为 12%,期限为 5 年,已上市交易。评估基准日收盘价为 165 元/张。则该长期债权的评估价值为(   )元。
   A. 1782500　　　　B. 1150000　　　　C. 1840000　　　　D. 1897500

3. 被评估债券为非上市企业债券,3 年期,年利率为 170%,单利计算,按年付息,到期正本,面值 100 元,共 1000 张。评估时债券购入已满 1 年,第 1 年利息已经收账,若折现率为 510%,该被估企业债券的评估值最接近于(   )元。
   A. 112159　　　　B. 117000　　　　C. 134000　　　　D. 115470

4. 固定股利模型是评估人员对被评估股票(   )。
   A. 预期收益的一种假设　　　　　　B. 预期收益的客观认定
   C. 历史收益的一种客观认定　　　　D. 预期收益的一种估计

5. 对于到期后一次性还本付息债券的评估,其评估的标的是(   )。
   A. 债券本金　　　　　　　　　　　B. 债券本金加利息
   C. 债券利息　　　　　　　　　　　D. 债券本金减利息

6. 股票的内在价值是由(   )决定。
   A. 股票的净资产　　　　　　　　　B. 股票的总资产额
   C. 股票未来收益折现值　　　　　　D. 股票的利润总额

7. 从资产评估的角度来说,在股市发育不全、交易不规范的情况下,股票的评估值应以股票的(   )为基本依据。
   A. 市场价格　　　　B. 发行价格　　　　C. 内在价值　　　　D. 票面价值

8. 下列融资工具按其风险由小到大排列,正确的排列顺序是(   )。
   A. 股票、国家债券、金融债券、企业债券
   B. 国家债券、金融债券、企业债券、股票
   C. 企业债券、股票、国家债券、金融债券
   D. 股票、企业债券、金融债券、国家债券

9. 被评估债券为 4 年期一次性还本付息债券 10000 元,年利率 18%,不计复利,评估时债券的购入时间已满 3 年,当年的国库券利率为 10%,评估人员通过对债券发行企业的了解认为应该考虑 2% 的风险报酬率,则该被评估债券的评估值最有可能是(   )元。
   A. 15400　　　　B. 17200　　　　C. 15357　　　　D. 15338

二、多项选择题

1. 非上市债券的评估类型可分为(   )。

  A. 固定股利模型   B. 股利增长模型

  C. 每年支付利息，到期还本型   D. 分段模型

  E. 到期后一次性还本付息型

2. 按股票持有人享有的权利和承担责任的角度不同，股票可分为(　　　)。

  A. 无面额股票   B. 面额股票   C. 优先股   D. 普通股

3. 非上市股票评估的类型有(　　　)。

  A. 到期一次还本型   B. 股利增长型

  C. 固定红利型   D. 逐期分红、到期还本型

  E. 分段型

4. 股票的价值评估通常与股票的(　　　)有较密切的联系。

  A. 发行价格   B. 内在价值   C. 清算价格

  D. 市场价格   E. 账面价格

5. 下列哪些因素会影响债券的评估价值？(　　　)

  A. 票面价值   B. 票面利率   C. 折现率   D. 付息方式

6. 债券评估时的风险报酬率的高低与(　　　)有关。

  A. 投资者的竞争能力   B. 发行者的竞争能力

  C. 投资者的财务状况   D. 发行者的竞争状况

三、计算与分析题

  1. 被评估企业拥有 A 公司面值共 90 万元的非上市股票，从持股期间来看，每年股利分派相当于票面值的 10%，评估人员通过调查了解到 A 公司只把税后利润的 80% 用于股利分配，另 20% 用于公司扩大再生产，公司有很强的发展后劲，公司的净资产利润率保持在 15% 的水平上，折现率设定为 12%。

  要求：试运用股利增长模型评估被评估企业拥有的 A 公司股票。

  2. 评估机构于 2024 年 1 月 1 日对某公司进行评估，该公司拥有甲企业发行的非上市股票 100 万股，每股面值 1 元。经调查，由于甲企业产品老化，在评估基准日以前的几年内，该股票的收益率每年都在前一年的基础上下降 2%，2023 年度的收益率为 10%，如果甲企业没有新产品投放市场，预计该股票的收益率仍将保持每年在前一年的基础上下降 2%。已知甲企业正在开发研制一种新产品，预计两年后新产品即可投放市场，并从投产当年起可使收益率提高并保持在 15% 左右，而且从投产后第三年起，甲企业将以净利润的 75% 发放股利，其余的 25% 用于企业追加投资，净资产利润率将保持在 20% 的水平上，折现率为 15%。

  要求：计算被评估公司所持甲企业股票 2024 年 1 月 1 日的评估值。

第 7 章

无形资产评估

📖【学习目标】

本章主要阐述无形资产评估的基本理论和方法,以及几种重要的无形资产的具体评估方法。通过本章的学习,读者应了解无形资产的基本概念和内容,掌握无形资产评估的基本思路和方法,熟悉各类无形资产的评估特点,以及各种评估方法在无形资产评估中的应用。

7.1 无形资产评估概述

纵观世界经济的发展进程,在微观经济活动中,无形资产表现出了远比有形资产更为强劲的活力,企业拥有无形资产的多少,反映了其所具有的科技能力和水平。在科学技术飞速发展的今天,无形资产已经成为企业生产经营中非常重要的生产要素。随着无形资产在企业发展中重要性的增强,无形资产交易也越来越活跃,无形资产评估也变得越来越重要。

7.1.1 无形资产及其分类

1)无形资产的概念与特征

无形资产一词在西方已有近百年的历史,然而对于什么是无形资产,迄今为止尚未有一个一致的定义。对于无形资产这一概念,更多的是进行描述,即以无形资产的外延替代无形资产的内涵。一般地说,无形资产是指由特定主体控制的,不具有独立实体,而对生产经营长期持续发挥作用并能带来经济效益的经济资源。

无形资产作为一类特殊的资产,有其自身的特殊性,归纳起来可以概括为无形资产的形式特征和功能特征两个方面。

(1)无形资产的形式特征

①非实体性。无形资产没有物质实体形态,是隐形存在的资产,是人们通过感觉器官不

能触摸或感觉到的资产。由于无形资产的非实体性,它只存在无形损耗,而不存在有形损耗。

②垄断性。无形资产往往是由特定主体垄断占有,凡不能垄断或者不需要任何代价即能获得的,都不是无形资产。无形资产的这种垄断性有的是通过企业自身保护,有的则是以适当公开其内容作为代价来取得广泛而普遍的法律保护,有的则是借助法律保护并以长期生产经营服务中的信誉取得社会的认可。

③效益性。并非任何无形的事物都是无形资产,成为无形资产的前提是其必须能够以一定的方式,直接或间接地为投资者创造效益,而且必须能够在较长时期内持续产生经济效益。

④不确定性。无形资产能为所有者或占有者带来的未来经济利益具有一定的不确定性。这种不确定性与有形资产的规模和状况、市场竞争强弱、国家宏观调控政策、技术与经营服务更新、产品性能与质量等诸多因素直接相关。

(2)无形资产的功能特征

无形资产发挥作用的方式明显区别于有形资产,因而评估人员在评估时需要特别注意。

①共益性。无形资产区别于有形资产的一个重要特点是,它可以作为共同财富,由不同的主体同时共享。通过合法的程序,一项无形资产可以为不同的权利主体共同享有,也可以在其所有者继续使用的前提下,多次转让其使用权。一项先进技术可以使一系列企业提高产品质量、降低产品成本;一项技术专利在一个企业使用的同时,并不影响转让给其他企业使用。但是,无形资产的共益性也受到市场有限性和竞争性的制约,例如由于追求自身利益的需要,各主体对无形资产的使用还必须受相关合约的限制。因而,评估无形资产,必须考虑无形资产的保密程度和作用环境。在转让方继续使用该项无形资产的情形下,也要考虑由于无形资产的转让形成竞争对手,从而增加竞争压力的机会成本。

②附着性。附着性是指无形资产往往附着于有形资产而发挥其固有功能。例如,制造某产品的专有技术要体现在专用机械生产线、工艺设计之上。各种知识性的资产一般都要物化在一定的实体之中。因此,评估中确定无形资产的收益时,一方面要考虑与无形资产共同发挥作用的有形资产的范围,另一方面要辨识、区别有形资产和无形资产带来的收益。

③积累性。无形资产的积累性体现在两个方面:一是无形资产的形成基于其他无形资产的发展;二是无形资产自身的发展也是一个不断积累和演进的过程。因此,一方面,无形资产总是在生产经营的一定范围内发挥特定的作用;另一方面,无形资产的成熟程度、影响范围和获利能力也处在变化之中。

④替代性。在承认无形资产具有积累性的同时,还要考虑到它的替代性。例如一种技术取代另一种技术,一种工艺替代另一种工艺等,其特性不是共存或积累,而是替代、更新。一种无形资产总会由更新的无形资产所取代,因而必须在无形资产评估中考虑它的作用期限,尤其是尚可使用年限。这要取决于该领域内技术进步的速度,取决于无形资产带来的竞争。

2)无形资产的分类

对无形资产进行分类,不仅有利于把握和识别无形资产,还有利于我们了解无形资产的性质和范围,提高评估的科学性和准确性。无形资产的种类很多,可按不同的标准进行分类。

①按企业取得无形资产的方式,可分为企业自创(或自身拥有)的无形资产和外购的无形资产。前者是由企业自己研制创造获得以及由于客观原因形成的,如自创专利、非专利技术、商标权、商誉等;后者则是企业以一定代价从其他单位购入的,如外购专利权、商标权等。

②按能否独立存在,可以分为可确指无形资产和不可确指无形资产。凡是那些具有专门名称,可单独地取得、转让或出售的无形资产,称为可确指的无形资产,如专利权、商标权等;那些不可特别辨认、不可单独取得,离开企业就不复存在的无形资产,称为不可确指的无形资产,如商誉。

③按有无专门法律保护分类,可以分为有专门法律保护的无形资产和无专门法律保护的无形资产。专利权、商标权等均受到国家专门法律保护,无专门法律保护的无形资产有非专利技术等。

知识经济的来临,要求人们对无形资产的性质、范围、内容及作用进行深入的研究。目前,在我国作为评估对象的无形资产通常包括专利权、非专利技术、生产许可证、特许经营权、租赁权、土地使用权、矿产资源勘探权和采矿权、商标权、版权、计算机软件及商誉等。

7.1.2　无形资产评估应考虑的因素

进行无形资产评估,首先要明确影响无形资产评估价值的因素。一般来说,影响无形资产评估价值的因素主要有以下9个。

1)无形资产的取得成本

无形资产与有形资产一样,其取得也有成本。只是相对有形资产而言,其成本的确定不是十分明晰和易于计量。对企业无形资产来说,外购无形资产较易确定成本,自创无形资产的成本计量较为困难。同时,无形资产的创造与其投入、失败等密切相关,但这部分成本确定是很困难的。一般来说,这些成本项目包括创造发明成本、法律保护成本、发行推广成本等。

2)机会成本

无形资产的机会成本是指因将无形资产用于某一确定用途后所导致的将无形资产用于其他用途所获收益的最大损失。

3)效益因素

成本是从对无形资产补偿角度考虑的,但无形资产更重要的特征是其创造收益的能力。一项无形资产,在环境、制度允许的条件下,获利能力越强,其评估值越高;获利能力越弱,其评估值越低。有的无形资产,尽管其创造成本很高,但不为市场所需求,或收益能力低微,其评估值就会很低。

4）使用期限

每一项无形资产，一般都有一定的使用期限。无形资产的使用期限，除了应考虑法律保护期限外，更主要的是考虑其具有实际超额收益的期限。比如某项发明专利保护期20年，但由于无形损耗较大，拥有该项专利实际能获超额收益期限为10年，则这10年即为评估该项专利时所应考虑的期限。

5）技术成熟程度

一般科技成果都有一个发展—成熟—衰退的过程，这是竞争规律作用的结果。科技成果的成熟程度如何，直接影响到评估值高低。其开发程度越高，技术越成熟，运用该技术成果的风险性越小，评估值就会越高。

6）转让内容因素

从转让内容看，无形资产转让有完全产权转让和部分产权转让。在转让过程中有关条款的规定，会直接影响其评估值。同一无形资产的完全产权转让的评估值高于部分产权转让的评估值。

在技术贸易中，同样是使用权转让，由于许可程度和范围不同，评估值也不同。

7）国内外该种无形资产的发展趋势、更新换代情况和速度

无形资产的更新换代越快，无形损耗越大，其评估值越低。无形资产价值的损耗和贬值，不取决于自身的使用损耗，而取决于本身以外同类或替代无形资产变化的情况。

8）市场供需状况

市场供需状况，一般反映在两个方面：一是无形资产市场需求情况；二是无形资产的适用程度。对于可出售、转让的无形资产，其价值随市场需求的变动而变动。市场需求大，则价值就高；市场需求小，且有同类无形资产替代，则其价值就低。同样，无形资产的适用范围越广，适用程度越高，需求量越大，价值就越高。

9）同行业同类无形资产的价格水平

无形资产评估值的高低，还取决于无形资产交易、转让的价款支付方式，各种支付方式的提成基数、提成比例等，在评估无形资产时，应综合考虑。

评估无形资产时需要考虑的基本因素，尽管角度和侧重点不同，但是，最终都会通过被评估无形资产的预期收益的计算体现出来，无形资产效益的高低是影响无形资产价值的决定性因素，也是评估者在评估无形资产时需要考虑的最根本因素。

7.1.3 无形资产评估的程序

评估程序既是评估工作规律的体现，也是提高评估工作效率、确保评估结果科学有效的

保证。无形资产评估一般按下列程序进行。

1）明确评估目的

同样的无形资产，由于发生的经济行为不同，其评估的价值类型和选择的方法也不一样。无形资产评估的具体目的有：交易转让、投资、股份制改造、清算资产、法律诉讼、纳税需要、保险需要及其他目的。明确评估目的，有利于正确确定无形资产评估的范围。过去在中外合资、股份制改造的过程中，由于忽视无形资产的存在，造成评估值降低的后果，影响所有者的权益。

2）鉴定无形资产

许多无形资产并末在企业财务报表中列示，因此，在对无形资产进行评估时，评估人员应首先对被评估的无形资产进行鉴定。这是进行无形资产评估的基础工作，直接影响到评估范围和评估价值的科学性。通过无形资产的鉴定，可以解决以下问题：一是证明无形资产的存在；二是确定无形资产的种类；三是确定其有效期限。

①证明无形资产存在。可以从以下三方面进行：第一，查询其技术的内容、国家有关规定、技术人员评价情况、法律文书（如专利证书、技术鉴定书等），核实有关资料的真实性、可靠性和权威性；第二，分析无形资产运用所要求的与之相适应的特定技术条件和经济条件，鉴定其应用能力；第三，确定无形资产的归属是否为委托者所拥有，要考虑其存在的条件和要求，对于剽窃、仿造的无形资产要加以鉴别，对于有的无形资产要分析其历史渊源，看其是否符合国家的有关规定。

②确定无形资产种类。有些无形资产是由若干项无形资产综合构成，应加以确认和分离，避免重复评估和漏评估。

③确定无形资产有效期限。无形资产有效期限是其存在的前提。比如，某项专利权，如超过法律保护期限，就不能作为专利权评估。有效期限对无形资产评估值具有很大影响，比如有的商标，历史越悠久，价值越高；而有的商标历史不悠久，也可能具有较高的价值。

3）确定评估方法，搜集相关资料

应根据所评估无形资产的具体类型、特点、评估目的及外部市场环境等具体情况，选用市场法或收益法、成本法等评估方法。

采用市场法评估无形资产时，特别要注意被评估无形资产必须确实适合运用市场法，注意掌握公开市场原则，充分重视被评估无形资产的特点。当类似无形资产之间具有可比性时，可根据它们的交易条件、市场交易价格价值影响因素的差异，调整确定评估值；当被评估无形资产曾向多个使用者转让使用权时，可结合受让者的具体情况调整确定评估值。

采用收益法时，要注意分析超额获利能力和预期收益，注意收益额的计算口径与被评估无形资产相对应，不要将其他资产带来的收益误算到无形资产收益中；要充分考虑法律法规、宏观经济环境、技术进步、行业发展变化、企业经营管理、产品更新和替代等因素对无形资产收益期、收益率和折现率的影响。

当被评估无形资产的确具有超额获利能力，但不宜采用市场法和收益法时，可采用成本法进行评估,但要注意根据现行条件下重新形成或取得该项无形资产所需的全部费用(含资金成本和合理利润)确定评估值,在评估中要注意扣除实际存在的功能性贬值和经济性贬值。

4)整理并撰写报告,得出评估结论

无形资产评估报告书是对无形资产评估过程的总结,也是评估者履行评估义务、承担法律责任的依据。评估报告书要简洁、明确,避免误导,要符合资产评估准则的相关要求。

7.2 无形资产的评估方法

无形资产评估所运用的方法与有形资产评估的一样,包括收益法、市场法和成本法。根据无形资产自身的特点,选择恰当的评估方法进行评估,在无形资产评估中具有重要意义。

7.2.1 无形资产评估的收益法

由于无形资产的存在主要是通过超额获利能力体现出来的,运用收益法评估其价值符合大多数无形资产评估目的要求。收益法是从无形资产的收益入手的,在无形资产评估中,收益被界定为无形资产带来的超额收益。将无形资产收益资本化或折成现值作为无形资产评估价值是收益法的基本思路。其基本公式为:

$$\text{无形资产评估价值} = \sum_{i=1}^{n} \frac{R_i}{(1+r)^i}$$

式中,R 为被评估无形资产第 i 年获得的收益;r 为折现率;n 为收益期限。

收益法的运用涉及三个基本参数,即收益额、折现率和收益期限。合理确定以上参数是有效评估无形资产价值的重要前提。

1)无形资产收益额的确定

无形资产收益额的测算,是采用收益法评估无形资产的关键步骤。如前所述,无形资产收益额是由无形资产带来的超额收益。

同时,无形资产附着于有形资产发挥作用并产生共同收益,因此,关键问题是如何从这些收益中分离出无形资产带来的收益额。

下面介绍一些常用的方法:

(1)直接估算法

通过未使用无形资产与使用无形资产的前后收益情况对比分析,确定无形资产带来的收益额。在许多情况下,从无形资产为特定持有主体带来的经济利益上看,我们可以将无形资产划分为收入增长型和费用节约型。

收入增长型无形资产是指无形资产应用于生产经营过程,能够使产品的销售收入大幅度增大。增大的原因在于以下两方面。

①生产的产品能够以高出同类产品的价格销售。

②生产的产品采用与同类产品相同价格的情况下,销售数量大幅度增加,市场占有率扩大,从而获得超额收益。

第一种原因形成的超额收益可以用下式计算:

$$R = (P_2 - P_1)Q(1 - T)$$

式中,R 为超额收益;P_2 为使用无形资产后单位产品的价格;P_1 为未使用无形资产前单位产品的价格;Q 为产品销售量(此处假定销售量不变);T 为所得税税率。

第二种原因形成的超额收益可以用下列公式计算:

$$R = (Q_2 - Q_1)(P - C)(1 - T)$$

式中,R 为超额收益;Q_2 为使用无形资产产品的销售量;Q_1 为未使用无形资产前产品的销售量;P 为产品价格(此处假定价格不变);C 为产品的单位成本;T 为所得税税率。

因为销售量增加不仅可以增加销售收入,而且还会引起成本的增加,所以,估算销售量增加形成收入增加,从而形成超额收益时,必须扣减由于销售量增加而增加的成本。同时应该注意的是,销售收入增加可以引起收益的增加,它们是同方向的,由于存在经营杠杆和财务杠杆效应,销售收入和收益一般不是同比例变动,这在计算中应予以考虑。

费用节约型无形资产,是指无形资产的应用,使生产产品中的成本费用降低,从而形成超额收益。可以用下列公式计算为投资者带来的超额收益。

$$R = (C_1 - C_2)Q(1 - T)$$

式中,R 为超额收益;C_1 为未使用无形资产前的产品单位成本;C_2 为使用无形资产后产品的单位成本;Q 为产品销售量(此处假定销售量不变);T 为所得税税率。

实际上,收入增长型和费用节约型无形资产的划分,是一种为了明晰无形资产形成超额收益来源情况的人为划分方法。通常,无形资产应用后,其超额收益是收入变动和成本变动共同形成的结果。评估者应根据上述特殊情况,加以综合性的运用和测算,以科学地测算超额收益。

(2)差额法

当无法将使用了无形资产和没有使用无形资产的收益情况进行对比时,采用无形资产和其他类型资产在经济活动中的综合收益与行业平均水平进行比较,可得到无形资产获利能力,即"超额收益"。

第一,收集有关使用无形资产的产品生产经营活动财务资料,进行盈利分析,得到经营利润和销售利润率等基本数据。

第二,对上述生产经营活动中的资金占用情况(固定资产、流动资产和已有账面价值的其他无形资产)进行统计。

第三,收集行业平均资金利润率等指标。

第四,计算无形资产带来的超额收益。

$$\text{无形资产带来超额收益} = \text{经营利润} - \text{资产总额} \times \text{行业平均资金利润率}$$

或

$$\begin{matrix}\text{无形资产带}\\\text{来超额收益}\end{matrix} = \frac{\text{销售}}{\text{收入}} \times \frac{\text{销售}}{\text{利润率}} - \frac{\text{销售}}{\text{收入}} \times \frac{\text{每元销售收入}}{\text{平均占用资金}} \times \frac{\text{行业平均}}{\text{资金利润率}}$$

使用这种方法,应注意这样计算出来的超额收益,有时不完全由被评估无形资产带来(除非能够认定只有这种无形资产存在),往往是一种组合无形资产超额收益,还须进行分解处理。

（3）分成率法

无形资产收益通过分成率来获得,是目前国际和国内技术交易中常用的一种实用方法。即：

$$\begin{matrix}\text{无形资产}\\\text{收益额}\end{matrix} = \begin{matrix}\text{销售收入}\\\text{（利润）}\end{matrix} \times \begin{matrix}\text{销售收入}\\\text{（利润）分成率}\end{matrix}$$

对于销售收入（利润）的测算已不是较难解决的问题,重要的是确定无形资产分成率。

既然分成对象是销售收入或销售利润,因而,就有两个不同的分成率。而实际上,由于销售收入与销售利润有内在的联系,可以根据销售利润分成率推算出销售收入分成率,反之亦然。

因为

$$\text{收益额} = \text{销售收入} \times \text{销售收入分成率}$$
$$= \text{销售利润} \times \text{销售利润分成率}$$

所以

$$\text{销售收入分成率} = \text{销售利润分成率} \times \text{销售利润率}$$
$$\text{销售利润分成率} = \text{销售收入分成率} \div \text{销售利润率}$$

在资产转让实务中,一般是确定一定的销售收入分成率,俗称"抽头"。例如,在国际市场上一般技术转让费不超过销售收入的3%～5%,如果按社会平均销售利润率10%推算,则技术转让费为销售收入的3%,利润分成率为30%。从销售收入分成率本身很难看出转让价格是否合理,但是,换算成利润分成率,则可以加以判断。在转让实务中因利润额不够稳定也不容易控制和核实,因此,按销售收入分成是可行的。而在评估中则应以评估利润分成率为基础,至于换算成销售收入分成率,只需要掌握销售利润率及各年度利润的变化情况就行了。

利润分成率的确定,是以无形资产带来的追加利润在利润总额中的比重为基础的。有的情况下容易直接计算,而在不容易区别追加利润的情况下,往往要采取迂回的方法,因而,评估无形资产转让的利润分成率有多种方法,主要介绍以下两种。

①边际分析法。边际分析法是选择两种不同的生产经营方式比较,一种是运用普通生产技术或企业原有技术进行经营,另一种是运用转让的无形资产进行经营,后者利润大于前者利润的差额,就是投资于无形资产所带来的追加利润;然后测算各年度追加利润占总利润的比重,并按各年度利润现值的权重,求出无形资产经济寿命期间追加利润占总利润的比重,即评估的利润分成率。这种方法的关键是科学分析追加无形资产投入可以带来的净追加利润,这也是购买无形资产所必须进行决策分析的内容。

边际分析法的步骤如下。

第一,对无形资产边际贡献因素进行分析。

a.新市场的开辟,垄断加价的因素。

b.消耗量的降低,成本费用降低。

c.产品结构优化,质量改进,功能费用降低,销售收入提高。

第二,测算无形资产寿命期间的利润总额及追加利润总额,并进行折现处理。

第三,按利润总额现值和追加利润总额现值计算利润分成率。

$$利润分成率 = \sum 追加利润现值 \div \sum 利润总额现值$$

【例7.1】企业转让某手机制造新技术,购买方用于改造两条各10万部手机生产线。经对无形资产边际贡献因素的分析,该技术有4年可以带来超额收益,测算在其寿命期间每条生产线各年度分别可带来追加利润100万元、120万元、90万元、70万元,分别占当年利润总额的40%、30%、20%、15%,假定折现率为10%。试评估无形资产利润分成率。

分析:本例所给条件已经完成了边际分析法第一步的工作,只需计算出各年限的利润总额,并与追加利润一同折现即可得出利润分成率。

每条生产线各年度利润总额现值之和(折现率为10%)为:

$100 \div 40\% \div (1+10\%) + 120 \div 30\% \div (1+10\%)^2 + 90 \div 20\% \div (1+10\%)^3 + 70 \div 15\% \div (1+10\%)^4$

$= 250 \times 0.9091 + 400 \times 0.8264 + 450 \times 0.7513 + 467 \times 0.6830$

$= 227.275 + 330.56 + 338.085 + 318.961$

$\approx 1214.88(万元)$

两条生产线合计为:

$1214.88 \times 2 = 2429.76(万元)$

每条生产线追加利润现值之和为:

$100 \div (1+10\%) + 120 \div (1+10\%)^2 + 90 \div (1+10\%)^3 + 70 \div (1+10\%)^4$

$= 100 \times 0.9091 + 120 \times 0.8264 + 90 \times 0.7513 + 70 \times 0.6830$

$= 90.91 + 99.168 + 67.617 + 47.81$

$\approx 305.51(万元)$

两条生产线追加利润现值之和为:

$305.51 \times 2 = 611.02(万元)$

无形资产利润分成率 $= 611.02 \div 2429.76 \times 100\% = 25.15\%$

②约当投资分成法。边际分析法是根据各种生产要素对提高生产率的贡献来计算,道理明了,易于被人接受。但是由于无形资产与有形资产的作用往往互为条件,在许多场合下较难确定购置的无形资产的贡献率,因此,还需寻求其他途径。由于利润往往是无形资产与其他资产共同作用的结果,而无形资产通常具有较高的成本利润率,可以考虑采取在成本的基础上附加相应的成本利润率,折合成约当投资的办法,按无形资产的折合约当投资与购买方投入的资产约当投资的比例确定利润分成率。其计算公式为:

$$无形资产利润分成率 = \frac{无形资产约当投资量}{购买方约当投资量 + 无形资产约当投资量} \times 100\%$$

$$无形资产约当投资量 = 无形资产重置成本 \times (1 + 适当成本利润率)$$

$$购买方约当投资量 = 购买方投入的总资产重置成本 \times (1 + 适当成本利润率)$$

确定无形资产约当投资量时,适用成本利润率按转让方无形资产带来的利润与其成本之比计算。没有企业的实际数时,按社会平均水平确定。确定购买方约当投资量时,适用的成本利润率,按购买方的现有水平测算。

【例7.2】甲企业以制造电动汽车的技术向乙企业投资,该技术的重置成本为1000万元,乙企业拟投入合营的资产重置成本为80000万元,甲企业无形资产的成本利润率为500%,乙企业拟合作的资产原利润率为12.5%。试评估无形资产投资的利润分成率。

分析:如果按投资双方的投资品的成本价格折算利润分成率,就不能体现无形资产作为知识智能密集型资产的较高生产率,因而应采用约当投资分成法评估利润分成率。

①无形资产的约当投资量为:

$1000 \times (1+500\%) = 6000$(万元)

②企业约当投资量为:

$80000 \times (1+12.5\%) = 90000$(万元)

③甲企业投资无形资产的利润的分成率为:

$6000 \div (90000+6000) = 6.25\%$

在国内外技术交易中,提成率不是一个固定的值,它会随着受让与使用无形资产生产的产品产量的增加而递减,评估人员在利用提成率法确定无形资产收益额时要根据实际情况分析,合理确定提成收益。

(4)要素贡献法

有些无形资产,已经成为生产经营的必要条件,出于某些原因不可能或很难确定其带来的超额收益,这时可以根据构成生产经营的要素在生产经营活动中的贡献,从正常利润中粗略估计出无形资产带来的收益。我国理论界通常采用"三分法",即主要考虑生产经营活动中的三大要素:资金、技术和管理,这三种要素的贡献在不同行业是不一样的,一般认为,资金密集型行业,三者的贡献依次是50%、30%、20%;技术密集型行业,依次是40%、40%、20%;一般行业,依次是30%、40%、30%;高科技行业,依次是30%、50%、20%。不同行业无形资产贡献水平会不一样,这些数据,仅供确定无形资产收益额时参考。

2)无形资产评估中折现率的确定

折现率的内涵是指与投资于该无形资产相适应的投资报酬率。它的高低取决于无形资产投资的风险和社会正常的投资收益率。从理论上讲,无形资产评估中的折现率是社会正常投资报酬率(无风险报酬率)与无形资产的投资风险报酬率之和,即:

无形资产评估中的折现率=无风险报酬率+无形资产投资风险报酬率

无风险报酬率,在市场经济比较发达的国家,大多为政府债券利率,从我国目前的情况看,可以为短期国债利率。无形资产投资风险报酬率是无形资产投资风险补偿额占无形资产投资额的比例,它的选择和量化主要取决于无形资产本身的状况以及运用和实施无形资产的外部环境。

一般来说,无形资产投资收益高,风险性强,因此,无形资产评估中折现率往往要高于有形资产评估的折现率。评估时,评估者应根据该项无形资产的功能、投资条件、收益获得的可能性条件和形成概率等因素,科学地测算其风险利率,以进一步测算出其适合的折现率。

另外,折现率的口径应与无形资产评估中采用的收益额的口径保持一致。

3)无形资产收益期限的确定

无形资产收益期限或称有效期限,是指无形资产发挥作用,并具有超额获利能力的时间。无形资产在发挥作用的过程中,其损耗是客观存在的。无形资产损耗的价值量,是确定无形资产有效期限的前提。无形资产因为没有物质实体,所以,它的价值不会由于它的使用期的延长而发生实体上的变化,即它不像有形资产那样存在由于使用或自然力作用形成的有形损耗。然而,无形资产价值降低是由于无形损耗形成的,即由于科学技术进步而引起价值减少,无形资产具有获得超额收益能力的时间才是真正的无形资产有效期限。资产评估实践中,预计和确定无形资产的有效期限,可依照下列方法确定。

①法律或合同、企业申请书分别规定有法定有效期限和受益年限的,可按照法定有效期限与受益年限孰短的原则确定。

②法律未规定有效期,企业合同或企业申请书中规定有受益年限的,可按照规定的受益年限确定。

③法律和企业合同或申请书均未规定有效期限和受益年限的,按预计受益期限确定。预计受益期限可以采用统计分析或与同类资产比较得出。

无形资产的有效期限可能比其法定保护期限短,因为它们要受许多因素的影响,如废弃不用、人们爱好的转变以及经济形势变化等,特别是科学技术发达的今天,无形资产更新周期加快,使其经济寿命缩短。评估时,对这种情况都应给予足够的重视。

7.2.2 无形资产评估的成本法

当被评估无形资产的确具有超额获利能力,但不宜采用市场法和收益法时,可采用成本法进行评估,但应注意结合无形资产的成本特性和贬值特点。

1)无形资产成本特性

采用成本法评估无形资产价值的前提是了解无形资产成本所具有的特殊属性。无形资产成本包括研制或取得、持有期间的全部物化劳动和活劳动的费用支出。其成本特性,尤其就研制、形成费用而言,明显区别于有形资产。具体来说,无形资产成本具有以下特性。

(1)不完整性

与购创无形资产相对应的各项费用是否计入无形资产的成本,是以费用支出资本化为条件的。在企业生产经营过程中,科研费用一般都是比较均衡地发生的,并且比较稳定地为生产经营服务,因而我国现行财务制度一般把科研费用从当期生产经营费用中列支,而不是先对科研成果进行费用资本化处理,再按无形资产折旧或摊销的办法从生产经营费用中补偿。这种办法简便易行,大体上符合实际,并不影响无形资产的再生产。但这样一来,企业账簿上反映的无形资产成本就是不完整的,大量账外无形资产的存在是不可忽视的客观事实。同时,即使是按国家规定进行费用支出资本化的无形资产的成本核算一般也是不完整的。

因为无形资产的创立具有特殊性,有大量的前期费用,如培训、基础开发或相关试验等往往不计入该无形资产的成本,而是通过其他途径进行补偿。

(2)弱对应性

无形资产的创建经历基础研究、应用研究和工艺生产开发等漫长过程,成果的出现带有较大的随机性和偶然性,其价值并不与其开发费用和时间产生某种既定的关系。如果在一系列的研究失败之后偶尔出现一些成果,由这些成果承担所有的研究费用显然不够合理。而在大量的先行研究(无论是成功,还是失败)成果的积累之上,往往可能产生一系列的无形资产,然而,这些研究成果是否应该以及如何承担先行研究的费用也很难明断。

(3)虚拟性

无形资产的成本具有不完整性、弱对应性的特点,因而无形资产的成本往往是相对的。特别是一些无形资产的内涵已经远远超出了它的外在形式的含义,这种无形资产的成本只具有象征意义。例如商标,其成本核算的是商标设计费、登记注册费、广告费等,而商标的内涵是标示商品内在质量信誉。这种无形资产实际上包括了该商品使用的特种技术、配方和多年的经验积累,而商标形式本身所费的成本只具有象征性或称虚拟性。

2)成本法的具体应用

成本法在确信无形资产具有现实或潜在的获利能力,但不易量化的情况下,根据替代原则,以无形资产的现行重置成本为基础判断其价值。采用成本法评估无形资产,其基本公式为:

$$无形资产评估值 = 无形资产重置成本 × 成新率$$

从这一公式可以看出,估算无形资产重置成本(或称重置完全成本)和成新率,从而科学确定无形资产评估值,是评估者所面临的重要工作。就无形资产重置成本而言,它是指现时市场条件下重新创造或购置一项全新无形资产所耗费的全部货币总额。根据企业取得无形资产的来源情况,无形资产可以划分为自创无形资产和外购无形资产。不同类型的无形资产,其重置成本构成和评估方式不同,需要分别进行估算。

(1)无形资产的重置成本

就无形资产重置成本而言,它是指在现时市场条件下重新创造或购置一项无形资产所耗费的全部货币总额。根据无形资产的来源情况,无形资产可以分为自创无形资产和外购无形资产。不同类型的无形资产,其重置成本构成和评估方式不同,需要分别进行估算。

①自创无形资产重置成本的估算。

自创无形资产的成本是由创制该资产所消耗的物化劳动和活劳动费用构成的。自创无形资产如果已有账面价格,由于它在全部资产中的比重一般不大,可以按照定基物价指数作相应调整,即得到重置成本。在实务中,自创无形资产往往无账面价格,需要进行评估。其方法主要有两种。

a.核算法。

核算法的基本计算公式为:

$$\frac{无形资产}{重置成本} = \frac{直接}{成本} + \frac{间接}{成本} + \frac{资金}{成本} + \frac{合理}{利润}$$

直接成本按无形资产创制过程中实际发生的材料、工时消耗量,按现行价格和费用标准进行估算。即:

$$无形资产直接成本 = \sum \left(\begin{array}{c} 物质资料 \\ 实际耗费量 \end{array} \times \begin{array}{c} 现行 \\ 价格 \end{array} \right) + \sum \left(\begin{array}{c} 实耗 \\ 工时 \end{array} \times \begin{array}{c} 现行费 \\ 用标准 \end{array} \right)$$

这里,评估无形资产直接成本不是按现行消耗量而是按实际消耗量来计算。究其原因有二:一是因为无形资产是创造性的成果,一般不能原样复制,从而不能模拟在现有生产条件下再生产的消耗量;二是无形资产生产过程是创造性智力劳动过程,技术进步的作用最为明显,如果按模拟现有条件下的复制消耗量来估价重置成本,必然影响到无形资产的价值形态的补偿,从而影响到无形资产的创制。从评估实务来说,由于无形资产开发的各项支出均有原始会计记录,只要按国家规定的范围计算消耗量,并按现行价格和费用标准计价就可以了。

自创无形资产重置成本计算中一般需要考虑合理利润,合理利润来源于自创无形资产的直接成本、间接成本和资金成本之和与外购同样的无形资产的平均市场价格之间的差额。基于一些特定的评估目的之上的无形资产重置成本计算可以不考虑合理利润。

b. 倍加系数法。

对于投入智力比较多的技术型无形资产,考虑到科研劳动的复杂性和风险,可用以下公式估算无形资产重置成本:

$$无形资产重置成本 = \frac{C + \beta_1 V}{1 - \beta_2} \times (1 + L)$$

式中,C 为无形资产研制开发中的物化劳动消耗;V 为无形资产研制开发中活劳动消耗;β_1 为科研人员创造性劳动倍加系数;β_2 为科研的平均风险系数;L 为无形资产投资报酬率。

【例7.3】某企业研制出一种新型存储材料生产技术,在研制过程中消耗物料及其他费用600万元,人工费用开支150万元,确定科研人员创造性劳动的倍加系数为2,科研平均风险系数为0.5,该无形资产的投资报酬率为50%,采用倍加系数法估算其重置成本。

无形资产的重置成本 = (600+2×150)÷(1-0.5)×(1+50%) = 2700(万元)

②外购无形资产重置成本的估算。

外购无形资产一般有购置费用的原始记录,也可能有可以参照的现行交易价格,评估相对比较容易。外购无形资产的重置成本包括购买价和购置费用两部分,一般可以采用以下两种方法。

a. 市价类比法。

在无形资产交易市场中选择类似的参照物,再根据功能和技术先进性、适用性对其进行调整,从而确定其现行购买价格,购置费用可根据现行标准和实际情况核定。

b. 物价指数法。

它是以无形资产的账面历史成本为依据,用物价指数进行调整,进而估算其重置成本。其计算公式为:

$$无形资产重置成本 = 无形资产账面成本 \times \frac{评估时物价指数}{购置时物价指数}$$

从无形资产价值构成来看,主要有两类费用,一类是物质消耗费用,另一类是人工消耗费用,前者与生产资料物价指数相关度较高,后者与生活资料物价指数相关度较高,并且最终通过工资、福利标准的调整体现出来。不同的无形资产两类费用的比重可能有较大差别,一些需利用现代科研和实验手段的无形资产,物质消耗的比重就比较大。在生产资料物价指数与生活资料物价指数差别较大的情况下,可按两类费用的大致比例按结构分别适用生产资料物价指数与生活资料物价指数估算。两种价格指数比较接近,且两类费用的比重有较大倾斜时,可按比重较大费用类适用的物价指数来估算。

【例7.4】某企业2021年外购的一项新能源电池制造的无形资产账面价值为800万元,2023年进行评估,经鉴定,该无形资产系运用现代先进的实验仪器经反复试验研制而成,物化劳动耗费的比重较大,占80%左右。根据资料,无形资产购置和评估时,生产资料物价指数分别为120%和150%,消费资料物价指数分别为125%和160%。试按物价指数法估算其重置成本。

$$无形资产重置成本 = 800 \times (80\% \times 150\% \div 120\% + 20\% \times 160\% \div 125\%)$$
$$= 1004.8(万元)$$

(2)无形资产成新率的估算

通常,无形资产成新率的确定,可以采用专家鉴定法和剩余经济寿命预测法进行。

①专家鉴定法。

专家鉴定法是指邀请有关技术领域的专家,对被评估无形资产的先进性、适用性做出判断,从而确定其成新率的方法。

②剩余经济寿命预测法。

它是由评估人员通过对无形资产剩余经济寿命的预测和判断,从而确定其成新率的方法。其计算公式为:

$$成新率 = \frac{剩余使用年限}{已使用年限 + 剩余使用的年限} \times 100\%$$

公式中,已使用年限比较容易确定,剩余使用年限应由评估人员根据无形资产的特征,分析判断获得。

成新率是运用成本法评估有形资产时使用的一个重要概念,无形资产不存在有形损耗,在评估实践中,一般选择综合考虑了被评估无形资产的各种无形损耗(功能和经济方面的)后的折算比率。

7.2.3 无形资产评估的市场法

从理论上讲,市场法是资产评估的首选方法。但是,无形资产的个别性、垄断性、保密性等特点决定了无形资产的市场透明度较低;同时,由于我国无形资产市场不发达,交易不频繁,运用市场法评估无形资产存在一定困难。因此,从我国目前的实际情况看,运用市场法的情况并不普遍。当然,如果条件具备,也可以采用市场法评估,其基本程序和方法与有形资产评估的市场法基本相同,评估人员在评估时还应注意以下四点。

①所选择的参照物应与被评估无形资产在功能、性质、适用范围等方面相同或基本相同。

②参照物的成交时间应尽可能接近评估基准日,或其价格可调整为评估基准日的价格。

③参照物的价格类型要与被评估无形资产要求的价格类型相同或接近。

④由于无形资产个别性强,每项无形资产之间的差别较大,因此至少要寻找三个参照物进行比较。

【例7.5】要评估 LX 公司的排污权于 2022 年 9 月 30 日的价值,该排污权准许排污量:化学需氧量(COD)13.436 吨、氨氮(NH3-N)1.358 吨。

结合本次资产评估对象、价值类型和评估师所收集的资料,确定采用市场法进行评估。市场上排污权主要通过交易转让获得,计算公式如下:

$$评估价值 = 成交价格 × 准许污染物排放数量$$

根据市场询价以及 HB 资源交易中心公布的《关于 H 省主要污染物排污权交易 2022 年 1—9 月成交均价的公示》,H 省主要污染物排污权交易 2022 年 1—9 月成交均价公示见表 7.1。

表 7.1　H 省主要污染物排污权交易价格表

月份	成交均价(元/吨)			
	化学需氧量	氨氮	二氧化硫	氮氧化物
1	8970.48	14908.60	4473.72	4733.12
2	9946.80	49635.97	4947.48	4540.16
3	18975.45	37463.50	11151.22	11337.36
4	18073.01	29252.78	8315.45	9838.91
5	22111.36	23254.68	5074.01	6995.95
6	11160.67	30399.26	17855.44	12713.74
7	21901.91	39529.36	19680.66	15480.24
8	26203.48	47231.29	12615.25	13194.43
9	12358.89	21251.24	5495.63	6969.98

因为有公开的统计交易价格,不需要找三个以上参照物进行修正。根据表 7.1 得出评估基准日 2022 年 9 月 30 日市场成交均价化学需氧量为 12358.89 元/吨,氨氮为 21251.24 元/吨。

排污权市场价值 = 成交价格 × 污染物排放数量

　　　　　　　 = 12358.89 × 13.436 + 21251.24 × 1.358

　　　　　　　 = 194913.23(元)

7.3　专利权与非专利技术评估

7.3.1　专利权评估

1)专利权的概念与特征

专利权是国家专利机关依法批准的发明人或其权利受让人对其发明成果,在一定期间内享有的独占权或专有权,任何人如果要利用该项专利进行生产经营活动或出售使用该项专利制造的产品,需事先征得专利权所有者的许可,并付给报酬。专利权一般包括发明专利、实用新型和外观设计。专利权具有以下特征。

①独占性,也称排他性。同一内容的技术发明只授予一次专利,而且专利的拥有者具有在专利的有效期内,排他性地运用专利的权利,任何单位和个人未经专利拥有者许可,都不得以营利为目的使用其专利。

②地域性。任何一项专利只在其授权范围内才有法律效力,在其他地域范围内不具有法律效力。

③时间性。依法取得的专利权在法定期限内有效,受法律保护。期满后,专利权人的权利自行终止。我国专利法规定,发明专利的保护期限为 20 年,实用新型和外观设计保护期限为 10 年。

④可转让性。专利权可以转让,由当事人订立合同,并经原专利登记机关或相应机构登记和公告后生效,专利权一经转让,原发明者不再拥有专利权,购入者继承专利权。

2)专利权评估目的

专利权评估依专利权发生的经济行为,即特定目的确定其评估的价值类型和方法。不同情形下的专利权以及转让形式不同,确定的评估方法也不相同。专利权转让一般有两种情形:一种是刚刚研究开发的新专利技术,专利权人尚未投入使用就直接转让给接受方;另一种是转让的专利已经过长期的或一段时间的生产,是行之有效的成熟技术,而且转让方仍在继续使用。

专利权转让形式很多,但总的来说,可以分为全权转让和使用权转让。使用权转让往往通过技术许可贸易形式进行,这种使用权的权限、时间期限、地域范围和处理纠纷的仲裁程序都是在许可证合同中加以确认的。具体包括以下四个部分。

(1)使用权限

使用权限,按技术使用权限的大小,可分为以下四种。

①独家使用权,是指在许可证合同所规定的时间和地域范围内卖方只把技术转让给某一特定买主,买方不得卖给第二家买主。同时卖主自己也不得在合同规定范围内使用该技

术和销售该技术生产的产品。显然,这种转让的卖方要价会比较高。

②排他使用权,指卖方在合同规定的时间和地域范围内只把技术授予买方使用,同时卖方自己保留使用权和产品销售权,不再将该技术转让给第三者。

③普通使用权,是指卖方在合同规定的时间和地域范围内可以向多家买主转让技术,同时卖方自己也保留技术使用权和产品销售权。

④回馈转让权,是指卖方要求买方在使用过程中将转让技术的改进和发展反馈给卖方的权利。

(2)地域范围

技术许可证大多数都规定明确的地域范围,如某个国家或地区,买方的使用权不得超过这个地域范围。

(3)时间期限

技术许可证合同一般都规定有效期限,时间的长短因技术而异。一项专利技术的许可期限一般要和该专利的法律保护期相适应。

(4)法律和仲裁

技术许可证合同是法律文件,是依照参与双方所在国的法律来制定的,因此受法律保护。当一方违约时另一方可循法律程序追回损失的权益。

3)专利权的评估方法

(1)收益法

收益法是专利权评估最常用的方法。运用收益法评估,评估人员需要测算专利权发挥作用所产生的收益额(或追加利润)、折现率、收益期限等指标。

专利权的收益额是指直接由专利权带来的预期收益,对于收益额的测算,通常可以通过直接测算超额收益和通过利润分成率测算获得。由于专利权收益的来源不同,我们可以将专利权划分为收入增长型专利和费用节约型专利来测算,也可以用分成率方法测算。

采用利润分成率测算专利技术收益额,即以专利技术投资产生的收益为基础,按一定比例(利润分成率)分成确定专利技术的收益。利润分成率反映专利技术对整个利润额的贡献程度。利润分成率确定为多少合适,据联合国工业发展组织对印度等发展中国家引进技术价格的分析,认为利润分成率在16%~27%是合理的;1972年在挪威召开的许可贸易执行协会上,多数代表提出利润分成率为25%左右较为合理;美国一般认为10%~30%是合理的;我国理论工作者和评估人员通常认为利润分成率在25%~33%较合适。这些基本分析在实际评估业务过程中具有一定参考价值,但更重要的是对被评估专利技术进行切合实际的分析,确定合理的、准确的利润分成率。

利润分成是将资产组合中专利对利润的贡献分割出来,实际操作过程中通常采用一种变通的方法,即以销售收入分成率替代利润分成率,相应的分成基础也就由利润变成销售收入了。尽管销售收入分成率和利润分成率之间存在一定关系,并可以通过数学关系进行互换,但销售收入分成率合理性的基础仍然是利润分成率。

专利评估中折现率和收益期限的确定按本章第二节中的方法确定。

【例7.6】甲企业5年前通过普通许可的方式从国外引进一项药品生产的专利技术,许可规定的年限为12年,该引进技术在企业生产中产生了明显的效益。目前甲企业准备以全部资产同国内乙企业合资,在对企业整体资产进行评估时,需要对这项无形资产进行评估。评估过程如下。

①评估对象的确定。甲企业只拥有在合同规定的时间、地域内使用该引进技术的权利。此次评估的对象是被评估专利技术使用权的价值。

②技术功能鉴定。根据甲企业提供的资料,采用该引进技术生产的产品较同类产品在价格上占有明显的优势,平均高出同类产品12%左右。评估人员在市场上做了相应调查,情况属实。因此,可以认定该项专利技术的经济效益是明显的。

③评估方法选择。利用该项技术生产产品的价格明显高于市场同类产品的价格,可直接测算超额收益。因此,决定采用收益法进行评估。

④判断确定评估参数。a.收益期限分析。该项专利技术的许可合同限定的期限是12年,在评估时已使用了5年,合同的剩余期限为7年。经调查了解,目前国内市场上无其他企业使用该项专利技术,该项专利技术在使用初期需花费较大的资金和较长的时间进行消化吸收。该产品市场需求相对稳定,甲企业占有较大的市场份额。估计该项技术获得超额收益可再持续7年以上,但从第四年起将会出现竞争产品,引起超额收益逐年下降。b.收益额分析。市场上同类产品的售价为2000元,利用该技术生产产品的售价为2200元,单位产品收入高出200元。甲企业前5年产品销量为10万件、12万件、13万件、15万件,企业生产能力为15万件,经分析今后1~3年产品销量为15万件,由于第四年以后竞争产品出现,第4—5年产品销量为13万件,第6—7年产品销量为10万件,并且在竞争产品出现的年份,企业需每年追加300万元的销售费用以确保产品的市场份额。c.折现率确定。由于该项技术已经在甲企业使用了5年,在今后的使用期内,不会再发生特殊风险,因此,以行业年平均收益率10%作为折现率,企业所得税税率为25%。

⑤计算评估值。预期超额收益估算表见表7.2。

表7.2 预期超额收益估算表

单位:万元

年份	销售收入增加	销售成本费用增加	超额收益	收益现值
第1年	200×15=3000	0	3000	2727.27
第2年	200×15=3000	0	3000	2479.33
第3年	200×15=3000	0	3000	2253.94
第4年	200×13=2600	0	2600	1775.83
第5年	200×13=2600	0	2600	1614.40
第6年	200×10=2000	300	1700	959.61
第7年	200×10=2000	300	1700	872.37
合计				12682.75

合并后企业所得税税率为25%,则该项非专利技术的评估值为:

12682.75×(1-25%)=9512.06(万元)

【例7.7】某科技发展公司5年前自行开发了一项光伏发电技术,并获得发明专利证书,专利保护期为20年。现在该公司准备将该专利技术出售给M企业。现需要对该项专利技术进行评估。

已知:该项技术已在该公司使用了5年,由其生产的产品已进入市场,并深受消费者欢迎,市场潜力较大。该项专利技术的效益较好。经分析该专利技术的剩余使用期限为4年,销售收入的分成率为3%。

根据过去经营绩效以及对未来市场需求的分析,评估人员对未来4年的销售收入进行预测,结果见表7.3。

表7.3 预期销售收入测算结果

年度	销售收入(万元)
第1年	6000
第2年	7500
第3年	9000
第4年	9000

根据当期的市场投资收益率,确定该专利技术评估中采用的折现率为12%。

⑥计算评估值,得出的结论见表7.4。

表7.4 评估值计算表

单位:万元

年度	销售收入	分成额	收益现值
第1年	6000	180	160.69
第2年	7500	225	179.40
第3年	9000	270	192.20
第4年	9000	270	171.56
合计			703.85

因此,该专利技术的评估值为703.85万元。

(2)成本法

成本法应用于专利技术的评估,重点在于分析计算其重置完全成本构成、数额以及相应的成新率。专利分为外购和自创两种,外购专利技术的重置成本确定比较容易。自创专利技术的成本一般由下列因素组成。

①研制成本。

研制成本包括直接成本和间接成本两大类。直接成本是指研制过程中直接投入发生的费用,间接成本是指与研制开发有关的费用。

a.直接成本。直接成本一般包括:材料费用,即为完成技术研制所耗费的各种材料费用;工资费用,即参与研制技术的科研人员和相关人员的费用;专用设备费,即为研制开发技术所购置的专用设备的摊销;资料费,即研制开发技术所需的图书、资料、文献、印刷等费用;

咨询鉴定费,即为完成该项目发生的技术咨询、技术鉴定费用;协作费,即项目研制开发过程中某些零部件的外加工费以及使用外单位资源的费用;培训费,即为完成本项目,委派有关人员接受技术培训的各种费用;差旅费,即为完成本项目发生的差旅费用;其他费用。

b.间接成本。间接成本主要包括:管理费,即为管理、组织本项目开发所负担的管理费用;非专用设备折旧费,即采用通用设备、其他设备所负担的折旧费;应分摊的公共费用及能源费用。

②交易成本。

发生在交易过程中的费用支出,主要包括:技术服务费,即卖方为买方提供专家指导、技术培训、设备仪器安装调试及市场开拓费;交易过程中的差旅费及管理费,即谈判人员和管理人员参加技术洽谈会及在交易过程中发生的食宿及交通费等;手续费,即有关的公证费、审查注册费、法律咨询费等;税金,即无形资产交易、转让过程中应缴纳的营业税。由于评估目的不同,其成本构成内涵也不一样,在评估时应视不同情形考虑以上成本的全部或一部分。

下面举例说明成本法用于专利技术评估的过程。

【例7.8】A公司要被同行业的B公司兼并,B公司需要对A公司全部资产进行评估。该公司有一项专利技术(实用新型),4年前自行研制开发并获得专利证书,现需要对该专利技术进行评估。该专利技术的专利证书、技术检验报告书均齐全。根据专家鉴定和现场勘察,该项专利技术对于提高产品质量、降低产品成本均有很大作用,效果良好,与同行业同类技术相比较,处于领先水平。

方法选择:由于该公司经济效益欠佳,很难确切地预计该项专利技术的超额收益;同类技术在市场上尚未发现有交易案例,因此,决定选用成本法。

①分析测算其重置完全成本。

该项专利技术系自创形成,其开发形成过程中的成本资料可从公司中获得。具体见表7.5。

表7.5　自创专利技术账面成本

单位:元

成本	金额
材料费用	50000
工资费用	15000
专用设备费	6000
资料费	1000
咨询鉴定费	5000
专利申请费	3600
培训费	2500
差旅费	3100
管理费分摊	2000
非专用设备折旧费分摊	9600
合计	97800

因为专利技术难以复制,各类消耗仍按过去实际发生定额计算,对其价格可按现行价格计算。根据考察、分析和测算,近三年生产资料价格上涨指数分别为 5%、8% 和 9%。因生活资料物价指数资料难以获得,该专利技术开发中工资费用所占份额很少。因此,可以将全部成本按生产资料价格指数调整,即可估算出重置完全成本。

重置完全成本 $= 97800 \times (1+5\%) \times (1+8\%) \times (1+9\%) = 120886.67$(元)

②确定该项专利技术的成新率。该项实用新型专利技术的法律保护期限为 10 年。尽管还有 7 年的保护期限,但根据专家鉴定分析和预测,该项专利技术的剩余使用期限仅为 5 年,由此可以计算贬值率为:

贬值率 $= 4 \div (4+5) \times 100\% = 44.44\%$

③计算评估值,得出评估结论。

评估值 $= 120886.67 \times (1-44.44\%) = 67164.63$(元)

由此确定该项专利技术的评估值为 67164.63 元。

7.3.2 非专利技术评估

1)非专利技术的概念与特征

非专利技术,又称专有技术、技术秘密,是指未经公开、未申请专利的知识和技巧,主要包括设计资料、技术规范、工艺流程、材料配方、经营诀窍和图纸、数据等技术资料。非专利技术与专利权不同,从法律角度讲,它不是一种法定的权利,而仅仅是一种自然的权利,是一项收益性无形资产。从这一角度来说,进行非专利技术的评估,首先应该鉴定非专利技术,分析、判断其存在的客观性。

一般来说,企业中的某些设计资料、技术规范、工艺流程、配方等之所以能作为非专利技术存在,是因为具有以下特征。

①实用性。非专利技术必须能够在生产实践过程中应用,如此它才有存在的价值,不能应用的技术不能称为非专利技术。

②新颖性。非专利技术所要求的新颖性与专利技术的新颖性不同,非专利技术并非要具备独一无二的特性,但它也决不能是任何人都可以随意得到的。

③价值性。非专利技术必须有价值,能为企业带来超额利润。价值是非专利技术能够转让的基础。

④保密性。保密性是非专利技术的最主要特性。如前所述,非专利技术不是一种法定的权利,其自我保护是通过保密性进行的。

2)专利权与非专利技术的区别

①两者的公开程度不同。非专利技术具有保密性,而专利技术则是在专利法规定范围内公开的。一项技术一经公开,获取它所耗费的时间与投资远远小于研制它所耗费的时间投资,必须要有法律手段保护发明者的所有权。而没有专利权又不公开的技术,所有者只有通过保密手段进行自我保护。

②两者的范围不同。非专利技术的内容范围很广,包括设计资料、技术规范、工艺流程、材料配方、经营诀窍和图纸等,专利技术通常包括三种,即发明、外观设计和实用新型。

③两者的保护方式和期限不同。专利权是通过专利法保护的,有规定的保护期,超出保护期,法律保护自然失效。而非专利技术通过保密的方式进行自我保护,可引用的法律主要有《中华人民共和国民法典》《中华人民共和国反不正当竞争法》,非专利技术没有明确的保护期,只要不泄密就一直存在。但若有人独立进行研制,将与现有内容相同的发明创造申请专利,则原非专利技术所有人也不能任意使用该项非专利技术。

④两者的提供方式不同。非专利技术既可以用有形的方式提供,也可用无形的方式提供。

3)影响非专利技术评估值的因素分析

在非专利技术评估中,影响非专利技术评估值的因素主要包括以下四种。

(1)非专利技术的使用期限

非专利技术依靠保密手段进行自我保护,没有法定保护期限。但是,非专利技术作为一种知识和技巧,会因技术进步、市场变化等原因被先进技术所替代。作为非专利技术本身,一旦成为一项公认的使用技术,它就不存在价值了。因此,非专利技术的使用期限应由评估者根据本领域的技术发展情况、市场需求情况及技术保密情况进行估算,也可以根据双方合同的规定期限、协议情况估算。

(2)非专利技术的预期获利能力

非专利技术的价值则在于非专利技术的使用所能产生的超额获利能力。因此,评估时应充分研究分析非专利技术的直接和间接获利能力,这是确定非专利技术评估值的关键,也是评估过程中的困难所在。

(3)分析非专利技术的市场情况

一项非专利技术的价值高低取决于其技术水平在同类技术中的领先程度。在科学技术高速发展的情况下,技术更新换代的速度加快,无形损耗加大,一项非专利技术很难持久处于领先水平;另外,非专利技术的成熟程度和可靠程度对其价值量也有很大的影响。技术越成熟、可靠,其获利能力越强,风险越小,价值越高。

(4)非专利技术的开发成本

非专利技术取得的成本,也是影响非专利技术价值的因素。评估中应根据不同技术特点,研究开发成本和其获利能力的关系。

4)非专利技术的评估方法

非专利技术的评估方法与专利权评的估方法基本相同,这里不再赘述。下面举例说明非专利技术评估的方法与过程。

【例7.9】甲公司将一化工产品生产配方转让给乙公司。由于该配方有一定的技术先进性,生产的产品销路很好,预计今后3年乙公司新增利润分别为3000万元、2700万元、1800万元。双方在合同中约定,乙公司从使用该配方生产的产品新增利润中提成20%给甲公司作为技术转让费,时间为3年,按行业收益率水平确定折现率为12%。试确定该配方的评估价值。

该配方的评估价值 = 20% × (3000×0. 8929 + 2700×0. 7972 + 1800×0. 7118) = 1222. 48（万元）

【例 7.10】某机械制造厂有一批零部件的工程设计图纸,已使用 4 年,经专家鉴定,具有一定的先进性,该厂的保密工作做得比较好。企业进行股份制改造时,准备将这批图纸作为有效的非专利技术作价,预计剩余经济寿命为 8 年,按该类图纸的设计、制作耗费估算,当前这批图纸的重置成本为 100 万元。请评估其价值。

该批图纸的贬值率 = 4÷(4+8) = 33.33%

该批图纸的评估价值 = 100×(1−33.33%) = 66.67(万元)

7.4 商标权评估

7.4.1 商标及其分类

1)商标的定义

商标是商品的标记,是商品生产者或经营者为了把自己的商品区别于他人的同类商品,在商品上使用的一种特殊标记。这种标记一般是由文字、图案或两者组合而成。

商标的作用表现在:商标表明商品或劳务的来源,说明该商品或劳务来自何企业;商标能把一个企业提供的商品或劳务与其他企业的同一类商品或劳务相区别;商标标志一定的商品或劳务的质量;商标反映向市场提供某种商品或劳务的特定企业的声誉。消费者通过商标可以了解这个企业形象,企业也可以通过商标宣传自己的商品,提高企业的知名度。

从经济学角度,商标的这些作用最终能为企业带来超额收益。从法律角度来说,保护商标也就是保护企业获取超额收益的权利。

2)商标的分类

商标的种类很多,可依照不同标准予以分类。

①按商标是否具有法律的专用权分类。按商标是否具有法律保护的专用权,可以分为注册商标和未注册商标。《中华人民共和国商标法》(简称《商标法》)规定:"经商标局核准注册的商标为注册商标,包括商品商标、服务商标和集体商标、证明商标;商标注册人享有商标专用权,受法律保护。"我们所说的商标权的评估,指的是注册商标专用权的评估。

②按照商标的构成,商标可分为文字商标、图形商标、符号商标、文字图形组合商标、色彩商标、声音商标、三维标志商标等。

③按商标的不同作用分类。按商标的不同作用,可以分为商品商标、服务商标、集体商标和证明商标等。集体商标是指以团体、协会或者其他组织名义注册,供该组织成员在商事活动中使用,以表明使用者在该组织中的成员资格的标志。证明商标,是指由对某种商品或

者服务具有监督能力的组织所控制,而由该组织以外的单位或者个人使用于其商品或者服务,用以证明该商品或者服务的原产地、原料、制造方法、质量或者其他特定品质的标志。

④按商标的来源不同,商标可分为自创商标和外购商标。自创商标是企业自己创立并注册的商标;外购商标是企业通过市场交易从其他企业买入的商标或商标使用权。

⑤按商标的功能不同,商标可以分为经常使用的商标、防御商标、联合商标、扩展商标、备用商标。

⑥按商标的享誉程度分类,商标可以分为普通商标和驰名商标。普通商标通常是指没有特别的市场影响力及公众知晓程度不是很高的商标;驰名商标一般是指具有较大市场影响力、广为公众知晓并享有较高声誉的商标。

在我国,驰名商标是国家市场监督管理总局根据企业的申请而认定的。

7.4.2　商标权及其特征

商标权是商标注册后,商标所有者依法享有的权益,它受到法律保护,未注册商标不受法律保护。商标权是以申请注册的时间先后为审批依据,而不以使用时间先后为审批依据。商标权一般包括排他专用权(或独占权)、转让权、许可使用权、继承权等。排他专用权是指注册商标的所有者享有禁止他人未经其许可而在同一种商品劳务或类似商品劳务上使用其商标的权利。转让权是商标所有者作为商标权人,享有将其拥有的商标转让给他人的权利。《商标法》规定:"转让注册商标的,转让人和受让人应当签订转让协议,并共同向商标局提出申请。受让人应当保证使用该注册商标的商品质量。""转让注册商标经核准后,予以公告。"许可使用权是指商标权人依法通过商标使用许可合同允许他人使用其注册商标。商标权人通过使用许可合同,转让的是注册商标的使用权。继承权是指商标权人将自己的注册商标交给指定的继承人继承的权利,但这种继承必须依法办理有关手续。

商标权具有如下特征。

①专用性。它是一种排他性的占有权,经注册登记的商标享有专有权,受到国家法律保护,商标所有人可以向任何侵权人要求停止侵权行为并赔偿损失。

②可转让性。商标所有人可以将商标转让给他人,也可以通过签订许可合同,许可他人使用其注册商标。

③价值的依附性。商标权本身并没有实体价值,它必须和特定的商品相匹配才能为其持有者带来经济利益。

④地域性。地域性是指商标权只在法律认可的一定地域范围内有效力,超出这一范围不受法律保护。

⑤时间性。商标权的时间性是指商标权受法律保护的年限。《商标法》规定,商标注册的有效期限为10年,并可按每一期10年无限续展。但是《商标法》也规定,若注册商标连续三年未使用,商标所有人将丧失商标权。因此只有连续依法使用的商标,其商标权的寿命才是无限的。

7.4.3　商标权评估的目的与方法

1)商标权评估的目的

商标权评估的目的即商标权发生的经济行为。从企业商标权评估的情况来看,一般包括投资入股和转让。从转让方式来说,转让可以分为商标权转让和商标使用权转让(商标权许可使用)。商标权转让是指转让方放弃商标权,转归受让方所有,实际上是商标所有权出售。商标使用权转让则是指商标所有权人在不放弃商标所有权的前提下,特许他人按照许可合同规定的条款使用商标。商标的转让方式不同,评估价值也不一样。一般来说,商标权转让的评估值高于商标使用权的评估值。

2)商标权评估的方法

商标权评估采用的方法一般为收益法,慎用成本法。后面主要介绍说明收益法在商标权评估中的应用。

7.4.4　收益法在商标权评估中的运用

采用收益法评估商标权主要是分析确定收益额、折现率和收益期限三项指标。

1)商标权转让的评估

【例7.11】某企业将一种已经使用50年的注册商标转让。

根据历史资料,该企业近5年使用这一商标的产品比同类产品的价格高,每件高2元,该企业每年生产90万件。该商标目前在市场上有良好趋势,产品基本上供不应求。根据预测估计,如果在生产能力足够的情况下,这种商标产品每年生产100万件,每件可获超额利润1元,预计该商标能够继续获取超额利润的时间是10年。前5年保持目前超额利润水平,后5年每年可获取的超额利润为32万元,折现率为10%,评估这项商标权的价值。

①首先计算其预测期内前5年中每年的超额利润:

$100×1=100($万元$)$

②确定该项商标权价值:

$$商标权价值=100×[(1+10\%)^5-1]÷[10\%×(1+10\%)^5]+32×$$
$$[(1+10\%)^5-1]÷[10\%×(1+10\%)^5]×[1÷(1+10\%)^5]$$
$$=100×3.7907+32×3.7907×0.6209$$
$$=379.07+75.32$$
$$=454.39(万元)$$

由此确定商标权转让评估值为454.39万元。

2)商标使用权的评估

【例7.12】甲茶叶厂将自己拥有的 A 注册商标使用权通过许可使用合同允许给乙厂使用,使用时间为 5 年。双方约定由乙厂每年按使用该商标新增利润的20%支付给甲厂,作为商标使用费。根据专业人员预测,每盒茶叶可新增净利润 10 元,企业所得税税率为25%,第一年至第五年生产的茶叶分别是40 万盒、45 万盒、55 万盒、60 万盒、65 万盒。假设折现率为 14%。

试评估该商标使用权价值。

①计算每年新增净利润为:

第一年:40×10=400(万元)

第二年:45×10=450(万元)

第三年:55×10=550(万元)

第四年:60×10=360(万元)

第五年:65×10=650(万元)

②计算出每年新增净利润的折现值,见表7.6。

表7.6 每年新增净利润的折现值

年份	新增净利润额(万元)	折现系数	折现值(万元)
1	400	0.8772	350.88
2	450	0.7695	346.28
3	550	0.6750	371.25
4	600	0.5921	355.26
5	650	0.5194	337.61
合计			1761.28

最后,按20%的分成率计算确定商标使用权的评估值为:

1761.28×20%×(1-25%)≈264.19(万元)

7.5 商誉评估

7.5.1 商誉及其特点

商誉通常是指企业在一定条件下,能获取高于正常投资报酬率的收益所形成的价值。这是企业由于所处地理位置优势,或经营效率高、管理基础好、生产历史悠久、人员素质高等多种因素,与同行业企业相比,可获得超额利润。商誉具有如下特点。

①依附性。商誉不能离开企业而单独存在,不能与企业可确指的资产分开出售。

②积累性。商誉是多项因素作用形成的结果,但形成商誉的个别因素,不能以任何方法单独计价。

③不确指性。商誉本身不是一项单独的、能产生收益的无形资产,而只是超过企业可确指的各单项资产价值之和的价值。

④复杂性。商誉是多种因素共同作用形成的结果,这些因素包括企业经营环境、企业战略、经营管理、企业家和企业文化等,同时形成商誉的个别因素,又不能以任何方法单独计价。

⑤动态变化性。专利等无形资产由于可确指,从而逐渐从商誉中独立出来。随着人类知识水平和认知方法的提高,会有越来越多的新的无形资产原先不可确指,将来可确指而从商誉中独立出来,但商誉不会消失。

7.5.2 商誉评估的方法

按情况不同,评估商誉可选用超额收益法,也可选用割差法。

1)超额收益法

商誉评估值指的是企业超额收益的本金化价格。把企业超额收益作为评估对象进行商誉评估的方法称为超额收益法。超额收益法视被评估企业的不同又可分为超额收益本金化价格法和超额收益折现法两种具体方法。

(1)超额收益本金化价格法

超额收益本金化价格法是把被评估企业的超额收益经本金化还原来确定该企业商誉价值的一种方法。计算公式为:

$$商誉的价值=\frac{企业预期年收益额-行业平均收益率×该企业的单项资产评估值之和}{适用本金化率}$$

或

$$商誉的价值=\frac{被评估企业单项资产评估价值之和×\left(被评估企业预期收益率-行业平均收益率\right)}{适用本金化率}$$

式中

$$被评估企业预期收益率=\frac{企业预期年收益额}{企业单项资产评估价值之和}×100\%$$

【例7.13】某企业的预期年收益额为25万元,该企业的各单项资产的评估价值之和为100万元,企业所在行业的平均收益率为20%,并以此作为适用资产收益率。

$$商誉的价值=(250000-1000000×20\%)÷20\%$$
$$=50000÷20\%$$
$$=250000(元)$$

或

$$商誉的价值 = 1000000 \times (250000 \div 1000000 - 20\%) \div 20\%$$
$$= 1000000 \times (25\% - 20\%) \div 20\%$$
$$= 250000(元)$$

【例7.14】某企业准备出售,对企业整体价值及各单项资产价值进行评估。在企业持续经营的前提下,评估人员估测企业年收益额为 800 万元,经过评估,得出企业各类单项资产评估值之和为 2000 万元,评估人员经调查发现,该行业资产收益率水平平均为 25%,根据企业现有情况分析,确定商誉的资本化率为 20%。试确定该企业的商誉价值。

$$商誉的价值 = (800 - 25\% \times 2000) \div 20\% = 1500(万元)$$

超额收益本金化价格法主要适用于经营状况一直较好、超额收益比较稳定的企业。如果在预测企业预期收益时,发现企业的超额收益能维持有限期的若干年,这类企业的商誉评估不宜采用超额收益本金化价格法,而应改按超额收益折现法进行评估。

(2)超额收益折现法

超额收益折现法是把企业可预测的若干年预期超额收益进行折现,把其折现值确定为企业商誉价值的一种方法。其计算公式是:

$$商誉的价值 = \sum_{t=1}^{n} R_t (1 + r)^{-t}$$

式中,R_t 为第 t 年企业预期超额收益;r 为折现率;n 为收益年限;$(1+r)^{-t}$ 为折现系数。

【例7.15】某企业预计将在今后 5 年内保持其具有超额收益的经营态势。估计预期年超额收益额保持在 250000 元的水平上,该企业所在行业的平均收益率为 12%,则:

$$商誉的价值 = 250000 \times 0.8929 + 250000 \times 0.7972 + 250000 \times$$
$$0.7118 + 250000 \times 0.6355 + 250000 \times 0.5674$$
$$= 901200(元)$$

【例7.16】某企业经预测在今后 5 年内具有超额收益能力,预期超额收益分别为 900 万元、1200 万元、1400 万元、1100 万元和 800 万元,该企业所在行业的平均收益率为 12%,则

$$商誉的价值 = 900 \times 0.8929 + 1200 \times 0.7972 + 1400 \times 0.7118 + 1100 \times 0.6355 + 800 \times 0.5674$$
$$= 3909.74(万元)$$

2)割差法

割差法是根据企业整体评估价值与各单项资产评估值之和进行比较确定商誉评估的方法。其基本公式是:

$$\frac{企业整体}{评估值} = \frac{企业整体}{资产评估值} - \frac{企业的各单项资产评估值}{之和(含可确指无形资产)}$$

企业整体资产评估值可以通过预测企业未来预期收益并进行折现或资本化获取;对于上市公司,也可以按股票市价总额确定。企业价值与企业可确指的各单项资产价值之和是两个不同的概念,企业中的各项资产,包括有形资产和可确指的无形资产,由于其可以独立存在和转让,评估价值在不同企业中趋同。但它们由于不同的组合,不同的使用情况和管理,使之运行效果不同,导致其组合的企业价值不同,使各类资产组合后产生超过各单项资

产价值之和的价值,即为商誉。商誉的评估值可能是正值,也可能是负值。当商誉为负值时,有两种可能:一种是亏损企业;另一种是收益水平低于行业或社会平均收益水平的企业。

【例7.17】某企业进行股份制改组,根据企业过去经营情况和未来市场形势,预测其未来5年的净利润分别是130万元、140万元、110万元、120万元和150万元,并假定从第六年开始,以后各年净利润均为150万元。根据银行利率及企业经营风险情况确定的折现率和本金化率均为10%。并且,采用单项资产评估方法,评估确定该企业各单项资产评估之和(包括有形资产和可确指的无形资产)为800万元。试确定该企业商誉评估值。

首先,采用收益法确定该企业整体评估值。

$$\begin{aligned}\text{企业整体}\atop\text{评估值} &= 130\times0.9091+140\times0.8264+110\times0.7513+120\times0.6830+150\times0.6209+150\div \\ &\quad 10\%\times0.6209 \\ &= 491.62+931.35 \\ &= 1422.97(万元)\end{aligned}$$

因为该企业各单项资产评估值之和为800万元,由此可以确定商誉评估值,即:

商誉的价值=1422.97-800=622.97(万元)

7.5.3 商誉评估应注意的问题

商誉本身的特性,决定了商誉评估的困难性。在评估中,评估人员应注意以下六个问题。

①商誉评估必须在产权变动或经营主体变动的前提下才可进行。在企业持续经营情况下,如不发生产权或经营主体的变动,尽管该企业具有商誉,也无须评估商誉以显示其价值。

②商誉价值取决于企业所具有的超额收益水平。一个企业在同类型企业中超额收益越高,商誉评估值越大。这里超额收益指的是企业未来的预期超额收益,并不是企业过去或现在的超额收益。

③商誉价值的形成建立在企业预期超额收益基础之上,商誉评估值与企业中为形成商誉投入的费用没有直接联系。尽管这些费用的投入会影响商誉评估值,但它是通过未来预期收益的增加得以体现的。因此,评估商誉不宜采用成本法。

④评估商誉也不能采用市场法。因为商誉尽管是由众多因素共同作用形成的,但形成商誉的个别因素不能单独计量,各因素的定量差异也难以调整,完全相同的商誉更为鲜见。

⑤企业负债与否、负债规模大小与企业商誉没有直接关系。在市场经济条件下,负债经营是企业的融资策略之一。根据财务学分析,企业负债不影响资产收益率,资产收益率高低受制于投资方向、规模以及投资过程中的组织管理措施。企业负债只影响投资者收益率,即资本金收益率。资本金收益率与资产收益率的关系可以表述为:

$$资本金收益率 = \frac{资产收益率}{1-资产负债率}$$

在资产收益率一定且超过负债资金成本的条件下,增大负债比例,可以增加资本金收益率,并不直接影响资产收益率。当然,资产负债率应保持在一定的限度内,负债比例增大会增大企业风险,最终会对资产收益率产生影响。

⑥商誉与商标是有区别的,反映两个不同的价值内涵。企业中拥有某项评估值很高的知名商标,并不意味着该企业一定就有商誉。商誉与商标的区别主要在于以下四个方面。

a.商标是某类产品或者服务的标志,而商誉则是整个企业的声誉。商标与产品结合,所代表的产品质量越好,商标信誉越高,其价值越大;商誉与一个企业密切相关,企业的经济效益越高,信誉越好,商誉价值越大。

b.商誉是不可确指的无形资产,与整个企业所具有的超额收益潜力相联系,具有整体性和附着性,不能单独转让;商标是可确指的无形资产,企业可单独转让商标的所有权和使用权给其他企业。

c.商标有法定的时间限制;而商誉没有法定的时间限制,它是企业长期积累起来的一种价值,可以无限期存在,也可能毁于一旦。

d.商标可以转让其所有权,也可以转让其使用权;而商誉只能随企业整体变动行为的发生实现其转移或转让,没有所有权与使用权之分。

尽管商誉与商标的区别有很多,但商誉与商标在许多方面是密切关联的,二者之间有时存在相互包含的因素。

【思政园地】

王老吉始创于清朝道光年间,创始人王泽邦被公认为凉茶始祖。后来,王老吉凉茶成为广药集团下属广州王老吉药业股份有限公司的一款产品。该公司掌握着王老吉的配方,并注册了王老吉商标。

1993年,鸿道集团得到王老吉后人王建仪授权,可永久使用王老吉配方,同时也允许集团下属公司加多宝集团使用相应授权。鸿道集团分别与广州王老吉药业股份有限公司及广药集团签署商标许可权,获准使用王老吉商标。

广州王老吉药业股份有限公司与加多宝集团使用的配方均为王泽邦当年研制的配方。因拥有商标使用权,所以,在1993—2011年,加多宝集团一直使用着广药集团的商标"王老吉"。

在很长一段时间里,市场上销售的红罐王老吉主要由加多宝集团生产,而绿盒王老吉主要由广药集团生产。它们虽都名为"王老吉",但由于加多宝集团的成功营销,红罐王老吉一路呈现爆炸式增长。相比之下,绿盒王老吉要逊色很多。如此悬殊下,广药集团坐不住了,一系列争夺自此开启。

按照最初签署的王老吉商标许可协议,加多宝集团可使用王老吉商标至2010年。也就是说,2011年,加多宝集团对于王老吉商标的使用权已超出限期。但当时,王老吉商标已被估值超过1000亿元,对加多宝集团而言,物归原主如同割肉。

2012年5月9日,中国国际经济贸易仲裁委员会裁决:鸿道集团以及下属公司加多宝集团停止使用王老吉商标。同年7月16日,北京一中院终审裁定驳回加多宝集团二次上诉。广药集团首战告捷。

2012年,加多宝集团开始对红罐王老吉"变身",强化"加多宝"品牌,并开始在红罐王老吉罐身上,印上同等字号的"王老吉"与"加多宝"。广告语也随之更换,开始投放"加多宝凉茶连续7年荣获'中国饮料第一罐'"等广告语。由此也引发了广药集团与加多宝集团的第二次大战。

广药集团认为,这些广告会误导消费者以为"王老吉"与"加多宝"是同一产品,或"王老吉"已改名"加多宝"。于是,广药集团又将加多宝集团告上法庭。加多宝集团败诉,并为此付出了300万元的赔偿。

从2013年开始,加多宝集团称所获王老吉凉茶配方来自王老吉后人的独家授权,且加多宝集团是唯一得方者,自此开启了与广药集团第三次争斗。2015年12月23日,广州市中级人民法院做出一审判决,要求加多宝集团立即停止涉案虚假宣传及商业诋毁侵权行为。

2014年,加多宝集团与广药集团又开启外包装红罐凉茶装潢所有权之争。结果,广东高院一审判决,红罐凉茶装潢所有权归广药集团所有,于是,市场上红罐黄字的加多宝凉茶变成了黄罐红字。

加多宝集团继续上诉,2017年8月,最高人民法院终审判决:广药集团与加多宝集团对红罐王老吉包装装潢权益均有重要贡献,双方可在不损害他人合法利益的前提下共同享有红罐王老吉凉茶包装装潢权益。自此,"加广之争"终于告一段落。

【思考题】

1. 什么是无形资产？无形资产的特征和价值影响因素有哪些？
2. 用市场法评估无形资产应注意哪些问题？
3. 如何采用收益法评估无形资产？
4. 采用收益法评估无形资产应该考虑哪些因素？
5. 如何采用成本法评估无形资产重置价？
6. 专利权有什么特点？如何评估专利权？
7. 影响专利权评估的因素有哪些？
8. 非专利技术的特点有哪些？评估非专利技术常用的方法是什么？
9. 如何评估商标权？
10. 商誉与商标的区别有哪些？
11. 商誉的含义是什么？商誉的特点有哪些？
12. 评估商誉的方法有几种？

【练习题】

一、单项选择题

1. 无形资产包括法定无形资产和收益性无形资产,这种分类是按(　　　)标准进行的。
　　A. 可辨识程度　　　　B. 取得渠道　　　　　C. 有无法律保护　　　　D. 有用性
2. 在下列无形资产中,不可确指的无形资产是(　　　)。
　　A. 商标权　　　　　　B. 土地使用权　　　　C. 专利权　　　　　　　D. 商誉
3. 下列公式能够成立的是(　　　)。
　　A. 销售收入分成率＝销售利润分成率/销售利润率
　　B. 销售利润分成率＝销售收入分成率/销售利润率

C. 销售利润分成率＝销售收入分成率×销售利润率

D. 收益额＝销售利润/销售利润分成率

4. 某发明专利权已使用3年,尚可使用2年,目前该无形资产的贬值率为(　　)。

A. 25%　　　　　　　B. 66.7%　　　　　　C. 60%　　　　　　D. 50%

5. 我国现行财务制度一般把科研费用在当期生产经营费用中列支,因此,账簿上反映的无形资产成本是(　　)的。

A. 不完整　　　　　B. 全面　　　　　　C. 定额　　　　　　D. 较完整

6. 对占有单位外购的无形资产,可以根据(　　)及该项资产具有的获利能力评定重估价值。

A. 购入成本　　　　　　　　　　　　B. 形成时所需实际成本

C. 市场价格　　　　　　　　　　　　D. 收益现值

7. (　　)是评估无形资产使用频率最高的方法。

A. 成本法　　　　　　　　　　　　　B. 市场法

C. 收益法　　　　　　　　　　　　　D. 市场法和成本法

8. 非专利技术具有(　　)。

A. 实用性　　　　　B. 新颖性　　　　　C. 价值性　　　　　D. 保密性

9. 从本质上讲,商标权的价值主要取决于(　　)。

A. 取得成本　　　　　　　　　　　　B. 市场成交价格

C. 商标所能带来的收益　　　　　　　D. 新颖性和创造性

10. 某企业的预期年收益额为32万元,该企业的各单项资产的重估价值之和为120万元,企业所在行业的平均收益率为20%,以此作为适用本金化率计算出的商誉的价值为(　　)。

A. 20万元　　　　　B. 40万元　　　　　C. 60万元　　　　　D. 80万元

二、多项选择题

1. 无形资产作为独立的转让对象评估的前提包括(　　)。

A. 能带来正常利润　　　　　　　　　B. 能带来超额利润

C. 能带来垄断利润　　　　　　　　　D. 能带来潜在利润

2. 通过无形资产评估前的鉴定,可以解决的问题有(　　)。

A. 证明无形资产存在　　　　　　　　B. 确定无形资产种类

C. 确定其活力能力　　　　　　　　　D. 确定其有效期限

E. 确定其价值

3. 在下列无形资产中,可确指的无形资产是(　　)。

A. 商标权　　　　　B. 土地使用权　　　C. 采矿权　　　　　D. 商誉

E. 专利权

4. 适用于无形资产评估的方法有(　　)。

A. 市场法　　　　　B. 成本法　　　　　C. 收益法　　　　　D. 假设开发法

5. 商誉的特征包括(　　)。

A. 形成商誉的个别因素不能单独计价

B. 商誉是企业整体价值扣除全部有形资产以后的差额

C. 商誉不能与企业可确指的资产分开出售

D. 商誉是企业长期积累起来的一项价值

6. 商标权具有的特征有(　　)。

A. 专用性　　　　　　B. 可转让性　　　　　　C. 价值的依附性

D. 地域性　　　　　　E. 时间性

7. 专利权具有(　　)。

A. 独占性　　　　　　B. 地域性　　　　　　C. 时间性　　　　　　D. 可转让性

8. 无形资产的功能特征有(　　)。

A. 不完整性　　　　　B. 替代性　　　　　　C. 积累性　　　　　　D. 共益性

9. 商誉与商标的区别有(　　)。

A. 商标是某类产品或者服务的标志,而商誉则是整个企业的声誉

B. 商誉是不可确指的无形资产,商标是可确指的无形资产

C. 商标有法定的时间限制,而商誉没有法定的时间限制

D. 商标可以转让其所有权或者使用权,而商誉只能随企业整体变动行为的发生实现其转移或转让,没有所有权与使用权之分

10. 商誉评估可采用的方法有(　　)。

A. 超额收益法　　　　B. 市场法　　　　　　C. 割差法　　　　　　D. 成本法

三、计算与分析题

1. 某企业 2021 年外购的一项新能源电池制造的专利技术账面价值为 1000 万元,2023 年进行评估,经鉴定,该专利技术系运用现代先进的实验仪器经反复试验研制而成,物化劳动耗费的比重较大,占 80% 左右。根据资料,无形资产购置和评估时,生产资料物价指数分别为 120% 和 150%,消费资料物价指数分别为 125% 和 160% 。试按物价指数法估算其重置完全成本。

2. 甲公司将一化工产品生产配方转让给乙公司,预计今后 3 年乙公司新增利润分别为 2000 万元、1700 万元、1000 万元。双方约定,乙公司从使用该配方生产的产品新增利润中提成 20% 给甲公司作为技术转让费,时间为 3 年,按行业收益率水平确定折现率为 12% 。试确定该配方的评估价值。

3. 某机械制造厂有一批零部件的工程设计图纸,已使用 4 年,经专家鉴定,具有一定的先进性,该厂的保密工作做得比较好。企业进行股份制改造时,准备将这批图纸作为有效的非专利技术作价,预计剩余经济寿命为 8 年,按该类图纸的设计、制作耗费估算,当前这批图纸的重置成本为 100 万元。请评估其价值。

4. LX 公司拥有该排污权准许排污量:化学需氧量(COD)13.436 吨、氨氮(NH3-N) 1.358 吨。经查,评估基准日 2023 年 10 月 31 日交易市场上排放权市场成交均价:化学需氧量(COD)为 13100 元/吨,氨氮(NH3-N)为 22250 元/吨。请评估 LX 公司的排污权于 2023

年 10 月 31 日的价值。

5. 甲茶叶厂将自己拥有的 A 注册商标使用权通过许可使用合同允许给乙厂使用,使用时间为 5 年。根据专业人员预测,每盒茶叶可新增净利润 10 元,企业所得税税率为 25%,第一年至第五年生产的茶叶分别是 30 万盒、35 万盒、45 万盒、50 万盒、55 万盒。分成率按 25%,折现率为 10%。根据上述条件计算该商标权的价值。

6. 某企业注册商标转让。该企业近 5 年使用这一商标的产品比同类产品的价格高,每件高 2 元,该企业每年生产 80 万件,产品基本上供不应求。根据预测估计,如果在生产能力足够的情况下,这种商标产品每年生产 100 万件,每件可获超额利润 1 元,预计该商标能够继续获取超额利润的时间是 10 年。前 5 年保持目前超额利润水平,后 5 年每年可获取的超额利润为 20 万元,折现率为 10%。试评估这项商标权的价值。

7. 企业转让新能源汽车新技术,购买方用于改造年产 10 万台汽车生产线。经对无形资产边际贡献因素的分析,测算在其可使用期间各年度分别可带来追加利润 10000 万元、12000 万元、9000 万元和 7000 万元,分别占当年利润总额的 40%、30%、20% 和 15%,假定折现率为 10%。试评估无形资产利润分成率。

8. 某企业经预测在今后 5 年内具有超额收益能力,预期超额收益分别为 800 万元、1000 万元、1200 万元、1000 万元和 800 万元,该企业所在行业的平均收益率为 12%。欲整体转让,试评估其商誉的价值。

9. 某企业准备出售,对企业整体价值及各单项资产价值进行评估。在企业持续经营的前提下,评估人员估测企业年收益额为 900 万元,经过评估,得出企业各类单项资产评估值之和为 2000 万元。评估人员经调查发现,该行业资产收益率水平平均为 25%,根据企业现有情况分析,确定商誉的资本化率为 20%。试确定该企业的商誉价值。

第 8 章

矿业权价值评估

📖【学习目标】

本章主要介绍了矿业权价值评估中涉及的基本概念、主要事项和评估途径。通过本章的学习,读者需要理解矿业权价值的内涵,进而把握矿业权价值评估的特点,明确矿业权价值评估的目的、对象和范围,掌握收益途径、市场途径、成本途径评估方法在矿业权价值评估中的应用,重点理解和掌握收益途径及其相关因素的确定。

8.1 矿业权价值评估概述

矿业权也属于无形资产范畴,因为其专业性特点,进行单独阐述。

矿产资源的隐蔽性、耗竭性及国家所有等自然和社会属性决定了矿业权价值评估的专业性与其他资产评估有着本质的不同。

8.1.1 矿业权价值评估的基本概念

矿业权价值评估属于价值量估算的范畴。矿业权价值评估是《资产评估法》调整规范的对象之一。

矿业权价值评估是指矿业权评估机构及其矿业权价值评估专业人员根据委托对矿业权价值或矿产资源其他经济权益进行评定、估算,并出具矿业权价值评估报告的专业服务行为。

理解这一定义,需要把握以下四点。

1)矿业权价值评估的主体

根据《资产评估法》,矿业权价值评估业务应由矿业权评估机构接受委托人委托,并签订委托合同。对于一般业务,矿业权评估机构应指定至少两名矿业权价值评估专业人员承办;

对于法定业务,矿业权评估机构应指定至少两名矿业权评估师承办。矿业权价值评估报告应由所承办的矿业权评估师(矿业权价值评估专业人员)签名并加盖印章。矿业权评估机构及其矿业权评估师对其出具的矿业权价值评估报告依法承担责任。

根据上述规定,矿业权价值评估的主体是矿业权评估机构和矿业权价值评估专业人员。

矿业权评估机构是指依法设立并取得探矿权采矿权评估资格证书,从事矿业权价值评估业务的专业服务机构。

根据《资产评估法》,矿业权价值评估专业人员是指在矿业权评估机构从事矿业权价值评估业务的矿业权评估师和其他具有评估专业知识及实践经验的评估从业人员。

根据自然资源部印发的《矿业权评估师职业资格制度暂行规定》(自然资发〔2022〕84号),矿业权评估师是指通过全国统一考试,取得"中华人民共和国矿业权评估师职业资格证书"(以下简称"矿业权评估师职业资格证书"),并依法在中国矿业权评估师协会登记为矿业权价值评估专业的评估专业人员。

2)矿业权价值评估的客体

矿业权价值评估的客体是指矿业权价值评估的对象,包括探矿权、采矿权,或者与矿产资源相关的其他经济权益。与矿产资源相关的其他经济权益很多,如矿业权人拥有的符合法律法规要求且可以用货币计量的与矿产资源相关的经济权益,包括压覆矿产资源的补偿额、破坏矿产资源开采损失额等。

3)矿业权价值评估专业服务的法律性质

矿业权价值评估专业服务受到委托人与矿业权评估机构依法订立的矿业权价值评估委托合同的约束。这种约束既包括对矿业权价值评估服务行为本身的约束,也包括对矿业权评估业务委托和受托双方当事人的约束,其中包括政府通过购买服务方式委托的为确定矿业权出让收益进行的价值评估。例如,矿业权评估业务委托合同中会约定评估目的、评估对象和评估范围等具体评估要素,也会约定矿业权评估委托方和矿业权评估机构各自的权利与义务。因此,矿业权评估机构和矿业权价值评估专业人员的价值评估行为受到法律保护,并对依法出具的矿业权价值评估报告承担相应的法律责任。

4)矿业权价值评估专业服务的内容及成果

矿业权价值评估专业服务的内容是指矿业权评估机构及其矿业权价值评估专业人员对评估对象的价值进行评定估算。评定估算行为最终综合体现为由矿业权评估机构依据矿业权评估准则出具的矿业权价值评估报告。该报告是矿业权评估机构及其矿业权价值评估专业人员针对矿业权发表专家意见的载体和履行委托合同义务的证明。

8.1.2 常见的矿业权价值评估目的

矿业权价值评估总是为满足特定管理或经济行为或会计计量的需要进行的,这种需要来源于矿业权管理和矿业权市场。不同的管理或经济行为对应着不同的评估目的,不同的评估目的对应着评估结论的不同具体用途。

矿业权价值评估目的与矿业权价值评价的法定业务类型相对应。按其对应的管理或经济行为,矿业权价值评估目的大体划分为以下四种。

1)矿业权出让

矿业权出让是国家作为矿产资源所有者将矿产资源使用权让渡给矿业权人,赋予矿业权人在规定范围内勘查、开采矿产资源的权利和部分收益权。根据《矿业权出让制度改革方案》《矿产资源权益金制度改革方案》,在矿业权出让时,应征收体现矿产资源所有者权益的矿业权出让收益。根据《矿业权出让收益征收办法》,以招标、拍卖、挂牌等竞争方式出让矿业权时,矿业权价值评估为确定矿业权出让收益底价提供参考意见;以协议方式出让矿业权时,矿业权价值评估为确定矿业权出让收益提供参考意见。

2)矿业权转让

矿业权转让是指矿业权人将矿业权转移的行为,包括出售、作价出资、合作、重组改制、出租、抵押及非货币性资产交换和债务重组等。在司法领域涉及案件确定矿业权价值,也可以认为是矿业权转让的范畴。

矿业权转让是矿业权进入市场后最常见的经济行为,这类评估业务有些是国家法律、行政法规规定的法定评估,有些是市场参与者自愿委托的非法定评估。

需要关注的是,矿业权转让这一经济行为包括多种方式,在矿业权价值评估实践中,将这些方式均独立表述为相应的经济行为,在具体执行矿业权价值评估任务时,应该根据具体的经济行为确定评估目的。

3)矿业权资产会计计量

企业编制财务报告时,可能需要对某些资产进行评估,这类资产评估属于服务于会计计量和财务报告编制的评估业务。公允价值计量方式被引入会计系统,催生了利用价值评估技术解决公允价值计量业务。资产减值测试是矿业权评估在会计计量中常见的业务。根据《企业会计准则第8号——资产减值》,对资产负债表日存在减值迹象的单项资产、资产组,以及因企业合并所形成的商誉和使用寿命不确定的无形资产,应估计其可收回金额,并与其账面价值进行比较,当可收回金额低于其账面价值时确认资产减值损失,同时计提相应的减值准备。

合并对价分摊,也涉及对矿业权资产的评估。

在服务于会计计量和财务报告编制的资产评估中,评估目的是为会计核算和财务报表编制提供相关资产、资产组等评估对象的公允价值或可收回金额等特定价值的专业意见。

4)矿业权价值鉴定

通常情况下,这种行为主要出现在司法、纪检监察等领域在办理案件过程中涉及矿业权的价值鉴定、非法开采矿产资源价值损失鉴定等,不同的案件,其实质也涉及不同的经济行为,要根据案件的实际情况确定评估目的。

8.1.3 矿业权价值评估对象与范围

矿业权价值评估对象与范围是矿业权价值评估的基本事项。评估对象是矿业权价值评估的评估客体,也是评估标的;评估范围是对评估对象组成、结构的进一步补充说明。

通常情况下,可将矿业权价值评估对象理解并描述为矿区或勘查区的名称,把矿业权价值评估范围理解并描述为"勘查区范围"或"矿区范围",实际上把矿业权价值评估范围理解成一个空间概念,这与资产评估范围是法律主体和会计主体概念完全不同。

从矿业权价值评估满足特定经济行为这一基本作用出发,矿业权评估对象与范围是由一组要素界定的,包括矿业权价值评估对象名称和空间范围等。

1)矿业权价值评估对象名称

顾名思义,矿业权价值评估对象就是矿业权,包括探矿权和采矿权,也包括与矿业权相关的经济权益,如涉及矿业权的所有者权益、股权、金融权益等。

对于探矿权价值评估而言,其评估对象通常是固体矿产普查、详查、勘探探矿权,油气探矿权,地热与矿泉水探矿权等。

对于采矿权价值评估而言,其评估对象通常是在建、拟建矿山采矿权价值评估和生产矿山、采矿权价值评估。此外,还包括闭坑矿山的采矿权,矿业权出让收益(所有者权益)、股权价值、金融权益价值等。

2)矿业权评估对象与范围的理解

①矿业权评估对象与范围是矿业权评估的客体。这一概念回答"对什么"的价值进行估算的问题。根据《中华人民共和国矿产资源法》(简称《矿产资源法》),矿业权评估对象包括探矿权和采矿权。探矿权和采矿权所对应的勘查区和矿区,不仅仅涉及勘查(矿)区面积,也涉及不同的矿种、不同勘查(开发)阶段;采矿权还涉及生产规模、矿产储量等。这些要素不同,得出的评估价值不同;同一名称的探矿权和采矿权(评估对象)的要素组合不同,会得到不同的评估价值。因此,矿业权评估对象与范围由一组要素构成不可分割的一个整体,一个评估对象与范围对应唯一要素组合。

②矿产资源储量既是评估对象与范围要素,又是评估参数。矿产资源储量作为矿业权有偿处置的重要依据,应当由政府依法确定,作为特殊评估参数考虑。矿山建设设计折扣(量)处理、开采损失折扣(量)处理等,均属于设计专业范畴,两者均不是对评估对象与范围的调整,而是对应评估范围。

③矿产资源储量存在基于可靠性和经济性差异的不同类型,所以,不同地质勘查阶段的矿产资源储量,即使数量相同,也不能简单进行数量比较。

④矿产资源储量估算存在不同标准,应基于相同的估算标准进行数量比较。

⑤有用组分、共(伴)生矿、勘查矿种等作为评估值估算基础,属于评估对象与范围。

3)矿业权评估途径

与其他评估专业相同,矿业权价值评估采用了国际上通行的收益途径、成本途径和市场途径。鉴于矿业权价值评估对象和矿产资源的工程技术特性,矿业权价值评估的具体方法与其他评估专业相比有着明显的工程专业特色。

8.2 矿业权价值评估收益途径评估方法

8.2.1 矿业权价值评估收益途径

收益途径是基于预期收益原则和效用原则,通过计算待估矿业权所对应的矿产资源储量开发获得预期收益的现值,估算待估矿业权价值的技术路径。

收益途径的基本原理是"以利求本",即通过预测矿业权产生的未来收益,将其资本化或折现,得出产生该收益的资本,即矿业权价值。因此,收益途径涉及的最重要的三个参数是预期收益、预期收益年限和折现率。预期收益是矿业权所对应矿产资源储量开发所获得的归属矿业权的收益额,预期收益一般以净现金流量(剩余净现金流量)、销售收入、净利润等指标来表示,以此为基础构成了不同的具体评估方法。预期收益年限是指矿业权所对应矿产资源储量开发的收益年限。折现率是指将预期收益折算成现值的比率。折现率与收益口径密切相关。

收益法常用的具体评估方法有折现现金流量法、收入权益法、折现现金流量风险系数调整法、折现剩余现金流量法、剩余利润法。

8.2.2 折现现金流量法

1)基本原理

折现现金流量法(Discounted Cash Flow,DCF)是将未来经济寿命期内矿产资源开发产生的净现金流量归属矿业权的部分按折现率折现,计算出矿业权价值的一种收益途径评估方法。

2)评估模型

$$P = \sum_{t=0}^{n} \left[\frac{(CI - CO)_t}{(1+i)^t} \right]$$

式中,F 为矿业权评估价值;CI 为年现金流入量(+),包括销售收入、回收固定资产净残(余)值、回收无形资产及其他资产摊余值、回收增值税抵扣额、回收流动资金;CO 为年现金流出量(−),包括后续地质勘查投资、固定资产投资、无形资产(含土地使用权)投资、其他资产投资、更新改造资金(含固定资产、无形资产及其他资产更新投资)、流动资金、经营成本、销售税金及附加、企业所得税;$(CI-CO)$为年净现金流量,即现金流入量−现金流出量;i为折现率;t为折现期时间序号($t=0,1,2,\cdots,n,t=0$仅指评估基准日);n为评估计算期。

3)适用范围

①适用于拟建、在建、改(扩)建、生产矿山的采矿权价值评估。
②适用于详查及以上勘查阶段的探矿权价值评估。
③适用于赋存稳定的沉积型大中型矿床的普查探矿权价值评估。

4)前提条件

①具备一定数量、可靠性的矿产资源储量。
②具备矿产资源开发利用方案、矿山设计等技术经济文件资料或再开发。
③矿产开发未来收益指标能够预计并量化。
④矿产开发未来风险可以预计并量化。

5)操作步骤

①根据评估对象与范围,分析、确定、估算可采储量。
②确定产品方案与生产能力,估算矿山服务年限,确定评估计算服务年限。
③分析确定与产品方案口径相一致的开发利用技术经济参数或指标。
④依据评估模型进行评定估算。

6)注意事项

①折现现金流量法涉及的评估参数,根据矿业权价值评估准则,在明确其含义、分析其使用条件的前提下合理确定。
②现金流入——回收固定资产净残(余)值,为固定资产残(余)值扣除变现费用后的净残值和剩余净值。
③现金流出量项,不含评估基准日前发生的地质勘查投资、缴纳的矿业权价款或交易价格及其相关费用等支出项目。
④折现系数$[1/(1+i)^t]$中t的计算。当评估基准日为年末时,下一年净现金流量折现到年初。例如,评估基准日为2015年12月31日,2016年$t=1$;当评估基准日不为年末时,当年净现金流量折现到评估基准日。例如,评估基准日为2015年9月30日,评估基准日$t=0$,2015年净现金流量折现到评估基准日,$t=3/12$,2016年,$t=1+3/12$,依此推算。

8.2.3 收入权益法

1)一般原理

收入权益法,是基于销售收入能够体现矿业权价值的基本原理,间接估算矿业权价值的方法。具体通过矿业权权益系数对销售收入现值进行调整得出矿业权价值。

矿业权权益系数反映矿业权评估价值与销售收入现值的比例关系,包含收益途径的全部内涵。

2)评估模型

$$P = \sum_{t=0}^{n} \left[SI_t \cdot \frac{1}{(1+i)^t} \right] \cdot K$$

式中,P 为矿业权评估价值;SI 为销售收入;K 为矿业权权益系数;i 为折现率;t 为折现期序号($t=0,1,2,\cdots,n,t=0$ 仅指评估基准日为年末);n 为评估计算期。

3)适用范围

①适用于矿产资源储量规模和矿山生产规模均为小型的且不具备采用其他收益途径评估方法条件的采矿权价值评估。

②适用于服务年限较短的拟建、改(扩)建及生产矿山采矿权价值评估。

③适用于资源接近枯竭的剩余服务年限小于 5 年的大中型矿山的采矿权价值评估。

④适用于详查及以上勘查阶段且资源储量规模为小型的探矿权价值评估。

4)前提条件

①预期收入可以预测。

②预期收益年限可以估算或确定。

③矿业权权益系数可以合理反映待估矿业权价值与销售收入现值的关系。

5)操作步骤

①分析确定评估利用资源储量、开发技术指标,估算可采储量、矿山服务年限,确定评估计算服务年限。

②分析确定产品方案及其对应的产品价格。

③分析确定矿业权权益系数。

④依据评估模型进行评定估算。

6)注意事项

①评估采用的产品价格应与实际的产品方案相一致。原矿、精矿和金属产品对应不同的矿业权权益系数。

②评估采用的产品价格应为出厂价。

③矿业权权益系数应在分析勘查开发阶段、地质构造复杂程度、矿体埋深、开采方式、开采技术条件、矿山选冶(洗选)加工难易后确定。

④不考虑后续勘查期、建设期,也不考虑试产期,按达产生产能力计算。折现现金流量法和收入权益法是矿业权价值评估中常用的收益途径评估方法。

8.2.4 折现现金流量风险系数调整法

1)基本原理

矿业权评估的折现现金流量风险系数调整法,是按照预期收益原则和效用原则,基于两个特定假设的一种收益途径评估方法。一个假设是地质勘查程度较低的稳定分布的大中型沉积矿产,根据已有较少的矿产地质信息估算的资源储量大致可靠;另一个假设是可以预测其未来收益,可以用折现现金流量法估算其价值。

其基本思想是:①任何矿床未经必要的勘查工作控制,其资源储量的可靠性是很低的;②未经必要的勘查工作控制,资源储量可靠性低,但可以通过矿产开发地质风险系数调整,体现因矿产地质信息较少而导致资源储量可靠性不足的风险,即"折现率之外再考虑风险"的模式体现矿业权价值。

其基本途径是:①根据探矿权对应的勘查区的毗邻区矿产勘查开发情况,采用折现现金流量法估算出评估对象的基础价值;②采用矿产开发地质风险系数进行调整,得到探矿权评估价值。

折现现金流量法估算评估对象基础价值,是将矿产资源开发经济寿命期内各年的净现金流量,以与净现金流量口径相匹配的折现率,折现到评估基准日的现值之和,得到矿业权评估价值。其中,折现率包含无风险报酬率和风险报酬率,矿产开发投资报酬包含在折现率中。

2)评估模型

$$P = P_n \times (1 - R)$$

式中,P 为探矿权评估价值;P_n 为探矿权基础价值;R 为矿产开发地质风险系数。

3)适用范围

适用于赋存稳定的沉积型大中型矿床中普查阶段勘查程度较低的探矿权价值评估。

4)前提条件

①区域内矿层的层位和厚度基本稳定,评估对象是毗邻区矿床的延伸部分,或者与毗邻区已开发矿产具有相同的成矿地质环境。

②探矿权对应的勘查区周边有成矿地质背景相同、已开展过较高程度的勘查或已开发的矿山,有可利用的相关地质信息及其实际或设计的开发利用相关技术和经济指标与参数。

③通过与邻区进行过较高程度的勘查或已开发的矿山类比,可预测勘查区未来矿山生产经营的可能收益。

④通过矿产开发地质风险系数对风险要素的分析和类比,初步预测、量化并最大限度地表征进一步勘查开发可能的风险因素。

5)操作步骤

①根据评估对象与范围,分析、确定和估算可采储量。

②确定产品方案与生产能力,估算矿山服务年限,确定评估计算服务年限。

③分析确定与产品方案口径相一致的开发利用技术经济参数或指标。

④分析确定矿产开发地质风险系数。

⑤依据评估模型进行评定估算。

6)注意事项

①折现现金流量风险系数调整法,是针对地质勘查程度较低的稳定分布的大中型沉积矿产的探矿权价值的一种评估方法。

②勘查工作程度主要考虑勘查类型、已完成勘查工程的工程间距及对矿体的控制程度,并比照现行地质勘查规范综合确定。

③计算确定评估利用可采储量时,对于各种资源量应在对项目经济做合理性分析后分类处理,属技术经济可行的各种资源量全部参加评估计算,不使用"可信度系数"进行折算。

④矿产开发地质风险系数,反映因地质勘查工作程度不足导致的地质可靠性低、开发风险高等现象,一般通过对地质、采矿、选矿等因素进行半定量分析确定。矿产开发地质风险系数取值,由地质矿产等专业技术人员在分析地质勘查报告所反映的各风险要素标志的基础上,根据《矿业权评估参数确定指导意见》中的矿产开发地质风险系数表,通过论证、评判后归类取值。也可采用由 3~5 名地质和采矿专家组成的专家组评判赋值,求取平均值方式确定。

⑤当评估对象范围较小,区内资源储量较少,规划生产能力为小型,难以采用折现现金流量法计算探矿权基础价值时,可采用其他方法估算探矿权基础价值。

8.2.5　折现剩余现金流量法

1)一般原理

折现剩余现金流量法,即 DRCF 法(Discounted Remained Cash Flow),是将矿业权所对应矿产资源勘查、开发作为现金流量系统,将评估计算年限内各年的净现金流量,逐年扣减与矿产资源开发收益有关的开发投资合理报酬后的剩余净现金流量,以与剩余净现金流量口径相匹配的折现率,折现到评估基准日的现值之和,作为矿业权评估价值。

2)计算公式

$$P = \sum_{t=1}^{n} (CI - CO - I_P)_t \cdot \frac{1}{(1+i)^t}$$

式中,P 为矿业权评估价值;CI 为年现金流入量;CO 为年现金流出量;I_P 为与矿产资源开发收益有关的开发投资合理报酬;i 为折现率;t 为年序号($t=1,2,\cdots,n,t=0$ 仅指评估基准日为年末);n 为评估计算年限。

8.2.6 剩余利润法

1)一般原理

剩余利润法是通过估算待估矿业权所对应矿产资源开发各年预期利润,扣除开发投资应得利润之后的剩余净利润,按照与其相匹配的折现率,折现到评估基准日的现值之和,作为矿业权评估价值。

2)计算公式

$$P = \sum_{t=1}^{n} (E - E_i)_t \cdot \frac{1}{(1 + i)^t}$$

式中,P 为矿业权评估价值;E 为年净利润(净利润=销售收入-总成本费用-销售税金及附加-企业所得税);E_i 为开发投资利润(E_i=当年资产净值×投资利润率);$(E-E_i)$ 为第 t 年的剩余利润额;i 为折现率;t 为年序号($t=1,2,\cdots,n$);n 为评估计算年限。

8.3 矿业权价值评估收益途径评估参数

按照确定的原则和方法不同,矿业权价值评估收益途径主要评估参数分为税费类参数、产品市场价格类参数、技术经济类参数和折现率四类评估参数。

8.3.1 税费参数的确定与处理

矿业权价值评估中的税费类参数,包括国家征收或收取的各种税金、行政事业性收费、政府性基金等。

1)税费类参数确定的基本原则

①矿业权价值评估应只考虑与矿山开发直接相关的税率,对于企业承担的与矿山开发无关的税费及对企业利润分配的相关特殊约定等,评估中不予考虑,同时应在评估报告特殊事项中予以披露。

②矿业权价值评估计算应缴税费,应严格按照法律、法规、规章及规范性文件要求的施行日、适用条件、计算(计征)标准、计算方法、优惠条件、减免条件及会计核算等综合确定。

③各级政府(中央、地方)对同一税费均有规定的,原则上应以上一级政府文件规定为准。当下级政府政策文件是依据上级政府政策文件制定的,或为细化上级政府文件规定出台的具体政策,或上级文件给下级权力以空间且下级政府文件与上级政府文件规定无冲突的,应依据下级政府文件选取评估参数。

④国家相关法律、法规和部门规章未具体规定,各地方政府出台的与相关法律、法规和部门规章无冲突的政策,可作为确定和选取评估参数的依据。

⑤中央企业统筹纳税方式及专门为某企业确定税收政策等特殊情形,应当根据相关财政、税务部门的政策文件确定和选取评估参数。

⑥当国家相关税制发生改变,涉及课税对象、计税依据、税率、纳税环节、优惠和减免等发生变化时,应依据新的税收政策选取和确定评估参数。

⑦境外矿业权(矿资产)评估涉及的税费参数依据矿业权(矿资产)所在国家或地区的现行税费政策选取。

2)增值税

增值税是以商品(含应税劳务)在流转过程中产生的增值额作为计税依据而征收的一种流转税。矿业权价值评估中通常按以下方式处理。

①增值税额按一般纳税人适用税率计算,应纳税额为当期销项税额扣减当期进项税额,不考虑按照简易办法依照征收率征收情形。

②由于实际进项税额确定存在困难,成本费用中的当期进项税额仅考虑外购材料、燃料及动力费和修理费进项增值税额。计算方式如下:

$$进项税额 = (外购材料费 + 外购燃料及动力费 + 修理费) \times 税率$$

③当设备、不动产进项税的进项税额可以在销项税金中抵扣时,当期进项税额也应包含当期可抵扣设备、不动产的进项增值税额。通常设备进项税额以设备购置费、安装工程费及其分摊计入的工程建设其他费用之和为基数计算。不动产进项税额涉及采矿系统开拓工程、房屋建筑物、以转让方式取得的土地使用权。其中,采矿系统开拓工程、房屋建筑物进项税额以采矿系统开拓工程、房屋建筑物投资额及其分摊计入的工程建设其他费用之和为基数计算。

④纳税人进口货物的,计税价格和应纳税额计算公式为:

$$计税价格 = 关税完税价格 + 关税 + 消费税$$
$$应纳税额 = 计税价格 \times 征收率$$

⑤各项初始投资和更新投资,其设备、不动产等在生产期可进行增值税进项税额抵扣的,投资额按含增值税价确定,各期抵扣的设备、不动产等的进项税额同时计入当期现金流入中,折旧或摊销以不含增值税的投资额为基数确定。各项初始投资和更新投资,不可进行增值税进项税额抵扣的,投资额按含增值税价确定,折旧或摊销也按含增值税的投资额为基数确定。

⑥兼营免税、减税项目的,按计税产品销售收入占全部产品销售收入的比例,确定增值税销项税额、进项税额及其抵扣;不可抵扣进项税额应计入相应投资或成本费用。

⑦实行增值税先征后返的,先征后返的增值税额为企业所得税不征税收入,将先征后返的增值税计入现金流入中。

3)城市维护建设税

城市维护建设税,又称城建税,是以纳税人依法实际缴纳的增值税、消费税税额为计税依据,应纳税额按照计税依据乘以具体适用税率计算。城市维护建设税税率根据纳税人所在地确定。

4)教育费附加和地方教育附加

教育费附加是由税务机关负责征收,同级教育部门统筹安排,同级财政部门监督管理,专门用于发展地方教育事业的预算外资金。地方教育附加是指根据国家有关规定,为实施"科教兴省"战略,增加地方教育的资金投入,促进各省(自治区、直辖市)教育事业发展,开征的一项地方政府性基金。教育费附加和地方教育附加均以纳税人实际缴纳的增值税、消费税及营业税的税额之和为计费依据,乘以相应费率计算。

5)企业所得税

企业所得税是对我国境内的企业和其他取得收入的组织的生产经营所得和其他所得征收的一种所得税,以应纳税所得额乘以适用税率计算。现阶段的企业所得税税率为25%,非居民企业在我国境内未设立机构、场所的,或者虽设立机构、场所但取得的所得与其所设机构、场所没有实际联系的,应当就其来源于我国境内的所得缴纳企业所得税,其税率为20%。

6)资源税

①采取从量计征方式的资源税应纳税额,按照从量定额办法,以应税产品的销售数量乘以纳税人具体适用的定额税率计算。

销售数量包括纳税人开采或者生产应税产品的实际销售数量和视同销售的自用数量。

②采取从价计征方式的资源税应纳税额,按照从价定率办法,以应税产品销售额乘以纳税人具体适用的比例税率计算。

应税产品销售额为纳税人销售应税产品向购买方收取的全部价款和价外费用,但不包括收取的增值税销项税额。

7)行政事业性收费和政府性基金项目

根据财政部公布的全国性及中央部门和单位涉企行政事业性收费,以及全国政府性基金项目目录,目前矿业权评估涉及的行政事业性收费及政府性基金主要有矿山恢复治理基金、土地复垦费、水资源费、水土保持补偿费、排污费、教育费附加、地方教育附加、水利建设基金、森林植被恢复费、育林基金等。

8.3.2 矿产品销售价格的确定

1)矿产品价格信息来源

矿产品价格确定,不限定价格资料信息来源。通过所有可靠、合法渠道获取的价格信息资料都可以作为参考,但应考虑价格信息资料的代表性和适用性。矿产品价格信息来源包括但不限于以下内容。

①企业会计核算资料、产品销售合同、产品销售发票。

②当地有关部门发布(公开)的价格统计资料。

③产品交易所、期刊、网络媒体公开的价格统计资料。

④专业数据机构的价格信息资料。

⑤矿业权评估专业人员询价资料。

无论采取哪种来源的信息或资料,都应做到有据可查,并在矿业权价值评估报告中予以披露。

2)矿产品销售价格的确定原则

①矿产品计价方式应与国家产品计价标准(或市场通用)一致,或能够通过国家产品标准(或市场通用)换算成符合所确定的产品方案的计价标准。

②一般采用矿业权所在地公开市场价格信息资料,对单位价值较低的产品,采用其他地区公开市场价格扣除运费方式确定当地市场价格时,要关注运费的敏感性以判断该方式的适用性。

③矿产品销售价格可通过定性分析和定量分析相结合的办法综合确定。定性分析是在获取充分价格信息的基础上,运用经验对价格总体趋势作出基本判断;定量分析是在获取充分市场价格信息的基础上,运用数量方法对产品销售价格作出定量判断。

不论采用何种方式确定产品销售价格,其结果均视为对未来产品销售价格的判断,但不能作为未来产品销售价格实现的保证。

8.3.3 矿业权价值评估中矿产资源储量的确定

1)参与评估的保有资源储量计算

(1)基本要求

①收集并利用能满足参与评估的保有资源储量估算需要的时间最近的矿产资源储量报告。

②核查矿产资源储量报告中资源储量估算范围与评估对象范围是否一致。不一致时,可以依据相关规范进行调整或依据委托人提供的补充说明确定参与评估的保有资源储量。

③根据矿业权价值评估目的及相关应用指南,判断评估利用资源储量与经济行为的适应性,判断所收集的矿产资源储量报告是否应经评审或评审备案(认定),是否经过中国矿业权评估师协会矿产资源储量评估专业会员的评估,谨慎引用未经评审(评估)、评审备案(认定)的矿产资源储量报告。同时应注意,矿产资源储量报告及其评审(评估)意见本身可能存在非储量估算规范内的数字计算问题,若有应提出评估处理方案。

(2)生产矿山采矿权价值评估中参与评估的保有资源储量的确定

①评估基准日在储量核实基准日之后,保有资源储量计算公式为:

参与评估的保有资源储量 = 储量核实基准日保有资源储量 −

储量核实基准日至评估基准日的动用资源储量 +

储量核实基准日至评估基准日期间净增资源储量

②计算时点评估在储量核实基准日之前,保有资源储量计算公式为:

$$参与评估的保有资源储量 = 储量核实基准日保有资源储量 +$$
$$评估计算时点至储量核实基准日的动用资源储量$$

③延续登记采矿权出让收益评估,评估基准日在采矿许可证有效期后,应以采矿许可证有效期末时点的保有资源储量参与计算。

(3)生产矿山采矿权价值评估中动用矿产资源储量的确定

确定动用矿产资源储量的计算公式为:

$$动用资源储量 = 采出矿石量 \times (1 - 矿石贫化率) + 采矿损失量$$
$$= 采出矿石量 \times \frac{1 - 矿石贫化率}{采矿回采率}$$

式中,煤矿的采矿回采率指采区回采率;煤矿及无须考虑废石混入的非金属矿不计矿石贫化率。

对管理规范、生产报表齐全的矿山或自然资源行政主管部门出具证明的,可根据其报表或证明列明的动用资源期间的实际采出矿石量、矿石贫化率、采矿回采率和采矿损失量计算。对管理不规范、生产报表不齐全的矿山,可根据其实际采出量或采矿许可证核定生产规模及矿山设计文件或相关规范规定的采矿损失率、矿石贫化率估算。矿业权出让收益评估中,自然资源行政主管部门有规定的从其规定。

2)评估利用矿产资源储量

确定评估利用矿产资源储量的计算公式为:

$$评估利用矿产资源储量 = 参与评估的储量 + 资源量 \times 相应类型可信度系数$$

3)评估利用可采储量

(1)评估利用可采储量的确定

确定评估利用可采储量的计算公式为:

$$评估利用可采储量 = 评估利用矿产资源储量 - 设计损失量 - 采矿损失量$$
$$= (评估利用矿产资源储量 - 设计损失量) \times 采矿回采率$$

(2)设计损失量的确定

①露天开采设计损失量一般为最终边帮矿量。地下开采设计损失量一般包括:a. 由地质条件和水文地质条件(如断层和防水保护矿柱、技术和经济条件限制难以开采的边缘或零星矿体或孤立矿块等)产生的损失;b. 由留永久矿柱(如边界保护矿柱、永久建筑物下需留设的永久矿柱及因法律、社会、环境保护等因素影响不能开采的保护矿柱等)造成的损失。

②设计损失量中资源量应与评估利用资源储量中的资源量按相同的可信度系数进行折算。

③设计确定的后期回收的矿柱(如某些大巷和工业广场矿柱),不应归为永久矿柱做设计损失量。

④注意区分永久矿柱和压覆矿产资源,两者不能混同。

(3)采矿损失量

采矿损失量是指采矿过程中损失的资源储量,通常以采矿损失率表示。其计算公式为:

采矿损失量 =（评估利用矿产资源储量 - 设计损失量）× 采矿损失率

原则上不应根据后续勘查设计对矿产资源储量报告中的资源储量和类型进行修正。

【例 8.1】某铁矿采矿权评估,根据地质详查报告及其评审意见书,截至储量核实基准日（2010 年 8 月）,铁矿采矿许可证范围内保有资源储量为:矿石量共计 2387.64 万吨,平均品位（TFe）38.47%。其中,控制的内蕴经济资源量（332）矿石量 1000.64 万吨,平均品位（TFe）39.46%;推断的内蕴经济资源量（333）矿石量 1387.00 万吨,平均品位（TFe）37.76%。储量核实基准日至评估基准日期间未动用资源储量。根据该铁矿的开发利用方案及选矿厂可行性研究报告,对推断的内蕴经济资源量（333）设计利用了 60%,据此调整本矿矿区范围内各类设计损失量为 157.30 万吨,其中露天开采设计损失量 60.51 万吨、地下设计损失量 96.79 万吨,确定露天开采采矿回采率为 95.00%,矿石贫化率为 5.00%;地下开采采矿回采率为 88.00%,矿石贫化率为 14.00%;铁矿选矿回收率为 73.63%。据此资料计算可采储量。

评估利用的资源储量（矿石量）= $\sum$ 基础储量 + $\sum$ 资源量 × 该类型资源量可信度系数

$$= 1000.64 + 1387.00 × 0.60 = 1832.84（万吨）$$

其中,露天开采评估利用资源储量 782.17 万吨、地下开采评估利用资源储量 1050.67 万吨。

可采储量 =（评估利用资源储量 - 评估利用设计损失量）× 采矿回采率

其中:

露天开采可采储量 =（782.17 - 60.51）× 95.00% = 685.58（万吨）

地下开采可采储量 =（1050.67 - 96.79）× 88.00% = 839.41（万吨）

可采储量 = 露天开采可采储量 + 地下开采可采储量

$$= 685.58 + 839.41$$
$$= 1524.99（万吨）$$

8.3.4 技术经济参数的确定

1）生产能力

矿山企业的生产能力是指矿山企业正常生产时期单位时间内能够采出的矿石量。一般用年采出的矿石量表示。如果矿山企业是采选联合企业,也可用年生产精矿量表示;如果矿山企业是采、选（冶）联合企业,也可用年生产金属量表示。

矿业权价值评估中,通常用矿山企业正常生产年份采出的矿石量表示。矿山企业的生产能力决定矿山企业的基建工程量、主要生产设备的类型、建（构）筑物的规模和结构类型、辅助车间和选冶车间的规模、职工人数等,从而影响建设投资和投资效益、生产成本和生产经营效益。

2）评估计算年限

评估计算年限是采用收益途径评估方法评估矿业权价值确定的相关年限,包括后续勘查年限、建设年限和评估计算的服务年限三个部分。

后续勘查年限是指评估基准日时需进行矿产地质勘查工作从而达到矿山建设条件的时间。通常情况下,适用于采用收益途径评估方法评估探矿权价值的情形。

建设年限是指评估基准日时需进行矿山建设工作从而达到正常生产的时间。通常情况下,适用于采用收益途径评估方法评估拟建、在建、改(扩)建矿山采矿权价值的情形。

评估计算的服务年限(或评估确定的矿山正常生产年限)是指评估计算的矿山正常生产的年限。矿业权价值评估中,以矿山服务年限为基础确定评估计算的服务年限。

【例8.2】某煤矿采矿权评估,根据采矿许可证载明的生产规模确定生产能力为3.00万吨/年,可采储量为131.73万吨,矿石贫化率为10.00%。根据企业生产计划,原矿生产计划分别为:2013年4—12月计划生产0.25万吨,2014年计划生产1.60万吨,2015年计划生产2.65万吨。据此资料,计算矿山的合理服务年限。

本次评估计算的服务年限计算如下:

$$T=[131.73-(0.25+1.60+2.65)\times(1-10.00\%)]\div[3.00\times(1-10.00\%)]+(2+9\div12)$$
$$=50.04(年)$$

3)后续地质勘查投资

后续地质勘查投资是指评估基准日时仍需要进行矿产地质勘查工作从而达到矿山建设条件所需要的投资。通常情况下,适用于采用收益途径评估探矿权价值的情形。

4)固定资产投资

本书所称固定资产投资是指矿山建设中建造和购置固定资产的经济活动。投资额是指矿山建设中建造和购置固定资产发生的全部费用支出。固定资产投资构成,通常可按概算法(或工程造价)分类,也可按资产法分类。按概算法分类,固定资产投资由工程费用、工程建设其他费用、预备费用和建设期贷款利息四个部分构成。其中,工程费用按费用性质又可划分为建筑安装工程费、设备购置费(含工程器具及生产家具购置费)和安装工程费;工程建设其他费用是按现行相关规定应计入工程造价中的费用,不同行业、不同地区、不同建设项目,工程建设其他费用的内容不同;预备费用一般包括基本预备费和涨价预备费两部分(一般是项目建设投资估算领域、项目投资决策领域的概念)。

矿业权价值评估中,一般假定固定资产投资全部为自有资金,建设期固定资产贷款利息一般不考虑计入投资。在参考可行性研究报告或初步设计等资料确定固定资产投资时,应注意其差别。

工程建设领域中的工程造价与会计核算领域中的资产成本存在差异。在矿业权价值评估中,不论参考企业财务会计报告还是参考可行性研究报告或初步设计等资料来确定评估用固定资产投资,都应分析调整确定。

【例8.3】某煤矿采矿权评估,评估基准日为2010年12月31日,取得2008年12月编制的可行性研究报告。矿井部分投资294515.37万元,其中井巷工程70462.09万元、房屋建筑物39979.33万元、设备及安装工程121645.75万元、其他费用28162.83万元、预备费34265.37万元。选煤厂投资25818.20万元,其中房屋建筑物9685.10万元、设备及安装工程11365.26万元、其他费用2855.38万元、预备费1912.46万元。据此资料,分析确定固定资产投资额。

因可行性研究报告编制时间距评估基准日已有两年时间,故采用固定资产投资价格指数,对可行性研究报告中的各项固定资产投资进行调整,确定固定资产投资额。根据2009年第四季度和2010年固定资产投资价格指数,确定建筑安装工程费用、设备器具购置费用、其他费用固定资产投资价格指数分别为1.1121、0.9790和1.0710。不考虑预备费用,据此调整确定的固定资产投资额为297028.87万元,其中井巷工程88133.82万元、房屋建筑物62281.44万元、设备146613.61万元。

采用收益途径评估方法评估矿业权价值时,固定资产投资可以根据矿产资源开发利用方案、(预)可行性研究报告或矿山设计等资料分析估算确定,也可以根据评估基准日企业资产负债表、固定资产明细表列示的账面值分析确定。

5)固定资产残(余)值

固定资产净残(余)值是指固定资产残(余)值扣除变现费用后的净残值和剩余净值。净残值是指假定固定资产预计使用寿命已满并处于使用寿命终了时的预期状态,企业从该项资产处置中获得的扣除预计处置费用后的金额。

剩余净值是指固定资产未达到使用寿命,提前退出生产系统,企业从该项资产处置中获得的扣除预计处置费用后的金额。它是固定资产的余值收入减去清理变现费用之后的剩余价值额。

6)固定资产更新投资

矿业权价值评估中,更新资金一般包括设备和房屋建筑物等固定资产的更新。矿山采矿系统(坑采的井巷工程或露采的剥离工程)更新资金不以固定资产投资方式考虑,而以更新性质的维简费及安全费用(不含井巷工程基金)方式直接列入经营成本。

7)流动资金

流动资金是指企业生产运营需要的周转资金,是企业进行生产和经营活动的必要条件。一般用于购买辅助材料、燃料、动力、备品备件、低值易耗品、产品(半成品)等,形成生产储备,然后投入生产,通过销售产品回收货币。数额相当于流动资产减去流动负债的值。

8)土地使用权及土地费用

我国土地实行两级所有制,即国家所有和农村集体所有。其中,国家所有的土地一般包括城镇土地及规划区土地,农村集体所有土地包括城镇郊区和农村土地。城镇土地及规划区土地所有权属于国家,市场可以流转的是土地使用权。

按企业收益原理,任何企业收益均为各要素投入的报酬。矿山企业中,投入资本要素主要包括固定资产及其他长期资产、土地、矿业权。当估算某种资本要素的收益,并将该收益折现作为资产价值时,需将其他要素的投入成本及其报酬扣除或者通过收益分成、折现率等方式考虑。企业利用土地的方式不同,评估处理不同。

9)总成本费用

总成本费用是一个集合概念,是产品的生产成本和不能归属于产品而直接计入企业当期损益的费用构成。生产成本(又称制造成本或工厂成本)是指产品在制造过程中所发生的各项费用,一般包括直接成本和间接成本两个项目。

①矿业权价值评估中的总成本费用。矿业权价值评估中,成本是矿山企业存货——矿产品的生产成本(对应地,收入是矿产品的销售收入)。本属于企业当期损益类的期间费用中分摊在矿产品的部分,与矿产品生产成本合计构成矿产品的"总成本费用"。

成本费用 = 生产成本 + 管理费用 + 财务费用 + 销售费用

= (制造成本 + 制造费用) + 管理费用 + 财务费用 + 销售费用

②矿业权价值评估中的经营成本。会计的现金流量和投资分析中的现金流量使用的是"付现成本费用"的概念,与矿业权价值评估中使用的"经营成本"口径相同,即扣除"非付现支出"(折旧、摊销、折旧性质维简费、利息等系统内部的现金转移部分)后的成本费用。故:

经营成本 = 总成本费用 – 折旧费 – 摊销费 – 折旧性质维简费 – 利息支出

10)产品方案

产品方案包括矿产品类别和品种构成、产品质量、销售方式及主要流向。

矿业权价值评估中,产品方案可以设定为原矿,也可以设定为精矿或金属,但应当考虑公开销售的最终矿产品的形式,根据矿山实际确定产品方案。

11)销售收入

根据生产能力、采选冶技术指标等计算各种产品产量(即销售量),然后根据各种产品产量及其销售价格,计算销售收入,即:

$$年销售收入 = \sum (年产品产量 \times 销售价格)$$

需要注意的是,由于矿产品种类多、规格繁杂,计价标准也不一致,在进行销售收入计算时,应注意品位、品级、规格与计价标准一致。

【例8.4】某铅锌矿采矿权评估,原矿产量(Q_y)为120万吨/年;采出矿石品位即入选原矿品位(a)为3.60%;选矿回收率为93%;精矿品位(O)为55%,锌精矿含锌不含税价格为8905.98元/吨。

则年销售收入计算如下:

精矿产量 = 120×10000×3.60%×93%÷55% = 73047.27(吨)

精矿含锌金属量 = 73047.27×55% = 40176(吨)

正常生产年锌精矿含锌销售收入 = 40176×8905.98÷10000

= 35780.67(万元)

【例8.5】某铅锌矿采矿权评估,可采储量31.62万吨,矿山生产规模(原矿处理量)为8.00万吨/年,铅的入选品位(a)为2.39%,铅选矿回收率为90.00%;锌的入选品位(a)为1.20%,锌选矿回收率为83.00%。锌精矿含锌不含税价格为9100.00元/吨,铅精矿含铅不含税价格为11500.00元/吨。则年销售收入计算如下:

铅精矿销售收入＝年产铅精矿含铅金属量×销售价格
　　　　　　　＝原矿处理量×入选品位×选矿回收率×销售价格
　　　　　　　＝8.00×2.39%×90.00%×11500.00
　　　　　　　＝1978.92(万元)

锌精矿销售收入＝年产锌精矿含锌金属量×销售价格
　　　　　　　＝原矿处理量×入选品位×选矿回收率×销售价格
　　　　　　　＝8.00×1.20%×83.00%×9100.00
　　　　　　　＝725.09(万元)

得到该矿正常生产年份销售收入合计为2704.01万元。

12)采选冶技术指标

评估中涉及的采选冶技术指标主要包括采矿损失率或采矿回采率、矿石贫化率、选矿回收率、冶炼回收率等。

13)采矿权权益系数

采矿权权益系数是收入权益法设定的参数,用以对销售收入现值进行调整估算采矿权价值。它是采矿权评估价值与销售收入现值之比,主要反映矿山成本水平,包括收益途径的全部内涵。一般可以通过统计已评估的采矿权价值结果得到取值范围。

14)矿产开发地质风险系数

矿产开发地质风险系数是针对地质勘查工作程度不足而设定的,反映因地质勘查工作程度不足导致地质可靠性低所带来的开发投资风险,并将这种风险半定量化,以剔除因此带来的价值贬损。该系数一般通过区域成矿地质条件、地质构造复杂程度、矿床变化规律与矿层稳定性、矿石品质及选冶性能、水文地质条件和开采技术等地质要素半定量化来确定。

15)效用系数和调整系数

①效用系数是为了反映成本对价值的贡献程度而设定的对重置成本进行溢价或折价的修正系数(F),为勘查工作加权平均质量系数和勘查工作布置合理性系数的乘积。

②调整系数显示出评估对象的找矿潜力和资源的开发前景,反映了成本对价值的贡献,为各价值指数的乘积。价值指数是指利用《成本途径评估方法规范》规定的专家对各地质要素分别进行评判,在一定范围内给出的显示评估对象的找矿潜力和资源开发前景的溢价或折扣的系数。

16)投资收益率与投资利润率

①投资收益率是年投资收益占投资成本的比率,反映了投资的收益能力,与投资的风险程度呈正相关。在矿业权价值评估中,投资收益率用于折现剩余现金流量法,以其与各年资产净值(固定资产净值、无形资产及其他资产摊余价值之和)的乘积确定各年投资收益额。

②投资利润率一般是指项目达到设计生产能力后的一个正常生产年份的利润总额与项

目总投资的比率。在矿业权价值评估中,投资利润率用于剩余利润法,以其与各年资产净值（固定资产净值、无形资产及其他资产摊余价值之和）的乘积确定各年开发投资利润额。

8.3.5　折现率的确定

折现率的基本构成如下:

$$折现率 = 无风险报酬率 + 风险报酬率$$

也可以采取其他能够充分反映无风险和风险报酬的、与收益口径相一致的折现率确定方法。

8.4　矿业权价值评估成本途径评估方法与参数

8.4.1　成本途径基本原理

成本途径是基于贡献原则和重置成本的原理,即现时成本贡献于价值的原理,以成本反映价值的技术路径,是一类评估方法的总称。成本途径具体评估方法包括勘查成本效用法和地质要素评序法。

成本途径多用于探矿权价值的评估。当探矿权所对应的矿产地的勘查程度较低,资源储量的可靠性差,不适合采用收益途径评估探矿权价值时,一般考虑采用成本途径对其价值进行评估。

8.4.2　勘查成本效用法

1)一般原理

勘查成本效用法是指采用效用系数对地质勘查重置成本进行修正,估算探矿权价值的方法。

2)计算公式

（1）公式①

$$P = C_r \times F = \left[\sum_{i=1}^{n} U_i \times P_i \times (1 + \varepsilon) \right] \times F$$

式中,P 为探矿权评估价值;G_r 为重置成本;U_i 为各类地质勘查技术方法完成的实物工作量;P_i 为各类地质勘查实物工作对应的现行价格和费用标准;ε 为岩矿测试、其他地质工作（含综合研究及编写报告）、工地建筑等间接费用的分摊系数;i 为各实物工作量序号（$i = 1, 2, 3, \cdots, n$）;n 为勘查实物工作量项数;F 为效用系数。

（2）公式②

$$P = C_r \times F = \left[\sum_{i=1}^{n} U_i \times P_i + C \right] \times F$$

式中，C 为岩矿测试、其他地质工作（含农合研究及编写报告）、工地建筑等间接费用；其余指标含义同上式。

3）适用范围

①投入少量地表或浅部地质工作的普查探矿权价值评估。

②经一定勘查工作后找矿前景仍不明朗的普查探矿权价值评估。

4）前提条件

勘查区内完成的地质勘查工作可基本满足效用系数评判所需要的地质、矿产信息和施工质量信息等资料。

5）操作步骤

①了解评估对象勘查工作史。

②收集勘查工作相关地质资料。

③根据有关、有效原则，确定勘查工作量。

④选择勘查工作价格费用标准。

⑤估算勘查工作重置成本。

⑥评判各项勘查工作效用系数。

⑦依据评估模型进行评定估算。

6）注意事项

①以现行矿产勘查规范的标准正确判定评估对象实际已达到的勘查程度。

②实物工作量的选取必须是有关、有效勘查工作量，不包含公益性地质工作。

③依据的评估资料中的主要实物工作量能够说明其有关、有效和质量状况。

④评估范围应当与勘查许可证中所载明的或登记管理机关划定的地理位置（经纬度坐标）和面积一致。

⑤公式①适用于采用占各类勘查技术方法实物工作重置成本的一定比例（分摊系数）的方式估算间接费用的情形，该分摊系数一般取30%；公式②适用于采用分项估算间接费用的情形，应根据现行费用水平确定。

7）有关术语

①有关。有关是指在评估范围内，与目标矿种有关。目标矿种是指批准或许可的勘查矿种。与目标矿种有关是指能为目标矿种及其共（伴）生组分勘查利用的所有实物工作。

②有效。有效是指主要勘查技术手段符合当时的勘查规范要求。

③重置成本。重置成本是按照当时的勘查规范要求，对所确定的有关、有效实物工作量，以现行价格和费用标准估算的现时成本。

④现行价格。现行价格是指评估基准日适用的各类勘查技术手段实物工作的价格和费用标准。

⑤勘查工作质量系数。勘查工作质量系数是为反映有关、有效各类勘查工作的质量而设定的系数。勘查工作的质量根据现行的地质勘查规范要求评判。

⑥勘查工作加权平均质量系数。勘查工作加权平均质量系数为各类勘查工作质量系数与各类勘查工作的重置成本的加权平均值。

⑦勘查工作布置合理性系数。勘查工作布置合理性系数是为反映有关、有效各类勘查工作布置的合理性、必要性和使用效果而设定的系数。勘查工作布置的合理性、必要性和使用效果,根据现行勘查规范的要求评判。

⑧效用系数。效用系数是为了反映成本对价值的贡献程度而设定的对重置成本进行溢价或折价的修正系数,为勘查工作加权平均质量系数和勘查工作布置合理性系数的乘积。

⑨基础成本。基础成本是指经效用系数修正后的重置成本。

⑩地质要素。地质要素是指能显示评估对象找矿潜力和资源开发前景的要素。

⑪价值指数。价值指数是指利用《成本途径评估方法规范》的规定,专家对各地质要素分别进行评判,在一定范围内给出的显示评估对象的找矿潜力和资源开发前景的溢价或折扣的系数。

⑫调整系数。调整系数显示出评估对象的找矿潜力和资源的开发前景,反映了成本对价值的贡献,为各价值指数的乘积。

8.4.3 地质要素评序法

1)一般原理

地质要素评序法是基于贡献原则的一种间接估算探矿权价值的方法。具体是将勘查成本效用法估算所得的价值作为基础成本,对其进行调整,得出探矿权价值。

调整的根据是评估对象的找矿潜力和矿产资源的开发前景。

2)计算公式

(1)公式①

$$P = P_C \times \alpha = \Big[\sum_{i=1}^{n} U_i \times P_i \times (1 + \varepsilon) \Big] \times F \times \prod_{j=1}^{m} \alpha_j$$

式中,P 为地质要素评序法探矿权评估价值;P_C 为基础成本(勘查成本效用法探矿权评估价值);α_j 为第 j 个地质要素的价值指数($j=1,2,\cdots,m$);α 为调整系数(价值指数的乘积 $\alpha=\alpha_1 \times \alpha_2 \times \alpha_3 \cdots \alpha_m$);$m$ 为地质要素的个数。

(2)公式②

$$P = P_C \times \alpha = \Big[\sum_{i=1}^{n} U_i \times P_i + C \Big] \times F \times \prod_{j=1}^{m} \alpha_j$$

式中,P 为地质要素评序法探矿权评估价值;P_C 为基础成本(勘查成本效用法探矿权评估价值);a_j 为第 j 个地质要素的价值指数($j=1,2,\cdots,m$);α 为调整系数(价值指数的乘积 $\alpha=\alpha_1\times\alpha_2\times\alpha_3\times\cdots\times\alpha_m$);$m$ 为地质要素的个数。

3)价值指数的确定

价值指数一般采用专家评判方式进行。

(1)专家条件

①专业:一般以地质矿产专业为主,根据评判需要兼顾物化探、矿业经济等专业。

②人数:不少于 5 名。

③职称:具有高级及以上技术职称,并具有丰富实践经验。

④回避:聘用专家与评估机构、交易各方均不存在直接利害关系和可能关联的利益关系。

(2)评判程序

①矿业权价值评估专业人员提供有关地质报告、图件等资料给评判专家。

②矿业权价值评估专业人员向专家说明价值指数的构成和评判标准。

③专家按价值评判的要求,独立、客观、公正地评判赋值,填写地质要素价值指数评判表。

④矿业权价值评估专业人员对评判结果进行审查、汇总,并分析其合理性。

4)适用范围

地质要素评序法适用于普查阶段的探矿权价值评估,但不适用于赋存稳定的沉积型矿种大中型矿床中勘查程度较低的预查及普查区的探矿权价值评估。

5)前提条件

①勘查区范围内已进行较系统的地质勘查工作。

②有符合地质勘查规范要求的地质勘查报告或地质资料,并有比较具体的、可满足评判指数需要的地质、矿产信息。

③勘查区外围有符合要求的区域地质矿产资料。

6)操作步骤

①了解评估对象勘查工作史。

②收集勘查工作相关地质资料。

③根据有关、有效原则,确定勘查工作量。

④选择勘查工作价格费用标准。

⑤估算勘查工作重置成本。

⑥评判各项勘查工作效用系数。

⑦按要求聘请专家进行价值指数评判。

⑧依据评估模型进行评定估算。

7)注意事项

①不同矿种表现的地质特征和开发利用特征有差别,应选取能揭示勘查找矿潜力和开发前景特征的要素,并赋以恰当的数值区间范围。

②正确判定勘查区实际已达到的勘查程度,是采用地质要素评序法的先决条件。应当以现行矿产勘查规范判断实际达到的勘查工作程度。

③成矿地质条件差异较大时,可以根据地质矿产差异情况将勘查区划分为适当的评判单元,分别确定其价值指数。

8.4.4　主要评估参数的确定

1)有关、有效实物工作量

实物工作量通过利用专业报告——地质勘查报告和原始资料记载的实际完成工作量确定。实物工作量的确定必须是有关、有效勘查工作量,不包含公益性地质工作。

需要进行重置计算价值的实物工作量有:钻探、坑探、浅井、槽探;各种比例尺的地形测量、地质测量(填图)及物化探测量、各种剖面测量、各种采样等。各类化验、测试、鉴定费用计入间接费用。

2)现行价格

重置成本是按照当时的勘查规范要求,对所确定的有关、有效实物工作量,以现时价格和费用标准估算的现时成本。

3)效用系数

效用系数(P)是为了反映成本对价值的贡献程度而设定的对重置成本进行溢价或折价的修正系数。效用系数(F)= 勘查工作加权平均质量系数(f_1)×勘查工作布置合理性系数(f_2),勘查工作加权平均质量系数(f_1)是各类勘查工作质量系数与各类勘查工作的重置成本的加权平均值。勘查工作质量系数是为反映有关、有效各类勘查工作的质量而设定的系数。

4)价值指数和调整系数

价值指数是指利用专家对各地质要素分别进行评判,在一定范围内给出的显示评估对象找矿潜力和资源开发前景的溢价或折扣的系数。调整系数显示出评估对象的找矿潜力和资源的开发前景,反映了成本对价值的贡献,为各价值指数的乘积。

【例8.6】对四川阿坝地区某一多金属矿探矿权进行评估,评估基准日为2013年12月31日。探矿权为2012年12月申请取得,勘查项目名称为××××金矿普查,矿区面积为9.7平方千米,有效期限为2012年12月—2015年12月。矿业权人在2013年进行了地质勘查工作。2013 年年度地质报告数据和原始资料表明,勘查区内的实物工作量见表 8.1。经核实,均为有关、有效工作量。评估人员分析并评述了各项工作质量,见表 8.2。根据地质报告的内容,2013 年勘查工作圈定了进一步勘查的潜力较大地区,但未圈定矿体,也尚未大致查明矿区内地质、构造概况,尚未大致掌握矿体的形态、产状、质量特征。试评估该探矿权的价值。

表 8.1 某一多金属矿探矿权实物工作量统计

勘查工作类别	勘查工作内容	比例尺	AB 距（米）	网度（米×米）	点距	点密度	地形等级	地质复杂程度分类	计算单位	工作量
地形地质测量	专项地质测量	1∶25000						Ⅱ	平方千米	9.70
物探	磁法测量	1∶10000		100×40			Ⅳ		平方千米	9.70
	磁法测网布设	1∶10000		100×40			Ⅳ		平方千米	9.70
	激电中梯剖面测量(短导线)	1∶10000	1600		40		Ⅳ		千米	16.00
	激电剖面布设	1∶10000	1600		40		Ⅳ		千米	16.00
化探	水系沉积物测量	1∶50000				4~5点/平方千米	Ⅳ		平方千米	5.70
	土壤剖面测量	1∶5000			20		Ⅳ		千米	6.40
	土壤剖面布设	1∶5000			20		Ⅳ		千米	6.40

表 8.2 勘查工作质量和工作部署合理性评述

工作项目	工作质量评述
地形地质测量	勘查区内开展了 1∶25000 地质测量,对矿区地层、构造、岩浆岩、矿化蚀变类型及特征有了一定认识,基本达到本阶段工作的目的
物探	勘查区内主要开展了 1∶10000 高精度磁法测量、激电中梯剖面测量。通过磁力化极不同方向的一阶水平方向导数、总梯度模等数据处理后获得的综合信息,推断了 10 条断层。激电中梯测量剖面显示两条中低电阻率、高激化率异常带。各工程符合相关规范,对后续勘查有一定指导意义
化探	勘查区内主要开展了 1∶50000 水系沉积物测量、1∶5000 土壤剖面测量等化探工作。1∶50000 地球化学测量圈定出 As、Ag、Au、M。异常范围,具有较好找矿远景。在异常区内及周围有岩石露头的区域,进行了土壤剖面测量,显示较好的矿化蚀变信息。各工程符合相关规范,对后续勘查有一定指导意义

续表

工作项目	工作质量评述
间接费用	在地质测量、物化探等地质工程基础上进行了编录、采样及岩矿测试的地质工作,各项工作基本符合相关规范要求,基本能够满足该项目要求,地质报告编写质量一般。综上,本类工作施工质量一般,能够获得一定的地质信息
工作部署合理性	在地质测量的基础上,进行了槽探、物探、化探等工作,工程布置合理,总体工作方法选用得当,基本符合有关勘查规范要求

评估计算过程如下:

①确定评估方法。该探矿权项目名称虽然为"金矿普查",但是参照《岩金矿地质勘查规范》(DZ/T 0205—2002),勘查区地质工作程度为预查阶段。已完成地质勘查工作较少,总体勘查程度较低,收益和风险不可预测,地质资料也不能满足地质要素评序法的需要,故采用勘查成本效用法进行评估。

②分析整理地质资料,核对有关、有效工作量。经核对分析,上述实物工作量均为有关、有效工作量。

③计算重置直接成本。查询中国地质调查局地质调查项目预算标准,确定各项勘查工作的预算单价和地区调整系数,计算各项勘查工作的重置成本为279135.45元,见表8.3。

④计算间接费用和重置成本。间接费用按直接重置成本的30%估算,确定为83740.64元。

重置成本=直接成本+间接费用=36.29(万元)

⑤确定效用系数。各类勘查工作的质量系数和工作部署合理性系数赋值情况见表8.4。

效用系数=加权平均质量系数×工作部署合理性系数

⑥计算探矿权评估价值。

探矿权评估价值=重置成本×效用系数=36.29×1.11=40.28(万元)

表8.3　各项勘查工作重置直接成本计算结果

勘查工作类别	勘查工作内容	比例尺	AB距（米）	网度（米×米）	点距	点密度	地形等级	地质复杂程度分类	计算单位	工作量	有效工作量	预算单价（元/吨）	地区调整系数	重置直接成本（元）
地形地质测量	专项地质测量（简测）	1:25000							千米	9.70	9.70	1569.00	1.50	22828.95
物探	磁法测量	1:10000		100×40			IV		平方千米	9.70	9.70	5303.00	1.50	77158.65
	磁法测网布设	1:10000		100×40			IV		平方千米	9.70	9.70	4987.00	1.50	72560.85
	激电中梯剖面测量（短导线）	1:10000	1600		40		IV		千米	16.00	16.00	3114.00	1.50	74736.00
	激电剖面布设	1:10000	1600		40		IV		千米	16.00	16.00	599.00	1.50	14376.00
化探	水系沉积物测量	1:50000				4~5点/平方千米	IV		平方千米	5.70	5.70	308.00	1.50	2633.40
	土壤剖面测量	1:5000			20		IV		千米	6.40	6.40	721.00	1.50	6921.60
	土壤剖面布设	1:5000			20		IV		千米	6.40	6.40	825.00	1.50	7920.00
合计														279135.45

表 8.4 勘查工作质量系数和工作部署合理性系数赋值情况

工作项目	重置直接成本（万元）	工作质量评述	效用系数
地形地质测量	2.28	勘查区内开展了 1∶25000 地质测量,对矿区地层、构造、岩浆岩、矿化蚀变类型及特征有了一定认识,基本达到本阶段工作的目的	1.00
物探	23.88	勘查区内主要开展了 1∶10000 高精度磁法测量、激电中梯剖面测量,通过磁力化极不同方向的一阶水平方向导数、总梯度模等数据处理后获得的综合信息,推断了 10 条断层。激电中梯测量剖面显示两条中低电阻率、高激化率异常带。各工程符合相关规范,对后续勘查有一定指导意义	1.15
化探	1.75	勘查区内主要开展了 1∶50000 水系沉积物测量、1∶5000 土壤剖面测量等化探工作。1∶50000 地球化学测量圈定出 As、Ag、Au、M异常范围,具有较好找矿远景。在异常区内及周边有岩石露头的区域,进行了土壤剖面测量,显示较好的矿化蚀变信息。各工程符合相关规范,对后续勘查有一定指导意义	1.25
间接费用	8.37	在地质测量、物化探等地质工程基础上进行了编录、采样及岩矿测试的地质工作,各项工作基本符合相关规范要求,基本能够满足该项目要求,地质报告编写质量一般。综上,本类工作施工质量一般,能够获得一定的地质信息	1.00
加权平均质量系数(f_2)			1.11
工程部署合理性系数(f_1)		在地质测量的基础上,进行了槽探、物探、化探等工作,工程布置合理,总体工作方法选用得当,基本符合有关勘查规范要求	1.00
效用系数(F)			1.11

8.5 矿业权价值评估市场途径评估方法与参数

8.5.1 市场途径基本原理

市场途径是指根据替代原理,通过分析、比较评估对象与市场上已有矿业权交易案例异同,间接估算评估对象价值的技术路径。它是一类评估方法的总称。市场途径常用的具体评估方法有可比销售法、单位面积探矿权价值评判法、资源品级探矿权价值估算法。

理论上,市场途径评估方法适用于所有矿业权评估。其中,可比销售法适用于各勘查阶段的探矿权和采矿权价值评估。单位面积探矿权价值评判法通常适用于勘查程度较低、地质信息较少的探矿权价值评估。资源品级探矿权价值估算法通常适用于勘查程度较低、地质信息较少的金属矿产探矿权价值评估。评估对象与参照物的相似程度越高,采用市场途径评估的准确性越好;如果差异较大,则不宜采用市场途径。

8.5.2 可比销售法

1)一般原理

可比销售法是基于替代原则,将评估对象与在近期相似交易环境中成交,满足各项可比条件的矿业权的地、采、选等各项技术、经济参数进行对照比较,分析其差异,对相似参照物的成交价格进行调整估算评估对象的价值。

相似参照物是指近期相似交易环境成交的,与被评估对象主矿种相同、勘查程度相同或者接近,具有可比条件的矿业权交易案例。

2)计算公式

①详查以上探矿权和采矿权价值评估(含简单勘查或调查即可达到矿山建设和开采要求的无风险的地表矿产的采矿权价值评估)的计算公式为:

$$P = \frac{\sum_{i=1}^{n} \left[P_i \cdot (\mu \cdot \omega \cdot t \cdot \theta \cdot \lambda \cdot \delta) \right]_i}{n}$$

式中,P 为评估对象的评估价值;P_i 为相似参照物的成交价格;其余参数分别为可采储量调整系数、矿石品位(质级)调整系数、生产规模调整系数、产品价格调整系数、矿体赋存开采条件调整系数、区位与基础设施条件调整系数;n 为相似参照物个数。

②勘查程度较低的探矿权价值评估的计算公式为:

$$P = \frac{\sum_{i=1}^{n} \left[P_i \cdot (P_a \cdot \xi \cdot \omega \cdot \nu \cdot \phi \cdot \delta) \right]_i}{n}$$

式中,P 为评估对象的评估价值;P_i 为相似参照物的成交价格;其余参数分别为勘查投入调整系数、资源储量调整系数、矿石品位(品质)调整系数、物化探异常调整系数、地质环境与矿化类型调整系数、区位与基础设施条件调整系数;n 为相似参照物个数。

3)适用范围

可比销售法通常适用于各勘查阶段的探矿权和采矿权价值评估。

4)前提条件

①有一个较发育的、正常的、活跃的矿业权市场。
②可以找到相同或相似条件要求的参照案例。
③具有可比量化的技术、经济参数等资料。

5）操作步骤

①选择交易案例。根据已掌握的评估对象的详细情况，收集相同的、类似的矿业权市场交易信息、交易形式资料，从中选择可比的交易案例。

②确定可比因素。根据不同矿种、不同地质勘查工作阶段、不同产品方案及资料可获取与可靠程度等，合理确定可比因素。

③确定可比因素的调整系数。在充分对比分析评估对象与参照案例可比因素差异的基础上，对各可比因素进行评判并估算确定各可比因素调整系数。

④依据评估模型进行评定估算。

6）交易案例选择的基本条件

①与评估对象具有相似的市场环境、交易条件、交易方式。

②与评估对象的勘查阶段相同。

③与评估对象的主矿种、矿床和矿石类型应相同。

④与评估对象的资源禀赋和开发条件、开采方式类似。

⑤与评估对象主矿种相应产品的市场销售范围大体相当。

7）可比因素

选择交易案例的相似条件，也是进行可比因素调整的条件，包括可采储量、生产规模、产品销售价格、矿石品质、资源赋存及开发条件、矿山建设外部条件。

（1）可采储量（资源储量、评估利用资源储量）

①交易案例、评估对象资源储量为同一规模（区间），交易案例与评估对象资源储量之间的差异幅度应符合下列条件：a. 大、中型资源储量规模，差异幅度小于等于50%；b. 中型以下至小型资源储量规模上限一半以上，差异幅度小于等于100%；c. 小型资源储量上限一半以下，差异幅度小于等于200%。

②交易案例、评估对象资源储量非同一规模，交易案例与评估对象的资源储量之间的差异幅度小于等于50%。

③交易案例和评估对象均有矿山设计文件，应优先采用可采储量并考虑上述限定条件。

（2）生产规模

①交易案例、评估对象的生产规模为同一级别，交易案例与评估对象的生产规模之间的差异幅度应符合下列条件：a. 大型生产规模，差异幅度小于等于50%；b. 中型生产规模，差异幅度小于等于100%；c. 小型生产规模，差异幅度小于等于200%。

②交易案例、评估对象生产规模非同一级别，生产规模差异幅度小于等于50%。

部分探矿权价值评估生产规模无法确定时，应选取资源赋存及开发条件相似、资源储量规模差异幅度不超过30%的交易案例。

（3）产品销售价格

交易案例和评估对象的产品方案（原矿、精矿）一致，交易案例的产品销售价格与评估对象的单位原矿或单位精矿产品销售价格差异幅度小于等于50%。混合精矿、多组分精矿、多品级原矿可通过折算后的单位原矿销售价格进行差异幅度比较。

（4）矿石品质

交易案例和评估对象的矿石自然类型及工业类型一致,用途相同,品质相近。不同矿种的具体条件不同。

①煤。煤类一致,用途相同,计价指标相近。

②铁。矿石自然类型一致,交易案例与评估对象全铁(TFe)品位差异在±10%以内。磁铁矿的磁性铁(MFe)占全铁(TFe)的比例相近。

③非金属。同一矿种矿石类型一致,用途相同,矿石品级相近。有组分有指标要求的,交易案例与评估对象品位差异在±10%以内。

（5）资源赋存及开发条件

①交易案例和评估对象的开采方式相同情况。

a.露天开采。大、中型生产规模矿山,平均剥采比差异幅度小于等于200%;小型生产规模矿山,平均剥采比差异幅度小于等于300%;当平均剥采比小于等于2时,可不考虑平均剥采比差异限定条件;水文地质条件、工程地质条件相近。

b.地下开采。矿体埋藏深度相差不大,矿井开采深度相差不大,开拓方式相似;矿体平均厚度在相同或相邻级别(薄矿体、中厚矿体、厚矿体)之间进行选取;矿体倾角在相同或相邻级别(极倾斜、倾斜、缓倾斜或近水平)进行选取;地质构造复杂程度相近,水文地质条件、工程地质条件相近。

②交易案例与评估对象矿石选冶(洗选)性能相近情况。

a.煤的洗精煤产率差异在±10%以内。

b.铁的选矿回收率差异在±6%以内。

c.计价与品位有关的非金属矿,可参考铁矿限定条件。

（6）矿山建设外部条件

①自然经济及地理环境相似。

②交通运输条件相似。

③供水、供电等基础设施条件相似。

8）注意事项

①可比因素调整系数若相差悬殊,超出限定条件范围的,应当另行选择参照案例或寻求其他评估途径。

②可比因素采用的口径应一致,或者能够调整到口径一致。

③对矿体赋存及开发条件、矿山建设外部条件等评判赋值时,应综合考虑矿体赋存条件、开采技术条件、选冶加工性能、交通运输条件、水电等其他基础设施条件等对矿山未来收益的影响程度。

④不同种类矿产及同一种类矿产不同开采方式、不同产品方案各具体可比因素的限定条件及评判赋值估算参照《矿业权评估参数确定指导意见》确定。

8.5.3 单位面积探矿权价值评判法(单位面积倍数法)

1)基本原理

单位面积探矿权价值评判法是在收集国内地质勘查相关统计资料、矿产资源储量动态信息、上市公司公开披露的地质信息报告、"招拍挂"公开披露的地质资料、公开市场类似矿业权交易情况信息、有关部门和组织发布的信息、专家评判结果或矿业权价值评估专业人员掌握的有关信息的基础上,综合分析评估对象的实际情况,分析确定单位面积探矿权价值,从而间接估算出探矿权价值的一种评估方法。

2)计算公式

$$P = S \times P_s$$

式中,P 为评估对象的评估价值;S 为评估对象勘查区面积;P_s 为评估对象单位面积探矿权价值。

3)适用范围

单位面积探矿权价值评判法适用于勘查空白区或普查(对应原预查阶段)的探矿权价值评估。

4)前提条件

①勘查区应做过相关的地质研究工作。
②区域成矿条件、基础设施条件、矿业市场条件等能够了解到信息。
③具备可以分析影响该评估对象价值的资料。

5)操作步骤

①了解、分析评估对象所在勘查区相关的地质研究工作。
②利用已掌握资料对评估对象作出充分、综合的评判。
③分析确定单位面积探矿权价值。
④依据评估模型进行评定估算。

6)注意事项

①单位面积探矿权价值应为该区域所有矿产资源在已有地质成果资料中所反映的综合单位面积探矿权价值。
②单位面积探矿权价值可按区域成矿条件、外部建设条件划分区域。
③分析确定单位面积探矿权价值时,应综合考虑区域成矿条件、基础设施条件、矿业市场条件等。

8.5.4 资源品级探矿权价值估算法(资源价值比例法)

1)基本原理

在掌握的有关信息的基础上结合勘查区内资源量实际情况,综合分析确定单位资源量价格,并以探矿权价值占资源价值的比例间接估算出探矿权价值的一种评估方法。单位资源品级价值是指勘查范围内的矿产资源单位品位(质级)资源价值。

2)计算公式

$$P = Q_d \times P_a \times C$$

式中,P 为评估价值;Q_d 为资源量;P_a 为单位资源量价格;C 为探矿权价值占资源价值的比例。

3)适用范围

资源品级探矿权价值估算法通常适用于勘查程度较低、地质信息较少的探矿权价值评估。

4)前提条件

①勘查区或外围应进行过相关的地质勘查工作。
②估算了勘查区内预测的资源量。
③具备可以分析影响该评估对象价值的资料。

5)操作步骤

①分析确定勘查区内的资源量。
②分析确定相应品级单位资源量价格。
③估算资源价值。
④分析确定探矿权价值占资源价值的比例。
⑤依据评估模型进行评定估算。

6)注意事项

分析确定探矿权价值占资源价值的比例,应综合考虑勘查区地质矿产特征、资源品质、开发利用条件、基础设施条件、矿业市场条件等对评估价值的影响。

【例8.7】对某一探矿权进行评估,评估基准日为 2013 年 12 月 31 日,勘查区面积为 20.30 平方千米。该探矿权勘查程度较低,未提交有关地质报告,地质信息较少。但是,该探矿权处于某大型区域成矿带上,周边存在多个探矿权,交易市场比较活跃。评估人员收集了 2013 年周边几个探矿权的交易情况,并分析对比了各交易案例和目标评估探矿权在地质各方面的差异,确定合理的修正系数,统计结果见表8.5。请评估该探矿权的价值。

表8.5 周边探矿权交易案例和差异修正统计结果

序号	探矿权	勘查区面积 （平方千米）	交易价格 （万元）	交易日期	交易类型	地质差异修正系数
1	甲探矿权	30.83	35.00	2013 年 9 月	转让	1.10
2	乙探矿权	50.55	62.00	2013 年 4 月	转让	1.30
3	丙探矿权	14.67	10.00	2013 年 11 月	转让	1.40
4	丁探矿权	25.12	65.00	2013 年 7 月	转让	0.70

评估计算过程如下：

①确定合适的评估方法。根据收集的相关资料,决定对本探矿权采用单位面积探矿权价值评判法进行评估。

②计算单位面积平均价值。根据收集的交易案例和确定的地质差异修正系数,计算单位面积平均价值,见表8.6。

表8.6 单位面积平均价值计算结果

序号	探矿权	勘查区面积 （平方千米）	交易价格 （万元）	单位面积探矿权价值 （万元/平方千米）	地质差异 修正系数	单位面积探矿权 价值(修正后)
1	甲探矿权	30.83	35.00	1.14	1.10	1.25
2	乙探矿权	50.55	62.00	1.23	1.30	1.59
3	丙探矿权	14.67	10.00	0.68	1.40	0.95
4	丁探矿权	25.12	65.00	2.59	0.70	1.81
	平均					1.40

③计算探矿权价值。

探矿权评估价值＝探矿权面积×单位面积探矿权价值
$$=20.30×1.40＝28.42（万元）$$

8.6 矿业权价值评估案例分析

8.6.1 效用系数的确定

效用系数是为了反映成本对价值的贡献程度而设定的对重置成本进行溢价或折价的修正系数,为勘查工作布置合理性系数和勘查工作加权平均质量系数的乘积。

在矿业权价值评估实践中,矿业权价值评估专业人员采用成本途径评估方法时,能够根据有关资料确定效用系数。

【例8.8】

(1)背景。

某矿业权评估机构受托对某多金属矿探矿权进行价值评估,矿业权价值评估专业人员根据现场调查和资料收集情况确定采用勘查成本效用法。根据所收集资料确定的勘查工作的重置成本和效用系数见表8.7。

表8.7　重置成本和效用系数

项目	重置成本现值(万元)	工作成果评述	效用系数取值
1:50000 航磁测量	0.03		1.20
1:5000 地质草测	0.58		1.00
1:2000 磁法测量	2.43		1.20
钻探	39.32		1.20
槽探	0.40	略	1.20
岩矿测试、其他地质工作、工地建筑等	12.82		1.10
加权平均质量系数(f_1)	55.58(以上勘查工作重置成本现值之和)		
勘查工作布置合理性系统(f_2)			1.10
效用系数(F)			

根据上述材料确定本次评估的效用系数。

(2)分析。

根据矿业权价值评估准则,利用地质勘查文件判定效用系数,首先侧重分析,判断是否达到地质目的,了解勘查工作所获得的地质、矿产信息及其对后续勘查工作的指导意义,以及勘查工作量可利用性;其次考虑勘查工作质量。本着谨慎性原则判定地形地质测量等面积性勘查工作,报告编写、工地建筑等间接勘查工作的勘查工作质量系数。

①勘查工作质量系数是为反映有关、有效各类勘查工作的质量而设定的系数。勘查工作的质量根据现行的地质勘查规范要求评判。勘查工作质量系数取值范围为 0.01～3.00。各类勘查工作质量系数与各类勘查工作的重置成本的加权平均值,为勘查工作加权平均质量系数。

②勘查工作布置合理性系数是为反映有关、有效各类勘查工作布置的合理性、必要性和使用效果而设定的系数。勘查工作布置的合理性、必要性和使用效果,根据现行勘查规范的要求评判。勘查工作布置合理性系数取值范围为 0.01～2.00。

(3)效用系数的确定。

①本次评估勘查工作质量系数(f_1)为勘查工作加权平均质量系数。

$$= (0.03 \times 1.20 + 0.58 \times 1.00 + 2.43 \times 1.20 + 39.32 \times 1.20 +$$
$$0.40 \times 1.20 + 12.82 \times 1.10) \div 55.58$$
$$= 1.17$$

②本次评估勘查工作布置合理性系数（f_2）为 1.10。

③本次评估效用系数计算结果 = $1.10 \times 1.17 = 1.29$

8.6.2　参与评估的保有资源储量

【例 8.9】

（1）背景。

某企业拟以其持有的建筑石料用灰岩矿采矿权进行抵押融资。该建筑石料用灰岩矿为生产矿山，约定评估基准日为 2022 年 6 月 30 日。根据该矿山 2022 年 2 月编制的《××××建筑石料用灰岩矿资源储量核实报告》，矿区范围内保有建筑石料用灰岩资源储量为 3826 万吨，储量核实基准日为 2021 年 12 月 31 日。矿山 2022 年 1—6 月动用建筑石料用灰岩资源储量为 126 万吨；矿山 2022 年 2 月后未估算提交新增资源储量。评估机构根据现场调查和对收集的资料进行分析后确定采用折现现金流量法进行评估，请根据相关资料确定该采矿权本次参与评估的保有资源储量。

（2）分析。

①参与评估的保有资源储量是指评估对象范围内评估计算时点的保有资源储量。通常情况下，保有资源储量评估计算时点为评估基准日，相关管理部门有特别规定或评估业务有特殊要求等，可与评估基准日不同。此次评估是为抵押融资提供采矿权价值参考意见，相关管理部门对参与评估的保有资源储量计算时点无特别规定，本次评估也未作特殊约定，则参与评估的保有资源储量计算时点应与评估基准日 2022 年 6 月 30 日一致。

②该采矿权人在提交《××××建筑石料用灰岩矿资源储量核实报告》后，未提交新增资源储量。

（3）参与评估的保有资源储量确定。

参与评估的保有资源储量 = 储量核实基准日保有资源储量 - 储量核实基准日至评估基准日的动用资源储量 + 储量核实基准日至评估基准日期间净增资源储量

$$= 3826 - 126 + 0$$
$$= 3700（万吨）$$

8.6.3　评估利用可采储量

【例 8.10】

（1）背景。

某矿业公司拟引进战略投资者，需对持有的×××建筑用花岗岩矿采矿权进行评估。该矿尚处于建设阶段，矿业权价值评估专业人员收集到《×××建筑用花岗岩矿资源储量核实报告》和《×××建筑用花岗岩矿开发利用方案》。储量估算基准日和评估基准日均为 2021 年 12

月 31 日。《×××建筑用花岗岩矿资源储量核实报告》估算矿区范围内保有探明资源量 200 万吨、控制资源量 150 万吨;《×××建筑用花岗岩矿开发利用方案》对上述资源量进行了设计利用,设计利用资源储量为 350 万吨(探明资源量 200 万吨、控制资源量 150 万吨),设计损失量 30 万吨,采矿回采率为 98%。

根据上述资料确定评估利用可采储量。

(2)分析。

①储量估算基准日和评估基准日相同,《×××建筑用花岗岩矿资源储量核实报告》提交的保有资源储量均为参与评估的保有资源储量。

②《×××建筑用花岗岩矿开发利用方案》对探明资源量和控制资源量全部进行设计利用,本次评估利用资源储量与参与评估的保有资源储量一致。

③计算评估利用可采储量时应扣除设计损失和开采损失。

(3)评估利用可采储量的确定。

评估利用可采储量=评估利用矿产资源储量-设计损失量-采矿损失量

　　　　　　　=(评估利用矿产资源储量-设计损失量)×采矿回采率

　　　　　　　=(350-30)×98%

　　　　　　　=313.60(万吨)

8.6.4　评估计算年限

【例 8.11】

(1)背景。

某铁矿探矿权已完成详查工作,查明的资源储量规模为大型,勘探阶段的实施方案已完成设计(设计勘探期为 2 年)并通过审查。评估人员根据现场调查和所收集的资料情况,确定采用折现现金流量法评估,并依据该探矿权针对详查成果的预可行性研究报告确定矿山建设年限 2.5 年,评估计算的服务年限 28.8 年。

根据上述资料确定评估计算年限。

(2)分析。

①评估计算年限是采用收益途径评估矿业权价值确定的相关年限,包括后续勘查年限、建设年限和评估计算的服务年限三个部分。

后续勘查年限是指评估基准日时需进行矿产地质勘查工作从而达到矿山建设条件的时间。通常情况下,适用于采用收益途径评估探矿权价值的情形。

建设年限是指评估基准日时需进行矿山建设工作从而达到正常生产的时间。通常情况下,适用于采用收益途径评估拟建、在建、改(扩)建矿山采矿权和探矿权价值的情形。

评估计算的服务年限是指评估计算的矿山正常生产的年限。矿业权价值评估实践中,以矿山服务年限为基础确定评估计算的服务年限。

②该探矿权价值评估案例中,查明的铁矿资源储量规模为大型,虽已完成详查工作,但仍需完成勘探工作才能转为采矿权。在采用折现现金流量进行评估时,评估计算年限应包括后续勘查年限、建设年限和评估计算的服务年限。

（3）评估计算年限的确定。

评估计算年限＝后续勘查年限＋建设年限＋评估计算的服务年限

$$=2+2.5+28.8$$
$$=33.3（年）$$

8.6.5 产品产量及销售收入

【例8.12】

（1）背景。

某铅锌矿采矿权价值评估，评估确定的部分参数如下：正常年份生产能力为矿石量100万吨/年；地质平均品位：Zn 3.50%，Pb 4.00%；矿石贫化率10%；选矿回收率：Zn 88%，Pb 89%。产品方案为铅精矿（Pb 65%）、锌精矿（Zn 55%）。根据公开市场价格信息和现场调查，评估人员按16600元/吨和20500元/吨确定了1#铅锭、0#锌锭含税价格（含13%增值税），并分别按2000元/吨和6800元/吨确定了铅和锌的冶炼加工费用。

根据上述材料确定本次评估正常年份的销售收入。

（2）分析。

①金属矿山开采时，因矿石中混入了废石或损失了高品位的矿石及其他自然因素的影响，采出矿石品位会下降。因此，在计算采出矿石品位（本次评估中的入选矿石品位）时应考虑矿石贫化，按确定的矿石贫化率10%计算入选矿石品位。

②铅锌等有色金属的精矿产品通常以精矿中有用组分的含量进行计价，因此本次评估时应按铅精矿含铅金属和锌精矿含锌金属的产量计算销售收入。

③矿业权价值评估中，在进行销售收入计算时，应注意品位、品级、规格与计价标准相一致。确定的产品价格应与产品方案的计价方式、计价标的的产量等口径一致。本案例中，铅精矿和锌精矿还需经过冶炼加工才能得到金属铅锭和锌锭，故铅精矿含铅金属的价格和锌精矿含锌金属的价格确定需在相应金属价格基础上扣减冶炼加工费。

④矿业权价值评估中，矿产品价格通常为不含增值税价格，当依据的价格为包含增值税时，应调整为不含增值税的产品价格。则本次评估确定的铅精矿含铅金属的不含税销售价格为12920.35元/吨〔（16600-2000)÷(1+13%)〕，锌精矿含锌金属的不含税价格为12123.89元/吨〔（20500-6800)÷(1+13%)〕。

（3）正常年份的销售收入的确定。

本次评估，正常年份的销售收入应按以下公式计算：

$$S_q = Q_{js} \cdot \beta \cdot P_{jj} = Q_y \cdot a \cdot \varepsilon \cdot P_{jj} = Q_y \cdot a_o \cdot (1-p) \cdot \varepsilon \cdot P_{jj}$$

式中，S_q 为销售收入；Q_{js} 为精矿产量；β 为精矿品位；P_{jj} 为精矿金属价格（以含量计）；Q_y 为原矿产量；a 为采出矿石品位即入选原矿品位；ε 为选矿回收率；a_o 为地质平均品位；p 为矿石贫化率。

正常年份销售收入＝铅精矿含铅金属产量×铅精矿含铅金属价格＋锌精矿含锌金属产量× 锌精矿含锌金属价格

＝原矿年产量×铅地质平均品位×（1-矿石贫化率）×铅选矿回收率×铅

精矿含铅金属价格+原矿年产量×锌地质平均品位×(1-矿石贫化率)×锌选矿回收率×锌精矿含锌金属价格

$$=100×3.5\%×(1-10\%)×88\%×12920.35+100×4\%×(1-10\%)×89\%×12123.89$$
$$=74660.15(万元)$$

8.6.6　固定资产投资额的确定

固定资产投资额是收益途径评估方法中比较重要的一个评估参数。在矿业权价值评估实践中,矿业权价值评估专业人员应掌握固定资产投资的构成,确定评估用固定资产投资额;掌握不同评估应用指南对固定资产投资确定的要求。

【例8.13】

(1)背景。

2022年3月,某矿业有限公司拟引进投资进行矿井技术改造工作。3月底,该矿业有限公司委托某矿业权评估公司对该矿业有限公司煤矿采矿权进行评估,评估基准日为2021年12月31日。

矿业权价值评估专业人员通过现场调查,收集到《某矿业有限公司煤矿矿井技术改造设计说明书》,该说明书设计的矿井固定资产投资情况如下。

①原有固定资产。

截至2021年12月31日某矿业有限公司固定资产详见表8.8。根据矿井技术改造工程设计,矿山企业原有大部分固定资产可继续使用,具体可续用固定资产的原值、净值详见表8.8。

表8.8　固定资产统计情况

单位:万元

序号	项目名称	期末账面固定资产		可续用固定资产	
		原值	净值	原值	净值
1	矿井建筑物	25000	15000	22000	14000
2	房屋建筑物	10000	6000	8000	4500
3	机电设备	15000	5000	12000	4000
	合计	50000	26000	42000	22500

②新增固定资产投资。

根据矿井技术改造工程设计,新增建设投资估算情况见表8.9。

表8.9　新增建设投资估算情况

单位:万元

序号	项目名称	建筑工程费	设备购置及安装费	矿建工程费	其他费用	小计
一	第一部分工程费用	750	2450	2000		5200

续表

序号	项目名称	建筑工程费	设备购置及安装费	矿建工程费	其他费用	小计
1	采矿工程	400	1600	2000		4000
2	选矿工程	300	700			1000
3	公辅设施	50	150			200
二	第二部分其他费用				250	250
1	建设单位管理费				100	100
2	项目可行性研究费				50	50
3	工程设计费				100	100
三	工程建设预备费				500	500
四	建设期贷款利息				100	100
五	建设投资合计	750	2450	2000	850	6050

分别计算确定评估利用的原有固定资产投资额、新增固定资产投资额。

（2）分析。

①根据矿业权价值评估准则，对改（扩）建矿山采矿权评估，应当分析矿山设计文件固定资产投资概投资预算是否包含原有固定资产的利用。

②根据矿业权价值评估准则，矿业权价值评估中，一般假定固定资产投资全部为自有资金，建设期固定资产贷款利息一般不考虑计入投资。

③矿业权价值评估实践中，依据矿产资源开发利用方案、（预）可行性研究报告或矿山设计等资料中的固定资产投资数据确定评估用固定资产投资时，合理剔除预备费用、征地费用、基建期贷款利息等，作为评估用固定资产投资。

（3）固定资产投资额的确定。

评估利用的固定资产投资由原有固定资产和新增固定资产组成。

①原有固定资产投资额。应采用《固定资产统计情况》中可续用固定资产，原有固定资产投资额原值 42000 万元，净值 22500 万元。

②新增固定资产投资额。本次评估依据为《某矿业有限公司煤矿矿井技术改造设计说明书》，新增固定资产投资额合理剔除预备费用、征地费用、基建期贷款利息等，作为评估用固定资产投资。

新增固定资产投资额 = 建设投资合计 - 工程建设预备费 - 建设期贷款利息
= 6050 - 500 - 100 = 5450（万元）

8.6.7 流动资金的确定

在矿业权价值评估实践中，矿业权价值评估专业人员应掌握流动资金的构成，运用不同方法确定流动资金；掌握不同评估应用指南对流动资金确定的要求。

【例8.14】

(1)背景。

某矿业权评估机构受托承担某采矿权出让收益评估,委托人提供了经自然资源主管部门评审的《××矿开发利用方案》。

根据《××矿开发利用方案》,设计建设项目总投资为51829.47万元,其中工程费用38368.67万元、工程建设其他费用4760.27万元(为建设单位管理费、项目可行性研究费、研究试验费、工程勘察费、工程设计费、联合试运转费、征地费用)、预备费5175.47万元、建设期贷款利息3525.06万元。该项目投产即达产。矿业权价值评估专业人员确定的评估用固定资产投资额为42628.94万元。固定资产资金率为10%。

根据《××矿开发利用方案》,请确定本次评估用流动资金。

(2)分析。

根据矿业权价值评估准则,流动资金可以采用扩大指标估算法和分项估算法估算。该准则建议流动资金在投产第一年开始安排,并随生产负荷按比例投入。该项目投产第一年即满负荷生产。

(3)流动资金的确定。

根据扩大指标估算法,按固定资产资金率计算流动资金的公式为:

流动资金=固定资产投资额×固定资产资金率
$$=42628.94×10\%=4262.89(万元)$$

8.6.8　成本费用的确定

在矿业权价值评估实践中,矿业权价值评估专业人员应掌握成本费用的构成,掌握不同评估应用指南对流动资金确定的要求。

【例8.15】

(1)背景。

某矿业权评估机构受托承担某采矿权价值评估,委托人提供了经审查的《××矿矿井初步设计说明书》,矿业权价值评估专业人员根据矿业权价值评估准则,确定了评估用的单位成本费用,见表8.10。

表8.10　评估用的单位成本费用估算情况

单位:元/吨

序号	项目名称	单位成本费用
1	生产成本	104.40
1.1	外购材料	12.95
1.2	外购燃料及动力	18.42
1.3	职工薪酬	25.00
1.4	折旧费	8.00
1.5	维简费	18.00

续表

序号	项目名称	单位成本费用
1.5.1	其中:折旧性质的维简费	5.56
1.5.2	更新性质的维简费	12.44
1.6	安全费用	4.00
1.7	修理费	7.05
1.8	其他制造费用	10.98
2	管理费用	26.23
2.1	其中:摊销费	0.33
3	销售费用	3.74
4	财务费用	0.87
5	总成本费用	
6	经营成本	

分别计算确定评估利用的单位总成本费用、单位经营成本。

(2)单位总成本费用、单位经营成本的确定。

①单位总成本费用。

总成本费用=生产成本+管理费用+财务费用+销售费用

　　　　　=104.40+26.23+0.87+3.74

　　　　　=135.24(元/吨)

②单位经营成本。

经营成本=总成本费用-折旧费-摊销费-折旧性质维简费-财务费用

　　　　　=135.24-8.00-0.33-5.56-0.87

　　　　　=120.48(元/吨)

【思政园地】

一、"出具证明文件重大失实罪"案例

H县价格认证中心系经费自理的事业单位,具有价格鉴证机构资质。2015—2016年,H县国土资源局在办理辖区内部分矿山企业越界非法开采矿石案的过程中,陆续托H县价格认证中心对涉案石料的市场零售价格进行价格鉴定,以作为其对涉案企业行政处罚的依据。在委托时,H县国土资源局提供了由××资产评估有限公司接受该委托于2015年9月22日出具的咨询性资产评估报告书,以供H县价格认证中心参考。资产评估报告书系评估公司采用成本法的评估方法,确认2015年9月15日价格认定基准日每吨岩石的资产价值为5.6元,报告书有效期为半年。H县价格认证中心接受委托,收取相应费用后,安排被告人吴某等人开展价格认证工作。被告人吴某在办理或参与办理价格认证的过程中,未能根据国家有关规定和标准,严格遵守价格认定程序和原则,去认真、深入地开展市场价格调查、询价等工作,而是严重不负责任,简单套用咨询性资产评估报告书,以成本法认定的资产价值作为其出具的价格认证报告书的认证结论,认定的标的物价格严重偏离当地市场平均交易价格。后 H 县国土资源局以该有重大差错的价格认定结论作为行政处罚的价格依据,对七家涉案企业非法开采 470424 吨矿产的行为进行相应的行政处罚,七家企业据此共缴纳 310 余万元罚没款。与当时当地的市场平均销售价格相比较,七家企业少上缴违法所得共计 4555186元,国家因此遭受严重经济损失。

一审人民法院认为:被告人吴某在 H 县价格认证中心办理 H 县国土资源局委托的涉案矿产品市场零售单价价格认证事务中,作为价格认证报告书出具人与参与者,在出具价格认证报告书的过程中,严重不负责任,出具的价格认证结论严重偏离市场价格,价格认证报告书有重大失实,致使国家遭受 455 万余元的直接经济损失,后果严重,其行为构成出具证明文件重大失实罪,应予追究刑事责任。H 县国土资源局作为价格认定提出机关与执法机关,对 H 县价格认定中心作出的严重偏离市场价格的认定报告书轻易予以确认,未能提出异议或复核,并且以此认定行政相对人的违法所得,是导致国家遭受重大损失的原因之一。该事实的存在,可作为对吴某的量刑情节酌情考虑。被告人吴某系自首,依法可从轻、减轻处罚。

综上,依照《中华人民共和国刑法》第二百二十九条第三款、第六十七条第一款、第七十二条第一款和第三款之规定,判决如下:被告人吴某犯出具证明文件重大失实罪,判处拘役六个月,宣告缓刑一年,并处罚金人民币一万元。

二、"非法采矿罪""破坏性采矿罪"案例

1. 无证采矿案

无证采矿案是企业或个人在未取得采矿许可证情况下擅自开采矿产资源的违法行为。

案例1:某省某淡水养殖有限公司无证采矿案。2015 年 12 月至 2017 年 12 月,某淡水养殖有限公司在未取得采矿许可证情况下,擅自在某村采挖砂石。2020 年 5 月,某市自然资源和规划局核实后进行立案查处。经查,该公司违法开采砂石 37.6 万吨。因涉嫌非法采矿罪,市自然资源和规划局将该案移送公安机关追究刑事责任。2021 年 4 月,法院判处涉案人员程某有期徒刑 3 年 8 个月(其中非法采矿罪 3 年 5 个月),并处罚金 42 万元;追缴违法所得。

案例2:某省某县刘某无证采矿案。2021 年 1 月,某县自然资源局接到群众举报,发现某县某地有人在非法开采稀土。经现场勘测,该违法开采稀土点开采面积 1083 平方米,采用原地浸矿的方式采矿,注液孔约 236 个。执法人员现场对生产管道进行了捣毁,暂扣稀土原矿 18 包及无牌照越野车、摩托车各一辆,并暂扣全部生产设备及开矿原料。因无法确定非法开采稀土当事人,某县自然资源局将该案移送公安机关立案侦查,县公安局立案调查后抓获犯罪嫌疑人刘某。经查,刘某非法开采稀土造成资源破坏的储量为 7.28 吨,破坏价值139.78 万元。2021 年 8 月,人民法院判处涉案人员刘某有期徒刑 3 年 10 个月,并处罚金 4万元。

2. 越界采矿案件

越界采矿案查处的是矿业权主体超越采矿许可证批准的矿区范围擅自开采矿产资源的违法行为。

案例:某省某煤矿越界采矿案。2014 年至 2018 年 3 月,某省某煤矿超越采矿许可证批准的矿区范围,擅自在某矿区 K7 煤层北巷开采煤炭。2018 年 3 月,市国土资源局核实后进行立案查处。经查,该煤矿违法开采煤炭 3.46 万吨,违法所得 1686.04 万元。市国土资源局作出没收违法所得 1686.04 万元,并处罚款 10 万元的行政处罚。因行政处罚未履行,市自然资源和规划局申请法院强制执行。因涉嫌非法采矿罪,市自然资源和规划局将该案移送公安机关追究刑事责任。2020 年 12 月,人民法院判处该煤矿单处罚金 500 万元;判处涉案人员张某有期徒刑 6 年,并处罚金 100 万元;判处涉案人员黄某有期徒刑 3 年,并处罚金 15 万元;判处涉案人员卢某有期徒刑 2 年 6 个月,并处罚金 10 万元;判处涉案人员曹某有期徒刑 2 年 6 个月,并处罚金 10 万元。

3.以各类工程为名的违法采矿案件

以各类工程为名的违法采矿案件查处的是企业以环境治理、矿山修复、土地整理等工程的名义违法开采矿产资源的行为。

案例:某省某实业有限公司以设施农用地为名违法采矿案。2018 年 12 月,某省某实业有限公司在未取得采矿许可证情况下,以设施农用地建设兔场为名在某地开采水泥用石灰岩。2018 年 12 月,市自然资源和规划局核实后进行立案查处。经查,该公司违法开采水泥用石灰岩 2.78 万立方米,矿产资源破坏价值 338.9 万元。因涉嫌非法采矿罪,市自然资源和规划局将该案移送公安机关追究刑事责任。2021 年 5 月,人民法院判处涉案人员许某有期徒刑 2 年 6 个月,缓刑 3 年,并处罚金 5 万元;追缴违法所得 154.72 万元。

【练习题】

一、名词解释

1.矿业权评估
2.矿石贫化
3.选矿
4.社会平均科技创新收益
5.勘查成本效用法

二、单项选择题

1.现金流量法适用于地质工作程度达到(　　)以上的探矿权评估。
　　A.矿产资源调查　　B.预查　　　　　　C.普查　　　　　　D.详查
2.收益途径进行矿业权评估时,收益预测应建立在一般假设和特殊假设基础上,其中在计算年销售收入时,依据的产品量是(　　)。
　　A.往年销售量　　B.当年销售量　　　C.往年生产量　　　D.预测年产量
3.下列哪种矿种不是选矿过程中可以产生的?(　　)
　　A.精矿　　　　　B.尾矿　　　　　　C.中矿　　　　　　D.原矿
4.对探矿权概念表述正确的是(　　)。
　　A.指在依法取得的勘查许可证规定的范围及有效期内,勘查矿产资源的权利
　　B.指在依法取得的勘查许可证规定的深度内,勘查矿产资源的权利

C. 指在依法取得的勘查许可证规定的时间内,勘查特定矿产资源的权利

D. 指在依法取得的勘查许可证规定的矿种,对其进行勘查的权利

5. 探明的(预可研)边际经济基础储量为(　　　)。

 A. 2S21   B. 2M21   C. 2M22   D. 2S22

6. 采矿权评估时,城市维护建设税和教育费附加以应缴(　　　)税额为税基。

 A. 消费税   B. 营业税   C. 增值税   D. 印花税

7. 下列哪项原则不属于矿业权评估遵循的特殊原则?(　　　)

 A. 遵守地质规律和资源经济规律的原则

 B. 遵守地质规范的原则

 C. 遵守采选技术规范的原则

 D. 遵守收益递增递减原则

8. 勘查成本效用法中效用系数是加权平均质量系数与(　　　)系数的乘积。

 A. 地质资料合理性   B. 工程部署合理性

 C. 地质勘查工作质量   D. 地质工程施工质量

9. 收益权益法是针对我国矿产资源开发现状而设定的一种评估方法,主要适用于(　　　)。

 A. 储量规模和生产规模均为小型的矿山

 B. 新建矿山

 C. 资源储量规模小且可稳定生产的矿山

 D. 生产规模小服务年限长的矿山

10. 下列各项中,(　　　)不是探矿权报告的特点。

 A. 全面性   B. 专业综合性   C. 预测性   D. 真实性

11. 地质要素评序法中的价值指数的确定,正确的做法是(　　　)。

 A. 矿业权评估师核算统计确定

 B. 由评估师在专家评判结果基础上判断确定

 C. 评估机构有关专家确定

 D. 由符合要求的外聘专家确定

12. 某钼矿采段内可采储量的地质品位为0.12%,采出矿石品位为0.11%,矿石贫化率为(　　　)。

 A. 7.5%   B. 8.3%   C. 9.1%   D. 10.2%

13. 采矿权转让评估所选评估基准日必须是在采矿许可证有效期内,与出具评估报告的日期相距不超过(　　　)。

 A. 三个月   B. 两个月   C. 一个月   D. 20天

14. 下列哪一项不属于投资活动产生的现金流量中的现金流入?(　　　)

 A. 销售商品提供劳务收到的现金   B. 收回投资所收到的现金

 C. 分得股利或利润所收到的现金   D. 取得债券利息收入所得到的现金

三、简答题

1. 矿业权评估的特点有哪些?

2. 矿产资源与其他自然资源不同的自然属性有哪些?

3. 所有权与产权的区别是什么?

4. 固体矿产资源的地质勘查阶段分哪几个阶段? 衡量各个阶段是否达标的重要标志是什么?

5. 确定矿山生产规模的原则。

四、论述题

试论述矿业权评估的途径有哪几种类型? 分别介绍每个类型的原理、适用条件及优缺点。

五、计算题

工商注册住所在县城的某生产煤矿因转让需评估其拥有的采矿权,评估基准日为 2017 年 9 月 30 日,评估选取的部分技术及经济参数为:原煤生产能力为 200 万吨/年,原煤不含税矿山交货销售价格为 220 元/吨,矿山年外购材料和年外购燃料及动力费合计 6000 万元,煤炭资源税为 3.00 元/吨。计算该煤矿评估用 2018 年下列指标。

(1)销售收入。

(2)销售税金及附加。

(3)企业所得税。

第 9 章

企业价值评估

📖【学习目标】

　　本章主要介绍了企业价值评估中涉及的基本概念、基本原则和基本评估方法。通过本章的学习,读者需要理解企业价值的内涵,进而把握企业价值评估的特点,明确企业价值评估的目的、对象和范围,掌握收益法、市场法和资产基础法在企业价值评估中的应用,重点理解和掌握收益法及其相关因素的确定。

9.1　企业价值评估概述

9.1.1　企业与企业价值

1)企业及其特点

　　企业是以营利为目的,按照法律程序建立起来的经济实体,在形式上体现为由各种要素资产组成并具有持续经营能力的自负盈亏的经济实体。进一步说,企业是由各个要素资产围绕着一个系统目标,发挥各自特定功能,共同构成一个有机的生产经营能力和获利能力的载体及其相关权益的集合或总称。

　　企业作为一类特殊的资产,有其自身的特点,具体如下。

　　①盈利性。企业作为一类特殊的资产,其经营目的就是盈利。为了达到盈利的目的,企业需具备相应的功能。企业的功能以企业的生产经营范围为依据,以其生产工艺为主线,将若干要素资产有机组合并形成相应的生产经营结构和功能。

　　②持续经营性。企业要获取利润,必须进行经营,而且要在经营过程中努力降低成本和费用。为此,企业要对各种生产经营要素进行有效组合并保持最佳利用状态。影响生产经营要素最佳利用的因素有很多,持续经营是保证正常盈利的一个重要方面。如果企业生产

经营断断续续,由于其固定费用不会因经营间断而减少,必然相对加大经营费用,影响盈利。因此,持续经营就成为企业的一个重要特征。

③整体性。构成企业的各个要素资产虽然各具不同性能,但它们是在服从特定系统目标的前提下,构成企业整体的。构成企业的各个要素资产功能可能不是每个都很健全,但它们可以综合在一起,成为具有良好整体功能的资产综合体。当然,即便构成企业的各个要素资产的个体功能良好,但如果它们之间的功能不匹配,由此组合而成的企业整体功能也未必很好。因此,整体性是企业区别于其他资产的一个重要特征。

④权益可分性。作为生产经营能力载体和获利能力载体的企业具有整体性的特点,而与载体相对应的企业权益却具有可分性的特点。企业的权益可分为股东全部权益和股东部分权益。

2)企业价值及其特点

企业价值是企业获利能力的货币化体现。企业价值是企业在遵循价值规律的基础上,通过以价值为核心的管理,使企业利益相关者均能获得满意回报的能力。企业给予其利益相关者回报的能力越高,企业价值就越高,而这个价值是可以通过其经济学定义加以计量的。

在资产评估中,对企业价值的界定主要从两个方面进行考虑:第一,资产评估揭示的是评估对象的公允价值,企业是资产评估中的一类评估对象,在评估中其价值也应该是公允价值;第二,企业又是一类特殊的评估对象,其价值取决于要素资产组合的整体盈利能力。不具备现实或潜在盈利能力的企业就不存在企业价值。

企业价值具有如下特点。

①企业价值是企业的公允价值。这不仅由企业作为资产评估的对象所决定,还由对企业进行价值评估的目的所决定。企业价值评估的主要目的是为企业产权交易提供服务,使交易双方对拟交易企业的价值有一个较为清晰的认识。所以企业价值评估应建立在公允市场假设之上,其揭示的是企业的公允价值。

②企业价值基于企业的盈利能力。人们创立企业或收购企业的目的不在于获得企业本身具有的物质资产或企业生产的具体产品,而在于获得企业生产利润(现金流)的能力并从中受益。因此,企业之所以能够存在价值并且能够进行交易是由于它们具有产生利润(现金流)的能力。

③企业价值的表现形式具有虚拟性。金融制度的变迁导致了企业的实体价值与虚拟价值并存,它们分别依托实体经济和虚拟经济而存在。实体经济是指在商品市场上进行生产、流通和消费活动以及自给自足等非商品的经济活动。企业的实体价值表现为企业在商品市场上的交易价值或资产价值(包括有形资产价值和无形资产价值)。虚拟经济是指金融市场上金融资产的形成和交易活动。企业的虚拟价值是指在金融市场上(特别是股票市场)形成的企业虚拟资产(股票)的市场价值。在实体价值与虚拟价值并存的情况下,对企业价值的判断和评估应综合考虑企业实体价值和虚拟价值的影响。

9.1.2　企业价值评估及其特点

根据《资产评估执业准则——企业价值》，企业价值评估是指资产评估机构及其资产评估专业人员遵守法律、行政法规和资产评估准则，根据委托对评估基准日特定目的下的企业整体价值、股东全部权益价值或者股东部分权益价值等进行评定和估算，并出具资产评估报告的专业服务行为。

企业价值评估具有以下特点。

①评估对象载体是由多个或多种单项资产组成的资产综合体。企业是多种要素资产围绕盈利目标，发挥各自特定功能，共同构成一个有机的生产经营能力和获利能力的载体及其相关权益的集合或总称。企业价值评估的范围涵盖了被评估企业所拥有的全部资产，包括流动资产、固定资产、无形资产以及其他所拥有的资产，但企业价值的评估对象是这些资产有机结合形成的综合体所反映的企业整体价值或权益价值，而不是各项资产的简单集合。因此，无论是企业整体价值的评估，还是股东全部权益价值或股东部分权益价值的评估，评估对象载体均是由多个或多种单项资产组成的资产综合体。

②企业价值评估的关键是分析判断企业的整体获利能力。影响企业价值高低的因素有很多，既包括外在的宏观环境因素和行业发展状况，也包括企业自身经营能力和竞争能力等，但决定企业价值高低的核心因素是企业的获利能力。企业价值本质上是以企业未来的收益能力为标准的内在价值。因此，评估人员在评估企业价值的过程中要考虑企业未来的获利能力。企业的获利能力通常是指企业在一定时期内获取利润或现金流量的能力，是企业生产能力、营销能力、经营能力等各种能力的综合体。从企业的角度看，企业从事经营活动，其直接目的是最大限度地获取收益并维持企业持续稳定发展，而企业未来所能获得的收益将直接影响企业的现时价值。企业的获利能力是指考虑了企业收益期因素的客观获利能力，而非局限于企业短期的实际获利能力。因此，评估人员进行企业价值评估时，要在充分分析宏观环境因素、行业发展状况以及企业自身状况的基础上，判断企业的获利能力，选择合适的评估方法进行评估。

③企业价值评估是一种整体性评估。整体性是企业价值评估与其他资产评估的本质区别。企业价值评估将企业作为一个经营整体并依据其未来获利能力进行评估。因此，企业价值评估强调的是从整体上计量企业全部资产形成的整体价值，而不是简单估计单项资产的收益或单项资产的价值。也就是说，企业价值不是企业各项单项资产的简单相加，企业单项资产的价值之和也并不一定是企业价值。构成企业的各个要素资产虽然具有不同性能，但只有在服从特定系统目标的前提下，以恰当的方式形成有机联系构成企业整体，其要素资产的功能才能得以充分发挥。企业是整体与部分的统一，部分只有在整体中才能体现其价值。因此，整体性是企业价值评估区别于其他资产评估的一个重要特征。

9.1.3　企业价值评估的目的

企业价值评估的目的，导致企业价值评估的经济行为。随着社会经济的发展，人们对企业价值评估提出了越来越广泛的需求,企业价值评估的目的也呈现多样化特征。目前,企业价值评估的目的主要有以下几个。

1)企业改制

企业改制是企业体制改革的简称。企业改制涉及的具体形式众多,不仅包括国有企业改制、集体企业改制和其他企业改制,还包括非公司制企业按照《公司法》要求改建的有限责任公司或股份有限公司、经批准有限责任公司变更为股份有限公司等形式。

企业改制通常围绕着企业的产权进行,因而企业改制一般通过重组、联合、兼并、租赁、承包经营、合资、转让产权和股份制、股份合作制等方式来完成。在企业改制过程中,不论是哪种形式的企业改制,也不论具体采用哪种方式来完成企业改制,凡涉及企业产权变动、需要了解股权价值或企业整体价值的,均属于企业价值评估的范畴。

2)企业并购

企业并购是企业兼并与收购的简称,是指企业在平等自愿、等价有偿的基础上,以一定的经济方式取得其他企业产权的行为。企业并购通常包括企业合并、股权收购以及资产收购等形式。其中,企业合并又可进一步分为吸收合并、新设合并和控股合并三种方式。合并方或购买方通过企业合并取得被合并方或被购买方的全部净资产,合并后注销被合并方或被购买方的法人资格,被合并方或被购买方原持有的资产、负债,在合并后变更为合并方或购买方的资产、负债的,为吸收合并。参与合并的各方在合并后法人资格均被注销,重新注册成立一家新的企业的,为新设合并。合并方或购买方在企业合并中取得对被合并方或被购买方的控制权,被合并方或被购买方在合并后仍保持其独立的法人资格并继续经营,合并方或购买方应确认企业合并形成的对被合并方或被购买方的投资的,为控股合并。在企业并购活动中,通常需要进行企业价值评估。当然,也有一些例外,如在资产收购行为中,通常只需对被收购的资产进行评估,而不需要对被收购资产对应的企业价值进行评估。

3)企业清算

企业清算包括以下三种类型:一是依据《中华人民共和国企业破产法》的规定,在企业破产时进行清算;二是依照国家有关规定对改组、合并、撤销法人资格的企业资产进行清算;三是企业按照合同、契约、协议规定终止经营活动的清算。在上述企业清算过程中,通常需要进行企业价值评估。不过,为变价出售破产财产提供价值参考而对破产财产中的各单项资产分别进行评估的,并不属于企业价值评估范畴。

4)财务报告

随着公允价值在会计计量中的运用逐渐增多,以及公允价值计量对专业性和独立性的要求,以财务报告为目的的资产评估也日益增多。在以财务报告为目的的评估中,涉及企业价值要评估的情形主要包括:因对企业合并过程中产生的商誉进行减值测试,而需要对被合并企业的价值进行评估;协助企业确定、判断企业获利能力和未来收益,对企业价值进行评估;在确定权益工具的公允价值过程中,可能需要对权益工具对应的企业价值进行评估。

5）法律诉讼

企业股东与股东之间、股东与管理层之间、股东与债权人之间以及企业的利益相关者之间，常常会发生因企业价值变化而引起的法律诉讼，在这种情况下，企业价值评估结论就成为这些法律案件裁决的重要依据之一。

6）税收

投资于企业的股权投资作为一项财产，是各种财产税的课税基础。因此，在股权的保有、交易、赠予、继承等环节，股权投资者就需要根据相关税法的规定，针对特定经济行为，缴纳相应的财产税。股权财产税的税基一般是股权的市场价值，如果股权投资对象为上市公司，其市场价值可以根据市场交易价格很方便地加以确定；但对于非上市公司的股权，其市场价值通常需要评估人员进行评估后确定。因此，在我国推进税制改革的进程中，由资产评估人员向税收征管部门提供价值尺度，已逐渐成为资产评估实践领域的重要方面。

7）财务管理

企业价值与财务管理密切相关，科学的财务管理将有效提升企业价值。通过科学合理的企业价值评估，管理者可以将企业经营的环境因素与企业价值预期相结合。在企业的财务管理活动中，投资决策、融资决策、经营决策以及股利分配政策均是影响企业价值的重要因素，通过对企业价值进行评估，企业可以对已制定的财务决策进行验证和评价，也能对未来财务决策提供参考。企业价值提高与否是一项财务决策是否制定的决策依据，增加企业价值是制定一项财务决策所追求的目标。因此，企业价值评估在财务管理中发挥着越来越重要的作用，在财务管理中开展企业价值评估，有助于企业树立以价值为导向的企业活动观，以价值规律指导财务管理工作。

8）考核评价

所有权和经营权分离是公司制的一大特征，若企业的所有者不再经营企业，企业的经营活动由职业经理人承担，则企业所有者和经营者之间会形成代理问题。企业经营者是否履行职责、是否为企业所有者创造价值，需要通过绩效评价机制来判断。传统的以净利润作为评价指标的做法存在诸多弊端，如可能会出现损害企业价值的短期行为，或评价指标被人为操纵，失去评价意义。相对于会计利润，企业价值指标几乎不受会计政策的影响，且契合了企业所有者的企业价值最大化目标。因此，通过企业价值评估对经营者的绩效进行考核评价已越来越得到社会的认可。

9）其他目的

除以上几种常见的经济行为以外，还有许多其他经济行为，如股票公开发行、企业股利政策的制定、企业员工持股计划的制订、企业投资项目决策、企业租赁、股权的质押和担保以及债务重组等，都可能涉及企业价值评估。

9.1.4　企业价值评估的对象和范围

1)评估对象

企业价值评估的对象通常包括整体企业权益、股东全部权益和股东部分权益三种。

(1)整体企业权益

整体企业权益是企业所有出资人(包括股东、债权人)共同拥有的企业运营所产生的价值,即整体价值。整体价值并不必然等于资产负债表中的资产价值的合计数,主要理由有两个:一是企业整体价值的评估范围包括企业所拥有的全部资产、负债,包括表内和表外的资产、负债,但资产负债表中的资产总计不是构成企业整体价值的全部;二是企业整体价值反映了其作为一个有机整体的整体获利能力,但资产负债表上的各项资产的合计数仅仅是各单项资产价值的简单相加,无法反映企业作为资产综合体的整体获利能力。

在反映了各单项资产对企业整体获利能力影响的前提下,企业表内、表外全部资产价值的合计数称为企业的总资产价值。整体企业权益价值也不等于企业的总资产价值。因为从资本的运用角度看,整体企业权益价值等于企业的总资产价值减去企业负债中的非付息债务价值后的余额;从资本的来源角度看,整体企业权益价值等于股东全部权益价值加上企业的全部付息债务的价值。

在企业价值评估实务中,评估得出整体企业权益价值通常并非最终要达到的目的,而是为评估股东全部权益价值而采用的中间过程。

(2)股东全部权益

股东权益代表了股东对企业净资产的所有权,反映了股东在企业资产中享有的经济利益。因此,企业股东全部权益价值就是企业的所有者权益或净资产价值。对企业价值进行评估,得出股东全部权益价值的方式有两种。一是直接评估得出股东全部权益价值。例如,在运用收益法评估企业价值时,通过对股权自由现金流量采用股权资本成本进行折现,求取股东全部权益价值。二是先评估得出整体企业权益价值,再将整体企业权益价值减去全部付息债务价值,得出股东全部权益价值。

同企业整体价值一样,资产负债表上的股东权益或净资产数额并不能代表企业价值评估实务中的股东全部权益价值,评估人员同样需要基于特定的评估目的,在一定假设条件下,综合分析影响股东权益价值的各种因素,选择合适的估值方法,估算被评估企业股东全部权益在某一时点的客观的、公允的价值。

由于企业整体价值等于股东全部权益价值加上全部付息债务价值,因此企业整体价值和股东全部权益价值之间的关系,可以通过表9.1做简单说明。

表9.1　简化资产负债表

资产	负债和股东权益
流动资产价值(A)	非付息债务价值(C)
固定资产和无形资产价值(B)	付息债务价值(D)
其他资产价值(F)	股东全部权益价值(E)

表 9.1 所示为对某企业的全部资产和负债进行评估后的简化资产负债表,流动资产价值、固定资产和无形资产价值以及其他资产价值构成了企业总资产的价值,即企业总资产的价值=$A+B+F$。

流动负债和长期负债中的非付息债务价值、付息债务价值和股东全部权益价值构成了全部负债和权益价值,即全部负债和权益价值=$C+D+E$。

企业整体价值等于企业总资产价值减去企业负债中的非付息债务价值,即企业整体价值=$(A+B+F)-C$;或企业股东全部权益价值加上企业的全部付息债务的价值,即企业整体价值=$D+E$。因此,等式$(A+B+F)-C=D+E$ 成立。

根据该等式,股东全部权益价值$(E)=(A+B+F)-(C+D)$,即企业整体价值与股东全部权益价值是包含与被包含的关系。

(3)股东部分权益

股东部分权益价值其实就是企业一部分股权的价值,或股东全部权益价值的一部分。股东部分权益价值的评估,通常也有两种途径:一是直接评估得出股东部分权益价值,如采用股利折现模型求取少数股权的价值;二是先评估得出股东全部权益价值,再乘以持股比例或持股数量,并考虑必要的溢价或折价因素后得出股东部分权益价值。

股东部分权益价值的概念不难理解,但由于存在着控股权溢价和少数股权折价因素,评估人员应当知晓股东部分权益价值并不必然等于股东全部权益价值与股权比例的乘积。因为在某些情况下,同一企业内不同股东的单位股权价值可能会不相等。这种价值的不相等很多时候来源于对股权的控制支配程度,即存在控股权溢价或少数股权折价。

控股权溢价是指一个投资者为了获得企业普通股的控股权益而愿意付出比市场流通的少数权益(流动的公开交易股票价格)价值更高的价格的这部分附加价值。控股分为绝对控股和相对控股。绝对控股是指股份占比在 50% 以上,相对控股是指虽然拥有的股份未达到总数的 50% ,但在众多股东中是相对多数股。单位控股股权被认为比少数股权有更多的价值,是因为购买者有能力引起整个企业的结构变化以及影响企业的方针政策,进而能够在一定程度上对企业价值产生影响。

在资产评估实务中,股东部分权益价值的评估通常是在得到股东全部权益价值的基础上进行的,评估人员应当在适当及切实可行的情况下,考虑由于控股权或少数股权等因素产生的溢价或折价,并且应当在评估报告中对相关情况予以披露。由于企业价值评估的对象是多层次的,评估人员在评估企业价值时,应当根据评估目的及委托方的要求等谨慎区分本次评估的是企业整体价值、股东全部权益价值还是股东部分权益价值,并在评估报告中予以明确说明。

2)评估范围

(1)评估范围的界定

企业价值评估范围是指在对评估对象价值进行评定估算的工作过程中所涉及的企业资产和负债的范围。企业价值评估范围应当服务评估对象的选择,不论是进行整体企业权益价值评估、股东全部权益价值评估,还是股东部分权益价值评估,一般要求对企业进行整体性评估。

其中,整体企业权益价值评估范围包括企业产权涉及的全部资产及非付息负债,股东全部权益和股东部分权益价值评估范围包括企业产权涉及的资产及负债。企业产权涉及的资产和负债,按财务报表记录情况可分为资产负债表表内部分和资产负债表表外部分;按资产配置和使用情况可分为经营部分和非经营部分;按产权主体自身占用情况可分为产权主体自身占用和经营部分以及虽不为企业产权主体自身占有及经营但可以由企业产权主体控制的部分。

企业拥有的非法人资格的分公司、办事处、分部及其他派出机构,属于产权主体自身占用及经营部分;企业拥有的全资子公司、控股子公司以及非控股公司中的投资,属于虽不为企业产权主体自身占有及经营但可以由企业产权主体控制的部分。

评估人员在具体界定企业价值评估范围时,应根据有关文件资料进行,如企业价值评估申请报告及上级主管部门批复文件所规定的评估范围;企业有关产权转让或产权变动的协议、合同、章程中规定的企业资产变动的范围;企业有关资产产权证明、账簿、投资协议、财务报表及其他相关资料等。企业价值评估范围的界定,应与评估对象的口径相匹配。

(2)企业各项资产、负债的识别

受会计准则或会计制度关于资产的定义及资产确认标准的影响和制约,会计列报的资产负债表所反映的资产、负债可能并非企业的全部资产和负债,不符合会计资产定义、不能准确计量的资产均未在资产负债表中反映。对企业各项资产、负债进行识别,不仅包括资产负债表表内资产、负债,还包括资产负债表表外资产、负债。对企业资产负债表表内资产、负债,主要根据企业的账簿、会计报表、审计报告等进行识别和判断。

表外资产通常包括著作权、专利权、专有技术、商标专用权、销售网络、客户关系、特许经营权、合同权益、域名和商誉等账面未记录或未进行资本化处理的资产。表外负债主要包括法律明确规定的未来义务和合同约定的未来义务。

(3)企业资产配置和使用情况的分析

企业价值的形成基于企业整体盈利能力。评估人员判断估计企业价值,就是要正确分析和判断企业的盈利能力。但是,企业是由各类单项资产和单项负债组合而成的综合体,这些单项资产和单项负债对企业盈利能力的形成具有不同的作用,对企业价值的形成具有不同的贡献。因此,评估人员在界定企业价值的评估范围基础上,需要对企业价值评估范围的资产和负债的配置及使用情况进行必要的分析。

①根据资产和负债的经营属性进行区分。根据资产的经营属性,企业的资产分为经营性资产和非经营性资产。经营性资产对企业盈利能力的形成过程产生直接或间接贡献。非经营性资产对企业盈利能力的形成过程不产生直接或间接贡献。在评估实务中,检验某项资产是否属于非经营性资产,可运用模拟抽离法,即在企业盈利能力的形成过程中,将某项资产模拟抽离该企业,分析抽离行为是否会影响企业的盈利能力,若抽离该资产对企业盈利能力的形成不产生任何影响,则该项资产属于非经营性资产,否则为经营性资产。

根据负债的经营属性,企业的负债分为经营性负债和非经营性负债。若在企业盈利能力的形成过程中,已考虑了某项负债的偿还义务对企业盈利能力的影响,则该项负债为经营性负债,否则为非经营性负债。

同一类资产、负债在不同行业或不同企业中的经营属性可能存在差异。独立于企业的单项资产、负债本身并没有经营性和非经营性的区别,资产、负债的经营性或非经营性的区分,取决于资产、负债在具体企业中的具体配置和利用情况。不同行业或不同企业对资产负债的配置和使用往往存在差异,同一类资产在某些行业中可能是经营性资产,而在其他行业中可能是非经营性资产。例如,对于一般的工业企业而言,投资性房地产通常是非经营性资产,但对于以经营管理持有型物业为主营业务的企业来说,投资性房地产是经营性资产。

对资产、负债的经营属性进行区分,不能仅根据资产、负债与主营业务收入、其他业务收入的关系进行判断。按照企业所从事日常活动的重要性,收入分为主营业务收入、其他业务收入等,但其他业务收入所形成的资产或为开展其他业务而准备的资产并非全部为非经营性资产。企业的其他业务收入可进一步区分为经常性收入和偶然性收入,经常性收入对应的资产通常可界定为经营性资产,而偶然性收入对应的资产一般应界定为非经营性资产。

②根据资产的配置属性进行区分。根据资产的配置属性,企业的资产分为必备资产和溢余资产。根据资产规模与企业经营规模的配置关系,经营性资产可细分为必备的经营性资产和溢余的经营性资产。必备的经营性资产是形成企业盈利能力所必需的资产,溢余的经营性资产是超过了企业盈利能力形成的必备规模的资产。对于非经营性资产,因其与企业盈利能力的形成过程无关,对其按配置属性进行区分并无现实意义。

将企业的资产、负债根据经营属性和配置属性进行区分,目的在于正确揭示企业价值。企业盈利能力是企业必备的经营性资产共同作用的结果,也决定着必备的经营性资产的价值。非经营性资产和溢余的经营性资产虽然也可能有交换价值,但其交换价值与必备的经营性资产的决定因素、形成路径是有差别的。

要正确揭示和评估企业价值,评估人员就需要将企业价值评估范围内的资产、负债根据经营属性和配置属性进行区分,并选择恰当的评估方法和技术路径分别对必备的经营性资产、溢余的经营性资产和非经营性资产进行评估。

必备的经营性资产的评估方法,与溢余的经营性资产、非经营性资产的评估方法可能存在差异。必备的经营性资产和经营性负债的评估价值,与非经营性资产和溢余的经营性资产的评估价值相加,得出企业整体价值。企业资产、负债根据经营属性和配置属性划分得是否合理,将直接影响运用不同评估途径与评估方法评估企业价值的结果的合理性与可信度。

9.2 企业价值评估的收益法

收益法适用于持续经营假设前提下的企业价值评估。持续经营假设是指在企业评估时,假定企业将按照原来的经营目的、经营方式持续地经营下去。持续经营假设尽管是一种假设,这种假设也不是可以随便运用的,它需要建立在对企业能够持续经营的专业论断之上。

企业具有持续的盈利能力时,运用收益法对企业进行价值评估才具有意义。

9.2.1 收益法的计算公式及其说明式

1)企业持续经营假设前提下的收益法

(1)年金法

年金法是将已处于均衡状态,其未来收益具有充分的稳定性和可预测性的企业的收益进行年金化处理,然后再把已年金化的企业预期收益进行收益还原,估测企业价值的方法。

其计算公式为:

$$P = \frac{A}{r}$$

式中,P 为企业评估价值;A 为企业每年的年金收益;r 为折现率及资本化率。

由于企业预期收益并不能变现为年金形式,评估人员如果要运用年金法评估企业价值,还需要对被评估企业的预期收益进行综合分析,确定被评估企业的预期年金收益。即将企业未来若干年的预期收益进行年金化处理而得到企业年金。如果采用将企业未来若干年的预期收益进行年金化处理而得到企业年金的方法,则年金法的数学公式又可以写成:

$$P = \sum_{i=1}^{n} \left[R_i \times (1+r)^{-i} \right] \div \sum_{i=1}^{n} \left[(1+r)^{-i} \right] \div r$$

式中,$\sum_{i=1}^{n} \left[R_i \times (1+r)^{-i} \right]$ 为企业前 n 年预期收益折现值之和;$\sum_{i=1}^{n} \left[(1+r)^{-i} \right]$ 为年金现值系数;r 为折现率及资本化率。

【例9.1】待估企业预计未来5年的预期收益为10万元、11万元、12万元、12万元和13万元,假定资本化率为10%,试用年金法估测该企业持续经营条件下的企业价值。

$$P = \sum_{i=1}^{n} \left[R_i \times (1+r)^{-i} \right] \div \sum_{i=1}^{n} \left[(1+r)^{-i} \right] \div r$$

$$= (10×0.9091+11×0.8264+12×0.7513+12×0.6830+13×0.6209)÷$$

$$(0.9091+0.8264+0.7513+0.6830+0.6209)÷10\% = 114.66(万元)$$

(2)分段法

分段法将持续经营的企业的收益预测分为前后段。对于前段企业的预期收益采取逐年预测折现累加的方法;而对于后段的企业收益,则针对企业的具体情况假设它按某一规律变化,并按企业收益变化规律,对企业后段预期收益进行还原及折现处理。将企业前后两段收益现值加在一起便构成了整体企业的收益现值。

①假设以前段最后一年的收益作为后段各年的年金收益,分段法的公式可写成:

$$P = \sum_{i=1}^{n} \left[R_i \times (1+r)^{-i} \right] + \frac{R_n}{r} \times (1+r)^{-n}$$

式中,P 为企业评估价值;i 为年序号;n 为收益年期;R_i 为企业第 i 年的收益;r 为折现率及资本化率。

②假设在从(n+1)年起的后段,企业预期年收益将按一固定比率(g)增长,则分段法的公式可写成:

$$P = \sum_{i=1}^{n} \left[R_i \times (1+r)^{-i} \right] + \frac{R_n(1+g)}{(r-g)} \times (1+r)^{-n}$$

【例 9.2】待评估企业预计未来 5 年的预期收益额为 100 万元、120 万元、150 万元、160 万元和 200 万元,并根据企业的实际情况推断,从第 6 年开始,企业的年预期收益额将维持在 200 万元的水平上,假定本金化率为 10%,试用分段法估测待评估企业的整体价值。

根据以上公式,评估企业价值为:

$$P = \sum_{i=1}^{n} \left[R_i \times (1+r)^{-i} \right] + \frac{R_n}{r} \times (1+r)^{-n}$$

$$= (100 \times 0.9091 + 120 \times 0.8264 + 150 \times 0.7513 + 160 \times 0.6830 + 200 \times 0.6209) +$$

$$200 \div 10\% \times 0.6209$$

$$\approx 1778 (万元)$$

【例 9.3】承上例资料,假如评估人员根据企业的实际情况推断,企业从第 6 年起,收益额将在第 5 年的水平上以 7% 的增长率保持增长,其他条件不变,试估测待评估企业的整体价值。

$$P = \sum_{i=1}^{n} \left[R_i \times (1+r)^{-i} \right] + \frac{R_n(1+g)}{(r-g)} \times (1+r)^{-n}$$

$$= (100 \times 0.9091 + 120 \times 0.8264 + 150 \times 0.7513 + 160 \times 0.6830 + 200 \times 0.6209) + 200 \times$$

$$(1+7\%) \div (10\% - 7\%) \times 0.6209$$

$$\approx 4965 (万元)$$

2)企业非持续经营假设前提下的收益法

企业非持续经营假设是从最有利回收企业投资的角度,争取在不追加资本性投资的前提下,充分利用企业现有的资源,最大限度地获取投资收益,直至企业丧失生产经营能力为止。在非持续经营假设前提下,企业价值评估适宜采用分段法进行,其公式为:

$$P = \sum_{i=1}^{n} \left[R_i \times (1+r)^{-i} \right] + P_n \times (1+r)^{-n}$$

式中,P_n 为第 n 年企业资产的变现值;其他符号含义同前。

9.2.2 企业收益及其预测

收益是运用收益现值法评估企业价值的基本参数之一。在企业价值评估中,收益是指企业在正常条件下获得的归企业所有的所得额。

1)企业收益的界定与选择

在对企业收益进行具体界定时,评估人员应首先注意以下两个方面:第一,不归企业权益主体所有的企业纯收入,不能作为企业价值评估中的企业收益,如税收,不论是流转税还是所得税都不能视为企业收益;第二,凡是归企业权益主体所有的企业收支净额,可视为企业收益。无论是营业收支、资产收支,还是投资收支,只要形成净现金流入量,就应视同为企业收益。

企业收益有两种基本表现形式:企业净利润和企业净现金流量。

选择净利润还是净现金流量作为企业价值评估的收益基础,对企业的最终评估值存在一定的影响。就企业价值与收益的关系而言,实证研究表明,企业的利润虽然与企业价值高度相关,但企业价值最终由其现金流量决定而非由其利润决定。经济学家认为,企业的价值基础是现金流量。当现金流量的变动与利润的变动不一致时,企业的价值变化与现金流量的变化更为一致。对西方资本市场的研究表明,企业的现金流量是企业价值的最终决定因素而非权责发生制的会计收益。因此,一般而言,应选择企业的净现金流量作为用收益法进行企业价值评估的收益基础。

企业收益能以多种形式出现,包括净利润、净现金流量(股权自由现金流量)、息前净现金流量(企业自由现金流量)、股利、经济利润(经济增加值)等。相应地,在评估实践中,企业价值评估的收益法也有股利折现模型、股权自由现金流量折现模型、企业自由现金流量折现模型以及经济利润折现模型等多种常用的评估模型。

股权自由现金流量可被理解为股东可自由支配的现金流量。股东是企业股权资本的所有者,拥有企业产生的全部现金流量的剩余要求权,即拥有企业在满足了全部财务要求和投资要求后的剩余现金流量。股权自由现金流量就是在扣除经营费用、偿还债务资本对应的本息支付和为保持预定现金流量增长所需的全部资本性支出后的现金流量。

根据股权自由现金流量的概念,股权自由现金流量的计算公式如下:

股权自由现金流量=(税后净营业利润+折旧及摊销)-(资本性支出+

营运资金增加)-税后利息费用-付息债务的净偿还

其中

税后净营业利润=息税前利润×(1-所得税税率)

=净利润+利息费用×(1-所得税税率)

税后利息费用=利息费用×(1-所得税税率)

付息债务的净偿还=偿还付息债务本金-新借付息债务

因此,股权自由现金流量的计算公式可表示为:

股权自由现金流量=净利润+折旧及摊销-资本性支出-

营运资金增加-偿还付息债务本金+新借付息债务

由此可见,股权自由现金流量可以由净利润调整得出。

股权自由现金流量与净利润均属于权益口径收益指标,均可反映权益资本的收益能力,但两者存在较为明显的差异。股权自由现金流量是收付实现制的一种体现,而净利润的核算则遵循了权责发生制原则。

在衡量权益资本收益能力方面,股权自由现金流量往往优于净利润,主要表现在两个方面:一是净利润受会计政策影响较大,如固定资产折旧存在多种方法,折旧年限的选择也有一定的主观性,选择不同的折旧方法或折旧年限,会产生不同的净利润;二是净利润比较容易受到人为操纵,被人为管理或操纵的净利润金额并不能衡量和反映企业的收益能力。

企业自由现金流量可理解为全部资本投资者共同支配的现金流量。全部资本提供者包括普通股股东、优先股股东和付息债务的债权人。企业自由现金流量也称为实体自由现金流量。

企业自由现金流量的计算方法主要有以下三种。

第一种方法是在股权自由现金流量的基础上进行计算,其计算公式为:

$$企业自由现金流量 = 股权自由现金流量 + 债权现金流量$$

又因为

$$债权现金流量 = 税后利息支出 + 偿还债务本金 - 新借付息债务$$

则

$$企业自由现金流量 = 股权自由现金流量 + 税后利息支出 + 偿还债务本金 - 新借付息债务$$

第二种方法是在净利润基础上进行计算,其计算公式如下:

$$企业自由现金流量 = 净利润 + 利息费用 \times (1 - 所得税税率) +$$
$$折旧及摊销 - 资本性支出 - 营运资金增加$$

第三种方法是在企业经营活动产生的现金净流量基础上进行计算。企业自由现金流量可以近似地认为是经营活动产生的现金净流量与资本性支出之差,即:

$$企业自由现金流量 = 经营活动产生的现金净流量 - 资本性支出$$

企业自由现金流量是可由企业资本的全部提供者自由支配的现金流量,等于股权自由现金流量和债权现金流量的合计值。因此,企业自由现金流量与股权自由现金流量可通过债权现金流量进行相互计算。

虽然如此,企业自由现金流量与股权自由现金流量的计算难易程度存在差异。在股权自由现金流量计算过程中,评估人员不论是以净利润还是以企业自由现金流量为基础,均需要计算债权现金流量,才能得出股权自由现金流量;在企业自由现金流量计算过程中,若是以净利润为基础进行计算,只需在净利润基础上加上税后利息费用和折旧摊销金额,再减去营运资金增加额和资本性支出,即可得出企业自由现金流量,这一过程并不需要计算债权现金流量。

企业自由现金流量与股权自由现金流量均是企业收益的一种形式,但两者归属的资本投资者不同。企业自由现金流量是归属于企业全部资本提供方的收益指标,根据企业自由现金流量可直接计算企业整体价值;而股权自由现金流量是归属于企业权益资本提供方的收益指标,根据股权自由现金流量可直接计算股东全部权益价值。

此外,与企业自由现金流量相比,股权自由现金流量显得更为直观,因为人们一般会站在企业所有者的角度来考虑问题,将付息负债本金的偿还和利息支出理解为现金流的支出。企业自由现金流量还可能使人们忽略企业所面临的生存困境,如果企业当期需要偿还一笔大额的到期债务,虽然企业自由现金流量是正数,但股权自由现金流量可能是负值,在这种情况下,股权自由现金流量能够提示企业关注资金链问题。

选择以何种形式的收益作为收益法中的企业收益,在一定程度上会直接或间接地影响评估人员对企业价值的最终判断。

从投资回报的角度,企业收益的边界是可以明确的。企业净利润是所有者的权益,利息是债权人的收益。针对企业发生产权变动而进行企业资产评估这一特定目的,企业产权转让的是企业所有者权益,即企业只更换业主而并不更换债主。因此,企业价值的评估值应该是企业的所有者权益的公开市场价值。

在企业价值的具体评估中,评估人员需要根据评估目标的不同,对不同口径的收益做出选择。在假设折现率口径与收益额口径保持一致的前提下,净利润(或净现金流量)折现或资本化为企业股东全部权益价值(净资产价值或所有者权益价值);净利润(或净现金流量)加上扣税后的长期负债利息折现或资本化为企业投资资本价值(所有者权益+长期负债);净利润(或净现金流量)加上扣税后的全部利息折现或资本化为企业整体价值(所有者权益+付息债务)。在企业价值评估中,资产构成、评估值内含及收益形式之间的对应关系见表9.2。

表9.2 资产构成、评估值内含及收益形式关系表

资产构成	评估值内含	收益形式
企业整体价值扣减全部付息债务	股东权益价值	净利润(或净现金流量)
企业整体价值扣减短期付息债务价值	企业投资资本价值	净利润(或净现金流量)+长期负债利息×(1-所得税税率)
企业总资产价值减去负债中的非付息债务价值	企业整体价值	净利润(或净现金流量)+全部负债利息×(1-所得税税率)

选择什么口径的企业收益作为收益法评估企业价值的基础?

第一,应服从于企业价值评估的目标,即企业价值评估的目的是评估反映企业所有者权益的净资产价值还是反映企业所有者权益及长期债权人权益之和的投资资本价值,或企业整体价值(所有者权益价值和付息债务之和)。

第二,对企业收益口径的选择,应在不影响企业价值评估目标的前提下,选择最能客观反映企业正常获利能力的收益额作为对企业进行价值评估的收益基础。对于某些企业,净现金流量(股权自由现金流量)就能客观地反映企业的获利能力,而另一些企业可能采用息前净现金流量(企业自由现金流量)更能客观反映企业的获利能力。如果企业评估的目标是企业股东全部权益价值(净资产价值),使用净现金流量(股权自由现金流量)最为直接,即评估人员直接利用企业的净现金流量(股权自由现金流量)评估企业的股东全部权益价值。这种评估方式也被称作企业价值评估的"直接法"。当然,评估人员也可以利用企业的息前净现金流量(企业自由现金流量),先估算出企业的整体价值(所有者权益价值和付息债务之和),然后再从企业整体价值中扣减企业的付息债务后得到股东全部权益价值。这种评估方式也被称作企业价值评估的"间接法"。

评估人员是运用企业的净现金流量(股权自由现金流量)直接估算企业的股东全部权益价值(净资产价值),还是采用间接法先估算企业的整体价值,再估算企业的股东全部权益价值(净资产价值),取决于企业的净现金流量或是企业的息前净现金流量更能客观地反映企业的获利能力。当然,在估算现金流量时,还应遵循现金流量与折现率必须保持一致原则,即股权自由现金流量对应股权资本成本,企业自由现金流量对应加权平均资本成本。

2)企业收益预测

企业收益预测大致分为以下几个基本步骤。

第一步,企业收益现状的分析和判断。企业收益现状分析和判断的着重点是了解和掌握企业正常获利能力现状,为企业预期收益预测创造一个工作平台。了解和判断一个企业的获利能力现状,可以通过一系列财务数据并结合对企业生产经营的实际情况加以综合分析判断。在必要时评估人员还应对企业以前年度的获利能力情况做出考察,以确定企业现时的正常获利能力。要想较为客观地把握企业的正常获利能力,评估人员还必须结合企业内部及外部的各种因素进行综合分析。

第二步,评估基准日企业收益的审计和调整。评估基准日企业收益的审计和调整包括两部分工作。其一是对评估基准日企业收益的审计。按照国家的财务通则、会计准则以及现行会计制度,对企业于评估基准日的收益进行审核,并按审核结果编制评估基准日企业资产负债表、损益表和现金流量表。其二是对审核后的重编财务报表进行非正常因素调整,主要是损益表和现金流量表的调整。对于一次性、偶发性,或以后不再发生的收入或费用进行剔除,把企业评估基准日的利润和现金流量调整到正常状态下的数量,为企业预期收益的趋势分析打好基础。

第三步,企业预期收益趋势的总体分析和判断。这是在对企业评估基准日实际收益的审计和调整的基础上,结合企业提供的预期收益预测和评估机构调查搜集的有关信息资料进行的。

这里需要强调指出:①对企业评估基准日的财务报表的审计,尤其是客观收益的调整作为评估人员进行企业预期收益预测的参考依据,不能用于其他目的。②企业提供的关于预期收益的预测是评估人员预测企业未来预期收益的重要参考资料。但是,评估人员不可以将企业提供的收益预测作为对企业未来预期收益预测的唯一根据。③尽管对企业在评估基准日的财务报表进行了必要的调整,并掌握了企业提供的收益预测,评估人员还必须深入企业现场进行实地考察和现场调研,充分了解企业的生产工艺过程、设备状况、生产能力和经营管理水平,再辅以其他数据资料对企业未来收益趋势做出合乎逻辑的总体判断。

第四步,企业预期收益预测。企业预期收益的预测是在前几个步骤完成的前提下,运用具体的技术方法和手段进行的。在一般情况下,企业的收益预测也分两个时间段:一是对企业未来 3~5 年的收益预测;二是对企业未来 3~5 年后的各年收益的预测。

企业未来 3~5 年的收益预测是利用评估基准日被调整的企业收益,结合影响企业收益实现的主要因素在未来预期变化的情况,采用适当的方法进行的。不论采用何种预测方法,评估人员首先都应预测前提条件的设定,因为无论如何,企业未来可能面临的各种不确定性因素是无法一项不漏地纳入评估参数的。科学合理地设定预测企业预期收益的前提条件是必需的。

这些前提条件包括:①假定国家的政治、经济等政策变化不会对企业预期收益构成重大影响;②不可抗拒的自然灾害或其他无法预测的突发事件,不作为预测企业收益的相关因素考虑;③企业经营管理者的某些个人行为也未在预测企业预期收益时考虑等。当然,根据评估对象、评估目的和评估时的条件,评估人员还可以对评估的前提做出必要的限定。但是,评估人员对企业预期收益预测的前提条件设定必须合情合理;否则,这些前提条件不能构成合理预测企业预期收益的前提和基础。

在明确了企业收益预测前提条件的基础上,评估人员就可以着手对企业未来 3~5 年的预期收益进行预测。预测的主要内容有:对影响被评估企业及所属行业的特定经济及竞争因素的估计;未来 3~5 年市场的产品或服务的需求量或被评估企业市场占有份额的估计;

未来3~5年销售收入的估计;未来3~5年成本费用及税金的估计;完成上述生产经营目标需追加投资及技术、设备更新改造因素的估计;未来3~5年预期收益的估计等。关于企业的收益预测,评估人员不得不加分析地直接引用企业或其他机构提供的方法和数据,应把企业或其他机构提供有关资料作为参考,根据可搜集到的数据资料,在经过充分分析论证的基础上,做出独立的预测判断。

评估人员在具体运用预测技术和方法测算企业收益时,大多采用财务报表格式予以表现,如利用损益表或现金流量表的形式表现。运用损益表或现金流量表的形式表现预测企业收益的结果通俗易懂,便于理解和掌握。需要说明的是,用企业损益表或现金流量表来表现企业预期收益的结果,并不等于说企业预期收益预测就相当于企业损益表或现金流量表的编制。企业收益预测的过程是一个比较具体、需要大量数据并运用科学方法的运作过程。用损益表或现金流量表表现的仅仅是这个过程的结果。所以,企业收益预测不能简单地等同于企业损益表或现金流量表的编制,而是利用损益表或现金流量表的已有栏目或项目,通过对影响企业收益的各种因素变动情况的分析,在评估基准日企业收益水平的基础上,对表内各项目(栏目)进行合理测算、汇总、分析得到所测年份的各年企业收益。表9.3所示是一张可供借鉴的收益预测表。如测算的收益层次和口径与本表有差异,评估人员可在本表的基础上进行适当调整。如采用其他方式测算企业收益,评估人员可自行设计企业收益预测表。

表9.3 企业20××—20××年收益预测表

单位:万元

项目	20××年	20××年	20××年	20××年
一、产品销售收入 　减:产品销售税金 　　　产品销售成本 　其中:折旧				
二、产品销售利润 　加:其他业务利润 　减:管理费用 　　　财务费用				
三、营业利润 　加:投资收益 　　　营业外收入 　减:营业外支出				
四、利润总额 　减:所得税				
五、净利润 　加:折旧和无形资产摊销 　减:追加资本性支出				
六、净现金流量				

企业未来 3 ~ 5 年的预期收益测算可以通过一些具体的方法进行。而对于企业未来更久远的年份的预期收益,则难以用具体的测算方法测算。可行的方法是,在企业未来 3 ~ 5 年预期收益测算的基础上,从中找出企业收益变化的取向和趋势,并借助某些手段,如采用假设的方式把握企业未来长期收益的变化区间和趋势。比较常用的假设是保持假设,即假定企业未来若干年以后各年的收益水平维持在一个相对稳定的水平。当然也可以根据企业的具体情况,假定企业收益在未来若干年以后将在某个收益水平上每年保持递增比率等。但是不论何种假设,都必须建立在合乎逻辑、符合客观实际的基础上,以保证企业预期收益预测的相对合理性和准确性。

9.2.3 折现率和资本化率及其估测

折现率是将未来有限期收益还原或转换为现值的比率。资本化率是将未来无限期收益转换为现值的比率。资本化率在资产评估业务中有着不同的称谓:资本化率、本金化率、还原利。折现率和资本化率在本质上是相同的,都属于投资报酬率。投资报酬率通常由两部分组成:一是正常报酬率;二是风险报酬率。正常报酬率也称为无风险报酬率,它取决于资金的机会成本,即正常报酬率不能低于该投资的机会成本。这个机会成本通常以政府发行的国库券和银行储蓄利率作为参照依据。风险报酬率的高低主要取决于投资风险的大小。风险大的投资,要求的风险报酬率就高。

1)企业价值评估中选择折现率的基本原则

在运用收益法评估企业价值时,折现率起着至关重要的作用,它的微小变化会对评估结果产生较大的影响。因此,在选择和确定折现率时,一般应遵循以下原则。

①折现率不低于投资的机会成本。在正常的资本市场和产权市场的条件下,任何一项投资的回报率不应低于该投资的机会成本。在现实生活中,政府发行的国库券利率和银行储蓄利率可以称为投资者进行其他投资的机会成本。由于国库券的发行主体是政府,几乎没有破产或无力偿付的可能,投资的安全系数大。银行虽大多属于商业银行,但我国的银行仍处于国家垄断或严格监控中,其信誉也非常高,储蓄自然是一种风险极小的投资。因此,国库券利率和银行储蓄利率不仅是其他投资的机会成本,也是一种无风险投资报酬率。

②行业基准收益率不宜直接作为折现率。我国的行业基准收益率是基本建设投资管理部门为筛选建设项目,从拟建项目对国民经济的净贡献方面,按照行业统一制定的最低收益率标准。凡是投资收益率低于行业基准收益率的拟建项目不得上马。只有投资收益率高于行业基准收益率的拟建项目才有可能得到批准进行建设。行业基准收益率着眼于拟建项目对国民经济的净贡献的高低,包括拟建项目可能提供的税收收入和利润,而不是对投资者的净贡献,因此,不宜直接作为企业产权变动时价值评估的折现率。再者,行业基准收益率的高低也体现着国家的产业政策。在一定时期,属于国家鼓励发展的行业,其行业基准收益率可以相对低一些;属于国家控制发展的行业,国家就可以适当调高其行业基准收益率,达到限制项目建设的目的。因此,行业基准收益率不宜直接作为企业价值评估中的折现率。

③贴现率不宜直接作为折现率。贴现率是商业银行对未到期票据提前兑现所扣金额

（贴现息）与期票票面金额的比率。贴现率虽然也是将未来值换算成现值的比率,但贴现率通常是银行根据市场利率和要贴现的票据的信誉程度来确定的,且票据贴现大多数是短期的,并无固定期间周期。从本质上讲,贴现率接近于市场利率。而折现率是针对具体评估对象的风险而生成的期望投资报酬率。从内容上讲,折现率与贴现率并不一致,简单地把银行贴现率直接作为企业价值评估的折现率是不妥当的。

2）风险报酬率的估测

在折现率的测算过程中,无风险报酬率的选择相对比较容易一些,通常是以政府债券利率和银行储蓄利率为参考依据。而风险报酬率的测算相对比较困难。它因评估对象、评估时点的不同而不同。就企业而言,在未来的经营过程中要面临经营风险、财务风险、行业风险、通货膨胀风险等。从投资者的角度,要投资者承担一定的风险,就要有相对应的风险补偿。风险大,要求补偿的数额也就越大。风险补偿额相对于风险投资额的比率就是风险报酬率。

在测算风险报酬率的时候,评估人员应注意以下因素。

①国民经济增长率及被评估企业所在行业在国民经济中的地位。

②被评估企业所在行业的发展状况及被评估企业在行业中的地位。

③被评估企业所在行业的投资风险。

④企业在未来的经营中可能承担的风险。

在充分考虑和分析了以上因素以后,风险报酬率可通过以下两种方法估测。

①风险累加法。企业在其持续经营过程中可能要面临许多风险,像前面已经提到的行业风险、经营风险、财务风险、通货膨胀风险等。将企业可能面临的风险对回报率的要求予以量化并累加,便可得到企业评估折现率中的风险报酬率。

用公式表示为:

风险报酬率=行业风险报酬率+经营风险报酬率+财务风险报酬率+其他风险报酬率

行业风险主要指企业所在行业的市场特点、投资开发特点,以及国家产业政策调整等因素造成的行业发展不确定性给企业预期收益带来的影响。

经营风险是指企业在经营过程中,由于市场需求变化、生产要素供给条件变化以及同类企业间的竞争给企业的未来预期收益带来的不确定性影响。

财务风险是指企业在经营过程中的资金融通、资金调度、资金周转可能出现的不确定性因素影响企业的预期收益。

其他风险包括国民经济景气状况、通货膨胀等因素的变化可能对企业预期收益的影响。

量化上述各种风险所要求的回报率,主要是采取经验判断。它要求评估人员充分了解国民经济的运行态势、行业发展方向、市场状况、同类企业竞争情况等。只有在充分了解和掌握上述数据资料的基础上,对风险报酬率做出的判断才能较为客观合理。

②β系数法。β系数法的基本思路是,某企业价值评估中的风险报酬率等于社会平均风险报酬率乘以被评估企业所在的行业平均风险与社会平均风险的比率(即β系数)。

按照这一思路,评估人员可按下列方法求取被评估企业的风险报酬率。

首先,将社会平均收益率(R_m)扣除无风险报酬率(R_f),得到社会平均风险报酬率。

其次,把企业所在的行业的平均风险与社会平均风险进行对比,即通常采用行业平均收益率变动与社会平均收益率变动之比的数值作为调整系数(β)。

最后,用社会平均风险报酬率乘以风险系数(β),得到可用于企业评估的风险报酬率(R_r)。

当然,如果再考虑企业的规模以及企业在其所在行业中的地位,关于企业价值评估的风险报酬率,还应加上企业在其行业中的地位系数(α)对企业风险报酬率的影响。上述测算思路用公式表示如下:

$$风险报酬率(R_r) = [社会平均收益率(R_m) - 无风险报酬率(R_f)] \times$$
$$风险系数(\beta) \times 企业在其行业中的地位系数(\alpha)$$

3)折现率的测算

如果能通过一系列方法测算出风险报酬率,则企业价值评估的折现率的测算就相对简单了。其中,风险累加法、资本资产定价模型、加权平均资本成本模型是测算企业价值评估中的折现率或资本化率较为常用的方法。

①风险累加法。累加法采用无风险报酬率加风险报酬率的方式确定折现率或资本化率。用公式可表示为:

$$折现率 = 无风险报酬率 + 风险报酬率$$

$$风险报酬率 = 行业风险报酬率 + 经营风险报酬率 + 财务风险报酬率 + 其他风险报酬率$$

②资本资产定价模型。资本资产定价模型是用来测算权益资本折现率的一种工具。用公式表示为:

$$折现率 = 无风险报酬率 + 风险报酬率$$
$$= 无风险报酬率 + (社会平均收益率 - 无风险报酬率) \times 风险系数(\beta) \times 企业在其$$
$$行业中的地位系数(\alpha)$$

③加权平均资本成本模型。加权平均资本成本模型是以企业的所有者权益和企业负债所构成的全部资本以及全部资本所需求的回报率,经加权平均计算来获得企业评估所需折现率的一种数学模型。用公式表示为:

$$折现率 = 权益资本成本 \times 权益资本占全部资本的比重 +$$
$$债务资本成本 \times 债务资本占全部资本的比重$$

其中,债务资本成本是指扣除了所得税后的资本成本。

当评估企业的整体价值或投资资本价值时,评估人员需使用资本加权平均报酬率进行折现,其与企业的息前净现金流量相匹配。例如,使用企业的权益资本和长期负债所构成的投资资本,以及投资资本组成要素各自要求的回报率和它们各自的权重,经加权平均获得企业投资资本价值评估所需要的折现率。用公式表示为:

$$企业投资资本要求的折现率 = 权益资本成本 \times 权益资本占投资资本的比重 +$$
$$长期负债成本 \times 长期负债占投资资本的比重$$

其中

$$权益资本成本 = 无风险报酬率 + 风险报酬率$$

长期负债成本是指扣除了所得税后的长期负债成本。

9.2.4 收益额与折现率口径一致的问题

根据不同的评估价值目标,用于企业价值评估的收益额可以有不同的口径,如净利润、利润总额、息税前利润、净现金流量(股权自由现金流量)、息前净现金流量(企业自由现金流量)等。而折现率是一种期望投资回报率,评估人员要注意折现率的计算口径。收益额可以有税前收益或税后收益口径,也可以有权益收益或全投资收益口径,对于同一项投资来说,不论收益额选择哪一种收益口径,产生收益的投资的现值都是不变的,这也就要求折现率的口径应当与收益额的口径保持一致。

有些折现率是从股权投资回报率的角度考虑,有些折现率既考虑了股权投资的回报率,同时又考虑了债权投资的回报率。净利润、净现金流量(股权自由现金流量)是股权收益形式,因此只能用股权投资回报率作为折现率。而息前净利润、息前净现金流量(企业自由现金流量)是股权与债权收益的综合形式。因此,只能运用股权与债权综合投资回报率,即只能运用通过加权平均资本成本模型获得的折现率。所以,在运用收益法评估企业价值时,评估人员必须注意收益额与折现率之间结构与口径上的匹配和协调,以保证评估结果合理且有意义。

9.2.5 收益法评估企业价值的应用举例

【例9.4】被评估企业是一家以生产出口矿产品为主业的矿山企业,2020年的收益情况见表9.4。

表9.4 利润表

单位:元

项目	本年累计数
一、主营业务收入	9500000
减:主营业务成本	5500000
主营业务税金及附加	300000
二、主营业务利润	3700000
加:其他业务利润	0
减:营业费用	200000
管理费用	1900000
财务费用	400000
三、营业利润	1200000
加:投资收益	0
补贴收入	300000
营业外收入	0

续表

项目	本年累计数
减：营业外支出	150000
四、利润总额	1350000
减：所得税(33%)	445500
五、净利润	904500

在表9.4中,补贴收入30万元中包括了企业增值税出口退税20万元和因水灾政府专项补贴10万元;营业外支出15万元为企业遭受水灾的损失支出。经评估人员调查分析,预计2021—2024年企业的净利润将在2020年正常净利润水平上每年递增2%,2025—2040年企业净利润将保持在2021—2024年各年净利润按现值计算的平均水平上(年金)。根据最优原则,企业将在2040年年底停止生产实施企业整体变现,预计变现值为100万元,假设折现率为8%,现行的税收政策保持不变。评估2020年12月31日该企业净资产价值的过程如下。

①计算企业2020年正常净利润。

正常净利润 = 904500 + (150000 - 100000) × (1 - 33%) = 938000(元)

②计算2021—2024年各年净利润。

2021年净利润 = 938000 × (1 + 2%) = 956760(元)

2022年净利润 = 938000 × (1 + 2%)^2 = 956760 × (1 + 2%) = 975895.2(元) ≈ 975895(元)

2023年净利润 = 975895 × (1 + 2%) ≈ 995413(元)

2024年净利润 = 995413 × (1 + 2%) ≈ 1015321(元)

③计算2025—2040年的年金收益。

$$A = P = \sum_{i=1}^{n} \left[R_i \times (1 + r)^{-i} \right] \div \sum_{i=1}^{n} \left[(1 + r)^{-i} \right]$$

$$= \left[\frac{956760}{1+8\%} + \frac{975895}{(1+8\%)^2} + \frac{995413}{(1+8\%)^3} + \frac{1015321}{(1+8\%)^4} \right] \div$$

$$\left[(1+8\%) + (1+8\%)^2 + (1+8\%)^3 + (1+8\%)^4 \right]$$

$$= 3258919 \times 0.3019$$

$$\approx 983868$$

④计算企业净资产价值。

$P = 3258919 + 12298350 × (1 - 0.2919) × 0.735 + 1000000 × 0.2145$

$= 3258919 + 6400719 + 214500$

$= 9874138(元)$

【例9.5】甲公司2020年年末拟以并购方式拓展市场,乙公司成为其并购对象。甲公司依据掌握的有关资料对乙公司进行估价。相关资料如下。

①甲公司确定的预测期是5年,预计2021—2025年的销售增长率分别为8%、7%、5%、4%、3%,2025年后销售增长率维持在3%。

②并购时乙公司的销售收入为1200万元,销售成本率(销售成本占销售收入的比例)为

80%,销售及管理费用率为10%,所得税税率为30%,营运资本需求占销售收入的比例为15%。假定在预测存续期这些比例保持不变。2019年的营运资金需求是164万元。

③2020—2025年的折旧费分别为:18万元、16万元、14万元、12万元、10万元、10万元;各年追加的固定资产投资分别为:20万元、22万元、18万元、15万元、14万元、12万元。

④根据测算,预测期的资本成本为12%,永续期的资本成本为10%。

⑤假定乙公司自由现金流量在2025年以后保持固定速度增长,其增长率与销售收入增长率相同,为3%。要求:

①对乙公司的价值进行评估;

②如果乙公司并购时核实的负债账面价值为500万元,计算甲公司愿意支付的最高价格。

评估计算过程如下。

①预测乙公司自由现金流量,见表9.5。

表9.5 乙公司自由现金流量预测表

单位:万元

项目	并购时	预测期				
	2020年	2021年	2022年	2023年	2024年	2025年
销售收入	1200	1296	1387	1456	1514	1559
减:销售成本	960	1037	1110	1165	1211	1247
减:销售及管理费用	120	130	139	146	151	156
息税前利润	120	129	138	145	152	156
减:所得税	36	39	41	44	46	47
息前税后利润	84	90	97	101	106	109
加:折旧费	18	16	14	12	10	10
营运资本需求额	180	194	208	218	227	234
减:营运资本增量投资	16	14	14	10	9	7
减:固定资产增量投资	20	22	18	15	14	12
企业自由现金流量	66	70	79	88	93	100

第 n 期永续期企业自由现金流量现值 $= 100 \times (1+3\%) \div (10\% - 3\%) \approx 1471$(万元)

乙公司企业整体价值 $EV = 70 \times (P/F, 12\%, 1) + 79 \times (P/F, 12\%, 2) + 88 \times (P/F, 12\%, 3) + 93 \times (P/F, 12\%, 4) + 100 \times (P/F, 12\%, 5) + 1471 \times (P/F, 12\%, 5)$

$$\approx 1139(万元)$$

②甲公司愿支付的最高价格 PV(股东全部权益价值) $= EV$(企业整体价值) $- D$(付息债务)

$$= 1139 - 500$$

$$= 639(万元)$$

9.3 企业价值评估的市场法和资产基础法

9.3.1 企业价值评估的市场法

1)市场法评估企业价值的基本思路

企业价值评估的市场法就是在市场上找出一个或几个与被评估企业相同或相似的参照企业,分析、比较被评估企业和参照企业的重要指标。在此基础上,修正、调整参照企业的市场价值,最后确定被评估企业的价值。

市场法是基于类似资产应有类似交易价格的理论推断。因此,企业价值评估市场法的技术路线是首先在市场上寻找与被评估企业相类似的企业的交易案例,通过对所寻找到的交易案例中相类似企业交易价格的分析,从而确定被评估企业的交易价格,即被评估企业的公允价值。

运用市场法评估企业价值存在两个障碍。一是企业的个体差异。每一个因素都纷繁复杂,因此,评估人员几乎难以寻找到能与被评估企业直接进行比较的类似企业。二是企业交易案例的差异。即使存在能与被评估企业进行直接比较的类似企业,要找到能与被评估企业的产权交易相比较的交易案例也相当困难。一方面,目前我国市场上不存在一个可以共享的企业交易案例资料库,因此,评估人员无法以较低的成本获得可以应用的交易案例;另一方面,即使有渠道获得一定的案例,但这些交易的发生时间、市场条件和宏观环境又各不相同,评估人员对这些影响因素的分析也会存在主观和客观条件下的障碍。

因此,运用市场法对企业价值进行评估,不能基于直接比较的简单思路,而要通过间接比较分析影响企业价值的相关因素,对企业价值进行评估。

2)市场法评估企业价值的具体运用

运用相关因素间接比较的方法评估企业价值的核心问题是确定适当的价值比率,用公式表示为:

$$\frac{V_1}{X_1} = \frac{V_2}{X_2}$$

式中,V_1 为被评估企业价值;V_2 为可比企业价值;X_1 为被评估企业与企业价值相关的可比指标;X_2 为可比企业与企业价值相关的可比指标。

V/X 称为价值比率,通常又称为可比价值倍数。

价值比率是指以价值或价格作为分子,以财务指标或其他特定非财务指标等作为分母的比率。价值比率是市场法对比分析的基础,由资产价值和一个与资产价值密切相关的指标之间的比率倍数表示。用公式表示为:

$$价值比率 = \frac{资产价值}{与资产价值密切相关的指标}$$

按照价值比率分子的计算口径,价值比率可分为权益价值比率与企业整体价值比率。权益价值比率主要指以权益价值作为分子的价值比率,主要包括市盈率、市净率等。

企业整体价值比率主要指以企业整体价值作为分子的价值比率,主要包括企业价值与息税前利润比率、企业价值与息税折旧摊销前利润比率、企业价值与销售收入比率等。

按照价值比率分母的计算口径,价值比率可分为盈利价值比率、资产价值比率、收入价值比率和其他特定价值比率。

盈利价值比率主要有市盈率、股权价值与股权自由现金流量比率、企业价值与息税前利润比率、企业价值与息税折旧摊销前利润比率、企业价值与企业自由现金流量比率等。资产价值比率主要有市净率、企业价值与总资产或有形资产账面价值的比率等。

收入价值比率主要有市销率、企业价值与销售收入比率等。其他特定价值比率主要为资产价值与一些特定的非财务指标之间建立的价值比率,主要包括矿山可开采储量价值比率、发电厂发电量价值比率、专业人员数量价值比率等。

价值比率可采用某一时点的数据计算,称为"时点型"价值比率,也可采用某一区间时间段内数据的平均值计算,称为"区间型"价值比率。时点型价值比率可以较为充分地反映时点的现实价值,但是也容易受到市场非正常因素的干扰,使其丧失有效性;采用区间型价值比率可以利用时间区段的均价有效减少市场非正常因素的扰动,更加接近股票的内在价值,但这种计算方式可能会部分失去价值比率的时点性。

采用市场法评估企业价值的关键在于两点:一是可比企业的选择;二是价值比率的选择。

①可比企业的选择。市场法作为一种相对估值法,第一步需要找出市场上公开交易的可比公司或交易案例。选择可比对象的指导思想是力求现金流、成长潜力和风险水平方面的相似,可以从行业因素、规模因素、成长预期、经营风险、财务风险等角度加以考虑,分析比较。

判断企业的可比性主要有两个标准。一是行业标准。处于同一行业的企业存在着某种可比性,但在同一行业内选择可比企业时应注意,目前的行业分类过于宽泛,处于同一行业的企业可能所生产的产品和所面临的市场完全不同,评估人员在选择时应加以注意。即使是处于同一市场、生产同一产品的企业,由于其在该行业中的竞争地位不同,规模不同,相互之间的可比性也不同。因此,评估人员在选择时应尽量选择与被评估企业的地位相类似的企业。二是财务标准。既然企业都可以视为是在生产同一种产品、同一现金流,那么存在相同的盈利能力的企业通常具有相类似的财务结构。因此,评估人员可以利用财务指标和财务结构的分析对企业的可比性进行判断。

市场法常用的两种具体方法是上市公司比较法和交易案例比较法。

上市公司比较法是市场法评估的一种具体操作方法。该方法的核心就是选择上市公司作为标的企业的"可比对象",通过将标的企业与可比上市公司进行对比分析,确定被评估企业的价值。上市公司比较法的关键和难点是选取可比上市公司及选择恰当的价值比率。此外,上市公司比较法涉及的可比企业通常是公开市场上正常交易的上市公司,因此评估结果须考虑流动性对评估对象价值的影响。

交易案例比较法是市场法评估的另一种具体操作方法。该方法的核心就是选择交易案例作为标的企业的"可比对象",通过将标的企业与交易案例进行对比分析,确定被评估企业的价值。运用交易案例比较法时,评估人员应当考虑评估对象与交易案例的差异因素对价值的影响。

②价值比率的选择。价值比率的确定是市场法应用的关键。由于各类价值比率都有自身的长处,同时也会存在一些不足,通常评估人员需要选用多类、多个价值比率分别进行计算,然后进行综合对比分析才可以更好地选择最适用的价值比率。

在选择价值比率时一般需要考虑以下原则。

一是在选择价值比率时应当考虑其内涵的一致性,即价值比率的分子、分母应匹配,当分子是权益类时,分母的指标也应当与其对应。如 P/S 指标的分母代表企业整体收入,分子代表权益类时,匹配性较差。

二是计算价值比率采用的数据口径应保持一致性。可比企业之间可能会存在会计核算方式(如折旧方法)、计量方法(如公允价值计量)、税率、非经常性损益和非经营性资产等方面的差异,评估人员在计算价值比率时应当剔除差异因素的影响。

三是计算价值比率的方式应保持一致,因为在不同的时间段,企业的经营绩效必然存在差异。因此,评估人员应当合理区分时点型价值比率与区间型价值比率,保证计算口径上的一致性。

四是对于亏损企业,选择资产基础价值比率比选择收益基础价值比率效果可能更好。

五是对于可比对象与目标企业资本结构存在重大差异的,一般应选择全投资口径的价值比率。

六是对于一些高科技行业或有形资产较少但无形资产较多的企业,收益基础价值比率可能比资产基础价值比率效果好。

七是如果企业的各类成本和销售利润水平比较稳定,可能选择收入基础价值比率较好。

八是如果可比对象与目标企业税收政策存在较大差异,可能选择税后的收益基础价值比率比选择税前的收益基础价值比率更好。

在企业价值的评估中,现金流量和利润是最主要的候选指标,因为企业的现金流量和利润直接反映了企业的盈利能力,也就与企业的价值直接相关。基于成本和便利的原因,目前运用市场法对企业价值进行评估,主要是在证券市场上寻找与被评估企业可比的上市公司作为可比企业。评估人员通常使用市盈率乘数法对企业价值进行评估。市盈率本来是上市公司每股股票价格与其年收益额之比。市盈率乘数法是利用市盈率作为基本参考依据,经对上市公司与被评估企业的相关因素进行对比分析后得出被评估企业价值的方法。

其计算公式为:

被评估企业价值=被评估企业预期年收益额×参照企业市盈率

市盈率乘数法的基本思路是:首先,从证券市场上搜集与被评估企业相同或相似的上市公司,把上市公司的股票价格按公司不同口径的收益额计算出不同口径的市盈率。其次,分别按各口径市盈率相对应的口径计算被评估企业的各口径收益额。再次,以上市公司各口径的市盈率乘以被评估企业相应口径的收益额,得到一组被评估企业的初步价值。最后,对于该组按不同口径市盈率计算出的企业价值分别给出权重,加权平均计算出被评估企业的价值。

利用上市公司的市盈率作为乘数评估企业价值,还必须做适当的调整,以消除被评估企业与上市公司间的差异。其中,企业变现能力差异是上市公司与被评估企业之间的重要差别。上市公司具有较好的变现能力,而相比之下被评估企业变现能力较差,变现能力差异必须体现在评估值中。其他的差异也必须做出恰当调整,以保证评估值趋于合理。

由于企业的个体差异始终存在,把某一个相似企业的某个关键参数作为比较的唯一标准,往往会产生一定的误差。为了降低单一样本、单一参数所带来的误差和变异性,目前国际上比较通用的办法是采用多样本、多参数的综合方法。针对各种价值比率得到的不同评估结果,评估人员应当综合分析其中的差异,合理选择其中一个结果或者对各评估结果进行加权算术平均及简单算术平均,作为评估结论。对于不同价值比率计算结果赋予权重的大小往往依赖于评估人员的评估经验。评估人员在确定评估结果时应当综合考虑各种溢价和折价因素的影响,如对缺乏控制权及缺乏流动性的股权进行折扣调整。

【例9.6】假定评估 W 公司的价值,评估人员从市场上找到了三个(一般为三个以上)相似的公司 A、B、C,然后分别计算各公司的市场价值与销售额的比率、与净利润的比率以及与净现金流量的比率,这里的比率为可比价值倍数(VIX),得到的结果见表9.6。

表9.6 相似公司比率汇总表

项目	A公司	B公司	C公司	平均
市价/销售额	1.5	1.6	1.4	1.5
市价/净利润	10	12	14	12
市价/净现金流量	15	17	19	17

把三个样本公司的各项可比价值倍数分别进行平均,就得到了应用于 W 公司评估的三个倍数。需要注意的是,计算出来的各个公司的比率或倍数在数值上相对接近是十分重要的。如果它们差别很大,就意味着平均数附近的离差是相对较大的,如此所选样本公司与目标公司在某项特征上就存在着较大的差异性,此时的可比性就会受到影响,需要重新筛选样本公司。

表9.6 得出的数值结果具有较强的可比性。此时假设 W 公司的年销售额为8000万元,净利润为1200万元,净现金流量为500万元,要求运用市场法评估 W 公司的市场价值。

根据表9.6 中得到的三个倍数计算出 W 公司的指标价值,再将三个指标价值进行算术平均,见表9.7。

表9.7　W公司的评估价值

项目	W公司实际数据(万元)	可比公司平均比率	W公司指标价值(万元)
销售额	8000	1.5	12000
净利润	1200	12	14400
净现金流量	500	17	8500
W公司的平均价值			11633

W公司的评估价值为11633万元。

9.3.2　企业价值评估的资产基础法

1)资产基础法的基本原理

资产基础法也称成本加和法,是指以被评估单位评估基准日的资产负债表为基础,通过该企业表内及表外可识别的各项资产、负债的价值,并以资产扣除负债后的净额确定评估对象价值的方法。

资产负债表记录了企业资产和负债的账面价值,将企业资产扣除负债后的净额,就是企业所有者的权益。由于企业资产负债表中的账面价值多是企业拥有资产和负债的历史成本,而非现行取得成本,因此评估人员需要将企业资产和负债的历史成本调整为现行取得成本,进而估算评估对象在评估基准日的价值。评估人员以资产负债表为基础,将企业各项资产的价值逐一评估出来,然后再扣除企业各项负债的价值就可以得到一个净资产的价值,这个净资产的价值就是企业所有者所能享受的权益价值。其计算公式为:

股东全部权益价值=表内外各项资产价值-表内外各项负债价值

资产基础法实质是一种以成本途径来评估企业价值的估价方法。从经济学的角度看,资产评估的成本途径是建立在古典经济学派的价值理论之上的,古典经济学派将价值归因于生产成本,如劳动价值论认为商品的交换价格反映了该商品所耗费的成本。资产基础法也是建立在这样的假设基础之上的,即投资者在准备购买一家企业时,所能接受的价格通常不会超过重新建设该家企业的现行成本。

2)资产基础法应用的操作步骤

根据资产基础法的原理,该方法的主要操作步骤如下。

(1)确定评估范围

评估人员首先需要获得企业在评估基准日的财务报表,并根据评估对象所涉及的资产和负债范围,结合企业所采用的会计政策、资产管理情况等,分析判断企业是否存在表外资产和负债。如果存在对评估结论有重要影响的表外资产和负债,如账外无形资产,评估人员应当要求企业将其纳入评估范围。评估范围的确定应当遵循以下原则。

①评估范围与所涉及经济行为的一致性。评估范围的确定从根本上说是由评估目的决定的,评估范围应当与评估目的所涉及经济行为文件的相关决策保持一致。特别是在企业

国有资产评估项目中,有的项目涉及资产重组,包括但不限于资产剥离、无偿划转等,此时企业提供的资产负债表可能是按照资产重组方案或者改制方案、发起人协议等材料编制的模拟报表,评估人员应当特别关注纳入评估范围的资产是否与经济行为一致,是否符合经济行为批准文件、重组改制方案、拟剥离资产处置方案等文件要求。

②重要资产和负债的完整性。从理论上讲,只要是企业价值贡献要素的资产和负债都应当纳入评估范围,即资产基础法评估范围应当涵盖企业表内外的全部资产和负债。但是,从实务操作上看,并非每项资产和负债都可以被识别并用适当的方法单独进行评估。因此,评估人员应当要求企业对资产负债表表内及表外的各项资产和负债进行识别,确保评估范围包含企业表内及表外各项可识别的重要资产和负债。

③资产负债表范围的可靠性。依据企业资产负债表确定企业价值评估范围,应当关注资产负债表范围的可靠性。评估人员可以要求委托方提供经独立第三方实施专项审计的资产负债表。如果评估基准日的企业财务报表已经通过符合评估目的的专项独立审计,评估人员可以查。

(2)现场调查、资料收集整理和核查验证

评估人员应当结合资产基础法评估思路和评估业务具体情况,对评估对象进行现场调查,获取评估所需资料,了解评估对象现状,关注评估对象法律权属。其中,对评估活动中使用的资料应当实施核查验证程序,并进行必要的分析、归纳和整理,形成评定估算和编制资产评估报告的依据。

采用资产基础法评估企业价值,应当对评估范围内的资产和负债进行现场调查。现场调查手段通常包括询问、访谈、核对、监盘、勘察等。评估人员可以根据重要性原则采用逐项或者抽样的方式进行现场调查。

采用资产基础法评估企业价值,评估人员应当根据资产评估业务具体情况,收集、整理评估所需资料,并依法对企业价值评估活动中使用的资料进行核查验证。评估人员应当根据资产评估业务具体情况收集资产评估业务需要的资料,包括委托人或者其他相关当事人提供的涉及评估对象和评估范围等的资料,以及评估人员从政府部门、各类专业机构和市场等渠道获取的其他资料。核查验证对象不仅包括评估对象企业股东权益的相关资料,也包括评估范围中各单项资产和负债的相关资料。核查验证的方式通常包括观察、询问、书面审查、实地调查、查询、函证、复核等。评估人员可以根据各类资料的特点,选择恰当的方式进行核查验证。

(3)评估各项资产和负债

评估人员在对纳入评估范围的每一项资产和负债进行清查核实的基础上,应当将其视为企业生产经营的构成要素,设定合理的评估假设,并采用适宜的方法分别进行评估。涉及特殊专业知识和经验的资产评估,可能需要借助专门的评估人员或者利用专家工作及相关报告。

企业的资产通常包括流动资产、固定资产和无形资产等。评估人员采用资产基础法进行企业价值评估,对各项资产的价值应当根据具体情况选用适当的方法进行评估。评估方法的选择和应用可能有别于其作为单项资产评估对象时的情形。在对持续经营前提下的企业价值进行评估时,单项资产或者资产组合作为企业资产的组成部分,其价值通常受其对企业贡献程度的影响。需要注意的是,重要的单项资产如果适用于多种评估方法,应采用两种以上适用的方法进行评估,以增强评估结论的可靠性。运用资产基础法评估企业价值时,应关注长期股权投资和资产组的评估。

①长期股权投资的评估。长期股权投资是一种特殊的单项资产,其本身也反映了一个企业的价值。评估人员采用资产基础法进行企业价值评估,应当对长期股权投资项目进行分析,根据被评估企业对长期股权投资项目的实际控制情况以及对评估对象价值的影响程度等因素,确定是否将其单独评估。这里所说的单独评估是指履行企业价值评估程序,对被投资企业进行整体评估。

在评估实务中,通常对企业长期股权投资项目需要进行单独评估的情形有:对于具有控制权的长期股权投资,应对被投资企业执行完整的企业价值评估程序;对于不具有控制权的长期股权投资,如果该项资产的价值在评估对象价值总量中占比较大,或该项资产的绝对价值量较大,也应该进行单独评估。

通常情况下,满足以下条件的长期股权投资可以不进行单独评估:对被投资企业缺乏控制权;该项投资的相对价值和绝对价值不大。对于投资时间不长,被投资企业资产账实基本相符,不存在重要的表外资产的,可根据简化的评估程序,如按被投资企业资产负债表上的净资产数额与投资方应占份额确定长期股权投资的评估价值。

②资产组的评估。根据表内、外资产和负债项目的具体情况,评估人员可以将各项资产和负债采用资产组合、资产负债组合的形式进行评估。例如,企业生产经营的产品单一,超额收益主要来自企业的专利、专有技术和商标。评估人员采用资产基础法评估企业价值时,可将企业的专利、专有技术和商标作为无形资产组合,并采用超额收益法或利润分成法进行评估。

评估人员执行企业价值评估业务,应当具备企业价值评估的专业知识和实践经验,能胜任所执行的企业价值评估业务。执行某项特定业务缺乏特定的专业知识和经验时,应当采取弥补措施,包括聘请专家协助工作、利用专业报告和引用单项资产报告等。采用资产基础法评估企业价值,往往涉及利用审计报告或引用土地、矿业权等单项资产评估报告。

(4)评估结论的确定和分析

在评估出企业各项资产和负债的价值之后,评估人员将编制一份新的资产负债表或者评估结果汇总表,进而分析得到股东全部权益价值。

对企业各项资产和负债分别进行评估后,应当按照资产基础法的基本公式分析计算企业价值。在汇总各项资产和负债评估价值的过程中,应当始终坚持将各项资产作为企业价值的组成部分,特别关注不同资产项目之间、资产与负债之间等必要的调整事项,确保股东全部权益价值不重不漏。

对资产基础法评估结论合理性的分析,主要分析是否较好地识别出表外资产或负债,并用适当的方法得到合理的评估价值。另外,可以结合其他评估方法得出的评估价值,分析、判断资产基础法评估结论的合理性。

①对表外资产和负债的检验。资产基础法的一个难点是判断表外资产、负债项目。评

估人员需要运用相关企业财务和非财务信息,判断表外是否存在企业权益形成的资产或企业义务构成的负债。在采用不同方法评估出企业价值的初步结果后,可以根据资产基础法与其他评估方法的差异分析,来检验表外资产和负债的识别是否完整和充分。

②与其他评估方法初步结果的比较分析。鉴于资产基础法中表外资产和负债项目往往很难穷尽,同时也并非所有的表外资产和负债都能单独进行评估,因此,对于持续经营的企业,一般不宜只采用资产基础法这一种方法来评估其价值。采用两种以上的基本评估方法进行评估时,可以对不同评估方法得到的评估价值进行比较,并分析产生差异的原因,进而检验评估结论的合理性。根据企业价值评估准则的相关规定,对同一评估对象采用多种评估方法时,应当结合评估目的、不同评估方法使用数据的质量和数量,采用定性或者定量分析方式形成评估结论。评估结论的确定主要取决于评估人员的判断,不一定是单纯数学方法处理的结果。评估结论可以采用单一评估方法得到,也可以采用加权平均各种评估方法结果的方式得到。

【例9.7】在评估基准日,A公司流动资产账面价值77000万元;非流动资产账面价值18000万元,其中固定资产账面价值17200万元,在建工程账面价值800万元;流动负债账面价值66000万元;非流动负债账面价值800万元。

经评估,A公司流动资产评估价值为77400万元;固定资产评估价值为20200万元,其中房屋建筑物评估价值为8200万元,机器设备评估价值为12000万元;流动负债评估价值为66000万元;非流动负债评估价值为800万元。除此以外,评估人员还发现以下情况。

在评估基准日,A公司在建工程包括一项新厂房建设工程和一项原有生产线的技术改造工程,其中,按照评估基准日实际完工程度评估的在建厂房市场价值为1100万元,未入账工程欠款500万元。原有生产线技术改造实际投入400万元,评估基准日设备已经改造完毕,未形成新的设备,但整条生产线的市场价值提升为2000万元。

评估人员调查发现,A公司注册了"Z牌"商标,该商标资产虽然在A公司账上没有体现,但是评估基准日市场价值为1000万元。

据上述已知条件,在评估基准日,A公司股东全部权益的市场价值计算过程如下。

①计算在建工程评估价值。

在不调整负债的情况下,新厂房建设工程评估价值为600(1100-500)万元。原有生产线的技术改造工程400万元评估为0。因为固定资产评估价值为现场实际勘察状态下的价值,已经考虑了设备更新改造价值,所以此处不能重复评估。

在建工程评估价值=600+0=600(万元)

②计算A公司股东全部权益的市场价值。

商标资产虽然是账外资产,但是对企业价值有贡献,是企业价值的组成部分,应当纳入评估范围,评估值为1000万元。

股东全部权益价值=表内外各项资产价值-表内外各项负债价值

=77400+20200+600+1000-66000-800

=32400(万元)

【思政园地】

关于进一步加强中央企业境外国有产权管理有关事项的通知
国资发产权规〔2020〕70 号

各中央企业：

为进一步加强中央企业境外国有产权管理，提高中央企业境外管理水平，优化境外国有产权配置，防止境外国有资产流失，根据《中央企业境外国有产权管理暂行办法》（国资委令第 27 号）等有关规定，现就有关事项进一步通知如下：

一、中央企业要切实履行境外国有产权管理的主体责任，将实际控制企业纳入管理范围。落实岗位职责，境外产权管理工作应当设立专责专岗，确保管理要求落实到位。

中央企业要立足企业实际，不断完善相关制度体系，具备条件的应当结合所在地法律、监管要求和自身业务，建立分区域、分板块等境外产权管理操作规范及流程细则，提高境外国有产权管理的针对性和有效性。

二、中央企业要严格境外产权登记管理，应当通过国资委产权管理综合信息系统（以下简称"综合信息系统"）逐级申请办理产权登记，确保及时、完整、准确掌握境外产权情况。

三、中央企业要加强对个人代持境外国有产权和特殊目的公司的管理，持续动态管控。严控新增个人代持境外国有产权，确有必要新增的，统一由中央企业批准并报送国资委备案。对于个人代持境外国有产权，要采取多种措施做好产权保护，并根据企业所在地法律和投资环境变化，及时予以调整规范。对于特殊目的公司，要逐一论证存续的必要性，依法依规及时注销已无存续必要的企业。确有困难的，要明确处置计划，并在年度境外产权管理状况报告中专项说明。

四、中央企业要强化境外国有资产交易的决策及论证管理，境外国有产权（资产）对外转让、企业引入外部投资者增加资本要尽可能多方比选意向方。具备条件的，应当公开征集意向方并竞价交易。

中央企业在本企业内部实施重组整合，境外企业国有产权在国有全资企业之间流转的，可以比照境内国有产权无偿划转管理相关规定，按照所在地法律法规，采用零对价、1 元（或 1 单位相关货币）转让方式进行。

五、中央企业要加强境外资产评估管理，规范中介机构选聘工作，条件允许的依法选用境内评估机构。

中央企业要认真遴选评估（估值）机构，并对使用效果进行评价，其中诚实守信、资质优良、专业高效的，可以通过综合信息系统推荐给其他中央企业参考，加强中介机构的评价、共享工作。

六、中央企业在本企业内部实施重组整合，中央企业控股企业与其直接、间接全资拥有的子企业之间或中央企业控股企业直接、间接全资拥有的子企业之间转让所持境外国有产权，按照法律法规、公司章程规定履行决策程序后，可依据评估（估值）报告或最近一期审计报告确认的净资产值为基础确定价格。

注销已无存续必要的特殊目的公司，已无实际经营、人员的休眠公司，或境外企业与其全资子公司以及全资子公司之间进行合并，中央企业经论证不会造成国有资产流失的，按照法律法规、公司章程规定履行决策程序后,可以不进行评估(估值)。

七、中央企业要加大境外产权管理监督检查力度,与企业内部审计、纪检监察、巡视、法律、财务等各类监督检查工作有机结合,实现境外检查全覆盖。每年对境外产权管理状况进行专项分析,包括但不限于境外产权主要分布区域、资产规模、经营业务、公司治理、上一年度个人代持境外国有产权和特殊目的公司整体情况及规范情况、境外国有资产评估(估值)及流转情况、境外产权监督检查情况等。

中央企业对境外产权管理中出现的重要情况和重大问题要及时请示或报告国资委。

八、中央企业及各级子企业经营管理人员违反境外国有产权管理制度等规定,未履行或未正确履行职责,造成国有资产损失或其他严重不良后果的,按照《中央企业违规经营投资责任追究实施办法(试行)》(国资委令第 37 号)等有关规定,对相关责任人严肃追究责任,重大决策终身问责;涉嫌违纪违法的问题和线索,移送有关部门查处。

九、各地方国有资产监督管理机构可参照本通知,结合实际情况,制定境外国有产权管理操作细则①。

国资委

2020 年 11 月 20 日

【思考题】

1. 企业价值评估有哪些特点?
2. 企业价值评估与企业构成要素单项评估加总的区别与联系是什么?
3. 企业价值评估范围如何界定?
4. 市盈率乘数法的基本思路是什么?
5. 简述资产基础法的操作步骤。
6. 如何理解收益额与折现率口径一致的问题?
7. 如何确定企业价值评估中的折现率?

【练习题】

一、单项选择题

1. 企业价值评估的对象是( )。
   A. 全部有形资产
   B. 全部无形资产
   C. 全部有形资产和无形资产
   D. 多个或多种单项资产组成的资产综合体
2. 从企业价值评估的角度上看,非上市公司与上市公司的差别主要体现在( )。
   A. 盈利能力　　　　B. 经营能力　　　　C. 投资能力　　　　D. 变现能力

---

① 关于进一步加强中央企业境外国有产权管理有关事项的通知[EB/OL].(2020-11-20)[2023-08-22].国务院国有资产监督管理委员会网.

3.从市场交换角度看,企业的价值是由( )决定的。

  A.社会必要劳动时间   B.建造企业的原始投资额

  C.企业获利能力   D.企业生产能力

4.运用市场法评估企业价值应遵循( )。

  A.替代原则   B.贡献原则

  C.企业价值最大化原则   D.配比原则

5.从理论层面上讲,运用资产基础法评估企业价值时,各个单项资产的评估,应按( )原则确定其价值。

  A.变现   B.预期   C.替代   D.贡献

6.当收益额选取企业的净利润,而资本化率选择净资产收益率时,其还原值为企业的( )。

  A.投资资本现值   B.资产总额现值   C.所有者权益现值   D.实收资本现值

7.根据投资回报的要求,用于企业价值评估的折现率中的无风险报酬率应以( )为宜。

  A.行业销售利润率   B.行业平均成本利润率

  C.企业债券利率   D.国库券利率

8.从资产构成、评估值内涵与纯收入的对应关系的角度来判断(暂不考虑本金化率因素),要获取企业全部资产的评估值应选择的用于还原的企业纯收益应该是( )。

  A.利润总额   B.净利润

  C.净利润+扣税长期负债利息   D.净利润+扣税利息

9.在企业价值评估中,投资资本是指( )。

  A.所有者权益+负债   B.所有者权益+流动负债

  C.所有者权益+长期负债   D.无负债净利润

10.在企业价值评估预测预期收益过程中,收入与费用指标应体现( )。

  A.配比原则   B.一致性原则   C.贡献原则   D.替代原则

11.从会计核算的角度,企业价值是由( )决定的。

  A.社会必要劳动时间   B.企业的获利能力

  C.企业的生产数量   D.建造企业的全部支出构成

12.以下中的( )不能作为企业价值评估中的收益。

  A.净利润   B.所得税   C.净现金流量   D.息前净利润

13.企业并购重组活动非常频繁,其焦点为企业的产权转让,企业产权转让实际上让渡的是( )。

  A.企业资产   B.企业负债

  C.企业资产+负债   D.企业所有者权益

二、多项选择题

1.在企业价值评估中,在判断企业能否持续经营时,需要考虑的因素包括( )。

  A.企业产品是否有销路   B.评估时企业是否停产

C. 评估目的要求　　　　　　　　　　D. 企业要素的功能和状态

　　E. 委托方的要求

2. 下列各项中,不宜直接作为企业产权变动时价值评估的折现率的有(　　)。

　　A. 投资报酬率　　　B. 行业基准收益率　　C. 机会成本　　　D. 贴现率

3. 在对评估基准日企业实际收益进行调整时需调整的项目包括(　　)。

　　A. 企业销售产品收入　　　　　　　B. 企业对灾区的捐款、支出

　　C. 一次性收减免　　　　　　　　　D. 应摊未摊费用

　　E. 应提未提费用

4. 企业持续经营假设通常是假定(　　)。

　　A. 企业的产权主体或经营主体不变

　　B. 企业仍按原先设计及兴建目的使用

　　C. 经济资源按原有计划投入

　　D. 保持原有的要素资产或根据原有的战略规划做出必要的调整

　　E. 保持原有正常的经营方式

5. 下列各项关于不同收益口径与其折现结果的一一对应关系正确的有(　　)。

　　A. 净现金流量(净利润)对应所有者权益

　　B. 净现金流量(净利润)+长期负债利息×(1−所得税税率)对应投资资本价值

　　C. 净现金流量(净利润)+长期负债利息×(1−所得税税率)对应所有者权益+长期
　　　负债

　　D. 净现金流量(净利润)+利息×(1−所得税税率)对应所有者权益+长期负债+流动
　　　负债

6. 下列各项与本金化率本质相同的有(　　)。

　　A. 折现率　　　　　B. 资本化率　　　　C. 还原利率

　　D. 收益年金化率　　E. 投资报酬率

7. 企业价值评估对象是企业价值评估必须界定的重要概念。下列选项中,属于企业价
值评估对象的有(　　)。

　　A. 企业整体价值　　B. 长期投资价值　　C. 长期负债价值

　　D. 股东全部权益价值　　　　　　　　E. 股东部分权益价值

8. 具有代表性的正常投资报酬率有(　　)。

　　A. 一般银行利率　　　　　　　　　B. 企业债券利率

　　C. 政府国债利率　　　　　　　　　D. 行业平均资金收益率

三、计算与分析题

1. 假定社会平均资金收益率为8%,无风险报酬率为4%,被评估企业所在行业的平均
风险与社会平均风险的比率为1.5,被评估企业长期负债占全部投资资本的40%,平均利息
为6%,所有者权益占投资资本的60%。

　　要求:试求用于评估该企业投资资本价值的资本化率。

2. 评估人员对某一企业进行整体评估,通过对企业历史经营状况的分析及国内外市场

的调查了解,收集到下列数据资料。

(1)预计该企业评估基准日后第一年的净利润为 200 万元,以后每年的净利润比上年增长 10%,自第 6 年起企业将进入稳定发展时期,净利润将保持在 300 万元的水平上。

(2)社会平均收益率为 12%,国库券利率为 8%,被评估企业所在行业风险系数为 1.5。

要求:计算确定该企业所有者权益评估值。

3.有甲、乙两个除资本结构不同外其他特征完全相同的企业,甲企业无负债,权益价值为 1000 万元,乙企业目前还有 400 万元债务未偿还。假定甲、乙两企业的息税折旧前利润均为 100 万元,折旧为 10 万元,税率为 25%,利率为 5%,甲企业的价值/息税折旧前利润比率等于 10。

要求:分别用价值/息税折旧前利润比率和市盈率对乙企业价值进行评估。

第 10 章

资产评估报告与档案

📖【学习目标】

通过本章的学习,学生应掌握资产评估报告的定义、作用、类型及基本要求,系统了解我国资产评估报告的规范过程,重点掌握资产评估报告的内容与编制要求;掌握资产评估档案的概念以及工作底稿的分类、内容和编制要求,掌握资产评估档案的归集和管理。

10.1 资产评估报告概述

10.1.1 资产评估报告及规范要求

资产评估报告是指资产评估机构及其资产评估专业人员遵守法律、行政法规和资产评估准则,根据委托履行必要的评估程序后,由资产评估机构对评估对象在评估基准日特定目的下的价值出具的专业报告。资产评估专业人员应当根据评估业务的具体情况,提供能够满足委托人和其他评估报告使用人合理需求的评估报告,并在评估报告中提供必要信息,使评估报告使用人能够正确理解和使用评估结论。资产评估报告应当按照一定格式和内容进行编写,反映评估目的、假设、程序、标准、依据、方法、结果及适用条件等基本信息。

2008 年、2010 年中国资产评估协会为适应非金融企业和金融企业国有资产评估管理的需要,根据相关国有资产评估管理规定和《资产评估执业准则——资产评估报告》,先后制定和发布了《企业国有资产评估报告指南》和《金融企业国有资产评估报告指南》,形成专门规范不同类型企业的国有资产评估报告编制和出具的执业准则。

随着资产评估服务领域的扩大,资产评估业务日益呈现多元化发展态势。《资产评估法》出台后,中国资产评估协会于 2017 年依据《资产评估法》对《资产评估执业准则——资产评估报告》《企业国有资产评估报告指南》和《金融企业国有资产评估报告指南》进行了修订;并于 2018 年对《资产评估执业准则——资产评估报告》的部分内容进行了修订,增加了对只采用一种评估方法的披露要求,补充要求在特别事项说明部分披露委托人未提供的其他关键资料的情况、评估程序受限的有关情况、评估机构采取的弥补措施及对评估结论的影响情况,在附件中增加资产账面价值与评估结论存在较大差异的说明。

《资产评估执业准则——资产评估报告》主要是从基本遵循、报告内容、出具要求等方面对评估报告进行规范;《企业国有资产评估报告指南》和《金融企业国有资产评估报告指南》是从国有资产评估报告的基本内容与格式方面,对评估报告的标题、文号、目录、声明、摘要、正文、附件、评估明细表和评估说明,以及出具与装订等进行规范。

10.1.2　资产评估报告的分类

根据不同的分类标准,可以对资产评估报告分类如下。

1)按《资产评估法》中规定的法律定位划分

《资产评估法》规定:"涉及国有资产或者公共利益等事项,法律、行政法规规定需要评估的,应当依法委托评估机构评估。"该法将该类评估简称为法定评估。

《中华人民共和国企业国有资产法》《国有资产评估管理办法》等对国有资产应当评估的情形作出了规定,包括国有企业合并、分立、改制,转让重大财产,以非货币财产对外投资,清算等行为,但是涉及国有资产的评估业务不一定都属于法定评估业务,如以财务报告为目的的资产评估就不属于法定评估业务。《公司法》规定,对作为出资的非货币财产应当评估作价。该类资产评估业务也属于法定评估业务。

因此,涉及国有资产或者公共利益等事项,法律、行政法规规定需要评估的法定评估业务,所出具的评估报告为法定评估业务评估报告,如按照国有资产评估管理的相关规定出具的国有资产评估报告。

除此以外,开展的评估业务所出具的评估报告均属于非法定评估业务评估报告。

2)按评估对象划分

按资产评估对象进行分类,资产评估报告可分为整体资产评估报告和单项资产评估报告。对整体资产(企业、单位或业务等)进行评估所出具的资产评估报告称为整体资产评估报告。

整体资产评估报告包括企业整体资产价值评估报告、企业股权价值评估报告、业务资产价值评估报告。

对一项或若干项以独立形态存在、可以单独发挥作用或以个体形式进行交易的资产进行评估所出具的资产评估报告称为单项资产评估报告。

单项资产评估报告包括房地产评估报告、机器设备评估报告、无形资产评估报告等。

尽管整体资产评估报告和单项资产评估报告的基本格式相同,但因两者在具体业务上存在一些差别,两者在报告的内容上也必然会存在一些差别。一般情况下,整体资产评估报告的报告内容不仅包括资产,还包括负债和股东权益(所有者权益),而单项资产评估报告一般不考虑负债。

3)按报告的繁简程度划分

按照评估报告的繁简程度,国外将评估报告分为评估报告和限制型评估报告,要求评估师应在评估报告中明确说明评估报告的类型。评估报告、限制型评估报告的区别在于所提供内容和信息的详细程度。相对于评估报告,限制型评估报告在提供符合披露要求的评估所需的最低限度信息时,需要增加显著的报告使用人和使用用途限制说明。将评估报告区分为文字叙述型评估报告和表格型评估报告,也体现了对评估报告按繁简程度分类的理念。

我国资产评估准则明确规定资产评估报告的详略程度可以根据评估对象的复杂程度、委托人的合理要求确定,但没有规定资产评估报告按繁简程度划分的具体类型。

4)按评估基准日划分

根据评估基准日的不同,评估报告可以分为评估基准日为现在时点的现时性评估报告,评估基准日为未来时点的预测性评估报告,评估基准日为过去时点的追溯性评估报告。例如,某法院委托进行司法诉讼评估,法院欲了解诉讼标的在三年前某一时点的市场价值,委托评估机构进行评估,此时出具的评估报告即为追溯性评估报告。又如某银行发放抵押贷款,银行欲了解抵押物在两年后某一时点的市场价值,委托评估机构进行评估,此时出具的评估报告即为预测性评估报告。

5)按监管主体的要求划分

按照国有资产监管要求出具的资产评估报告属于国有资产业务评估报告,其他报告则属于非国有资产业务评估报告。

国有资产业务评估报告和非国有资产业务评估报告并非简单按照评估对象的产权归属是否为国有而进行划分。

国有资产业务评估报告是指根据国有资产评估管理规定从事涉及国有资产的评估业务,依据《资产评估执业准则——资产评估报告》《企业国有资产评估报告指南》或《金融企业国有资产评估报告指南》编制出具的资产评估报告。涉及国有资产的评估业务不仅包括国有单位相关经济行为涉及的国有资产评估,还包括国有单位相关经济行为涉及的非国有资产评估。上述涉及国有资产评估业务之外,按照《资产评估执业准则——资产评估报告》的要求编制出具的,属于非国有资产业务评估报告。

需要说明的是,在实际监管和实务中有些非国资业务的评估报告也采用国资业务评估报告所要求的形式编制出具。比如,服务于资本市场的并购重组等行为的部分资产评估业务就存在类似情形。

10.1.3 资产评估报告的基本要求

1)陈述的内容应当清晰、准确,不得有误导性的表述

资产评估专业人员应当以清晰和准确的方式对资产评估报告的内容进行表述,不得存

在歧义或误导性陈述,不应引起报告使用人的误解。由于评估报告将提供给委托人、评估委托合同中约定的其他评估报告使用人和法律、行政法规规定的使用人使用,除委托人以外,其他评估报告使用人可能没有机会与资产评估专业人员进行充分沟通,而仅能依赖评估报告中的文字性表述来理解和使用评估结论,所以资产评估专业人员必须特别注意评估报告的表述方式,不应引起使用者的误解。同时,评估报告作为一个具有法律意义的文件,用语必须清晰、准确,不应有意或无意地使用存在歧义或误导性的表述。

2)应当提供必要信息,使资产评估报告使用人能够正确理解和使用评估结论

资产评估专业人员应当根据每一个评估项目的具体情况和委托方的合理要求,确定评估报告中所提供信息的范围和程度,使评估报告使用人能够正确理解和使用报告的结论。

3)详略程度可以根据评估对象的复杂程度、委托人的要求合理确定

资产评估报告的详略程度应当以评估报告提供了必要信息为前提。委托人和其他评估报告使用人是评估报告的服务对象,因此评估报告内容的详略程度要考虑报告使用人的合理需求。随着市场经济体制的逐步完善,市场主体对评估专业服务的需求也日趋多样化,这与以往评估报告单纯为国有企业和国有资产管理部门服务的状况有较大区别。作为理性的评估报告使用人,可能会要求资产评估专业人员在评估报告中不仅提供评估结论,还要提供形成评估结论的详细过程,或者要求在评估报告中对某些方面提供更为详细的说明。因此,资产评估报告的详略程度应当根据评估对象的复杂程度、委托人的合理需求来确定。

4)评估程序受限对评估报告出具的要求

评估报告是在履行评估程序的基础上完成的。现实工作中,出于资产的特殊性、客观条件限制等原因,评估程序的履行可能存在障碍,需要资产评估专业人员采取相关的替代程序。因法律法规规定、客观条件限制,无法或者不能完全履行资产评估基本程序,经采取措施弥补程序缺失,且未对评估结论产生重大影响的,可以出具资产评估报告,但应当在资产评估报告中说明资产评估程序受限情况、处理方式及其对评估结论的影响。如果程序受限对评估结论产生重大影响或者无法判断其影响程度的,不应出具资产评估报告。

5)签字印章要求

在资产评估机构履行内部审核程序后,资产评估报告应当由至少两名承办该项业务的资产评估专业人员签名并加盖资产评估机构印章。法定评估业务的资产评估报告应当由至少两名承办该项业务的资产评估师签名并加盖资产评估机构印章。资产评估专业人员只能对本人参与过的评估项目签署评估报告,不得代他人签署,也不得允许他人以本人名义签字。

6)语言及汇率要求

资产评估报告应当使用中文撰写。需要同时出具中外文资产评估报告的,中外文资产评估报告存在不一致的,应当以中文资产评估报告为准。

资产评估报告一般以人民币为计量币种,使用其他币种计量的,应当注明该币种在评估基准日与人民币的汇率。

7)评估结论的使用有效期

评估结论反映评估基准日的价值判断,仅在评估基准日成立,所以资产评估报告应当明确评估结论的使用有效期。超过有效期限,评估基准日的评估结论很可能不能反映经济行为发生日的评估结论。

在基准日后的某个时期经济行为发生时,市场环境或资产状况未发生较大变化,评估结论在此期间有效,一旦市场价格标准或资产状况出现较大变动,则评估结论失效。对于现时性资产评估业务,通常只有当评估基准日与经济行为实现日相距不超过一年时,才可以使用资产评估报告。当然,有时评估基准日至经济行为发生日不到一年,但市场条件或资产状况发生了重大变化,评估报告的结论不能反映经济行为实现日的价值,这时也应该重新评估。

10.2 资产评估报告的基本内容

根据《资产评估执业准则——资产评估报告》,资产评估报告的内容包括:标题及文号、目录、声明、摘要、正文、附件。实务中,资产评估报告通常由封面、目录、声明、摘要、正文、附件组成。其中,封面、摘要和正文均要求列出报告的标题及文号。

10.2.1 封面

《资产评估执业准则——资产评估报告》的附件1和附件2分别提供了"资产评估报告封面参考样式"及其说明。按照该附件,资产评估报告封面的左上方标示有"本资产评估报告依据中国资产评估准则编制",在其下方的中部书写评估报告的标题、文号、册数,在封面的底部书写评估机构的名称和资产评估报告日。

10.2.2 标题及文号、目录、声明、摘要

1)标题及文号、目录

资产评估报告是指资产评估机构及其资产评估专业人员遵守法律、行政法规和资产评估准则,根据委托履行必要的资产评估程序后,由资产评估机构对评估对象在评估基准日特定目的下的价值出具的专业报告。只有符合该定义的评估报告,才能以"评估报告"标题出具。资产评估机构及其资产评估专业人员执行与估算相关的其他业务时,虽然可以参照评估报告准则出具相关报告,但此类报告并不是评估报告,不得以"评估报告"标题出具,以免给委托人和报告使用人造成误解。

资产评估报告的标题格式一般为:企业名称+经济行为关键词+评估对象+资产评估报告。

资产评估报告文号的格式要求包括资产评估机构特征字、种类特征字、年份、报告序号。

资产评估机构特征字用于识别出具报告的评估机构,通常以体现评估机构名称特征的简称表述;种类特征字用于体现报告对应的专业服务类型(评估、咨询等),资产评估报告的种类特征字通常表述为"评报字"。

目录应当包括每一部分的标题和相应页码。

2)声明

资产评估报告的声明通常包括以下内容。

①本资产评估报告依据财政部发布的资产评估基本准则和中国资产评估协会发布的资产评估执业准则和职业道德准则编制。

②委托人或者其他资产评估报告使用人应当按照法律、行政法规规定和资产评估报告载明的使用范围使用资产评估报告;委托人或者其他资产评估报告使用人违反前述规定使用资产评估报告的,资产评估机构及其资产评估专业人员不承担责任。

③资产评估报告仅供委托人、资产评估委托合同中约定的其他资产评估报告使用人和法律、行政法规规定的资产评估报告使用人使用;除此之外,其他任何机构和个人不能成为资产评估报告的使用人。

④资产评估报告使用人应当正确理解和使用评估结论,评估结论不等同于评估对象可实现价格,评估结论不应当被认为是对评估对象可实现价格的保证。

⑤资产评估报告使用人应当关注评估结论成立的假设前提、资产评估报告特别事项说明和使用限制。

⑥资产评估机构及其资产评估专业人员遵守法律、行政法规和资产评估准则,坚持独立、客观和公正的原则,并对所出具的资产评估报告依法承担责任。

⑦其他需要声明的内容。

需要注意的是,准则的要求仅是一般性声明内容,资产评估专业人员在执行具体评估业务时,还应根据评估项目的具体情况,调整或细化声明内容。

3)摘要

《资产评估执业准则——资产评估报告》规定,资产评估报告摘要通常提供资产评估业务的主要信息及评估结论。但该准则没有对这些主要信息的披露提出具体的要求,实务中通常参考企业国有资产评估报告对"评估报告摘要"的披露要求撰写。

资产评估专业人员可以根据评估业务的性质、评估对象的复杂程度、委托人要求等,合理确定摘要中需要披露的其他信息。

摘要应当与评估报告揭示的相关内容一致,不得有误导性内容。

10.2.3 正文

1)委托人及其他资产评估报告使用人

资产评估报告使用人包括委托人、资产评估委托合同中约定的其他资产评估报告使用人和法律、行政法规规定的资产评估报告使用人。在评估报告中应当阐明委托人和其他评估报告使用人的身份,包括名称或类型。

2)评估目的

资产评估目的应当披露资产评估所服务的具体经济行为(如股权转让、抵押贷款、非货币资产出资等),说明评估结论的具体用途。清晰、准确地揭示评估目的是资产评估报告使用人理解资产评估专业人员界定评估对象、选择评估结论价值类型的基础。

资产评估报告载明的评估目的应当唯一,有利于评估结论有效服务于评估目的。例如,有限责任公司引进战略投资者和变更股份有限公司时核实拟出资资产的价值,评估目的所要求的评估对象并不一样,不能在一份资产评估报告中同时体现这两种目的。另外,有的客户要求空泛地将"了解资产价值"作为评估目的,会使评估结论的确定未能针对具体经济行为对评估服务的使用需求,如果评估报告使用人在某项特定经济行为中轻率加以套用就可能引发错误使用评估报告的风险。

3)评估对象和评估范围

资产评估报告中应当载明评估对象和评估范围,并描述评估对象的基本情况。

对于企业价值评估,评估对象可以分为两类,即企业整体价值和股东权益价值(全部或部分),与此对应的评估范围是评估对象涉及的资产及负债。将股东全部权益价值或股东部分权益价值作为评估对象,股东全部权益或股东部分权益对应的法人资产和负债属于评估范围,本身并不是评估对象。

对于单项资产评估,评估对象可能是债权资产;也可能是用以实现债权清偿权利的实物类资产、股权类资产和其他资产;可能是无形资产如著作权、专利权、专有技术、商标专用权、销售网络、客户关系、特许经营权、合同权益、域名和商誉等;还可能是单台机器设备和机器设备组合。

4)价值类型

资产评估报告应当说明选择价值类型的理由,并明确其定义。一般情况下可供选择的价值类型包括市场价值和市场价值以外的价值类型,其中,市场价值以外的价值类型包括投资价值、在用价值、清算价值和残余价值等。对于价值类型的选择、定义,可以参考《资产评估价值类型指导意见》。

5)评估基准日

资产评估报告应当明确披露评估基准日。与追溯性、现时性、预测性业务相对应,评估基准日分别是过去、现在或者未来的时点。评估基准日一般应以具体的日期体现。

资产评估报告载明的评估基准日应当与资产评估委托合同约定的评估基准日保持一致。

6)评估依据

资产评估报告应当说明资产评估采用的法律依据、准则依据、权属依据及取价依据等。但《资产评估执业准则——资产评估报告》没有规范这些"依据"需要披露的具体内容,实务中通常结合评估项目的具体情况,参考企业国有资产评估报告对法律法规依据、评估准则依据、权属依据、取价依据的披露要求进行撰写。

7)评估方法

资产评估报告应当说明所选用的评估方法名称、定义及选择理由。

根据《资产评估执业准则——资产评估方法》,确定资产价值的评估方法主要包括市场法、收益法和成本法这三种基本方法及其衍生方法。资产评估专业人员在选择评估方法时应当充分考虑影响评估方法选择的因素。这些因素包括评估目的和价值类型、评估对象、评估方法的适用条件、评估方法应用所依据数据的质量和数量等。

8)评估程序实施过程和情况

资产评估报告应当说明资产评估程序实施过程中现场调查、收集整理评估资料、评定估算等的主要内容,一般包括以下程序。

①接受项目委托,确定评估目的、评估对象与评估范围、评估基准日,拟订评估计划等过程。

②指导被评估单位清查资产、准备评估资料、核实资产与验证资料等过程。

③选择评估方法、收集市场信息和估算等过程。

④评估结论汇总、评估结论分析、撰写报告和内部审核等过程。

资产评估专业人员应当在遵守相关法律、法规和资产评估准则的基础上,根据委托人的要求,遵循各专业准则的具体规定,结合报告的繁简程度恰当考虑对评估程序实施过程和情况的披露详细程度。

9)评估假设

资产评估报告应当披露所使用的资产评估假设。评估假设分为一般性假设和针对性假设。

资产评估专业人员应当在评估报告中清晰说明评估项目中所采用的反映交易及市场条件、评估对象存续或使用状态、国家宏观环境条件、行业及地区环境条件、评估对象特点的各项评估假设的具体内容。合理体现在具体的评估项目中使用的评估假设,与资产评估目的及其对评估市场条件的限定情况、评估对象自身的功能和在评估时点的使用方式与状态、产权变动后评估对象的可能用途及利用方式和利用效果等条件的联系和匹配性,使评估结论建立在合理的基础之上。

10）评估结论

《资产评估执业准则——资产评估报告》规定,资产评估报告应当以文字和数字形式表述评估结论,并明确评估结论的使用有效期。评估结论通常是确定的数值。经与委托人沟通,评估结论可以是区间值或者其他形式的专业意见。

在评估准则中引入区间值或者其他形式的专业意见表达形式是为了顺应对评估业务发展的多元化服务需求。

11）特别事项说明

特别事项是指在已确定评估结论的前提下,资产评估专业人员在评估过程中已发现可能影响评估结论,但非执业水平和能力所能评定估算的有关事项。资产评估报告中应当对特别事项进行说明,并重点提示评估报告使用人对其予以关注。资产评估报告的特别事项说明通常包括以下几种。

①权属等主要资料不完整或者存在瑕疵的情形。

②委托人未提供的其他关键资料的情况。

③未决事项、法律纠纷等不确定因素。

④重要的利用专家工作及相关报告的情况。

⑤重大期后事项。

⑥评估程序受限的有关情况、评估机构采取的弥补措施及对评估结论影响的情况。

⑦其他需要说明的事项。

12）资产评估报告使用限制说明

资产评估报告的使用限制说明应当载明以下内容。

①使用范围。资产评估报告只能用于报告载明的评估目的和用途。

②委托人或者其他资产评估报告使用人未按照法律、行政法规规定和资产评估报告载明的使用范围使用资产评估报告的,资产评估机构及其资产评估专业人员不承担责任。

③除委托人、资产评估委托合同中约定的其他资产评估报告使用人和法律、行政法规规定的资产评估报告使用人之外,其他任何机构和个人不能成为资产评估报告的使用人。

④资产评估报告使用人应当正确理解和使用评估结论。评估结论不等同于评估对象可实现价格,评估结论不应当被认为是对评估对象可实现价格的保证。

在实践中,如果未征得资产评估机构同意并审阅相关内容,资产评估报告的全部或者部分内容不得被摘抄、引用或披露于公开媒体;法律、法规规定以及相关当事方另有约定的除外。

13）资产评估报告日

资产评估专业人员应当在评估报告中说明资产评估报告日。资产评估报告载明的资产评估报告日通常为评估结论形成的日期,这一日期可以不同于资产评估报告的签署日。资产评估报告日应当以具体的日期(××××年××月××日)体现。

14)资产评估专业人员签名和资产评估机构印章

资产评估报告至少应由两名承办该业务的资产评估专业人员签名,最后加盖资产评估机构的印章。对于国有资产评估等法定业务资产评估报告,资产评估报告正文应当由至少两名承办该业务的资产评估师签名,并加盖资产评估机构印章。

10.2.4　评估报告附件

1)评估对象所涉及的主要权属证明资料

2)委托人和其他相关当事人的承诺函

3)资产评估机构及签名资产评估专业人员的备案文件或者资格证明文件

4)资产评估汇总表或明细表

10.3　国有资产评估报告的特殊要求

10.3.1　国有资产评估报告的构成

国有资产评估报告主要包括企业国有资产评估报告、金融企业国有资产评估报告、文化企业国有资产评估报告、行政事业单位国有资产评估报告等。

中国资产评估协会发布的《企业国有资产评估报告指南》和《金融企业国有资产评估报告指南》,分别对资产评估机构及资产评估师根据企业国有资产管理和金融国有资产管理的有关规定开展资产评估业务所编制和出具的相关国有资产评估报告进行了规范。除了体现各自的业务和资产特点外,两个评估指南在基本内容和要求上具有较强的共性。

本书以《企业国有资产评估报告指南》为例介绍国有资产评估报告的相关特殊要求。

10.3.2　国有资产评估报告的特殊要求

1)评估报告声明

根据《企业国有资产评估报告指南》和《金融企业国有资产评估报告指南》,国有资产评估报告的声明通常可以表述如下。

①本资产评估报告依据财政部发布的资产评估基本准则以及中国资产评估协会发布的资产评估执业准则和职业道德准则编制。

②委托人或者其他资产评估报告使用人应当按照法律、行政法规规定及资产评估报告载明的使用范围使用资产评估报告;委托人或者其他资产评估报告使用人违反前述规定使用资产评估报告的,资产评估机构及其资产评估师不承担责任。

③资产评估报告仅供委托人、资产评估委托合同中约定的其他资产评估报告使用人和法律、行政法规规定的资产评估报告使用人使用。除此之外,其他任何机构和个人不能成为资产评估报告的使用人。

④资产评估报告使用人应当正确理解评估结论,评估结论不等同于评估对象可实现价格,评估结论不应当被认为是对评估对象可实现价格的保证。

⑤资产评估机构及其资产评估师遵守法律、行政法规和资产评估准则,坚持独立、客观和公正的原则,并对所出具的资产评估报告依法承担责任。

⑥资产评估报告使用人应当关注评估结论成立的假设前提、资产评估报告特别事项说明和使用限制。

⑦其他需要声明的内容。

2)评估报告摘要

资产评估报告摘要应当简明扼要地反映经济行为、评估目的、评估对象和评估范围、价值类型、评估基准日、评估方法、评估结论及其使用有效期、对评估结论产生影响的特别事项等关键内容。

资产评估报告摘要应当采用下述文字提醒资产评估报告使用人阅读全文:"以上内容摘自资产评估报告正文,欲了解本评估业务的详细情况和正确理解评估结论,应当阅读资产评估报告正文。"

对影响评估结论的特别事项,无须将评估报告正文的"特殊事项说明"的内容全部反映在评估报告摘要中,而应主要反映在已确定评估结论的前提下,所发现的可能影响评估结论但非资产评估师执业水平和能力所能评定估算的有关重大事项。在资产评估实践中,对资产评估结论影响程度较大的判断标准,可以根据事项本身的性质和事项影响评估结论的金额进行判断。

3)评估报告正文

(1)"绪言"的内容

国有资产业务资产评估报告正文的"绪言"一般采用包含下列内容的表述格式。

×××(委托人全称):

　　×××(资产评估机构全称)接受贵单位(公司)的委托,按照法律、行政法规和资产评估准则的规定,坚持独立、客观和公正的原则,采用×××评估方法(评估方法名称),按照必要的评估程序,对×××(委托人全称)拟实施×××行为(事宜)涉及的×××(资产——单项资产或者资产组合、企业整体价值、股东全部权益、股东部分权益)在××××年××月××日的××价值(价值类型)进行了评估。现将资产评估情况报告如下。

（2）委托人、被评估单位和资产评估委托合同约定的其他资产评估报告使用人的概况

委托人和资产评估委托合同约定的其他评估报告使用人概况介绍的内容要求比较简单，一般包括名称、法定住所及经营场所、法定代表人、注册资本及主要经营范围、财务、经营状况、委托人和被评估单位之间的关系等。

（3）评估对象和评估范围

国有资产评估业务，要求资产评估报告应当对评估对象进行具体描述，以文字、表格的方式说明评估范围。

委托评估对象和评估范围与经济行为涉及的评估对象和评估范围的一致性，一般不应由资产评估师来确认，而是由委托人和相关当事人根据其经批准拟实施的经济行为确认并提供给评估机构。资产评估师一般应要求委托人和相关当事人在申报表或申报材料上，以签名盖章等符合法律规定的方式确认评估对象和评估范围。

（4）评估基准日

在满足《资产评估执业准则——资产评估报告》在资产评估报告中说明评估基准日要求的基础上，国有资产评估业务还规定在评估报告中说明确定评估基准日所考虑的主要因素，披露信息包括下列主要内容。

①本项目评估基准日是××××年××月××日。

②确定评估基准日所考虑的主要因素（如经济行为的实现、会计期末、利率和汇率变化等）。

（5）评估依据的内容

与非国有资产评估业务不同，国有资产评估业务要求在评估报告的"评估依据"部分披露本次评估业务所对应的经济行为依据。对于法律法规、评估准则、权属、取价等依据，《企业国有资产评估报告指南》不仅对需要披露的具体内容提出了要求，还规定应包括与国有资产评估有关的法律法规等针对性评估依据。主要包括：①经济行为依据；②法律法规依据；③评估准则依据；④权属依据；⑤取价依据。

（6）评估结论

企业国有资产评估要求评估结论通常是确定的数值。

考虑到一些特定评估业务的需求，《企业国有资产评估报告指南》规定，境外企业国有资产评估报告的评估结论可以用区间值表达。《金融企业国有资产评估报告指南》也规定"特殊情况下，在与经济行为相匹配的前提下，评估结论可以用区间值表示，同时给出确定数值评估结论的建议"。

具体而言，国有资产评估业务对评估结论披露内容的要求有以下 5 种。

①采用资产基础法进行企业价值评估，应当以文字形式说明资产、负债、所有者权益（净资产）的账面价值、评估价值及其增减幅度，并同时采用评估结论汇总表反映评估结论。

②单项资产或者资产组合评估，应当以文字形式说明账面价值、评估价值及其增减幅度。

③采用两种以上方法进行企业价值评估，除单独说明评估价值和增减变动幅度外，还应当说明两种以上评估方法结果的差异及其原因和最终确定评估结论的理由。

④存在多家被评估单位的项目，应当分别说明评估价值。

⑤评估结论为区间值的,应当在区间之内确定一个最大可能值,并说明确定依据。

(7)特别事项说明

国有资产评估业务,要求资产评估报告应当说明评估程序受到的限制、评估特殊处理、评估结论瑕疵等特别事项,以及期后事项。

《企业国有资产评估报告指南》还要求,资产评估报告应当说明对特别事项的处理方式、特别事项对评估结论可能产生的影响,并提示资产评估报告使用人关注其对经济行为的影响。

(8)资产评估师签名和资产评估机构印章

国有资产评估业务的资产评估报告正文,应当由至少两名承办该评估业务的资产评估师签名,并加盖资产评估机构印章。声明、摘要和评估明细表上通常不需要另行签名盖章。

4)评估报告附件的要求

评估报告附件的要求如下。

①与评估目的相对应的经济行为文件。

②被评估单位的专项审计报告。

③委托人和被评估单位产权登记证。

④签名资产评估师的承诺函。

⑤资产评估机构法人营业执照副本。

⑥资产评估委托合同。

⑦引用其他机构评估报告的批准(备案)文件。《企业国有资产评估报告指南》规定:"如果引用其他机构出具的报告结论,根据现行有关规定,需要经相应主管部门批准(备案)的,应当将相应主管部门的批准(备案)文件作为资产评估报告的附件。"例如,与评估经济行为相关的划拨土地使用权处置等土地使用权估价报告,需经相关自然资源行政主管部门备案,应将已取得的相关批准(备案)文件作为评估报告的附件。

⑧其他重要文件。

10.3.3 国有资产评估报告所附评估明细表的内容及格式要求

《企业国有资产评估报告指南》第五章对国有资产业务资产评估报告所附的评估明细表的编制提出了系列要求。

评估明细表可以根据该指南的基本要求和企业会计核算所设置的会计科目,结合评估方法特点进行编制。

被评估单位为两家以上时,评估明细表应当按被评估单位分别归集、自成体系。

10.3.4 国有资产评估报告的评估说明要求

评估说明包括评估说明使用范围声明、委托人和被评估单位编写的《企业关于进行资产评估有关事项的说明》和资产评估师编写的《资产评估说明》。根据《企业国有资产评估报告指南》中的《资产评估说明》编写指引,一般要求如下。

1)评估说明使用范围声明

关于评估说明使用范围的声明,应当写明评估说明使用单位或部门的范围及限制条款。

2)企业关于进行资产评估有关事项的说明

委托人和被评估单位可以共同编写或者分别编写《企业关于进行资产评估有关事项的说明》,委托单位负责人和被评估单位负责人应当对所编写的说明签名,加盖相应单位公章并签署日期。《企业关于进行资产评估有关事项的说明》通常包括:委托人、被评估单位各自概况;关于经济行为的说明;关于评估对象与评估范围的说明;关于评估基准日的说明;可能影响评估工作的重大事项说明;资产负债清查情况、未来经营和收益状况预测的说明;资料清单。

3)资产评估说明

《资产评估说明》是对评估对象进行核实、评定估算的详细说明,应当包括以下四个内容:评估对象与评估范围说明、资产核实总体情况说明、评估技术说明、评估结论及分析。根据《企业国有资产评估报告指南》中的《资产评估说明》编写指引,一般要求如下。

(1)评估对象与评估范围说明

对于评估对象与评估范围说明,资产评估专业人员应当根据企业价值评估、单项资产或者资产组合评估的不同情况确定内容的详略程度。

①评估对象与评估范围内容。对评估对象与评估范围应说明的内容包括三个方面:委托评估的评估对象与评估范围;委托评估的资产类型、账面金额;委托评估的资产权属状况(含应当评估的相关负债)。

②实物资产的分布情况及特点。对实物资产的分布情况及特点的说明应包括实物资产的类型、数量、分布情况和存放地点;实物资产的技术特点、实际使用情况、大修理及改扩建情况等。

③企业申报的账面记录或者未记录的无形资产情况。评估对象为企业价值或者资产组时,应说明账面记录或者未记录的无形资产情况。

④企业申报的表外资产(如有申报)的类型、数量。应说明企业申报的表外资产的类型、数量等,并介绍其在评估基准日的基本情况及形成过程以及企业提供的相关资产权属资料。

⑤引用其他机构出具的报告的结果所涉及的资产类型、数量和账面金额(或者评估值)。对资产组合或者企业价值评估项目,企业已另行委托其他机构对经济行为涉及的部分资产进行评估,资产评估报告引用其他机构出具的报告结论时,应当详细说明所涉及的资产类型、数量和账面金额(或者评估值);同时应当说明所引用其他机构出具的报告载明的评估范围、评估目的、评估基准日以及评估报告的批准情况。

(2)资产核实总体情况说明

资产核实总体情况说明通常包括人员组织、实施时间、核实过程、影响事项及处理方法、核实结论等。

①资产核实人员组织、实施时间和过程。主要说明参加资产评估工作核实的人员情况、人员专业和地域分组情况、时间进度以及核实的总体过程。

资产核实的过程，通常可分为现场核实工作准备阶段和现场核实工作阶段。现场核实工作准备阶段，主要包括：审核企业申报的明细表；安排调整完善现场工作计划；进入现场前的准备工作；选择适当的进场时间。现场核实工作阶段，主要说明评估专业人员进行的询问、函证、核对、监盘、勘查、检查等工作情况，并说明获取评估业务需要的基础资料，了解评估对象现状，关注评估对象法律权属等总体过程。

②影响资产核实的事项及处理方法。影响资产核实的事项一般包括资产性能的限制、存放地点的限制、诉讼保全的限制、技术性能的局限、涉及商业秘密和国家秘密，以及评估基准日时正在进行的大修理、改扩建情况等。对于不能采用现场调查方式直接核实的资产，应当说明原因、涉及范围及处理方法。

如果采用抽样方法对资产进行核实，说明所采取的抽样方法，并说明抽样方法对作出"是否存在、存在状态"总体判断结果的可靠性。

采取非现场核查方法的，需要在此部分作出说明。

③核实结论。这部分内容应当说明以下内容：资产核实结果是否与账面记录存在差异及其程度，是否存在权属资料不完善等权属不清晰的资产，企业申报的账外资产的核实结论，资产核实结论。

（3）评估技术说明

①对于评估技术说明，资产评估专业人员应当考虑不同经济行为和不同评估方法的特点，介绍评定估算的思路及过程。

采用成本法评估单项资产或者资产组合、采用资产基础法评估企业价值，应当根据评估项目的具体情况以及资产负债类型编写评估技术说明。各项资产负债评估技术说明应当包含资产负债的内容和金额、核实方法、评估值确定的方法和结果等基本内容。

采用收益法或者市场法评估企业价值，评估技术说明通常包括：影响企业经营的宏观、区域经济因素；所在行业现状与发展前景；企业的业务情况；企业的资产、财务分析和调整情况；评估方法的运用过程。

采用收益法进行企业价值评估，应当根据行业特点、企业经营方式和所确定的预期收益口径以及评估的其他具体情况等编写评估技术说明。各项资产负债评估技术说明应当包含企业的资产、财务分析和调整情况以及评估方法运用实施过程。

采用市场法进行企业价值评估，应当根据行业特点、被评估企业实际情况以及上市公司比较法或者交易案例比较法的特点等编写评估技术说明。各项资产负债评估技术说明应当包含企业的资产、财务分析和调整情况以及评估方法运用实施过程。

采用两种或两种以上方法进行企业价值评估时，应当说明不同评估方法结果的差异及其原因和最终确定评估结论的理由。评估结论应含有"评估结论根据以上评估工作得出"的字样。对于存在多家被评估单位的情况，应当分别说明其评估价值。对于不纳入评估汇总表的评估结论，应当单独列示。

②评估价值与账面价值比较变动情况及说明。在评估价值与账面价值比较变动情况及说明部分，应当说明评估价值与账面价值比较变动情况，包括绝对变动额和相对变动率，并

分析评估价值与账面价值比较变动的原因。

③折价或者溢价情况。股东部分权益的价值并不必然等于股东全部权益价值与股权比例的乘积,因为在某些情况下,同一企业内不同股东的同等股份权益的价值可能会不相等。因此,企业价值评估,在适当及切实可行的情况下需要考虑由于控股权和少数股权等因素产生的折价或者溢价,以及流动性对评估价值的影响。如果考虑了控股权和少数股权等因素产生的溢价或折价,应当说明溢价与折价测算的方法,对其合理性作出判断。

10.3.5 国有资产评估报告的制作要求

国有资产评估报告的制作要求主要体现在以下三个方面。

①资产评估报告标题及文号一般在封面上方居中位置,资产评估机构名称及资产评估报告日应当在封面下方居中位置。资产评估报告应当用 A4 规格纸张印刷。

②资产评估报告一般分册装订,各册应当具有独立的目录。

③资产评估报告封底或者其他适当位置应当标注资产评估机构名称、地址、邮政编码、联系电话、传真、电子邮箱等。

10.4 资产评估档案的概念与内容

10.4.1 资产评估档案的基本概念与工作底稿的分类

1)资产评估档案及作用

资产评估档案是指资产评估机构开展资产评估业务形成的,反映资产评估程序实施情况、支持评估结论的工作底稿、资产评估报告及其他相关资料。纳入资产评估档案的资产评估报告应当包括初步资产评估报告和正式资产评估报告。工作底稿是资产评估专业人员在执行评估业务过程中形成的,反映评估程序实施情况、支持评估结论的工作记录和相关资料。工作底稿是判断一个评估项目是否执行了这些基本程序的主要依据,应反映资产评估专业人员实施现场调查、评定估算等评估程序,支持评估结论。

2)工作底稿的分类

(1)按工作底稿的载体分类

按照工作底稿的载体,可以分为纸质文档、电子文档或者其他介质形式的文档。

资产评估委托合同、资产评估报告应当形成纸质文档。评估明细表、评估说明可以是纸质文档、电子文档或者其他介质形式的文档。

同时以纸质和其他介质形式保存的文档,其内容应当相互匹配,不一致的以纸质文档为准。

资产评估机构及其资产评估专业人员应当根据资产评估业务具体情况和工作底稿介质的理化特性,谨慎选择工作底稿的介质形式,并在评估项目归档目录中按照评估准则要求注明文档的介质形式。

(2)按工作底稿的内容分类

按照工作底稿的内容,可以分为管理类工作底稿和操作类工作底稿。

管理类工作底稿是指在执行资产评估业务过程中,为受理、计划、控制和管理资产评估业务所形成的工作记录及相关资料。

操作类工作底稿是指在履行现场调查、收集评估资料和评定估算程序时所形成的工作记录及相关资料。

10.4.2 工作底稿的编制要求

1)应当遵守法律、行政法规和资产评估准则

一方面,应当遵守工作底稿编制和管理涉及的法律、行政法规,如《中华人民共和国档案法》《资产评估法》《国有资产评估管理办法》《国有资产评估管理若干问题的规定》等;另一方面,应当遵守相关资产评估准则对编制和管理工作底稿的规范要求,如《资产评估基本准则》《资产评估执业准则——资产评估程序》《资产评估执业准则——资产评估档案》的相关规定等。

2)应当反映资产评估程序实施情况,支持评估结论

根据《资产评估基本准则》,工作底稿应当真实完整、重点突出、记录清晰,能够反映资产评估程序实施情况,支持评估结论。

(1)工作底稿必须如实反映和记录评估全过程

在评估程序实施的各个阶段,如订立评估业务委托合同、编制资产评估计划、进行评估现场调查、收集整理评估资料、评定估算形成结论、编制出具评估报告等各阶段,都应当将工作过程如实记录和反映在工作底稿中。

(2)工作底稿必须支持评估结论

工作底稿是用来反映评估过程有关资料、数据内容的记录,是为最终完成评估业务服务的,其目的是支持评估结论。与评估报告有关或支持评估结论的所有资料均应当形成相应的工作底稿。

3)应当真实完整、重点突出、记录清晰

(1)工作底稿应当真实完整

一是要求工作底稿反映的内容和情况应当是实际存在和实际发生的,强调评估委托事项、评估对象、评估程序实施过程的真实性。二是工作底稿所反映的评估内容是完整的。不仅要求工作底稿内容真实,而且要求全面反映评估程序实施过程,不能遗漏。如评估对象的

现场调查和评定估算等都应有真实完整的记录。

（2）工作底稿应当重点突出

工作底稿应当真实完整，并不是说非重点资产的现场调查、评定估算不可以简略。一个企业，可能有几千项设备，采用成本法评估时，不可能也没必要对数量巨大的同类设备逐一进行现场勘查，摘抄每台设备的名称、规格型号、生产厂家、技术参数，查看每台设备的使用情况、维护保养等情况。《资产评估执业准则——资产评估程序》规定"资产评估专业人员可以根据重要性原则采用逐项或者抽样的方式进行现场调查"。因此，重点突出是指评估工作底稿应当力求反映对评估结论有重大影响的内容。重点突出是要求对工作底稿中支持评估结论的资料要突出，凡对评估结论有重大影响的文件资料和现场调查、评定估算过程，都应当形成工作底稿。

（3）工作底稿应当记录清晰

记录清晰包括两方面含义：一是记录内容要清晰，使审核人员、工作底稿使用者通过查阅对评估过程的描述，对评估过程有清晰的认识；二是记录字迹要清晰。现场调查的工作底稿大都在现场撰写，有些评估专业人员现场调查后，所做记录文字不清晰，给审核工作带来较大困难，也难以作为支撑评估结论的依据。所以手写的工作底稿一定要字迹清楚，不能模糊难识。

资产评估机构及其资产评估专业人员可以根据资产评估业务具体情况，合理确定工作底稿的繁简程度。

4）委托人和其他相关当事人提供的档案应由提供方确认

在资产评估中，有相当占比的工作底稿是由委托方和相关当事方所提供，有些是反映委托方基本情况的重要资料，如企业的营业执照、国有资产产权登记证、房地产权证等，需要提供方进行确认；有些是用于确定评估范围的，如资产评估明细表，更需要提供方予以确认。确认方式包括签字、盖章或者法律允许的其他方式。对所提供资料确认实际上是责任划分问题，提供资料的一方，原则上应当对资料的真实性、完整性、合法性负责。资产评估专业人员收集委托人和相关当事人提供的重要资料作为工作底稿，应当由提供方对相关资料进行确认，确认方式包括但不限于签字、盖章、法律允许的其他方式。

5）工作底稿应当反映内部审核过程

工作底稿应当反映审核情况，应反映评估机构内部各级以及评估机构外部专家对资产评估报告的审核情况，包括审核意见以及资产评估专业人员对相关意见的处理信息。

6）编制目录和索引号

细化的工作底稿种类繁多，不编制索引号和页码将很难查找，利用交叉索引和备注说明等形式能完整地反映工作底稿间的勾稽关系并避免重复。资产评估专业人员应当根据评估业务特点和工作底稿类别，编制工作底稿目录，建立必要的索引号，以反映工作底稿间的勾稽关系。比如，评估项目中的汇率，评估基准日1美元兑换7.5元人民币，评估过程中，现金、银行存款、应收账款、应付账款等多个科目都要引用，编制工作底稿时，可以在现金的工作底稿中保存汇率的询价依据,其他科目的评估中只要注明交叉索引就能很方便地找到依据。

10.4.3 工作底稿的内容

1)管理类工作底稿

管理类工作底稿是指在执行资产评估业务过程中,为受理、计划、控制和管理资产评估业务所形成的工作记录及相关资料。管理类工作底稿通常包括以下内容:①资产评估业务基本事项的记录;②资产评估委托合同;③资产评估计划;④资产评估业务执行过程中重大问题处理记录;⑤资产评估报告的审核意见。

2)操作类工作底稿

操作类工作底稿是指在履行现场调查、收集评估资料和评定估算程序时所形成的工作记录及相关资料。

(1)操作类工作底稿的内容

操作类工作底稿产生于评估工作的全过程,由资产评估专业人员及其助理人员编制,反映资产评估专业人员在执行具体评估程序时所形成的工作成果,主要包括以下几方面内容。

①现场调查记录与相关资料。不同评估方法下的现场调查工作底稿内容不同,资产评估专业人员应根据评估目的和资产状况,合理确定资产(含负债)的调查量,并编制相应的工作底稿。现场调查记录与相关资料一般包括以下内容:委托人或者其他相关当事人提供的资料,现场勘查记录、书面询问记录、函证记录等,其他相关资料。

②收集的评估资料。具体包括市场调查及数据分析资料,询价记录,其他专家鉴定及专业人士报告,其他相关资料。

③评定估算过程记录。在评定估算阶段所做的工作,均需编制相应的工作底稿,以支持评估结论,一般包括重要参数的选取和形成过程记录,价值分析、计算、判断过程记录,评估结论形成过程记录,与委托人或者其他相关当事人的沟通记录,其他相关资料。

(2)不同评估方法对操作类工作底稿的侧重点

按照评估方法划分,操作类工作底稿一般可分为市场法工作底稿、收益法工作底稿和成本法工作底稿。

①市场法工作底稿。资产评估专业人员在采用市场法评估企业整体价值时,应在工作底稿中反映收集的参考企业、市场交易案例的资料,反映所选择的参考企业、市场交易案例与被评估企业具有可比性的资料。资产评估专业人员应结合对被评估企业与参考企业、市场交易案例之间的相似性和差异性进行比较、分析、调整的过程,以及对所选价值乘数计算的过程,编制相应的工作底稿。在评估股东部分权益价值时,应在工作底稿中反映资产评估专业人员对流动性和控制权对评估对象价值影响的处理情况。

②收益法工作底稿。资产评估专业人员采用收益法评估企业资产价值时,应与委托人充分沟通,获得委托人关于被评估企业资产配置和使用情况的说明。资产评估专业人员应在工作底稿中反映以下内容:对企业财务指标进行分析的过程;对企业未来经营状况和收益

状况进行的分析、判断和调整过程;根据企业经营状况和发展前景,预测期内的资产、负债、损益、现金流量的预测结果,企业所在行业现状及发展前景,合理确定收益预测期,以及预测期后的收益情况及相关终值的计算,收益现值的计算过程;综合考虑评估基准日的利率水平、市场投资回报率、加权平均资本成本等资本市场相关信息和企业、所在行业的特定风险等因素,合理确定资本化率或折现率的过程。在采用收益法对企业整体价值进行分析和评估时,企业如存在非经营性资产、负债和溢余资产,资产评估专业人员应当编制相应的非经营性资产、负债和溢余资产的现场调查、评定估算工作底稿。

③成本法(或资产基础法)工作底稿。资产评估专业人员运用资产基础法对企业进行整体价值评估时,应在工作底稿中反映被评估企业拥有的有形资产、无形资产以及应当承担的负债,记录根据其具体情况分别选用市场法、收益法、成本法的现场调查、评定估算过程。

10.5 资产评估档案的归集和管理

10.5.1 资产评估档案的归集和管理

资产评估机构应当按照法律、行政法规和评估准则的规定建立健全资产评估档案管理制度。

资产评估业务完成后,资产评估专业人员应将工作底稿与评估报告等归集形成评估档案后及时向档案管理人员移交,并由所在资产评估机构按照国家有关法律、法规及评估准则的规定妥善管理。

1)资产评估档案的归集期限

资产评估专业人员通常应当在资产评估报告日后 90 日内将工作底稿、资产评估报告及其他相关资料归集形成资产评估档案,并在归档目录中注明文档介质形式。

重大或者特殊项目的归档时限为评估结论使用有效期届满后 30 日内,并由所在资产评估机构按照国家有关法律、行政法规和相关资产评估准则的规定妥善管理。

2)资产评估档案的保管期限

根据《资产评估法》规定,一般评估业务的评估档案保存期限不少于 15 年,法定评估业务的评估档案保管期限不少于 30 年。评估档案的保存期限自资产评估报告日起算。《资产评估执业准则——资产评估档案》规定,资产评估档案自资产评估报告日起保存期限不少于 15 年;属于法定资产评估业务的,不少于 30 年。资产评估机构应当在法定保存期限内妥善保存资产评估档案,以保证资产评估档案的安全和持续使用。资产评估档案应当由资产评估机构集中统一管理,不得由原制作人单独分散保存。资产评估机构不得对在法定保存期限内的资产评估档案非法删改或者销毁。

10.5.2　资产评估档案的保密与查阅

资产评估档案如果涉及客户的商业秘密,评估机构、资产评估专业人员有责任为客户保密。资产评估档案的管理应当严格执行保密制度。除下列情形外,资产评估档案不得对外提供。

①国家机关依法调阅的。

②资产评估协会依法依规调阅的。

③其他依法依规查阅的。

如果本机构评估专业人员需要查阅评估档案,应按规定办理借阅手续。

【思政园地】
证监会视角:资产评估机构违反评估准则的那些大案要案

通过对2015—2018年证监会对资产评估机构做出的70个处罚文件进行整理、归纳,对于违反评估准则——工作底稿的主要条款进行分析。

一、证监会惩处资产评估机构违反准则概况

2015—2018年,证监会系统下发70个资产评估机构惩处文件,涉及资产评估机构31家,涉及113个评估项目。

按照涉案资产评估机构进行归类,涉及51个案件,其中证监会对资产评估机构进行惩处案件29个,其中行政处罚7个、行政监管措施22个,各地证监局对资产评估机构进行惩处案件22个,其中行政处罚案件2个、行政监管措施案例20个。上述51个案件中,有2个为咨询报告,其他案件均为资产评估报告。

通过对资产评估机构受到的51个惩处案件违反资产评估准则的情况进行整理分析,违反条款次数最多的三项资产评估准则是企业价值评估准则、评估程序准则、工作底稿准则,出现的频率分别达到143次、130次、117次。

其中,资产评估机构违反工作底稿评估准则的条款涉及第5条、第6条、第7条、第8条、第10条、第11条、第13条、第14条、第16条等9项,第6条出现的频率最高,达到41次,其次是第11条的32次、第7条的21次。

二、工作底稿评估准则违规案例及分析

(1)违反准则第6条的案例

工作底稿准则第6条:"工作底稿应当反映评估程序实施情况,支持评估结论。"

被惩处案件违规案例:

①工作底稿未反映评估参数确定过程:《收购评估报告》及《减值评估报告》的评估说明显示,被评估单位的特定风险 ε 分别为1.5%和2%,但评估底稿中均未见对特定风险 ε 的具体测算过程及依据。

②工作底稿未反映评估程序实施过程:评估说明中对银行存款实施的评估程序与实际不符。评估说明称"评估人员对银行存款进行了函证,并取得了银行存款的银行对账单和银行存款余额调节表,对其进行核对,无未达账项",而实际执行的评估程序与评估说明不符。

评估工作底稿中的银行询证函均引用被评估企业的审计机构的函证回函,相关回函未取得该事务所盖章确认。

③工作底稿未反映评估测算过程和依据:评估说明披露"预测未来营运资金周转率保持0.1479",但资产评估机构未对被评估单位提供的营运资金周转率预测进行必要的分析、判断和调整,形成未来营运资金周转率预测,也未提供必要的评估资料和评估工作底稿。

(2)违反准则第 11 条的案例

工作底稿准则第 11 条,"操作类工作底稿的内容因评估目的、评估对象和评估方法等不同而有所差异,通常包括以下内容:①现场调查记录与相关资料,包括:委托方提供的资产评估申报资料,现场勘查记录,函证记录,主要或者重要资产的权属证明材料,与评估业务相关的财务、审计等资料,其他相关资料;②收集的评估资料,包括:市场调查及数据分析资料,相关的历史和预测资料,询价记录,其他专家鉴定及专业人士报告,委托方及相关当事方提供的说明、证明和承诺,其他相关资料;③评定估算过程记录,包括:重要参数的选取和形成过程记录,价值分析、计算、判断过程记录,评估结论形成过程记录,其他相关资料。"

被惩处案件违规案例:

①未收集对预测支持性的第三方资料:收集检查发现,资产评估机构依据独立财务顾问对具体项目发包人的访谈来了解具体项目的情况,但访谈仅就发包方的基本情况、与被评估单位的历史合作情况及 2013 年、2014 年完成工程量进行了确认,并未涉及工程项目 2015 年及以后期间的预计施工情况,同时,资产评估机构对园林工程施工收入的预估主要依据为与管理层的访谈及其提供的说明,未获取充分恰当的第三方证据(如项目的详细施工计划,与发包方、施工方等各利益相关方了解项目实施情况、合同执行情况等),以支持其预估园林工程施工收入未来期间分配的合理性和可实现性。

②未形成评定估算工作底稿:评估师采用的综合所得税税率预测值为 19% ,实际上被评估企业所得税税率有 15% 和 25% 两种情况。评估报告中未说明综合所得税税率的测算过程,评估工作底稿中未列示两种税率的占比情况分析和计算过程。

(3)违反准则第 7 条的案例

工作底稿准则第 7 条:"工作底稿应当真实完整、重点突出、记录清晰、结论明确。注册资产评估师可以根据评估业务的具体情况,合理确定工作底稿的繁简程度。"

被惩处案件违规案例:

①工作底稿不完整:在评估项目的工作底稿中,资产评估机构制作的《汽车前装项目进度表》包含 23 个项目合同,但后附项目合同仅有 15 份,8 份缺失。评估底稿中也未见有关核对协议原件评估程序的记录。

②工作底稿记录信息不清晰:"客户评估调查表""资产评估项目前期明确事项表"等底稿编制人、审核人、复核人未签署日期。

(4)准则违规分析

资产评估工作底稿准则违规最多的三个条款是第 6 条、第 11 条和第 7 条,资产评估机构为什么违规次数最多的是这三个条款呢?笔者分析原因是:工作底稿准则规范了资产评估师工作记录的留痕以及对评估结论的支持,第 6 条强调了工作底稿应该记录过程、支持结论,第 7 条强调了对工作底稿的具体要求,包括真实、完整、清晰、支持结论明确、重点突出等,第 11 条强调了资产评估师操作类工作底稿的范围。

　　资产评估师违反工作底稿准则最多的三个条款的情形主要有:①评估工作底稿未反映评估参数计算的过程及依据;②评估说明中披露的评估程序内容或评估依据内容,工作底稿没有相匹配的相应工作底稿;③重要评估参数的确定,工作底稿的支持性不足,缺少第三方支持性资料。

【思考题】

　　1. 什么是资产评估报告?

　　2. 简述资产评估报告的作用。

　　3. 资产评估报告的基本要求有哪些?

　　4. 简述资产评估报告的基本内容。

　　5. 简述评估明细表的内容要求。

　　6.《企业国有资产评估报告指南》规定的评估说明包括哪些内容?

　　7. 资产评估人员编写的《资产评估说明》包括哪些内容?

　　8. 简述工作底稿的内容和编制要求。

　　9. 资产评估档案的归集期限和保管期限的规定有哪些?

【练习题】

一、单项选择题

　　1. 以下不属于资产评估报告文号的是(　　　)。

　　　A. 报告序号　　　　　　　　　　　　B. 评估机构文号说明

　　　C. 评估机构特征字　　　　　　　　　D. 评估机构种类特征字

　　2. 一般情况下,对于现实性资产评估业务,只有当评估基准日与经济行为实现日相距不超过(　　　)时,才可以使用资产评估报告。

　　　A. 一年　　　　　　　B. 二年　　　　　　　C. 三年　　　　　　　D. 半年

　　3. 国有资产评估报告必须由(　　　)名以上资产评估师签字。

　　　A. 1　　　　　　　　B. 2　　　　　　　　C. 3　　　　　　　　D. 4

　　4. 下列关于资产评估报告的基本要求,描述错误的是(　　　)。

　　　A. 资产评估报告作为一个具有法律意义的文件,用语必须清晰、准确,不应有意或无意地使用存在歧义或误导性的表述

　　　B. 判定一份资产评估报告是否包括了足够的信息,就要看资产评估报告使用人在阅读评估报告后能否对评估结论有正确的理解

　　　C. 资产评估报告的详略程度是以评估报告中提供必要信息为前提的

　　　D. 程序受限对评估结论产生重大影响或者无法判断其影响程度的,可以出具资产评估报告,但是需要说明情况

　　5. 下列不是工作底稿编制要求的是(　　　)。

　　　A. 应当遵守法律、行政法规和资产评估准则

B. 应当真实完整、重点突出、记录清晰

C. 应当采用纸质文档，装订成册

D. 委托人和其他相关当事人提供的档案应由提供方确认

6. 国有资产评估报告的标题应当简明清晰，一般采用（　　）的形式。

 A. 企业名称+评估对象+经济行为关键词+资产评估报告

 B. 企业名称+经济行为关键词+评估对象+资产评估报告

 C. 经济行为关键词+评估对象+企业名称+资产评估报告

 D. 企业名称+资产评估报告+经济行为关键词+评估对象

7. 国有资产产权登记证书、投资人出资权益的证明等文件属于（　　）依据。

 A. 法律   B. 权属   C. 取价   D. 准则

8. 资产评估报告基本制度规定资产评估机构完成国有资产评估工作后由相关国有资产管理部门对评估报告进行（　　）。

 A. 审核验证 B. 核准备案 C. 结果确认 D. 立项审批

9. 在资产评估档案归集时，重大或者特殊项目的归档时限不晚于评估结论使用有效期届满后（　　）日。

 A. 30   B. 60   C. 90   D. 120

二、多项选择题

1. 按资产评估对象划分，资产评估报告可分为（　　）。

 A. 整体资产评估报告   B. 房地产评估报告

 C. 单项资产评估报告   D. 土地估价报告

2. 下列有关资产评估报告中评估目的的说法，正确的有（　　）。

 A. 资产评估报告中应说明评估目的所对应的经济行为

 B. 评估目的对应的经济行为一定要经过批准

 C. 评估目的对应的经济行为不一定要经过批准

 D. 无须说明评估目的所对应的经济行为

3. 下列文件中属于资产评估报告附件的有（　　）。

 A. 重要合同文件   B. 有关经济行为的文件

 C. 评估对象与范围说明   D. 资产评估委托合同

4. 资产评估报告摘要中通常要披露的内容有（　　）。

 A. 评估目的   B. 价值类型

 C. 评估程序实施过程和情况 D. 评估假设

5. 根据《资产评估执业准则——资产评估报告》，资产评估报告正文应当列示（　　）。

 A. 评估范围和对象 B. 资产评估说明 C. 评估基准日 D. 特别事项说明

6. 资产评估报告正文中应阐述的评估依据包括（　　）。

 A. 经济行为依据 B. 法律法规依据 C. 取价依据 D. 权属依据

7. 评估说明中，《企业关于进行资产评估有关事项的说明》具体包括（　　）。

 A. 资产及负债清查情况的说明 B. 实物资产分布情况说明

　　C.在建工程评估说明　　　　　　　　　D.关于评估基准日的说明

8.资产评估报告一般性的声明内容包括(　　)。

　　A.资产评估报告的结论

　　B.本资产评估报告依据财政部发布的资产评估基本准则、中国资产评估协会发布的资产评估执业准则和职业道德准则编制

　　C.资产评估报告使用人应当正确理解评估结论

　　D.资产评估报告的使用人

　　E.资产评估报告使用范围

9.资产评估工作底稿一般分为(　　)。

　　A.管理类工作底稿　　　　　　　　　B.会计类工作底稿

　　C.评估类工作底稿　　　　　　　　　D.审计类工作底稿

　　E.操作类工作底稿

10.下列属于管理类工作底稿包括的内容有(　　)。

　　A.资产评估计划

　　B.现场调查记录与相关资料

　　C.评定估算过程记录

　　D.资产评估业务执行过程中重大问题处理记录

　　E.资产评估报告的审核意见

第 11 章

资产评估的职业道德与法律责任

📖【学习目标】

通过本章的学习,学生应系统掌握资产评估职业道德的基本要求、专业能力要求、与委托人和其他相关当事人关系的要求、与其他资产评估机构及资产评估专业人员关系的要求、禁止不正当竞争的要求、保密原则、禁止谋取不当利益、对签署评估报告的禁止性要求等职业道德方面的规定,了解资产评估有关行政责任、民事责任和刑事责任等多方面的法律责任。

11.1 资产评估的职业道德

11.1.1 概述

资产评估机构及其资产评估专业人员在从业时应当严格遵守资产评估职业道德,树立良好的职业形象,提高资产评估作为中介服务行业的公信力。

资产评估机构及其资产评估专业人员的职业道德素质主要是由其职业理想、职业态度、职业责任、职业胜任能力、职业良知、职业荣誉和职业纪律等要素综合反映出来的道德品质。规范职业道德行为旨在使资产评估机构及其资产评估专业人员树立职业理想、端正职业态度、明确职业责任、提升职业胜任能力、唤起职业良知、增强职业荣誉感和强调职业纪律等,提高资产评估专业人员的职业道德素质。

资产评估职业道德准则对资产评估机构及其资产评估专业人员职业道德方面的基本要求、专业能力、独立性、资产评估专业人员与委托人和其他相关当事人的关系、资产评估专业人员与其他资产评估专业人员的关系等进行了规范。

11.1.2 资产评估职业道德的基本要求

诚实守信、勤勉尽责、谨慎从业,坚持独立、客观、公正的原则是对资产评估机构及其资产评估专业人员职业道德的基本要求。

1)诚实守信、勤勉尽责、谨慎从业要求

诚实守信是在合同或其他经济活动中遵循民法基本原则的必然要求,已越来越广泛地成为各行业普遍性的职业道德规范,并被写入《资产评估法》中。

诚实守信和勤勉尽责是资产评估行业得以存在和被认可的关键因素,也是取得委托人和社会公众信任的重要支撑。资产评估机构及其资产评估专业人员在开展资产评估业务中应当将诚实守信放在首位,诚实履行职业责任,提供诚信可靠的专业服务。这也是中介服务行业立法和职业道德建设通常会提出的要求。资产评估机构及其资产评估专业人员在执业过程中应当维护当事人的合法权益和公共利益,努力维护资产评估的客观性和公正性。只有这样才能赢得社会公众的信任与尊重,树立应有的社会地位。

第一,资产评估机构及其资产评估专业人员在执业过程中必须严格遵守资产评估准则,不得随意背离。这是对资产评估机构及其资产评估专业人员履行勤勉尽责义务的基本要求。资产评估活动的客观性、公正性靠行业准则、规范予以保证,准则和规范从原则上保证了资产评估服务的质量。

第二,鉴于资产评估对象的复杂性,任何准则都难以对资产评估机构及其资产评估专业人员在执业活动中的具体行为给出量化的标准,这就需要在具体执业行为中,根据评估项目的具体情况进行必要的专业判断。因此,资产评估机构及其资产评估专业人员应当以追求评估结论的客观性、公正性为工作目标,来检查自己的执业行为,做到勤勉尽责。

第三,资产评估机构及其资产评估专业人员不可以使用敷衍的手段规避应尽的努力。

①在报告中滥用免责声明。在执业过程中,由于情况的复杂和客观条件的限制,存在一些无法查清的事项,可以在报告中予以声明,但必须判断上述事项的重要性,并在报告中详细披露其为该事项所做的努力,尽可能披露该事项对评估结论的影响。

②不当利用第三方的工作,或相关当事人的保证书、承诺函等。资产评估机构及其资产评估专业人员可以利用第三方的工作,如会计师出具的审计报告、律师出具的法律意见书等,也可以要求相关当事人提供保证书或承诺函等文件。但在利用专家工作时必须保持必要的职业谨慎,不可以丧失独立性。

③使用不合理的假设。执行资产评估业务时,对于不断变化的影响评估对象和评估工作的因素,需要通过使用评估假设来明确资产评估的边界条件,支持资产评估过程及结论。这是资产评估的理论和工作特点所决定的。但使用的评估假设,应当是基于已经掌握的知识和事实,对资产评估中需要依托的前提和未被确切认识的事物作出合乎情理的推断和设定,不可以滥用不合理假设,规避尽责义务。

④滥用专业判断。执业过程中,在获取必要信息的基础上可以依据经验和专业知识作出独立判断。但是判断必须建立在科学基础上,不可以滥用专业判断,否则会丧失评估结论

的客观性和公正性。

谨慎从业,需要资产评估机构及其资产评估专业人员在提供资产评估专业服务时,应当保持必要的职业谨慎态度和专业精神,重视风险辨识及防范,审慎作出专业判断,预防和减少因评估执业过失引致的质量风险。在洽谈资产评估业务前,资产评估机构及其资产评估专业人员应对自身专业能力进行评价,对客户的诚信和财务状况、评估业务的风险水平进行判断;在受理资产评估业务后,针对评估目的和风险控制要求制订评估计划;在业务实施环节,认真履行现场调查、资料收集及检查验证等评估程序实施要求;在信息披露方面,充分提示和披露可能影响评估报告理解和使用的风险等,这都体现了谨慎从业的执业要求。

2)独立、客观、公正要求

独立、客观、公正是资产评估的基础,是资产评估机构及其资产评估专业人员应该遵守的基本工作原则。

(1)独立性

坚持独立性是资产评估的核心原则。资产评估机构、资产评估专业人员及外聘专家认为其独立性受到损害时,应当对由此可能产生的影响和能够采取的措施进行分析判断,如果相关损害会影响其得出公正的评估结论,则应当拒绝进行评估活动、拒绝发表评估意见。

资产评估的独立性要求包含以下内容。

①资产评估机构应当是依法设立的独立法人或非法人组织。

②资产评估机构及其资产评估专业人员应当严格按照国家有关法律、行政法规、资产评估准则,独立开展评估业务,并独立地向委托人提供资产评估意见。

③资产评估机构、资产评估专业人员从事资产评估活动不受任何部门、社会团体、企业、个人等对资产评估行为和评估结论的非法干预。

④资产评估专业人员依据国家法律及资产评估准则进行资产评估活动以及发表评估意见时不受所在资产评估机构的非法干预。

⑤资产评估机构、资产评估专业人员应与资产评估的委托人、被评估对象产权持有人及其他当事人无利害关系。

在一些资产评估业务中,委托人试图将资产评估服务费收取标准或支付条件等与评估目的能否实现相挂钩的诉求会对资产评估机构及其资产评估专业人员的独立性要求产生不利影响,资产评估机构在洽谈资产评估业务和订立资产评估委托合同时应注意避免。

资产评估准则要求资产评估机构及其资产评估专业人员开展资产评估业务,应当识别可能影响其独立性的情形,合理判断其对独立性的影响。

资产评估机构应当在承接评估业务之前,就本机构和资产评估专业人员的经济利益关联、人员关联、业务关联情况进行独立性核查。在执业过程中发现影响独立性的事项并可能导致不利影响时,应当及时采取相应措施消除可能的不利影响,并就该事项与委托人进行沟通。消除不利影响的措施通常包括人员回避、业务回避、消除关联关系、第三方审核等。当所采取措施不能消除对独立性的不利影响时,资产评估机构和资产评估专业人员不得承接该评估业务,或者应当终止该评估业务。

《资产评估法》第二十四条也规定,委托人有权要求与相关当事人及评估对象有利害关系的评估专业人员回避,对资产评估的业务回避作出了规定,以保障执行资产评估业务的公正性。

《资产评估法》第二十条规定,评估机构不得分别接受利益冲突双方的委托,对同一评估对象进行评估。这也是保障资产评估执业独立性的法律要求,有利于防止资产评估机构在利益冲突双方的不同诉求面前,有失客观公正;也可以防范利益冲突双方在彼此不知情的情况下同时委托同一家资产评估机构,资产评估机构在利益驱动下分别接受双方委托的现象发生。

(2)客观性

客观性要求资产评估机构及资产评估专业人员,应当以事实为依据,客观地发表评估意见。

(3)公正性

公正性要求资产评估机构和资产评估专业人员,在从事资产评估业务过程中,遵照国家有关法律、法规及行业准则,独立、客观执业,保持应有的职业中立态度,公平地对待有关利益各方,公正地发表资产评估意见,不得损害委托人、其他当事人的合法权益和公共利益。

资产评估机构及其资产评估专业人员不应当故意以牺牲一方的利益使另外的当事方受益,包括偏袒、迁就委托人的不当诉求,故意出具对其他当事人,甚至社会公众不利的评估报告。

11.1.3 专业能力要求

我国《资产评估基本准则》对专业能力的规定包括:资产评估专业人员应当具备相应的评估专业知识和实践经验,能够胜任所执行的评估业务;资产评估专业人员应当完成规定的继续教育,保持和提高专业能力;资产评估机构及其资产评估专业人员执行某项特定业务缺乏特定的专业知识和经验时,应当采取恰当的弥补措施,包括利用专家工作及相关报告等。专业能力是对任何专业工作的基本执业要求。由于资产评估工作的专业性和复杂性,从事资产评估工作的资产评估专业人员必须具备相关的专业知识和经验,以确保能够合理完成相关评估业务。

1)资产评估专业人员应当具备相应的专业知识和经验

资产评估专业人员除了应具备一定的专业知识和专业技能,也应具备一定的专业经验。

我国法律要求取得资产评估师职业资格,需要通过全国性资产评估行业协会按照国家规定组织实施的资产评估师资格全国统一考试。能够承办非法定资产评估业务的其他资产评估专业人员,也必须具有评估专业知识和实践经验。

2)资产评估专业人员必须具有胜任所执行评估业务的能力

由于资产评估的复杂性以及资产评估专业人员专业背景的限制,资产评估专业人员的执业范围可能仅限于某个特定领域。仅取得资产评估师职业资格并不意味着具备了承接各类资产评估业务的能力。

资产评估专业人员在接受评估业务或资产评估机构在签署评估委托合同之前,应当了解执行该评估项目所必备的专业知识、专业技能及经验,并对自己的能力作出客观判断。资产评估机构、资产评估专业人员对所承接的资产评估项目,必须确信具有相应的专业知识和经验,能够胜任该项业务,不得接受其能力无法完成的资产评估项目,除非采取其他有效措施保证能够有效地完成该项评估业务。评估机构和资产评估专业人员也必须在评估报告中披露对专业知识、经验的缺乏,并披露所有为完成评估业务所采取的措施。

3)资产评估专业人员应当保持和提高专业能力

资产评估是一项专业性很强的、跨学科的工作,涉及工程技术、经济、管理、会计等多个专业,仅仅具有某方面的知识无法满足资产评估对专业知识的要求。接受资产评估的专业教育及训练、通过资产评估师的职业资格统一考试、在资产评估机构从事业务实践等,都是获得胜任资产评估工作所需知识和经验的有效途径。

由于资产评估的复杂性,要求资产评估专业人员在整个职业生涯过程中不断进行知识更新和能力提升。通过职业资格统一考试,取得资产评估师职业资格,只说明具备了从事资产评估工作的基本技能。资产评估专业人员要在执业生涯中保持并提高自己的执业能力,不断地接受必要的继续教育培训是切实可行的必要措施。

11.1.4　与委托人和其他相关当事人关系的要求

1)资产评估专业人员与委托人、其他相关当事人和评估对象有利害关系的,应当回避

在承揽和接受业务时,对与委托人或其他相关当事人存在利害关系的,资产评估专业人员应主动回避。在评估中,资产评估专业人员与委托人或其他相关当事人之间存在以下利害关系时,应当向其所在评估机构提出声明,并实行回避。

①持有客户的股票、债券或与客户有其他经济利益关系的。

②与客户的负责人或委托事项的当事人有利害关系的。

③其他可能直接或间接影响执业的情况。

2)资产评估机构、资产评估专业人员应当履行评估委托合同中规定的义务

资产评估委托合同明确规定了资产评估机构及其资产评估专业人员的责任和义务,一经签订,即成为评估机构与委托人之间在法律上生效的契约,具有法定约束力。因此,资产评估机构、资产评估专业人员应当履行评估委托合同中规定的义务,坦诚、公正地对待客户,在不违背国家与公共利益以及不伤害其他相关当事人利益的前提下,在保持廉洁、公正的基础上,努力为委托人提供高质量的专业服务。资产评估机构及其资产评估专业人员应当按照评估委托合同明确的业务性质、范围要求等各项约定,在客户提供了必要资料的前提下,在规定的时间内,按资产评估专业标准的要求,在保证质量的情况下完成委托评估业务。

3）资产评估机构及其资产评估专业人员不得向委托人或其他相关当事人索取约定
服务费之外的不正当利益

资产评估是一种有偿的社会中介服务，资产评估机构及其资产评估专业人员在完成委托评估业务后，向委托人出具资产评估报告并收取合理的评估服务费属正当的行为，但是不能收取评估费以外的费用。这里的服务费用以外的不正当利益，主要是指约定服务费用以外的其他酬金，如佣金、回扣、好处费、介绍费等。

11.1.5　与其他资产评估机构及资产评估专业人员关系的要求

1）资产评估机构及其资产评估专业人员在开展资产评估业务过程中，应当与其他资产评估专业人员保持良好的工作关系

这里的"其他资产评估专业人员"通常指符合以下条件之一的资产评估专业人员。

①与资产评估专业人员在同一资产评估机构执业。在这种情况下，其他资产评估专业人员根据资产评估机构的安排共同从事资产评估业务，资产评估专业人员之间应当相互尊敬、相互学习、相互帮助、共同提高。

②与资产评估专业人员不在同一资产评估机构执业，但一起执行联合评估业务。在这种情况下，资产评估专业人员之间应当精诚合作，及时沟通。在完成各自负责业务部分的基础上，共同高质量地完成整体评估业务。

③与资产评估专业人员不在同一资产评估机构执业，但由于知识结构、专业技能、职业资格、所在区域等不同，在执业过程中应约向其提供（或接受对方提供）相关技术支持。在这种情况下，资产评估专业人员应当在专业技术范围内，虚心向其他资产评估专业人员请教，或真诚地向其他资产评估专业人员提供帮助。

④对资产评估专业人员所执行评估业务中的评估对象在不同时间发表过专业意见。在这种情况下，资产评估专业人员仍应独立形成专业意见。在形成专业意见过程中，资产评估专业人员可以了解"其他资产评估专业人员"的专业意见，或就评估对象的状况向"其他资产评估专业人员"进行咨询，但应认真分析"其他资产评估专业人员"意见的基准日、限制条件、假设条件等，不得对"其他资产评估专业人员"的意见进行不负责任的批评。

⑤曾经或正在执行与资产评估专业人员所执行评估业务相关的评估业务。在这种情况下，如果资产评估专业人员与"其他资产评估专业人员"需要进行业务沟通，应当经委托方同意。如果委托方要求资产评估专业人员向"其他资产评估专业人员"提供相关情况，资产评估专业人员应当在职业道德范围内配合"其他资产评估专业人员"的工作。

2）资产评估机构及其资产评估专业人员不得贬损或者诋毁其他资产评估机构及资产评估专业人员

资产评估机构及其资产评估专业人员不得以任何理由、任何方式对其他资产评估机构及其资产评估专业人员进行公开或非公开的贬损或诋毁：评估行业应提倡同行相睦，反对同

行相轻。

11.1.6 禁止不正当竞争的要求

1)资产评估机构及其资产评估专业人员不得采用欺诈、利诱、胁迫等不正当手段招揽业务

这是对资产评估机构及其资产评估专业人员招揽业务行为的规定,禁止资产评估专业人员采用不正当手段获取评估业务。

①欺诈,指采用欺骗、误导等手段向客户招揽业务的行为。

②利诱,指利用财物、权势等利益引诱手段向客户招揽业务的行为。

③胁迫,指通过向客户施加压力、迫使其接受委托业务的行为。

2)资产评估机构及其资产评估专业人员不得以恶性压价等不正当的手段与其他资产评估机构及资产评估专业人员争揽业务

这条要求旨在维护资产评估行业的正常竞争秩序。

①资产评估机构及其资产评估专业人员应当维护行业竞争秩序,合理参与竞争。

资产评估服务也存在一定的竞争,但行业提倡开展公平的竞争。在招揽业务方面,资产评估机构和资产评估专业人员应当表现出较高的素质,以良好的信誉、优质的服务质量确立自己的竞争优势。以恶性压价等不正当手段与其他资产评估机构及资产评估专业人员争揽业务是一种不道德行为。

恶性压价以远低于行业平均价格甚至低于成本的价格提供评估服务,不仅恶意排挤了竞争对手,而且由于评估质量得不到保证也损害了委托人的利益。评估机构自身最终也难以为继,最终破坏了评估行业的正常经营秩序。

②恶性压价是当前主要的不正当竞争手段之一。在拓展业务过程中,恶性压价已经成为当前评估行业争揽业务和恶性竞争的主要方式和手段。

11.1.7 保密原则

资产评估机构及其资产评估专业人员应当遵守保密原则,对评估活动中知悉的国家秘密、商业秘密和个人隐私予以保密。

1)保密的重要性

资产评估机构、资产评估专业人员的职业性质决定其能够掌握客户的大量信息和资料。其中,有些属于客户的商业秘密,这些商业秘密和有关业务资料一旦外泄或被利用,可能会给客户造成经济损失。因此,保守商业秘密和有关业务资料是资产评估机构、资产评估专业人员应尽的义务和应具备的职业道德。由于对客户或委托人保密的重要性,当今世界上,所有已发布的资产评估职业道德准则或资产评估行为准则都有对客户或委托人保密的具体

要求。

保密要求是资产评估机构及其资产评估专业人员独立、客观、公正从事业务的必然要求,也是遵守保守国家秘密法、反不正当竞争法等的必然要求。《资产评估法》也将此作为资产评估专业人员应当履行的义务进行了规范。

2)保密的要求

①资产评估机构应当制定业务保密制度,承担国家涉密业务的还应具备规定的组织、人员和设施条件,加强对从业人员的保密教育和保密事项的监督管理,不得泄露相关国家秘密和商业秘密。

②资产评估专业人员在评估机构及外勤工作时不得在规定的工作场所之外谈论客户的业务情况、评估目的等可能涉及客户的机密情况。同样,在公共场所应尽量不提客户的单位名称,未经客户允许不得对外发布有关客户的信息资料等。

③资产评估专业人员除本人不得泄露客户商业秘密外,还应约束协助工作的助理人员保守秘密。

④除委托人具体授权,或经过法律程序正式授权的执法机构以及为了配合评估监管之外,资产评估机构及其资产评估专业人员不得将所知悉的客户商业秘密和业务资料或为委托人编制的评估报告披露给任何其他人。

11.1.8 禁止谋取不当利益

资产评估机构及其资产评估专业人员不得利用开展业务之便为自己或他人谋取不正当的利益。

资产评估是社会中介服务行业,该职业要求执业者必须恪守独立、客观、公正的职业道德原则,一旦突破了不得利用执业机会为自己或他人谋取不正当利益的道德防线,其职业行为不仅与"坚持独立、客观、公正"原则相冲突,也会与"应当遵守相关法律、行政法规和资产评估准则"的要求相矛盾,还会与"应当维护职业形象,不得从事损害职业形象的活动"的规定相违背,进而对资产评估行业的形象和公信力产生恶劣影响。

11.1.9 对签署评估报告的禁止性要求

1)资产评估专业人员不得签署本人未承办业务的资产评估报告,资产评估机构和资产评估专业人员也不得允许他人以自身名义开展资产评估业务,或者冒用他人名义从事资产评估业务

资产评估专业人员在资产评估报告上签名,既是资产评估专业人员在从事资产评估业务中的一项权利,也是一项义务。它表明资产评估专业人员对该项资产评估发表了专业意见,同时意味着该资产评估专业人员要对该项评估承担相应的责任。

资产评估专业人员既不得签署本人未承办业务的资产评估报告,也不得允许他人以本

人名义从事资产评估业务。资产评估报告必须由实际承办该项目的资产评估专业人员签名,并加盖评估机构印章。资产评估专业人员如果在报告上签名,就表示该资产评估专业人员已经承办了相关评估工作。因此,资产评估专业人员要对评估报告的内容负责,同时要承担法律责任。

2)资产评估机构及其资产评估专业人员不得出具或签署虚假评估报告或者有重大遗漏的资产评估报告

资产评估报告作为评估行为的最终成果,是发挥评估功能的重要载体。所谓虚假评估报告是指资产评估专业人员或评估机构故意签署、出具的不实评估报告。有重大遗漏的评估报告是指因资产评估专业人员或评估机构的过失而对应当考虑或者披露的重要事项有遗漏的评估报告。签署虚假评估报告或者有重大遗漏的评估报告,违反了基本的诚实守信和勤勉尽责义务,是严重违反职业道德的行为,更为法律所禁止。因此,《资产评估法》也相应规定了禁止性条款以及违反相关规定应承担的法律责任。

11.2 资产评估的法律责任

资产评估的法律责任包括行政责任、民事责任和刑事责任。

规定和追究资产评估的法律责任主要是对违法、违约或侵权的主体实施惩罚,对遭受损失或侵害的资产评估相关法律关系主体提供救济,通过法律的警示和威慑作用预防、遏制涉及资产评估的违法、违约或侵权行为。

11.2.1 行政责任

1)相关法律知识

(1)行政责任的概念

行政责任是行政法律责任的简称,是指存在违反有关行政管理的法律、法规规定,但尚未构成犯罪的行为依法所应承担的法律后果。

承担行政责任的制裁形式包括行政处分和行政处罚。

行政处分是对国家工作人员及由国家机关委派到企业事业单位任职的人员的行政违法行为所给予的一种制裁性处理。行政处分的种类包括警告、记过、记大过、降级、撤职、开除等。

行政处罚是指国家行政机关及其他依法可以实施行政处罚权的组织,依法定职权和程序对违反法律、法规规定,尚不构成犯罪的公民、法人及其他组织实施的一种制裁行为。行政处罚的种类包括:警告;罚款;没收违法所得、没收非法财物;责令停产停业;暂扣或者吊销许可证、暂扣或者吊销执照;行政拘留;法律、行政法规规定的其他行政处罚。

（2）行政处罚原则

①处罚法定原则。这是行政合法性原则在行政处罚行为的集中体现，要求行政处罚的依据、实施主体、职权行使和实施程序都应于法有据，依法而行。

②公正公开原则。这一原则要求行政处罚的依据、过程和结果应公开，程序上应公正，处罚裁定应依法公平。

③一事不再罚原则。

④处罚与教育相结合原则。

⑤保障权利原则。相对方对行政主体给予的行政处罚依法享有陈述权、申辩权；对行政处罚决定不服的，有权申请复议或者提起行政诉讼。如果因不当的行政处罚受到损害，被处罚的相对方有权依法提出赔偿要求。

尽管行政处罚是对违法行为所实施的惩戒，但违法行为如对他人造成损害，违法者还应依法承担民事责任，构成犯罪的还应追究其刑事责任，不能因接受行政制裁就当然免除其应承担的民事、刑事责任。

（3）行政处罚的追究时效

行政处罚追究时效，是指在违法行为发生后，对该违法行为有处罚权的行政机关在法律规定的期限内未发现这一违反行政管理秩序行为的事实，超出法律规定的期限才发现的，对当时的违法行为人不再给予处罚。《中华人民共和国行政处罚法》第二十九条第一款规定，违法行为在两年内未被发现的，不再给予行政处罚。法律另有规定的除外。

2）资产评估行政责任的相关法律规定

（1）《资产评估法》的相关规定

对资产评估机构、资产评估专业人员的责任规定。

①签署、出具虚假评估报告的责任。评估专业人员违反规定，签署虚假评估报告的，由有关评估行政管理部门责令其停止从业两年以上五年以下；有违法所得的，没收违法所得；情节严重的，责令其停止从业五年以上十年以下；构成犯罪的，依法追究其刑事责任，终身不得从事评估业务。对评估机构违反规定，出具虚假评估报告的，由有关评估行政管理部门责令其停业六个月以上一年以下；有违法所得的，没收违法所得，并处违法所得一倍以上五倍以下罚款；情节严重的，由工商行政管理部门吊销其营业执照；构成犯罪的，依法追究其刑事责任。

②评估机构未经工商登记从业的责任。对违反规定，未经工商登记以评估机构名义从事评估业务的，由工商行政管理部门责令其停止违法活动；有违法所得的，没收违法所得，并处违法所得一倍以上五倍以下罚款。

③评估专业人员违反其他禁止性规定的责任。评估专业人员违反规定，有下列情形之一的，由有关评估行政管理部门予以警告，可以责令停止从业六个月以上一年以下；有违法所得的，没收违法所得；情节严重的，责令停止从业一年以上五年以下；构成犯罪的，依法追究其刑事责任：第一，私自接受委托从事业务、收取费用的；第二，同时在两个以上评估机构从事业务的；第三，采用欺骗、利诱、胁迫，或者贬损、诋毁其他评估专业人员等不正当手段招揽业务的；第四，允许他人以本人名义从事业务，或者冒用他人名义从事业务的；第五，签署

本人未承办业务的评估报告或者有重大遗漏的评估报告的;第六,索要、收受或者变相索要、收受合同约定以外的酬金、财物,或者谋取其他不正当利益的。

④评估机构违反其他规定的责任。评估机构违反规定,有下列情形之一的,由有关评估行政管理部门予以警告,可以责令其停业一个月以上六个月以下;有违法所得的,没收违法所得,并处违法所得一倍以上五倍以下罚款;情节严重的,由工商行政管理部门吊销其营业执照;构成犯罪的,依法追究其刑事责任:第一,利用开展业务之便,谋取不正当利益的;第二,允许其他机构以本机构名义开展业务,或者冒用其他机构名义开展业务的;第三,以恶性压价、支付回扣、虚假宣传,或者贬损、诋毁其他评估机构等不正当手段招揽业务的;第四,受理与自身有利害关系业务的;第五,分别接受利益冲突双方的委托,对同一评估对象进行评估的;第六,出具有重大遗漏的评估报告的;第七,未按本法规定的期限保存评估档案的;第八,聘用或者指定不符合本法规定的人员从事评估业务的;第九,对本机构的评估专业人员疏于管理,造成不良后果的。对于评估机构未按《资产评估法》第十六条的要求备案或者不符合第十五条规定的设立条件,由有关评估行政管理部门责令改正;拒不改正的,责令停业,可以并处一万元以上五万元以下罚款。

⑤对屡次违法增加处罚的规定。资产评估专业人员屡次违法的增加处罚规定。该条规定"评估机构、评估专业人员在一年内累计三次因违反本法规定受到责令停业、责令停止从业以外处罚的,有关评估行政管理部门可以责令其停业或者停止从业一年以上五年以下"。

(2)《企业国有资产法》涉及资产评估的相关规定

《企业国有资产法》第七十四条规定:接受委托对国家出资企业进行资产评估、财务审计的资产评估机构、会计师事务所违反法律、行政法规的规定和执业准则,出具虚假的资产评估报告或者审计报告的,依照有关法律、行政法规的规定追究法律责任。

(3)《公司法》涉及资产评估的相关规定

《公司法》第二百零七条规定,对于承担资产评估、验资或者验证的机构提供虚假材料的,由公司登记机关没收违法所得,处以违法所得一倍以上五倍以下的罚款,并可以由有关主管部门依法责令该机构停业、吊销直接责任人员的资格证书,吊销营业执照。对于承担资产评估、验资或者验证的机构因过失提供有重大遗漏报告的,由公司登记机关责令改正,情节较重的,处以所得收入一倍以上五倍以下的罚款,并可以由有关主管部门依法责令该机构停业、吊销直接责任人员的资格证书,吊销营业执照。

(4)《证券法》涉及资产评估的相关规定

①对擅自从事证券服务业务的责任规定。《证券法》第二百一十三条规定,会计师事务所、律师事务所以及从事资产评估、资信评级、财务顾问、信息技术系统服务的机构违反本法第一百六十条第二款的规定,从事证券服务业务未报备案的,责令改正,可以处二十万元以下的罚款。

②对违规买卖股票、违规使用或泄露内幕信息的责任规定。《证券法》第四十二条规定,为证券发行出具审计报告或者法律意见书等文件的证券服务机构和人员,在该证券承销期内和期满后六个月内,不得买卖该证券。除前款规定外,为发行人及其控股股东、实际控制人,或者收购人、重大资产交易方出具审计报告或者法律意见书等文件的证券服务机构和人员,自接受委托之日起至上述文件公开后五日内,不得买卖该证券。实际开展上述有关工作

之日早于接受委托之日的,自实际开展上述有关工作之日起至上述文件公开后五日内,不得买卖该证券。

③对信息披露存在虚假、误导或重大遗漏的责任规定。证券服务机构为证券的发行、上市、交易等证券业务活动制作、出具审计报告及其他鉴证报告、资产评估报告、财务顾问报告、资信评级报告或者法律意见书等文件,应当勤勉尽责,对所依据的文件资料内容的真实性、准确性、完整性进行核查和验证。未勤勉尽责,所制作、出具的文件有虚假记载、误导性陈述或者重大遗漏的,责令改正,没收业务收入,并处以业务收入一倍以上十倍以下的罚款,没有业务收入或者业务收入不足五十万元的,处以五十万元以上五百万元以下的罚款;情节严重的,并处暂停或者禁止从事证券服务业务。对直接负责的主管人员和其他直接责任人员给予警告,并处以二十万元以上二百万元以下的罚款。

④违反对有关文件和资料要求的责任规定。《证券法》第一百六十二条规定,证券服务机构应当妥善保存客户委托文件、核查和验证资料、工作底稿以及与质量控制、内部管理、业务经营有关的信息和资料,任何人不得泄露、隐匿、伪造、篡改或者毁损。上述信息和资料的保存期限不得少于十年,自业务委托结束之日起算。与此相应,该法第二百一十四条规定了相关违法责任:发行人、证券登记结算机构、证券公司、证券服务机构未按照规定保存有关文件和资料的,责令改正,给予警告,并处以十万元以上一百万元以下的罚款;泄露、隐匿、伪造、篡改或者毁损有关文件和资料的,给予警告,并处以二十万元以上二百万元以下的罚款;情节严重的,处以五十万元以上五百万元以下的罚款,并处暂停、撤销相关业务许可或者禁止从事相关业务。对直接负责的主管人员和其他直接责任人员给予警告,并处以十万元以上一百万元以下的罚款。

⑤有关证券市场禁入处罚的规定。《证券法》第二百二十一条规定,违反法律、行政法规或者国务院证券监督管理机构的有关规定,情节严重的,国务院证券监督管理机构可以对有关责任人员采取证券市场禁入的措施。

(5)财政部颁布的《资产评估行业财政监督管理办法》的相关规定

①资产评估专业人员同时在两个以上资产评估机构从事业务的、签署本人未承办业务的资产评估报告或者有重大遗漏的资产评估报告的,由有关省级财政部门予以警告,可以责令停止从业六个月以上一年以下;有违法所得的,没收违法所得;情节严重的,责令停止从业一年以上五年以下;构成犯罪的,移送司法机关处理。

②对于未取得资产评估师资格的人员签署法定资产评估业务资产评估报告的、承办并出具法定资产评估业务资产评估报告的、资产评估师人数不符合法律规定的以及受理与其合伙人或者股东存在利害关系业务的,由对其备案的省级财政部门对资产评估机构予以警告,可以责令停业一个月以上六个月以下;有违法所得的,没收违法所得,并处违法所得一倍以上五倍以下罚款;情节严重的,通知工商行政管理部门依法处理;构成犯罪的,移送司法机关处理。

③资产评估机构违反"分支机构应当在资产评估机构授权范围内,依法从事资产评估业务,并以资产评估机构的名义出具资产评估报告"规定造成不良后果的,由其分支机构所在地的省级财政部门责令改正,对资产评估机构及其法定代表人或执行合伙事务的合伙人分别予以警告;没有违法所得的,可以并处资产评估机构一万元以下罚款;有违法所得的,可以

并处资产评估机构违法所得一倍以上三倍以下、最高不超过三万元的罚款;同时通知资产评估机构所在地省级财政部门。

④资产评估机构未按规定备案或者备案后不符合《资产评估法》所规定的设立条件的,由资产评估机构所在地省级财政部门责令改正;拒不改正的,责令停业,可以并处一万元以上五万元以下罚款,并通报工商行政管理部门。

⑤资产评估机构未按规定办理分支机构备案的,由其分支机构所在地的省级财政部门责令改正,并对资产评估机构及其法定代表人或者执行合伙事务的合伙人分别予以警告,同时通知资产评估机构所在地的省级财政部门。

⑥资产评估机构存在以下事项,由资产评估机构所在地省级财政部门责令改正,并予以警告:未按规定建立健全质量控制制度和内部管理制度;未按规定指定一名取得资产评估师资格的本机构合伙人或者股东专门负责执业质量控制;未建立职业风险基金或者购买职业责任保险;集团化的资产评估机构未对分支机构在质量控制、内部管理、客户服务、企业形象、信息化等方面实行统一管理;机构名称、执行合伙事务的合伙人或者法定代表人、合伙人或者股东、分支机构的名称或者负责人发生变更以及发生机构分立、合并、转制、撤销等重大事项未按规定向有关财政、工商等部门办理变更手续的;机构跨省级行政区划迁移经营场所未按规定书面告知迁出地省级财政部门以及未按规定向迁入地省级财政部门办理迁入备案手续。

11.2.2 民事责任

1)相关法律知识

(1)民事责任的概念

民事责任是对民事法律责任的简称,是指民事主体在民事活动中,因违反民事义务或者侵犯他人的民事权利所应承担的民事法律后果。

民事义务包括法定义务和约定义务,也包括积极义务和消极义务、作为义务和不作为义务。

规定民事责任是保障民事权利和民事义务实现的重要措施,运用民事救济手段,使受害人遭受的损失或被侵犯的权益依法得以赔偿或恢复。

(2)民事责任的种类

可以按照不同标准对民事责任进行分类。

①合同责任、侵权责任与其他责任。这是按照责任发生的根据所进行的一种民事责任分类。合同责任是指因违反合同约定的义务、合同附随义务或违反《民法典》规定的义务而产生的责任。侵权责任是指因侵犯他人的财产权益与人身权益而产生的责任。其他责任是指除合同与侵权之外的原因(如不当得利、无因管理等)所产生的民事责任。

②财产责任与非财产责任。这是根据是否具有财产内容所进行的民事责任分类。财产责任是指由民事违法行为人承担财产上的不利后果,使受害人得到财产上补偿的民事责任。非财产责任是指采取防止或消除损害后果(如消除影响、赔礼道歉等)措施,使受损害的非财

产权利得到恢复的民事责任。

③无限责任与有限责任。这是根据承担民事责任的财产范围所进行的民事责任分类。无限责任是指责任人以自己的全部财产承担的责任。有限责任是指债务人以一定范围或一定数额的财产为限所承担的民事责任。如有限责任公司股东以其对公司认缴的出资额为限对公司的债务承担有限责任;特殊的普通合伙企业合伙人,对其他合伙人在执业活动中因故意或重大过失造成的合伙企业债务,以其在合伙企业中的财产份额为限承担责任等。

④单方责任与双方责任。这是民事责任由民事行为相对方单方,还是相互承担所形成的民事责任分类方式。单方责任是指只有一方当事人对另一方所承担的责任。双方责任是指法律关系双方当事人之间相互承担责任的形态。

⑤单独责任与共同责任。这是按承担民事责任主体的数量所进行的民事责任分类。单独责任是指由一个民事主体独立承担的民事责任。共同责任是指两个以上的人共同实施违法行为并且都有过错,从而共同对损害的发生承担的责任。

⑥按份责任、连带责任与不真正连带责任。这是对共同责任进一步区分形成的民事责任分类。按份责任是指多数当事人按照法律规定或者合同约定,各自承担一定份额的民事责任。如果法律没有规定或合同没有约定各当事人应承担的责任份额,则推定为均等的责任份额。在按份责任中,债权人如果请求某一债务人超出了其应承担的份额清偿债务,该债务人可以予以拒绝。连带责任是指多数当事人因合同关系、代理行为或上下级关系,按照法律规定或者合同约定,连带地向权利人承担责任。民法上的连带责任主要有合伙人对合伙债务的连带责任、共同侵权人的连带责任、代理关系中发生的连带责任、担保行为形成的连带责任等。连带责任确定后,依债务人承担责任的先后顺序不同,可将连带责任划分为一般连带责任与补充连带责任。一般连带责任的各债务人之间不分主次,对整个债务无条件地承担连带责任。债权人可以不分顺序地要求任何一个债务人清偿全部债务。

⑦过错责任、无过错责任和公平责任。这是按照承担责任是否以当事人具有过错为条件所进行的民事责任分类。过错责任是指行为人违反民事义务并致他人损害时,应以过错作为责任的要件和确定责任范围的依据。我国一般侵权行为责任采取过错责任的归责原则。对行为人的主观过错,根据"谁主张,谁举证"原则,应由受害人负责举证。过错推定责任是过错责任的特殊形式。按照过错推定责任原则,侵害人对其行为所造成的损害不能证明自己主观无过错时就推定其主观有过错并承担民事责任。该原则的特殊之处在于举证责任倒置,即行为人的主观过错不是由受害人举证,而是由行为人自己予以举证反驳。过错推定责任原则的适用范围是由法律特别规定的。无过错责任是指行为人只要给他人造成损失,不问其主观上是否有过错而都应承担的责任。

（3）民事责任的构成要件

一般民事责任构成要件是指适用过错责任的责任行为的构成要件。我国司法实践采用四要件学说。

①存在民事违法行为。行为的违法性是构成民事责任的必要条件之一。这里所说的民事违法行为包括作为的违法行为和不作为的违法行为,前者是指实施了法律禁止的行为,后者是指没有履行法律所要求实施的行为(即没有履行法律所规定的义务)。

②存在损害事实。民事违法行为必须引起损害后果,权利人才能够请求法律救济。这

里所说的损害事实可以是财产方面的损害,也可以是非财产方面的损害。损害使被损害主体的民事权利遭受某种不利影响。

③损害事实与民事违法行为存在因果关系。这强调的是损害事实与民事违法行为之间应存在前因后果的必然关系。

④行为人应有过错。民法上的过错,首先应是指行为人的一种主观心理状态,即是否存在故意或过失(包括一般和重大过失)。但在推定过失状态时,又是以是否尽一个通常人注意义务作为客观判断标准的。

(4)民事主体承担多种法律责任

《民法典》第一百八十七条规定,民事主体因同一行为应当承担民事责任、行政责任和刑事责任的,承担行政责任或者刑事责任不影响承担民事责任;民事主体的财产不足以支付的,优先用于承担民事责任。

(5)民事责任的诉讼时效

诉讼时效依据时间的长短和适用范围分为一般诉讼时效和特殊诉讼时效。

一般诉讼时效指在一般情况下普遍适用的时效,这类时效不是针对某一特殊情况规定的,而是普遍适用的。我国《民法典》第一百八十八条规定,向人民法院请求保护民事权利的诉讼时效期间为三年,法律另有规定的,依照其规定。该条还规定,诉讼时效期间自权利人知道或者应当知道权利受到损害以及义务人之日起计算,法律另有规定的,依照其规定。

特殊诉讼时效指针对某些特定的民事法律关系而制定的诉讼时效。特殊时效优于普通时效。特殊诉讼时效包括短于普通时效的短期诉讼时效和长于普通时效的长期诉讼时效。

不适用诉讼时效的请求权。我国《民法典》第一百九十六条规定的不适用诉讼时效的请求权包括:①请求停止侵害、排除妨碍、消除危险;②不动产物权和登记的动产物权的权利人请求返还财产;③请求支付抚养费、赡养费或者扶养费;④依法不适用诉讼时效的其他请求权。

2)资产评估民事责任的相关法律规定

(1)《资产评估法》的相关规定

①对资产评估机构、资产评估专业人员的规定。《资产评估法》第五十条规定,评估专业人员违反本法规定,给委托人或者其他相关当事人造成损失的,由其所在的评估机构依法承担赔偿责任。评估机构履行赔偿责任后,可以向有故意或者重大过失行为的评估专业人员追偿。

②对资产评估委托人或法定业务委托责任人的规定。法定资产评估业务的委托责任人"应当委托评估机构进行法定评估而未委托"且"造成损失的,依法承担赔偿责任";委托人在法定评估中存在违反该法规定的行为"造成损失的,依法承担赔偿责任";非法定业务委托人违反该法规定"给他人造成损失的,依法承担赔偿责任"。

(2)《企业国有资产法》的相关规定

《企业国有资产法》仅对国家出资企业的董事、监事、高级管理人员违法行为应承担的民事责任作出了明确规定。该法第七十一条规定,国家出资企业的董事、监事、高级管理人员出现该法规定的违法行为造成国有资产损失的,"依法承担赔偿责任"。该条所列举的违法行为包括"不如实向资产评估机构、会计师事务所提供有关情况和资料,或者与资产评估机构、会计师事务所串通出具虚假资产评估报告、审计报告"。

(3)《公司法》的相关规定

《公司法》第二百零七条规定,承担资产评估、验资或者验证的机构因其出具的评估结果、验资或者验证证明不实,给公司债权人造成损失的,除能够证明自己没有过错的外,在其评估或者证明不实的金额范围内承担赔偿责任。

(4)《证券法》的相关规定

涉及证券内幕交易的规定。《证券法》第五十三条第三款规定,内幕交易行为给投资者造成损失的,行为人应当依法承担赔偿责任。第五十四条第二款还规定,利用未公开信息进行交易给投资者造成损失的,应当依法承担赔偿责任。

(5)《最高人民法院关于审理证券市场虚假陈述侵权民事赔偿案件的若干规定》(法释〔2022〕2号)的相关规定

第十八条规定了会计师事务所、律师事务所、资信评级机构、资产评估机构、财务顾问等证券服务机构制作、出具的文件存在虚假陈述时的"过错"认定问题。首先,要求人民法院应当按照法律、行政法规、监管部门制定的规章和规范性文件,参考行业执业规范规定的工作范围和程序要求等内容,结合其核查、验证工作底稿等相关证据,认定其是否存在过错。其次,规定证券服务机构的责任限于其工作范围和专业领域。证券服务机构依赖保荐机构或者其他证券服务机构的基础工作或者专业意见致使其出具的专业意见存在虚假陈述,能够证明其对所依赖的基础工作或者专业意见经过审慎核查和必要的调查、复核,排除了职业怀疑并形成合理信赖的,人民法院应当认定其没有过错。

3)对专业中介活动民事侵权纠纷的司法理解

目前我国尚未出台处理资产评估民事侵权案件的司法规定。2007年6月11日,我国最高人民法院发布了《最高人民法院关于审理涉及会计师事务所在审计业务活动中民事侵权赔偿案件的若干规定》(法释〔2007〕12号),表明了我国司法部门对专业中介活动民事侵权案件相关责任认定的意见、倾向。

(1)推定过错的举证证据

法释〔2007〕12号的第四条首先规定"会计师事务所因在审计业务活动中对外出具不实报告给利害关系人造成损失的,应当承担侵权赔偿责任,但其能够证明自己没有过错的除外"。对于举证要求,该条规定"会计师事务所在证明自己没有过错时,可以向人民法院提交与该案件相关的执业准则、规则以及审计工作底稿等"。根据该解释的第二条,相关的执业准则、规则指"中国注册会计师协会依法拟定并经国务院财政部门批准后施行的执业准则和规则"。

由此可以看出,相关的执业准则、规则及工作底稿等有可能成为司法部门认可的界定专业中介机构及其从业人员法律责任的证据。

(2)因故意导致的侵权责任认定

中介机构及其从业人员与委托人或其他相关当事人恶意串通;对从业中发现或知悉的与国家相关规定相抵触、直接损害利害关系人利益或导致其产生重大误解、具有重要不实内容的事项或行为予以隐瞒、不予指明、作出不实报告;对示意其作出不实报告不予拒绝。上述情形会被司法部门认定为具有故意。

（3）因过失导致的侵权责任认定

过失是指专业中介机构及其从业人员,执行业务未恪尽职守,未能严格遵循法律法规、执业准则的规定,对自身行为损害结果,应当或能够预见却没有预见,或者虽有预见却轻信其能够避免。

中介机构及其从业人员,在执行业务中未能严格遵循法律法规、执业准则的规定,低于行业正常水准执业,缺乏专业胜任能力又不采取必要补救措施,未能合理关注项目重大事项,存在明显的工作疏漏或程序缺陷等,会被司法部门认定存在过失。

4）民事责任的案例分析

（1）基本案情

2015 年,原告甲公司与乙公司签订了《重组协议》,约定重组后的 A 公司注册资本为 1500 万元人民币,乙公司以其子公司 B 开发公司评估后的净资产作为出资,并约定由乙公司办理评估立项和报批手续。重组协议签订后,乙公司委托 X 评估公司对下属 B 开发公司实际占有的资产进行评估。原告方在评估报告的基础上,与乙公司共同重组为 A 公司。但在后续的工作交接中,原告认为被告 X 评估公司出具的资产报告中存在诸多不实情况,其中主要包括以下内容。

①长期股权投资不实。其一,B 开发公司投资的 a 公司,被人民银行以违规经营、财务恶化为由予以关闭。但 X 评估公司在评估报告中对此项长期投资的评估值却是 250 万元,而其他长期投资项目中有资不抵债或不存在的公司,其长期投资均评估为零。原告认为被告有选择性地将该笔投资按账面价值进行评估,违反了资产评估应恪守的客观、公正原则。其二,B 开发公司投资的 b 有限公司 15% 的股权不实。经原告进行工商登记档案资料调查,证明 B 开发公司只拥有 b 有限公司 5% 的股权,由此认为评估虚增 500 万元。

②评估房产转让所得,而未评估转让相关税费及应支付地价款。

③应收账款不实。原告认为评估报告应收账款明细表中应收 GM 公司房产转让款 300 万元没有事实依据,属于虚增资产。

原告认为,鉴于上述评估虚增资产的不实评估报告误导,原告与乙公司重组成功,并造成原告投入的大量资本金被债务侵蚀。2017 年 10 月,原告甲公司作为 A 公司股东向法院提起诉讼,要求 X 评估公司更正评估报告失实之处,并赔偿误导原告投资造成的经济损失 190 万元。

（2）被告方答辩

在被告提交的答辩状中,针对原告认为的评估不实事项分别予以答辩。

①长期股权投资方面。其一,答辩人认为《资产评估报告》真实、合法列示了 B 开发公司对于 a 公司的长期投资,并对该长期投资作出了特别提示。评估过程中已注意到被投资方关闭的事实,但该公司尚在清算中,无清算结果,因此,评估作价时按账面值列示。被投资公司已关闭但无结算结果时,对于该项投资可视具体情况按账面值列示并作特别事项说明,提醒报告使用人注意,这是评估行业认可的处理方式。由于评估报告特别事项说明部分已

对此作出了详细说明，原告应关注到特别事项说明，其投资损失因其自身过错造成，而非评估的责任。其二，答辩人真实、合法评估了 B 开发公司持有 b 有限公司的股权。评估方采用的 B 开发公司对 b 有限公司股权投资的股权比例，依据的是《b 公司出资协议书》《会计师事务所验资报告》《b 公司股权结构的证明书》《b 公司章程》等资料，特别是会计师事务所的验资报告，具有充分的说服力。因此，答辩人认为已获得了确凿、充分、完整的文件资料，依据相应法规和事实依据，作出了 B 开发公司占 b 有限公司 15％股权在评估基准日的价值评估，对评估报告日后发生的股权变化没有义务承担评估责任。

②关于评估房产转让应补交地价款及相关税金，均为估算数，具体金额应以办完手续及有关部门核定的结果为准。

③应收账款方面。答辩人认为评估报告应收账款明细表中所列应收 GM 公司房产转让款 300 万元依据充分，不属于虚增资产。评估的依据是房产证和《房地产转让协议》。房产证显示 B 开发公司拥有转让协议中的标的物，同时房地产转让协议也明确了转让双方的主体及交易价格。答辩人认为，B 开发公司合法拥有该房产的所有权，如房产不出售，应以固定资产的形式体现在资产负债表中，而房产出售后收回价款前，应反映为应收账款，这仅是资产形态的不同，而非"虚增"。

（3）审理意见

法院认为，评估机构制作的评估报告属于参考性文件，而非最终决定性结论，报告使用方应根据相关财务制度正确理解、使用报告，要特别关注报告中特别事项的说明及或有事项的表述。

对于原告方提出被告更正报告内容的主张，法院认为，由于评估报告中明确规定了评估基准日，且根据财政部的审核意见函，评估结果的使用已于基准日一年后丧失有效期，对报告内容更正已缺乏现实意义，原告方可以另行委托其他评估机构重作评估。

法院在该案审理过程中，认为评估报告是否存在不实，应从评估程序合法性和评估结论客观真实性上分析。

①评估程序方面，法院认为经过财政部门的审核意见函确认，评估公司具有资产评估资格证书，签字人员具有评估执业资格，评估选用的方法符合规定。因此，财政部门已对评估报告进行了程序性的审核。除非评估报告具有非专业人员知识水平所能判断的明显错误，应当认定具有评估资格的机构和人员所得出的评估结论是正确的。

②评估结论是否客观真实，法院认为应对当事人双方存在的争议具体分析认定。如对原告方质疑的长期股权不实问题，被告方已在评估报告中作为特别事项加以说明。对于客观上受限而无法评定，评估方已作出揭示的部分，法院认为评估机构已完成了应当履行的善意注意义务，而不属于对资产评估值的错误判断。另如，判断股权比例评估不实问题，鉴于评估委托方有全面、真实提供会计资料的义务，而委托与受托这一民事行为是基于互相信任而产生的民事法律关系，在此"诚实信用"原则显得尤为重要，委托方应提供客观真实的资料。法院据此认为，评估方根据委托方提供资料得出的评估结论没有违反法律规定，不应承担相应责任。

法院最后认为，基于受害人过错导致的损失，其民事损失赔偿请求法庭不予支持。

（4）案例启示

①资产评估机构对资产价值的评估应有充分的依据和必要的信息披露,否则一旦使用资产评估报告的利益相关人产生损失,资产评估机构就可能面临侵权诉讼。资产评估机构及其资产评估专业人员应关注资产评估业务的法律责任风险。

②要规避法律责任风险,资产评估机构及其资产评估专业人员应当在执行资产评估业务时勤勉尽责,尽到所规定的注意义务,严格按照法律法规和评估准则要求执业,对于评估中存在的争议或受到的限制应在资产评估报告中合理披露,对涉及评估对象权属和评估结论的证明及资料应履行必要的查验程序,谨慎采用。

本案中,X 评估公司对 B 开发公司持有 b 有限公司的股权、B 开发公司向 GM 公司转让的房产,均以取得的合法证明文件、合同作为评估处理的依据;对 B 开发公司投资的 a 公司所存在的清算待定事项及采用的评估处理,在资产评估报告的特别事项说明中进行了必要披露。因此,法院裁定该评估公司对原告因自身过错出现的投资损失不承担责任。

11.2.3　刑事责任

1)相关法律知识

（1）刑事责任的概念及种类

刑事责任是由司法机关依据国家刑事法律规定,对犯罪分子依照刑事法律的规定追究的法律责任。我国刑法规定,故意犯罪,应当负刑事责任;过失犯罪,法律有规定的才负刑事责任。

承担刑事责任是行为人实施刑事法律禁止的行为所承受的法律后果。接受刑法处罚是刑事责任与民事责任、行政责任和道德责任的根本区别。

《中华人民共和国刑法》(简称《刑法》)规定,刑罚分为主刑和附加刑。主刑分为管制、拘役、有期徒刑、无期徒刑和死刑;附加刑分为罚金、剥夺政治权利、没收财产。对犯罪的外国人也可以独立适用或者附加适用驱逐出境。附加刑可以独立或附加适用。

因利用职业便利实施犯罪,或者实施违背职业要求的特定义务的犯罪被判处刑罚的,人民法院可以根据犯罪情况和预防再犯罪的需要,禁止其自刑罚执行完毕之日或者假释之日起从事相关职业,期限为三年至五年。

我国《刑法》第二条和第三条分别规定了罪刑法定和罪责刑相适应的原则。罪刑法定原则规定,法律明文规定为犯罪行为的,依照法律定罪处刑;法律没有明文规定为犯罪行为的,不得定罪处刑;罪责刑相适应原则要求,刑罚的轻重,应当与犯罪分子所犯罪行和承担的刑事责任相适应。

（2）刑事责任的追诉时效

《刑法》第八十七条规定,犯罪经过下列期限不再追诉:

①法定最高刑为不满五年有期徒刑的,经过五年。

②法定最高刑为五年以上不满十年有期徒刑的,经过十年。

③法定最高刑为十年以上有期徒刑的,经过十五年。

④法定最高刑为无期徒刑、死刑的，经过二十年。如果二十年以后认为必须追诉的，须报请最高人民检察院核准。

《刑法》第九十九条规定，以上刑期所称"以上、以下、以内"，包括本数。

追诉期限的延长。《刑法》第八十八条规定，在人民检察院、公安机关、国家安全机关立案侦查或者在人民法院受理案件以后，逃避侦查或者审判的，不受追诉期限的限制。被害人在追诉期限内提出控告，人民法院、人民检察院、公安机关应当立案而不予立案的，不受追诉期限的限制。

追诉期限的计算与中断。《刑法》第八十九条规定，追诉期限从犯罪之日起计算；犯罪行为有连续或者继续状态的，从犯罪行为终了之日起计算。在追诉期限以内又犯罪的，前罪追诉的期限从犯后罪之日起计算。

根据我国《刑法》第二百二十九条的规定，与资产评估相关的提供虚假证明文件罪、出具证明文件重大失实罪的追诉时效一般为五年。提供虚假证明文件罪，情节特别严重的，追诉时效为十年。

2）资产评估刑事责任的相关法律规定

（1）提供虚假证明文件罪、出具证明文件重大失实罪

关于提供虚假证明文件罪的法律规定。根据 2020 年 12 月 26 日通过的《中华人民共和国刑法修正案（十一）》，修正后的《刑法》第二百二十九条规定，承担资产评估、验资、验证、会计、审计、法律服务、保荐、安全评价、环境影响评价、环境监测等职责的中介组织的人员故意提供虚假证明文件，情节严重的，处五年以下有期徒刑或者拘役，并处罚金；有下列情形之一的，处五年以上十年以下有期徒刑，并处罚金：①提供与证券发行相关的虚假的资产评估、会计、审计、法律服务、保荐等证明文件，情节特别严重的；②提供与重大资产交易相关的虚假的资产评估、会计、审计等证明文件，情节特别严重的；③在涉及公共安全的重大工程、项目中提供虚假的安全评价、环境影响评价等证明文件，致使公共财产、国家和人民利益遭受特别重大损失的。有前款行为，同时索取他人财物或者非法收受他人财物构成犯罪的，依照处罚较重的规定定罪处罚。

关于出具证明文件重大失实罪的法律规定。《刑法》第二百二十九条第一款规定的人员（即承担资产评估、验资、验证、会计、审计、法律服务、保荐、安全评价、环境影响评价、环境监测等职责的中介组织的人员），严重不负责任，出具的证明文件有重大失实，造成严重后果的，处三年以下有期徒刑或者拘役，并处或者单处罚金。

（2）单位犯扰乱市场秩序罪

对于单位犯扰乱市场秩序罪应承担的刑事责任，《刑法》第二百三十一条规定，单位犯本节第二百二十一条至第二百三十条规定之罪的，对单位判处罚金，并对其直接负责的主管人员和其他直接责任人员，依照本节各条的规定处罚。

根据《刑法》第三十条的规定，本罪所指的单位是指公司、企业、事业单位、机关、团体。第二百二十一条至第二百三十条规定之罪包括：损害商业信誉、商品声誉，虚假广告，串通投标，合同诈骗，组织、领导传销活动，非法经营，强迫交易，伪造、倒卖伪造的有价票证，倒卖车票、船票，非法转让、倒卖土地使用权，提供虚假证明文件，出具证明文件重大失实，逃避商

检罪。

本条对单位犯罪规定了双罚制,既依法对单位处以罚金,又规定按照相应条款的规定依法处罚导致单位犯罪的单位直接负责的主管人员和其他直接责任人员。

3)刑事责任案例

T公司在200X年委托A资产评估公司对其进行资产评估,201X年发行股票并上市,后被证券监管部门立案调查,201Y年,T公司原董事长被一审法院认定犯欺诈发行股票罪,A资产评估公司的负责人也被认定构成欺诈发行股票罪。201Z年,二审法院采纳律师意见判决本案被告人无罪。

(1)一、二审争论的主要焦点

①进口设备的所有权。涉案的进口设备中大约有1/3是境外股东的直接投资,另外2/3是融资租赁进口。

一审指控,T公司签订虚假融资租赁合同,由当地海关出具了内容虚假的《中华人民共和国海关对外商投资企业减免进口货物解除监管证明》(案发后经侦查机关调查,该证明虽系海关出具,但内容是虚假的)。资产评估公司明知企业无法提供进口设备报关单,却仍按企业补充的一份内容虚假的《中华人民共和国海关对外商投资企业减免进口货物解除监管证明》界定产权。资产评估专业人员征求了企业聘请的律师意见,律师认为海关解除监管证明应该也能作为进口设备的产权依据,评估专业人员依据该证明及融资租赁合同等将该批进口设备作为企业资产的一部分进行评估。

二审辩护律师查到外商设备进口的海关资料,该资料经过海关的进出境货物统计核实,并已报企业所在地政府备案。融资租赁进口的设备,虽然没有直接支付租金的原始单据,但在加工增值的分配上,可以充分显示外商已经获得充分的对价。该外商投资者以加工增值充抵融资租赁的租金,双方有协议约定,境外投资者获取上述加工增值后,融资租赁设备的产权归上市公司享有。律师还查到企业上市前夕,当地国有股东向境外股东支付款项的证据,其中的大部分款项是直接付给外商的。由此可以证明外商获得了补充对价,可以证明其补签的融资租赁协议、设备产权转让协议是其真实意思表示。在法庭调查和质证阶段,律师通过证据证明原T公司的外商及其中一个主要经办人在公安、检察机关所作关于融资租赁合同虚假的供述不足采信,融资租赁合同虽然是补签,但有原始的交易及款项交付的证据支持,当事人的意思表示真实。

针对海关监管的定性问题,公安、检察机关一致认为,进口设备在海关的监管期内属于海关所有,海关提前解除监管,证明海关弄虚作假,不能证明设备产权归属T公司。辩护律师认为,海关监管是行政措施,是对当事人财产所有权的限制,并不代表海关享有当事人进口财产的所有权,设备的产权归属上市公司,海关提前解除监管只是扩大了当事人的设备处分权。

②进口设备的真实价值。一审指控T公司将200Q—200X年进口的设备,由不足1400万外币的原进口报关价格提高到超过1亿外币,虚增了设备价值。资产评估公司没有进行询价,只按企业提供的虚构设备清单价格核算评估值。为了增加进口设备评估值,资产评估公司先分别调增了三类设备1%、3%和1%的成新率,又将进口设备成新率调增了1个百分

点。法院取得了反映成新率修改的工作底稿和证实设备真实价值的书面证明。

一审辩方认为,是否询价是一个职业判断问题,在询价较困难时采用物价指数调整法也是合理的;成新率的调整是评估过程中正常的调整,其量的变化在业内规范允许范围之内。

二审辩护律师向商检部门的资产评估所申请对涉案设备进行了价值鉴定:根据涉案设备在201Y年的价值,反算上市基准日的成新率,并考虑关税减免因素,证实该设备的上市价值确实在1亿外币以上。律师认为,依据商检部门的价值鉴定,证明设备的进口报关价不是设备的真实价值,经多家机构评估,设备的真实价值与上市的评估价值相一致,甚至高于上市评估价。同时,引用国内同行业采用相同设备的厂家的上市报价,从侧面证明本案的上市价格的合理与公允。因此,不认为T公司存在虚增资产的行为。

(2)案例的启示

①合理界定对专业证据的职业关注程度。企业所提供的《中华人民共和国海关对外商投资企业减免进口货物解除监管证明》是由海关出具的,但是内容是假的。法院认为评估机构没有进行必要的核实。这就涉及资产评估专业人员对所取得资料履行核查程序的问题,也引起了资产评估行业对资产评估专业人员关注评估对象权属问题的思考,要求合理界定资产评估专业人员对评估对象权属的职业关注的程度。一方面,界定和确认评估对象的权属是一个既专业又复杂的法律问题。评估对象的权属既存在通过登记发证确认的情形,也包括通过其他手段加以界定的情况;资产评估专业人员既要关注、查验和恰当披露评估对象的权属,又不应超出专业界限明示或暗示具有对评估对象法律权属确认或发表意见的能力,不应对评估对象的法律权属提供保证。另一方面,资产评估专业人员应加强职业谨慎,对容易出现舞弊的领域增加关注程度,向相关权利人收集评估对象的权属文件及证明资料,按照规定履行核查和验证程序,不因程序和工作疏失导致评估失误。

②重视工作底稿的证据作用。一审控方以资产评估机构参加券商主持的上市协调会,会上提出了上市公司的目标,认为资产评估公司构成造假的故意;同时将资产评估机构调增进口设备成新率作为其故意造假的佐证。应该说客户对资产的价值有预期是资产评估专业人员无法左右的,出现评估结论与客户预期一致的情况也并不必然反映资产评估存在造假。这个案件很重要的一个事实是资产评估专业人员对评估结果进行了调整,而调整后的评估值又恰好满足了客户的预期,这就构成一个重要的争议点。虽然在合理范围内依据专业判断对资产成新率等参数作出适当调整并非不可接受,但本案中成新率的调整在底稿中没有注明理由及依据,未能体现调整的合理性,而且这种调整又发生在评估的初步结果形成之后,这就成为不利于被告的证据。评估档案中的工作底稿是反映评估过程、支持评估结论的重要依据,也是发生资产评估纠纷时监管部门与公检法查证和界定资产评估责任的重要证据。资产评估机构及其资产评估专业人员应当重视对工作底稿的编制和整理,防止因工作底稿差错或缺失引发资产评估法律风险。

11.2.4 法律责任的免除

1)法律责任免除的含义

法律责任的免除是指当出现法定条件时,法律责任被部分或全部免除。

2)我国法律规定的免责条件

不可抗力、正当防卫和紧急避险等是法律所认可的免责条件。除此之外的免责情形还包括:

①时效免责。依照法律规定,在违法行为发生一定期限后[超过规定的诉讼(追诉)时效],违法行为人不再承担强制性、惩罚性的法律责任。

②不诉及协议免责。如果受害人或有关当事人不向法院起诉要求追究行为人的法律责任,行为人的法律责任就实际上被免除,或者受害人与加害人在法律允许的范围内协商同意免责。

③自首、立功免责。刑法规定犯罪者在犯罪后有自首、立功表现的,可以减轻或免除处罚。这是一种将功抵过的免责形式。

④人道主义免责。在财产责任中,责任人确实没有能力履行或没有能力全部履行的情况下,有关的国家机关免除或部分免除其责任。

⑤有效补救免责。在国家机关归责之前对于实施违法行为所造成的损害,采取及时补救措施,得以免除其部分或全部责任。

参考文献

[1] 中国资产评估协会. 资产评估基础[M]. 北京：中国财政经济出版社，2022.

[2] 中国资产评估协会. 资产评估实务：一[M]. 北京：中国财政经济出版社，2022.

[3] 中国资产评估协会. 资产评估实务：二[M]. 北京：中国财政经济出版社，2022.

[4] 中国资产评估协会. 2014 年度全国注册资产评估师考试用书：资产评估[M]. 北京：中国财政经济出版社，2014.

[5] 中国矿业权评估师协会. 矿业权价值评估：2023[M]. 北京：中国大地出版社，2023.

[6] 刘玉平. 资产评估学[M]. 2 版. 北京：中国人民大学出版社，2018.

[7] 宋清，金桂荣. 资产评估学：微课版[M]. 2 版. 北京：人民邮电出版社，2021.

[8] 柴强. 房地产估价理论与方法[M]. 8 版. 北京：中国建筑工业出版社，2017.

[9] 王玲. 资产评估学理论与实务[M]. 2 版. 北京：清华大学出版社，2014.

[10] 熊晴海. 资产评估学[M]. 北京：清华大学出版社，2009.

[11] 王国付. 资产评估学[M]. 北京：经济科学出版社，2009.

[12] 王炳华，吕献荣. 资产评估[M]. 北京：中国人民大学出版社，2009.

[13] 李海波，刘学华，吴保忠. 资产评估[M]. 上海：立信会计出版社，2007.

[14] 姜楠. 资产评估[M]. 2 版. 大连：东北财经大学出版社，2008.

[15] 乔志敏，张文新. 资产评估学教程[M]. 2 版. 北京：中国人民大学出版社，2006.